启真馆 出品

伽利略

Galileo

天空的守望者

Watcher of the Skies

[英] 戴维·伍顿 著　　李文锋 译

ZHEJIANG UNIVERSITY PRESS
浙江大学出版社
·杭州·

图书在版编目（CIP）数据

伽利略：天空的守望者 /（英）戴维·伍顿著；李文锋译 . — 杭州：浙江大学出版社，2024.1
（启真·科学家）
书名原文：Galileo: Watcher of the Skies
ISBN 978-7-308-23199-2

Ⅰ. ①伽… Ⅱ. ①戴… ②李… Ⅲ. ①伽利略（Galileo 1564-1642）—传记 Ⅳ. ① K835.466.1

中国国家版本馆 CIP 数据核字（2024）第 003035 号

伽利略：天空的守望者
［英］戴维·伍顿 著　李文锋 译

责任编辑　孔维胜
责任校对　汪淑芳
装帧设计　祁晓茵
出版发行　浙江大学出版社
（杭州天目山路 148 号　邮政编码 310007）
（网址：http:// www.zjupress.com）
排　　版　北京楠竹文化发展有限公司
印　　刷　河北华商印刷有限公司
开　　本　635mm × 965mm　1/16
印　　张　29
字　　数　416 千
版 印 次　2024 年 1 月第 1 版　2024 年 1 月第 1 次印刷
书　　号　ISBN 978-7-308-23199-2
定　　价　128.00 元

浙江大学出版社市场运营中心联系方式：（0571）88925591；http://zjdxcbs.tmall.com

图 1 尼科洛 · 塔尔塔格利亚（Niccolò Tartaglia）的《新科学》（*New Science*，1537）的标题页显示，欧几里得（Euclid）守卫着哲学堡垒的外城门；其内部是数学科学（包括音乐和天文）。柏拉图（Plato）守卫着内城门，他坚持没有几何知识的人不能进入——伽利略也持这个观点。左边有两门大炮在射击，抛射物的路径显然是不对称的。

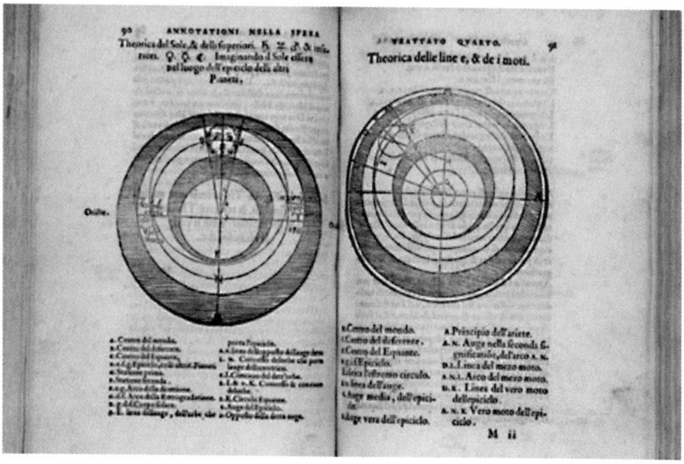

图 2 1550 年马泰 · 毛罗（Mattei Mauro）在威尼斯出版的《萨克洛波斯可的球体》（*Sphere of Sacrobosco*）的注释里所画的托勒密宇宙。伽利略把讲授《萨克洛波斯可的球体》当作他在帕多瓦大学任教职责的一部分。萨克洛波斯可是（人们普遍认为）英格兰人霍里伍德的约翰（John of Holywood，约 1195—1256 年）的意大利化的名字。这幅画显示了行星和太阳的运动——我们可知，如果人们认为太阳占据了一个行星的周转圆，那么这两者是一样的。

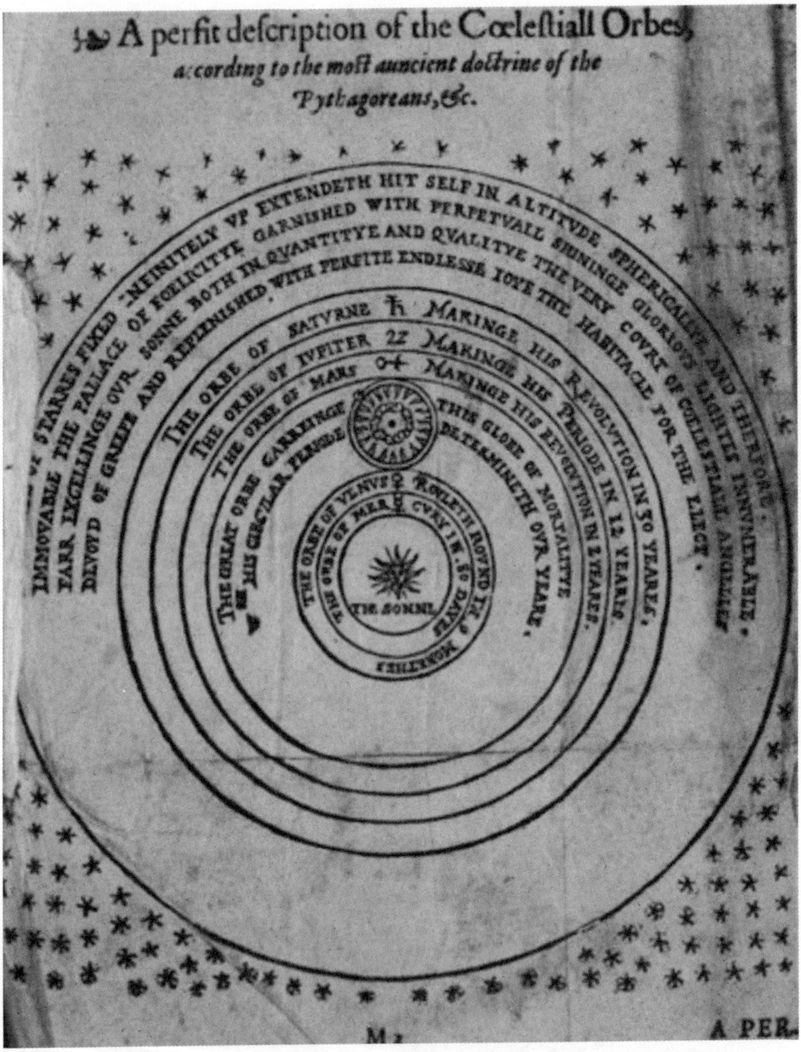

图 3 英国人托马斯 · 迪格斯（Thomas Digges）的《对看不见的天球的完美描述》(*Perfit Description of the Cœlestiall Orbes*，1576，此图出自 1596 年版)，被作为附录添加到了他父亲列奥纳多 · 迪格斯（Leonard Digges）的《预言》(*Prognostication*）的重印本中，他第一次描述了无限宇宙的哥白尼体系。图似乎是事后添加的，不确定黏合剂是把该图黏合成书的折页还是黏合成双页扩展的页面。伽利略不可能知道这本著作，但他从焦尔达诺 · 布鲁诺的作品中应该熟悉了哥白尼的无限宇宙的思想，也可能读过迪格斯的支持哥白尼学说的《数学之翼（论 1572 年的彗星）》[*The Wings of Mathematics* (on the comet of 1572)]。该书用拉丁文所写，其中的一个抄本保存在皮内利的图书馆——当然了，人们可以想象得到，伽利略的一位说英语的朋友向他展示了《预言》中的这幅图。

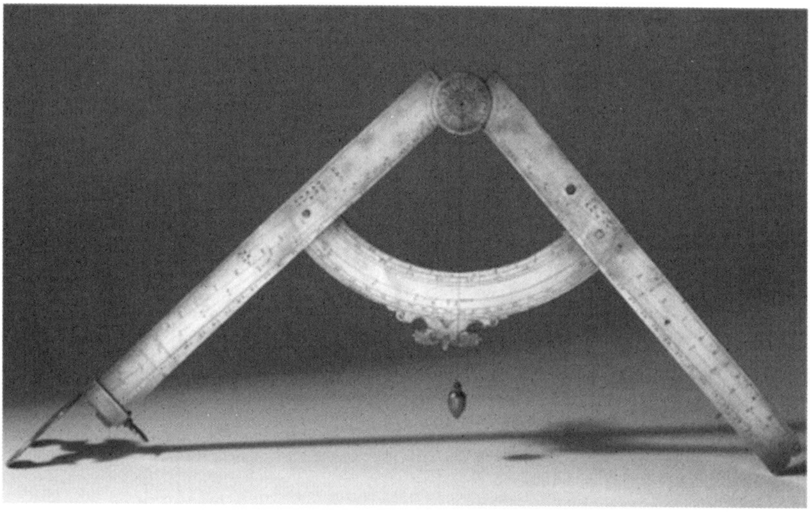

图 4 伽利略的函数尺（发明于 1597 年，说明手册于 1606 年私下印刷）。函数尺（或称几何和军用罗盘）有三个附件，在这里可看到安装在它上面的瞄准装置（位于左臂末端）、摆锤和四分仪（应该是用于测量仰角的）。

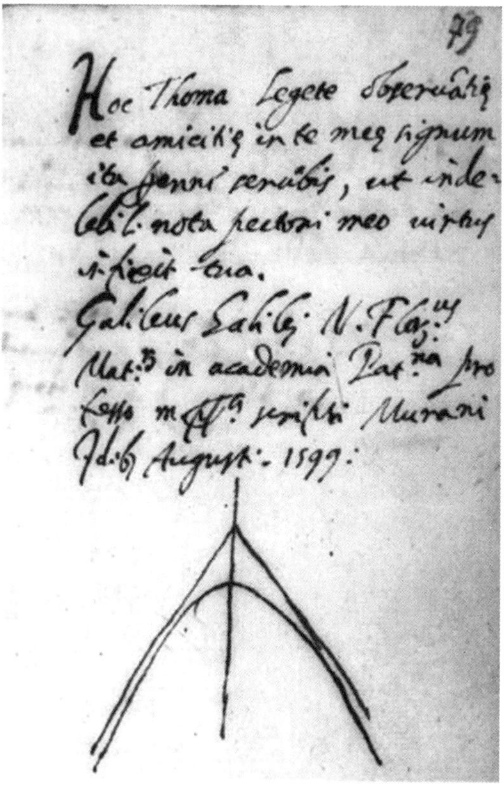

图 5 伽利略在托马斯· 瑟盖特的友情簿（friendship book）写下的这个 1599 条目，画有一幅草图，几乎与《两门新科学的对话》（1638）中抛射物的抛物线路径插图相同。该图揭示了，伽利略已经发现了抛射物的抛物线路径——有可能把这个记录下来，以防自己在将来陷入谁先发现的纠纷中。

图 6 1600 年彼得 · 保罗 · 鲁本斯（Peter Paul Rubens）* 到访威尼斯。在那儿他肯定遇到过托马斯 · 瑟盖特，因为鲁本斯的兄弟菲利普和瑟盖特都是利普修斯（Lipsius）的学生；可能他通过瑟盖特认识了伽利略。1604 年 3 月，鲁本斯、他的兄弟和伽利略都在曼托瓦，伽利略正在那儿教授大公使用函数尺。弗朗西斯 · 休默（Frances Huemer）指出，鲁本斯所画的这幅神秘画作 [现收藏于科隆的瓦尔拉夫・里夏茨（Wallraf-Richartz）博物馆]，展示了在曼托瓦的鲁本斯、他的兄弟、利普修斯（利普修斯从来没有去过曼托瓦，因此只能是到此神游），也画到了伽利略。艾林 · 里夫斯（Eileen Reeves）进一步提出，画中奇怪的灯光显示了北极光——这是伽利略 1605 年 1 月的演讲讨论的主题。他们把这幅画看作“友谊的肖像”，它记录了画中这些人对新斯多葛主义（neo-stoicism）的承诺，就像后来的一幅画（大约画于 1615 年）一样，那幅画展示了利普修斯、菲利普、鲁本斯（这一年他们兄弟两个都去世了）、让 · 沃瓦里乌斯（Jan Wowerius）和利普修斯的狗莫普卢斯 (Mopulus)，这两幅画都被送到罗马去了。

左边的人物是伽利略。但这幅画其实不是“友谊的肖像”，它反映的是哲学上的分歧。伽利略错误地声称北极光是太阳光线的折射或反射。传统的观点认为，它是天堂之火。伽利略对北极光的解释与他关于月亮和地球发光是反射光线的看法相关，这也是他对哥白尼学说论证的一部分。另一方面，利普修斯在 1604 年误以为哥白尼学说是“疯狂的”，而且没有证据表明鲁本斯对此有不同看法。鲁本斯把他与伽利略之间的关系看作是一种虽然友好但是意见有分歧的关系——面向自己画作的观众时，他请观众们站在他的一边来看问题，把北极光看作是对伽利略意见的反驳，而伽利略虽然伸出手来制止他，但没有说话。在右边，我们看到了利普修斯和他的两个学生（瑟盖特可能是其中一个），他们是哥白尼学说的支持者。这幅画记录了在曼托瓦的宫廷里的一次争论，也是为温琴佐 · 贡扎加（Vincenzo Gonzaga，1562—1612）所作的。鲁本斯和伽利略都受雇于贡扎加。[Reeves, *Painting the Heavens*, 57–90; Frances Huemer, 'Il dipinto di Colonia', in *Il Cannochiale e il Pennello*, ed. Lucia Tongiorgi Tomasi and Alessandro Tosi (Florence: Giunti, 2009), 60–70.]

---

* 彼得・保罗・鲁本斯，17 世纪佛兰德斯（今荷兰和比利时）画家。——译者注（以下脚注如无其他说明，均为译者注。）

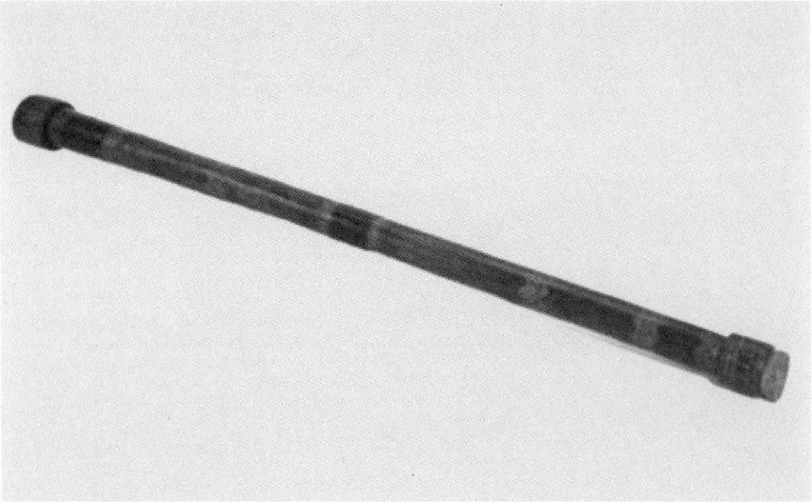

图 7 伽利略制造的仅存的两架望远镜之一。这架的放大倍数是 14 倍，长 1273 毫米。系木制，并用纸覆盖。究竟是什么时候造的不清楚，这肯定不是伽利略在天文发现上所用的那架望远镜。

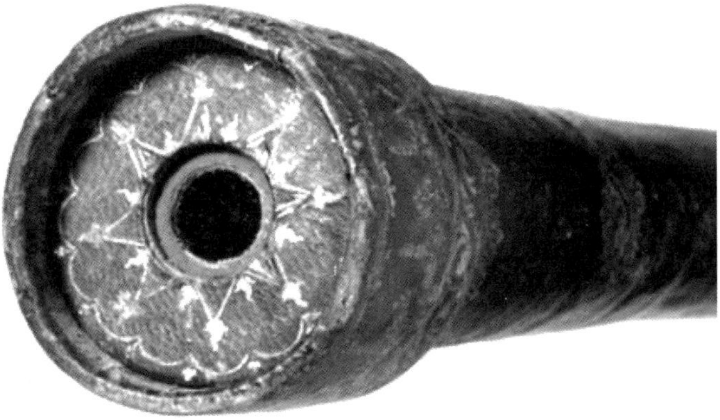

图 8 伽利略望远镜的物镜；为了减少失真，镜头被收缩得非常小。

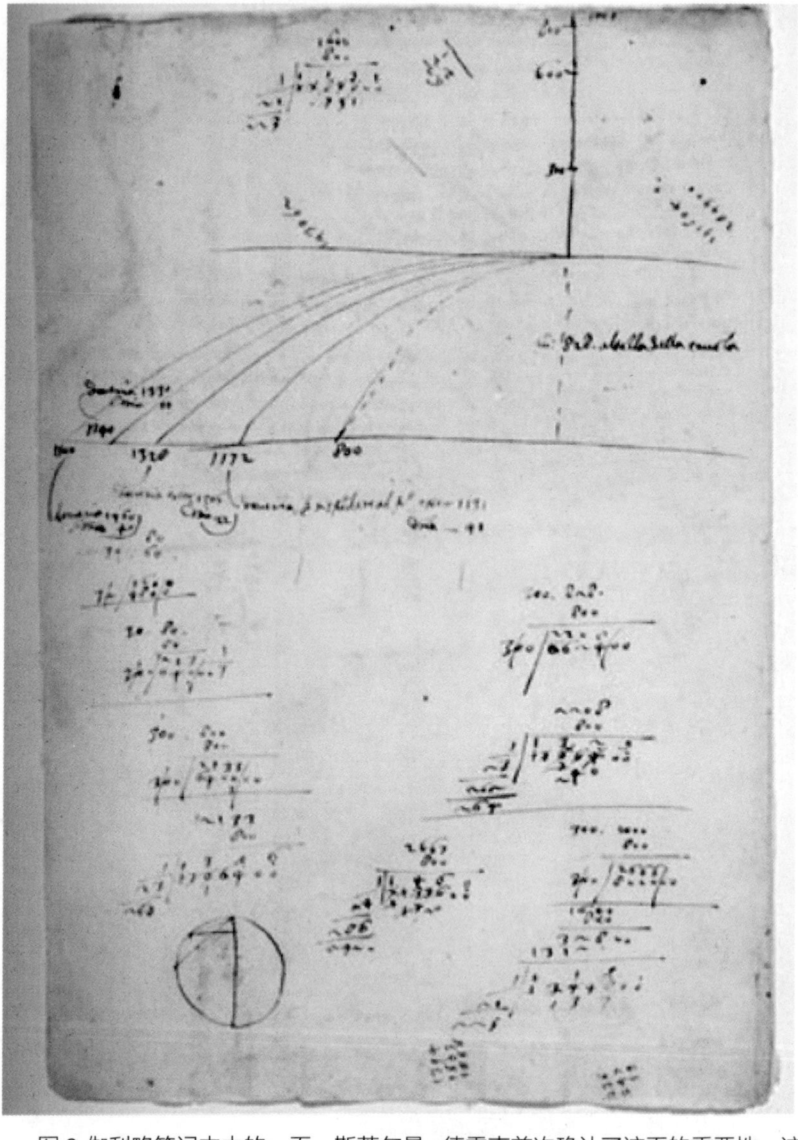

图 9 伽利略笔记本中的一页，斯蒂尔曼 · 德雷克首次确认了该页的重要性。该页提供了确定性的证据，证明伽利略做过实验（可能在 1604 年）验证他的落体加速度理论。让球在斜面上滚动，然后通过观察球被抛离桌面多远来间接测量其下降结束时的速度。伽利略的手稿记录了球从不同高度降落时被抛射的实际距离，还记录了理论上的距离。两者几乎完全一致。《两门新科学的对话》（1638）描述了一个相关的实验。

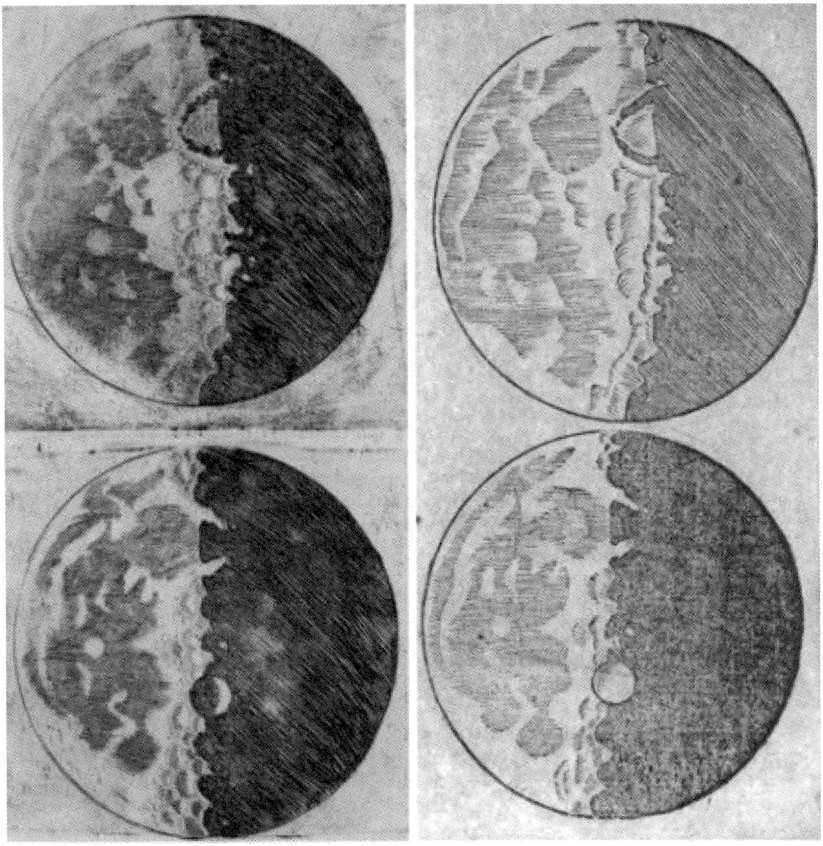

图 10 和图 11 左边是《星际使者》(1610 年) 第一版的月球插图页，右边是盗版的第二版的相应插图页。第一版的页面要大于盗版的页面 (第一版的是 23 厘米高，盗版的是 17 厘米高)。第一版采用了蚀刻和雕刻相结合的方式，盗版用了一种粗糙的木刻方式。盗版的印制者把原版的图转了 180° ——为了便于比较，这里把图片倒置过来显示。在两个版本中，有波希米亚面积大小的"圆形"，现在被认为是阿尔巴塔尼 (Albategnius) 陨石坑，画得过于夸大 (底部图片)。但在盗版中，阴影没有被删掉，因此其形状被看作是由单光源投射而形成的，这意味着例如"圆形"这样的月球特征，不能再被解读为三维物体的二维图像了。费耶阿本德错误地从盗版中复制了一张图，以支持他所说的伽利略对月球的观察是不可靠和不精确的。

图 12 罗多维科·卡尔迪*，《圣洁的圣母》（*The Immaculate Virgin*，1610—1612），罗马的圣玛利亚·马吉奥尔的博吉斯教堂（Borghese Chapel of Santa Maria Maggiore）。圣母站在月亮上的画作是一种得到人们认可的画作流派。伽利略的朋友卡尔迪是第一个借助望远镜绘画月亮的人，他画出了月亮的不规则和不完美。见 Eileen Reeves, *Painting the Heavens*, 167-176。

图 13 这件伽利略版画由弗朗西斯科·维拉梅那（Francesco Villamena，1564—1624）所作，该作品作为卷首插图被加入了伽利略的《太阳黑子》（1618）中，也被用作《试金者》（1623）的卷首页。维拉梅那可能以他所画的伽利略 1611 年在罗马的时候的画像为基础而创作了这幅版画，或者可能是以伽利略的朋友卡尔迪 1609 年所画的一幅已经失传的肖像画为基础进行创作的。不管怎么样，该作品显示的是伽利略 45 岁左右时的形象。在伽利略头像之上，左边的小天使拿着伽利略的函数尺，右边的小天使拿着一个相当独特的望远镜。关于维拉梅那，见 Francha Trinchieri Camiz, 'The Roman "Studio" of Francesco Villamena', *The Burlington Magazine* 136 (1994), 506–516。

---

* 罗多维科·卡尔迪，以罗多维科·奇戈利（Lodovico Cigoli）这个名字更为人所知。——编者注

图 14 这幅版画表现的是红衣主教贝拉明，由弗朗西斯科·维拉梅那于 1604 年所作。作品显示了时年 62 岁的贝拉明，坐在他罗马的书房里，他的书桌上放着天使报喜的图画，他背后的墙上挂着一幅伊格纳修斯·罗耀拉[*]的肖像。透过窗口，人们能看到耶稣会的杰苏（Gesù）教堂，以及耶稣会的总部卡萨·普罗菲萨（the Casa Professa）。远处可以看得到图拉真（Trajan）[†]的圆柱。此作品创作出来后，耶稣会士可以将其加框并挂在书房墙上，就像贝拉明把罗耀拉的版画加框后挂在自己书房墙上一样。

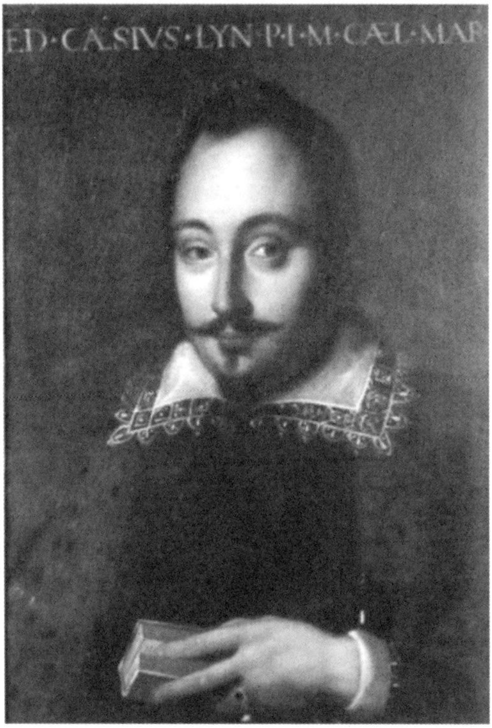

图 15 林琴学会创始人费德里科·切西王子（1585—1630）的肖像，彼得罗·法切蒂（Pietro Facchetti，1539—1613）所作。

---

* 伊格纳修斯·罗耀拉，16 世纪西班牙贵族，耶稣会创始人。

† 图拉真，公元 2 世纪的罗马皇帝。

图 16 这幅威尼斯贵族的画像，由莱安德罗·巴萨诺（Leandro Bassano，1557—1622）所作。该作品最近被尼古拉斯·威尔丁（Nicholas Wilding）认定为伽利略的密友詹弗朗切斯科·萨格雷多的肖像，他是巴萨诺的赞助人。威尔丁认为，这幅画是 1619 年萨格雷多送给伽利略的，在这种情况下，这幅画就不是莱安德罗画的，而是他的兄弟杰罗拉莫（Gerolamo）画的。此画背景是阿勒颇港——1608 年至 1611 年萨格雷多在此担任领事。['Galileo's Idol: Gianfrancesco Sagredo Unveiled,' *Galilæana* 3 (2006), 229–245.]

图 17 这幅天文壁画显示了天文学家向科西莫二世展示木星的卫星，作品系弗朗西斯科·富里尼（Francesco Furini，1600—1646）或切科·布拉沃（Cecco Bravo，1601—1661）所作。1621—1623 年画于圣马可赌场（the Casino di San Marco）的美第奇娱乐场，可能是卡洛·德·美第奇主教（Cardinal Carlo de' Medici，1595—1666）委托创作的。作品展示，在 1616 年哥白尼学说遭受批判后，美第奇家族还继续以伽利略的新发现而感到自豪，但作品放置于私人场所暗示了美第奇家族在宣传家族与伽利略的关系时的谨慎。

图 18 美第奇家族的一位宫廷画家贾斯特斯·苏斯特曼斯（Justus Sustermans，1597—1681）于 1640 年左右画了这幅美第奇家族群像。作品展示了科西莫二世·德·美第奇（1590—1621）和他的妻子玛利亚·马格达莱纳（Maria Magdalena，1589—1631）在 1620 年的样子，以及他们的儿子费迪南多二世（Ferdinand Ⅱ，1610—1670）。

图 19 这幅壁画是由雅各布·祖奇（Jacopo Zucchi，约 1541—约 1590）所作的，画作展示了美第奇家族在 1576—1577 年时罗马的美第奇别墅的花园。正是在这里，伽利略于 1616 年度过了一段无拘无束的时光。伽利略于 1633 年判罪后短暂地被关押的地方也是在这里。由于伽利略喜欢自己的花园，他肯定很喜欢在这里散步和聊天。

图 20 当奥拉齐奥 · 格拉西（Orazio Grassi）在罗马的书店拿起一本新近出版的《试金者》（*Assayer*，1623）时，脸色都变白了——可能是因为他看到书名页上印有教皇的徽章（圣彼得的钥匙和巴贝里尼蜜蜂* 在书页顶部的中心位置）。书名下还有切西的独眼山猫学会的标志。

* 三只蜜蜂是巴贝里尼家族的徽章的构成元素。

图 21 乌尔班八世（Urban Ⅷ）马费奥 · 巴贝里尼（Maffeo Barberini）的肖像，出自 1631 年出版的他的诗集的第一版。卡拉瓦乔（Caravaggio）和贝尔尼尼（Bernini）也给具有鉴赏家品味的乌尔班画了肖像。康帕内拉在乌尔班宫廷的成功部分是由于他对乌尔班诗作的无节制赞赏，乌尔班对自己的诗作非常自豪。

图 22 神圣智慧（Divine Wisdom）壁画（1629—1633），系安德烈亚 · 萨基（Andrea Sacchi）所作，位于巴贝里尼宫（the Palazzo Barberini）。画作系受教皇侄子塔代奥 · 巴贝里尼（Taddeo Barberini）的委托而创作。这是我们所拥有的证明巴贝里尼家族的宇宙论的提出是在伽利略被定罪之前的最好证据，尽管该宇宙论的解释还算不上直接明了（见下文图 24，通过有趣的比较，可以看出在太空中没有哥白尼所说的被画成球形的悬浮的地球）。[John Beldon Scott, 'Galileo and Urban VIII: Science and Allegory at Palazzo Barberini', in Lorenza Mochi Onori, Sebastian Schütze, Francesco Solinas eds, *I Barberini e la Cultura Europea del Seicento* (Rome: De Luca Editori, 2007), 127–136]

图 23 伽利略《对话》的书名页请求读者把这本书视作一场表演，在这场演出中伽利略扮演了哥白尼的角色。在拉丁文版中，书名页改了，因此哥白尼看起来像哥白尼，而不是伽利略，而哥白尼所坚持的哥白尼体系小模型，在走向象征性胜利，而不是走向象征性失败。画的布景明显涉及了伽利略的新物理学，以关于船和抛射物的争论，以及他对潮汐的解释为基础。

图 24 梅尔基奥·因楚发（Melchior Inchofer）的《简论》（*Summary Treatise*，1633）的标题页显示，巴贝里尼蜜蜂把地球固定在太空中——这清楚地表明了教皇个人对给伽利略定罪的态度。这本书的出版就是为了证明把哥白尼学说定为异端的决定是对的，而这个决定就是在伽利略受审期间确定的。

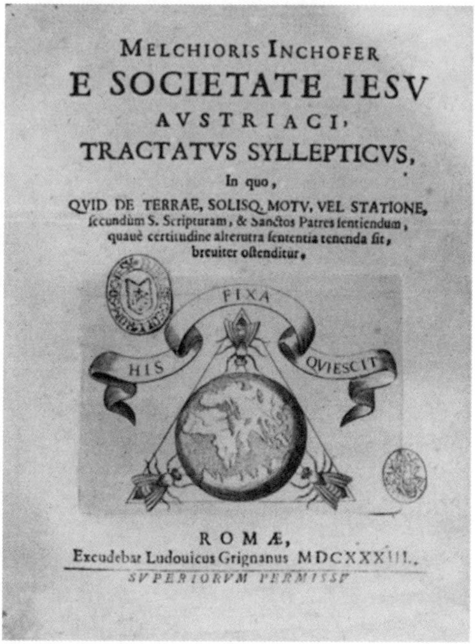
MELCHIORIS INCHOFER
E SOCIETATE IESV
AVSTRIACI,
TRACTATVS SYLLEPTICVS,
In quo,
QVID DE TERRAE, SOLISQ. MOTV, VEL STATIONE,
secundùm S. Scripturam, & Sanctos Patres sentiendum,
quauè certitudine alterutra sententia tenenda sit,
breuiter ostenditur.

ROMÆ,
Excudebat Ludouicus Grignanus MDCXXXIII.
SVPERIORVM PERMISSV

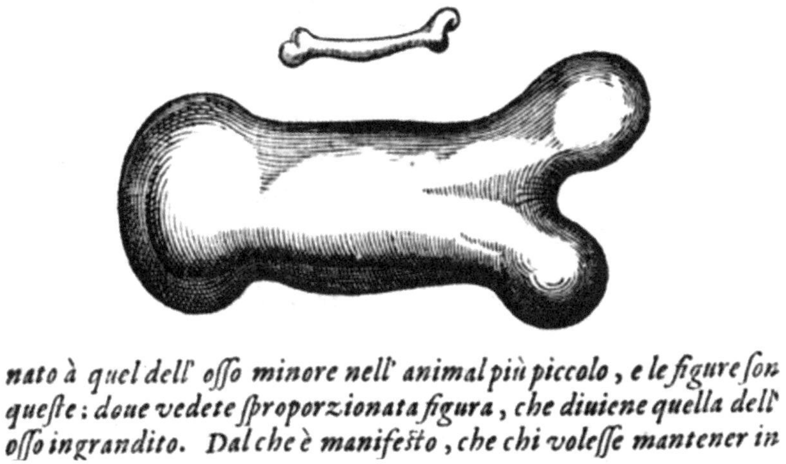
nato à quel dell' oſſo minore nell' animal più piccolo, e le figure ſon
queſte: doue vedete ſproporzionata figura, che diuiene quella dell'
oſſo ingrandito. Dal che è manifeſto, che chi voleſſe mantener in

图 25 这幅伽利略的《两门新科学的对话》(1638)的插图表明，如果将动物的身高提升至 3 倍，其骨骼粗度应该增加多少倍；骨骼按相应比例应承受的重量是 27 倍。

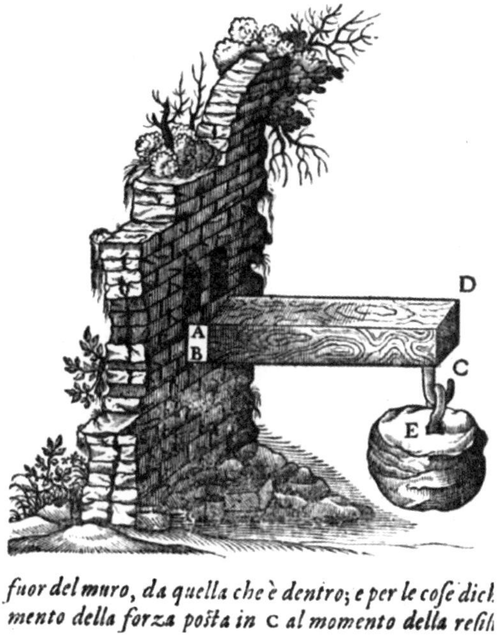

fuor del muro, da quella che è dentro; e per le coſe dich
mento della forza poſta in C al momento della reſi

图 26 这幅伽利略的《两门新科学的对话》(1638)的插图清楚地说明了伽利略的第一门新科学关注的是结构失效(structural failure)这个事实。如果他有关机械学的论著涉及的是理想化的机器，不存在缺陷和错误，那么他现在关心的是与理想化机器完全相反的方面，关注的是机器不能运行的节点。

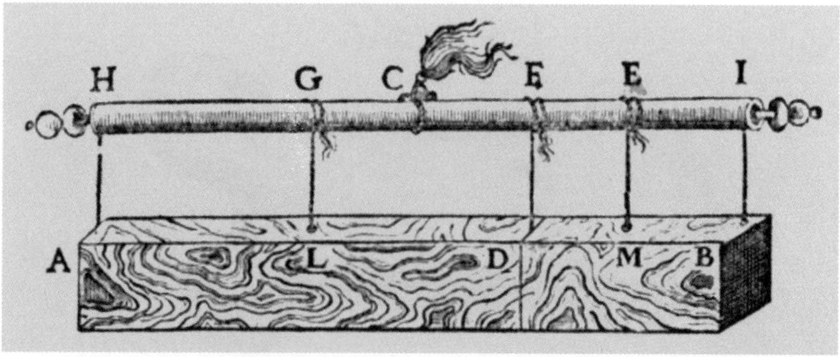

图 27 伽利略在《两门新科学的对话》中用这幅插图"证明"，两个砝码在距离平衡点的某段距离的位置上是平衡的，而这个距离与其重量成反比关系。这个证明不是数学上的，而是视觉上的，依靠的是一种思想实验（thought experiment）：首先想象一根横梁通过 H 点和 I 点悬挂在一根横杆上，这根横杆本身就是在 C 点上被吊挂着的。因为 C 点处在 A 点和 B 点的中间位置，因而这个系统是处在平衡状态的。接着想象在 D 点切割横梁，并在 D 处用系在 F 处的一根细线将横梁两端悬挂起来——显然没发生什么变化，系统还是处在平衡中。现在想象在 A—D 的中点 L 将 A—D 悬挂起来，在 D—B 的中点 M 将 D—B 悬挂起来。系统再次处在平衡状态。因此 A—D 和 D—B 相抵消，或者说任何与它们两者相等的重量都可抵消。如果人们想象在不同的位置上作一个切割点 D，很快就会发现 L 和 M 到 C 的距离与它们悬挂的重量成反比——即使数学证明超越了一个人的能力，人们也会明白这是正确的。因为这属于杠杆原理，在伽利略看来，所有的机器都是按杠杆原理工作的，数学上的证明并不重要。这个例子与伽利略早期对重心的研究论著类似，1588 年他把这个论著提交给了吉多巴尔多 · 德尔 · 蒙特和克拉维乌斯。

图 28 以维维亚尼所画的图为基础，人们在 19 世纪造出了一座伽利略所设计的摆钟。在克里斯蒂安 · 惠更斯（Christiaan Huygens）1656 年想出他自己的设计方案（以及维维亚尼在 1659 年画出他的设计图）前，伽利略摆钟的工作模型都没有造出来过，但显然，如果伽利略不失明，他应该可以造出一座能运转的摆钟。[Silvio A. Bedini, *The Pulse of Time: Galileo Galilei, the Determination of Longitude, and the Pendulum Clock* (Florence: Olschki, 1991)]

献给艾利森（Alison）

……，整个夜晚

我听到了细细的哭声

星星由明变暗，穿过天空

鲁伯特·布鲁克（Rupert Brooke），《快乐的伙伴》

（“The Jolly Company”，1908）

插图列表

10. 伽利略的《星际使者》（*The Starry Messenger*, Venice, 1610, f. 10v）中的月球插图。堪萨斯市琳达·霍尔科学、工程与技术图书馆。

11. 盗版的《星际使者》中的月球插图。多伦多大学托马斯·费雪珍本图书馆。

12. 罗多维科·奇戈利，《圣洁的圣母》（1612），罗马的圣玛利亚·马吉奥尔的博吉斯教堂。照片由罗马的亚利山德罗·瓦萨里拍摄。

13. 弗朗西斯科·维拉梅那（Francesco Villamena），伽利略版画，伽利略的《试金者》（1623）卷首页。多伦多大学托马斯·费雪珍本图书馆。

14. 弗朗西斯科·维拉梅那，贝拉明红衣主教的版画（1604）。© Trustees of the British Museum.

15. 彼得罗·法切蒂（Pietro Facchetti），费德里科·切西王子的肖像。照片承蒙罗马国家科学院提供。

16. 莱安德罗·巴萨诺（Leandro Bassano）所作,《圣马可的检察官》（*Procurator of San Marco*），詹弗朗切斯科·萨格雷多的肖像。牛津阿什莫林博物馆。

17. 弗朗西斯科·富里尼（Francesco Furini）或切科·布拉沃，《天文学家向科西莫二世揭示木星的卫星》，画作位于佛罗伦萨的美第奇娱乐场。© 2010. Photograph: Scala.

18. 贾斯特斯·苏斯特曼斯（Justus Sustermans），科西莫二世·德·美第奇（1590—1621）和他的妻子及儿子的肖像。佛罗伦萨乌菲兹美术馆（Galleria degli Uffizi）。© 2010. Photograph: Scala，经意大利共和国文化遗产与活动部许可。

19. 雅各布·祖奇（Jacopo Zucchi），美第奇别墅的壁画。作者的图片。

20.《试金者》（1623）的书名页。多伦多大学托马斯·费雪珍本图书馆。

21. 马费奥·巴贝里尼（Maffeo Barberini）的肖像版画，选自其《诗集》（Poemata）。多伦多大学托马斯·费雪珍本图书馆。

致谢

许多伽利略研究学者、科学史家和文艺复兴晚期史专家回应了我的咨询，其中包括乌戈·巴尔迪尼（Ugo Baldini）、西尔维奥·贝迪尼（Silvio Bedini）、多梅尼科·贝托罗尼·梅里（Domenico Bertoloni Meli）、马里奥·比亚吉奥里（Mario Biagioli）、克里斯托弗·布莱克（Christopher Black）、霍斯特·布雷德坎普（Horst Bredekamp）、马西莫·布奇安蒂尼（Massimo Bucciantini）、米歇尔·卡梅罗塔（Michele Camerota）、琳达·卡罗尔（Linda Carroll）、迈尔斯·查普尔（Miles Chappell）、戴维·科尔克拉夫（David Colclough）、彼得罗·科尔西（Pietro Corsi）、尼古拉斯·戴维森（Nicholas Davidson）、彼得·迪尔（Peter Dear）、西蒙·迪茨费尔德（Simon Ditchfield）、杰尔马纳·恩斯特（Germana Ernst）、丁科·法布里斯（Dinko Fabris）、费德丽卡·法维诺（Federica Favino）、莫里斯·菲诺基亚罗（Maurice Finocchiaro）、史蒂夫·富勒（Steve Fuller）、约翰·亨利（John Henry）、迈克尔·亨特（Michael Hunter）、玛丽·拉文（Mary Laven）、彼得·麦克默（Peter Machamer）、艾恩·麦克林（Ian McLean）、爱德华·缪尔（Edward Muir）、罗纳德·内勒（Ronald Naylor）、保罗·帕尔蔑里（Paolo Palmieri）、伊莎贝拉·潘廷（Isabelle

Pantin）、彼得罗·雷东迪（Pietro Redondi）、艾琳·里夫斯（Eileen Reeves）、尤尔根·雷恩（Jürgen Renn）、约翰·贝尔登·斯科特（John Beldon Scott）、理查德·萨金特森（Richard Seargentson）、迈克尔·尚克（Michael Shank）、迈克尔·沙拉特（Michael Sharratt）、威廉·谢伊（William Shea）、A. 马克·史密斯（A. Mark Smith）、罗伯托·维加拉·卡法雷利（Roberto Vergara Caffarelli）和尼古拉斯·威尔丁（Nicholas Wilding）。我感谢他们的耐心。我也感谢 W. P. 沃森（W. P. Watson）的里克·沃特森（Rick Watson）慷慨地把他的乔瓦尼·巴蒂斯塔·斯泰卢蒂（Giovanni Battista Stelluti）的《测探者》（*Scandaglio*）抄本借给我。

我也很感激有多次机会在听众面前探讨我的想法：在约克召开的英国哲学史学会的会议上，向牛津大学历史学系的戴维·克拉姆（David Cram）、罗伯特·埃文斯（Robert Evans）讲述我的观点，向牛津科学史博物馆的吉姆·班尼特（Jim Bennett）、斯蒂芬·约翰斯顿（Stephen Johnston）讲述我的观点，向华威大学文艺复兴研究中心的戴维·莱恩斯（David Lines）、萨塞克斯大学思想史中心的努德·哈孔森（Knud Haakonssen）讲述我的观点，在 2010 年在威尼斯的美国文艺复兴学会的会议上讲述我的观点。

莫迪凯·法因戈尔德（Mordechai Feingold）、宝拉·芬德连（Paula Findlen）、彼得·马克默、艾莉森·马克（Alison Mark）、保罗·帕尔蔑里、彼得罗·雷东迪、迈克尔·尚克、迈克尔·沙拉特和尼古拉斯·威尔丁阅读了我书本的几篇草稿。由于他们的建议，我的书稿有了很大的改进。本书编辑劳拉·戴维（Laura Davey）工作非常出色，至少找出了书稿定稿后的好几处错误。

艾莉森·马克、约克大学和利弗休姆基金会（the Leverhulme Foundation）对这项研究给予慷慨的资助。感谢一年有三个研究假。感谢马休·帕特里克（Matthew Patrick），他不断地跟我讨论传记问题。

最后，我承认欠了斯蒂尔曼·德雷克（Stillman Drake）人情。许多
xii 年前（我想是 1981 年），那时我是个年轻学者，刚开始学术生涯，斯蒂尔曼·德雷克花了一个下午向我展示他收藏的非常精彩的有关伽利略的藏书。我很高兴现在有机会记下他的这个善意。

目 录

第三部分　鹰与箭

第四部分　宗教裁判所的囚徒

目 录

导论 1

推测史学

根据历史的特点，我们永远都无法回到历史，再也不可能了。我们不能回到历史。历史只能来自历史留下的遗迹和其他蛛丝马迹，来自现今还呈现在我们面前的碎片残骸——那些逃过了时间和人类破坏的艺术品、纪念物、文书等——我们试图用这些重建历史。但是客观的历史，也就是人类创造和经历过的历史，与历史学家的历史并不（几乎不）相关：这种客观历史会考虑到那些对历史学家来说毫无价值的东西，它也会很残忍地破坏掉最重要的文献、最美丽的作品、最令人印象深刻的纪念物。它所留下的，只是我们所需要的碎片。因此，历史重建不可避免地会是不完全的、不确定的，甚至是加倍不确定的——科学有些许推测，保罗·瓦雷里（Paul Valéry）[*]所描述的历史也是如此。

——亚历山大·柯瓦雷（Alexandre Koyré，1961）[1†]

---

* 保罗·瓦雷里，19—20 世纪法国著名诗人。

† 亚历山大·柯瓦雷，20 世纪法国哲学家，著有科学哲学和科学史方面的著作。

我们对伽利略生平的了解，主要归功于三个人。其中一位是温琴佐·维维亚尼（Vincenzo Viviani，1622—1703），他是伽利略的最后一位学生，16 岁时遇到了伽利略，在他不到 20 岁的时候，他的老师就去世了。[2] 维维亚尼撰写了第一部伽利略的传记（这部书直到 1717 年才出版），他保管着老师的手稿，打算编撰成全集。维维亚尼死后，其财产最初由其侄子继承，1737 年，又传给了侄子的侄子们。这些人并不在意堂祖父对伽利略的热心——虽然 1737 年正好是伽利略最后受到了人们的尊敬，把他安葬在了佛罗伦萨（Florentine）的一个教堂里的年份。这些侄子们把维维亚尼收藏伽利略手稿的橱柜清空，将其用来储存对他们来说更为有用的东西：家用亚麻布。1750 年春季的一天，佛罗伦萨的一位文人乔瓦尼·巴蒂斯塔·内里（Giovanni Battista Nelli，1725—1793），绕路去一位他不经常光顾的屠夫那里买冻肉。当他和朋友一起走在乡下的路上时，他解开了包好的肉，看到包肉的废纸上的字似乎就
2 是伽利略写的。他飞快地回到屠夫那里（但他没有向朋友告知他的发现），最终探知了屠夫所用废纸的来源：维维亚尼老宅子里的一个装满文书的大箱子。维维亚尼的侄孙们正把这些文书当作包装纸按捆出售，他们很高兴能把整个大箱子卖给内里。

内里用这些珍贵材料写了一部伽利略的传记，最终他所收获的这些材料进入佛罗伦萨的档案馆。[3] 最伟大的伽利略研究者安东尼奥·法瓦罗（Antonio Favaro）在档案馆里利用这些材料进行研究，编成了意大利国家版伽利略作品集（1890—1909），该集共 20 卷，21 大册（第 3 卷分成两大册）。法瓦罗孜孜不倦、一丝不苟地研究这些材料，我们现在所知的有关伽利略的几乎所有事物，他那时就已经考证清楚了。[4] 但法瓦罗不是一个不带偏见的学者——谁都有偏见。他极力捍卫伽利略作为科学家、男人和虔诚的天主教徒的名声，而掩盖、忽视对伽利略不利的细节，或者尽可能地轻描淡写。但这些事实绝不会被一直隐藏下去。

伽利略 1642 年去世时，已经在佛罗伦萨生活了三十多年，积累了

大量的信件和文稿。但是在 1610 年他 46 岁从帕多瓦（Padua）[*] 迁移到佛罗伦萨时，肯定把衣物、书籍、文稿、望远镜和透镜打磨机等打包放到驴子或骡子背上——他大概扔了不少东西。在法瓦罗编的伽利略作品集（*Opere*）中，伽利略所写、他人写给伽利略或者与伽利略有关的书信就占了 9 卷。其中，第 10 卷包含了他 46 岁前的人生中的所有书信，第 15 卷就是 1633 年这一年的书信——这年伽利略受到了审判。这种数量上的失衡尤其令人失望：伽利略 50 岁以后就没有什么大的科学发现了，而绝大多数的材料来自他生命的最后几十年。另外，1637 年，伽利略失明，他失去了对自己文稿的掌控权：他曾扔掉的东西被原封不动地保留了下来。[5]

感谢维维亚尼、内里和法瓦罗，我们知晓了伽利略的许多生平细节，这些细节很容易被大量的材料所掩盖，包括一大箱文稿在内的这些最重要的资料也很容易被人遗忘。我们已经无法知道有多少份文书被拿出来用作了猪肉包装纸。不幸的是，这还不是我们面临的唯一问题。箱子里的所有文书最初都经过了维维亚尼的手。从 1642 年伽利略去世到 1703 年维维亚尼去世，维维亚尼一直在从事恢复老师名誉的工作。伽利略因宗教裁判所（the Inquisition）1633 年的定罪而名声受损，他要亲眼看到伽利略作为一个科学家，能获得与其地位相称的安葬方式（教会曾坚持伽利略只能以无墓碑的形式下葬）；他要见到伽利略的著作（包括其科学通信）都能出版。由于他的这些目的都没有实现，他转而修改了自己住宅的外观，作为对伽利略的纪念；他在石头上记录了伽利略的科学成就，但没有提到哥白尼学说（Copernicanism）和宗教裁判所的审判与定罪。

维维亚尼从事恢复伽利略名誉的运动的重点是伽利略是个好的天 3
主教徒，他已经承认在支持哥白尼学说上犯了错误，也遵从教会的判决。伽利略被维维亚尼描绘成一个因在 1633 年后蔑视宗教裁判而著作只能在国外出版而心情沮丧的人：但是相反的证据却一直被掩盖着，这

* 帕多瓦，临近威尼斯的一座意大利城市。

点是无可争辩的。[6]有人认为，维维亚尼真的相信伽利略支持哥白尼学说是个可悲的思想错误。然而证据显示，作为伽利略的忠实弟子，他怀着内心的不满，巧妙地将表面上顺从教会的要求和私下的不满结合在一起。[7]

维维亚尼专注于在意大利天主教徒中恢复老师的名誉，这在多大程度上会导致他伪造历史记录？我们可以确定的是，他的伪造已经达到某种程度。他打算出版一本伽利略和埃利·迪奥达蒂（Élie Diodati，日内瓦人，他表面上是个新教徒，但跟很多异教徒关系密切）之间有关经度测量的书信集。他告诉迪奥达蒂，他将修改或删除那些可能会引发对伽利略有敌意的、使出版难度变大的句子。[8]他打算略去什么？我们不知道。维维亚尼选出 13 封关于经度的信件，于是这些信件被保留下来直到在 1718 年出版。而这一年这些信件遭到了损坏。如果维维亚尼能够早些将信件出版发表，我们是没法看出这些信在多大程度上被修改了——虽然在另一例子中，我们发现了维维亚尼为了保护伽利略的声誉，重写了伽利略的一封信。[9]就我们所知，维维亚尼拥有大约 100 封伽利略和迪奥达蒂的通信。这些信件没有一封能流传下来；40 封完全遗失，其余的被保留在维维亚尼的部分抄本里，或者在 1718 年的版本里，或者在两个箱子里，在皮埃尔·迪皮伊（Pierre Dupuy）*的抄本里——我们不知道这些抄本对原本做了多少删改（甚至 1718 年版的信件显然也因故意遗漏而遭到了损坏）。[10]从理论上说，很可能每一封信件都被当作了意式熏肠的包装纸而没能留存到 1718 年，但更为可能的是这些信件都被维维亚尼毁掉了，因为信件中包含了伽利略在 1633 年之后仍然支持哥白尼学说的证据。[11]

这个指控是很严重的：如果维维亚尼准备篡改记录，那么我们可以假定他把任何能让人们对伽利略的虔诚产生怀疑的证据破坏掉。1673 年 7 月 24 日，他给佛兰德斯（Flanders）†的科学家兼外交官洛伦佐·马

---

* 皮埃尔·迪皮伊，17 世纪法国学者。

† 佛兰德斯，在今荷兰、比利时和法国邻近的地带。

加洛蒂（Lorenzo Magalotti）伯爵写了一封信，说他听说保罗·萨尔皮（Paul Sarpi）的信件不久就要在阿姆斯特丹（Amsterdam）出版，其中有伽利略和萨尔皮的通信。萨尔皮曾是与伽利略关系很密切的朋友，他因为是《天特会议史》（*History of the Council of Trent*，1619）的作者而在整个欧洲声名不佳。这本书被广泛地认为是自路德（Luther）[*] 和加尔文（Calvin）[†] 之后所出版的反天主教宣传最有力的一部作品。维维亚尼觉得，萨尔皮这样一本通信集的出版，尽管只涉及科学，但对伽利略的名声会有严重的影响。

在博洛尼亚（Bologna）[‡] 出版的 1656 年版的伽利略作品集［删去了 4
1633 年审判中遭到批判的《对话》（*Dialogue*）和其他内容］里，书报检察官要求，由于萨尔皮是一位已去世的被逐出教会的人，提到他的地方都要删掉。毫无疑问，维维亚尼会被禁止出版伽利略和萨尔皮之间的通信。但我们还是觉得他向马加洛蒂提出了建议：他一定是想掌握这批信件的原件，如果这些信件有原件及抄本的话。如果书信已经印刷出来了，他肯定会全部买下来——维维亚尼会付这笔钱。没有证据表明这批信件留在了不可靠的人手中。维维亚尼极其明确地说，无论如何都不能让书信出版；他没有说书信应该销毁——他认为马加洛蒂一定会被激怒，然后知道怎么做。“我不知道我在说什么，”他接着说道，“可怜可怜我这个忠实的弟子吧。”[12] 显然维维亚尼准备不惜采取任何手段去维护伽利略的名誉。因此，只有两封较早时萨尔皮写给伽利略的、内容没什么稀奇的信件流传了下来，还有两封（没有落到维维亚尼手里）是伽利略写给萨尔皮的。根据研究，我们知道他们早在 1616 年就开始通信了。[13]

历史的撰写要依据流传下来的文献——我们无法复原那些已经被当作包装纸卖出去的文书，或者恢复那些被伽利略的“忠实弟子”所毁坏的文稿。但如果我们考虑到，我们对事实的不同理解不是由于偶然事件所导致，而是因故意毁坏所造成的，那么我们在研究上将会做得更好。

---

* 路德，16 世纪欧洲宗教改革倡导者，基督教新教路德宗创始人。

† 加尔文，16 世纪瑞士宗教改革者，创立加尔文宗。

‡ 博洛尼亚，意大利北部城市。

即使我们拥有所有维维亚尼能掌握的文献，我们也无法直接获知哪些东西是伽利略思考过但从来没有说过的，哪些东西是他说过但从来没有写过的。我们可以确定的是，当伽利略提笔写作的时候，他就知道——他那个时代的每个意大利知识分子都知道——异端审判官查找异端证据，总有一天会读到他所写的东西。从伽利略的内心思想到法瓦罗所编的集子文本之间已经历过了重重审查，我们还能指望这样之后还剩下什么东西呢？答案很简单：我们必须特别注意那些让我们能更加清楚地了解伽利略和他的学生之间的对话的材料，以及那些伽利略最不害怕被人读到的文本（例如书的空白处）。我们可能无法与死人说话，但有时可以听到他们的对话，甚至还能发现他们的自言自语。[14] 在本书里，我特意给出这样一个偷听来的对话，这个对话比之前的有关伽利略的研究更有价值。

伽利略正式出版的第一本书是《星际使者》（*Starry Messenger*, 1610），在这本书里他宣称发现了木星的卫星，为支持哥白尼的大胆假说提供了新证据。这个假说认为地球是运动的，它不是固定不动地处在宇宙中心。在这本书出版后几个月，诗人约翰·多恩（John Donne）*出版了《第一个周年》（*The First Anniversary*），这本书中有这么几行：

新哲学召唤处在怀疑中的人，
火元素被完全扑灭了；
太阳不见了，地球也不见了，没有一个是有智慧的
可以很好地指导他去何处寻找。
人们坦率地承认世界已经疲惫了，
在星球上在天空中
他们找到了很多新的；他们看到它
又一次破碎了，变成了原子。
它全都成了碎粒，凝聚起来，

---

* 约翰·多恩，16—17世纪英国诗人。

都互相补充，互有关系；
王子、臣民，父亲、儿子，都是已被遗忘了的东西，
每个人都自以为
成为一只不死鸟，
没有一个人能成为这只鸟，只有他。
这就是现在世界的环境……

我们知道多恩读过《星际使者》——他在《伊格纳修斯的红衣主教团》(*Ignatius His Conclave*) 中提过伽利略。这本书写于同一时期，他在书中表明自己是支持哥白尼的。多恩在《第一个周年》中，把自己当作立刻就明白伽利略的立场的逻辑的人。有什么可以替代亚里士多德和托勒密（Ptolemaic）*的旧哲学？否定月下世界（sublunary world）†和月外世界（superlunary world）‡（这是多恩所写的"火元素被完全扑灭了"的意思——火元素的范围标志着地上世界和月外世界之间的界限）之间的不同；哥白尼学说（"太阳不见了，地球也不见了"）；原子论；平等主义；个人主义（伽利略实际上认为自己是一只不死鸟）；对新事物的无止境的探寻。[15] 1610 年，伽利略还只是专注研究上面这些问题的头两个，但多恩显然马上就看出了他的雄心壮志及其研究的方向。没有人能像多恩那样，真正理解伽利略第一本著作所隐含的革命性的真实程度。

多恩怎么有这样非凡的洞察力？比较有说服力的证据是，他在 1605 年以及有可能在 1606 年到过威尼斯，和英国大使亨利·沃顿（Henry Wotton）待在一起，他似乎遇到了保罗·萨尔皮，而萨尔皮曾经（或者是不久之后）与沃顿关系密切。[16] 伽利略和萨尔皮是好朋友，帕多瓦有很多讲英语的学生认识伽利略。[17]1605 年的多数时间里，沃顿出于某种特殊的原因关注过一个学生：苏格兰人托马斯·瑟盖特（Thomas

* 托勒密，公元 2 世纪罗马帝国时期的天文学家，其地心说宇宙理论在西方流行千年，占据主导地位。

† 月下世界，指月球下的地球。

‡ 月外世界，指月球以外的宇宙世界。

Seget)，因为与一位修女有性关系而被投入了威尼斯的地牢，接着又面临着修女的亲戚以捏造的罪名对他的指控。瑟盖特的时运极其不佳：这一年时间他一直被关押着，威尼斯当局制定了一项新的条例，没有充分的理由而进入女修道院者会被判死刑。[18] 当局不想接受沃顿所称的瑟盖
6 特只是年轻人的行为失检的解释。不过沃顿还是竭尽全力地多方活动，以便让瑟盖特能够获释。10 月份，他的努力终于成功了。如果多恩那时在威尼斯，他必然会对瑟盖特的案子感兴趣。当瑟盖特在沃顿的安排下，答应永远离开威尼斯及其领地，向好友道别（就如我们所猜测的那样）时，多恩可能就出现在这样的场合中。这些会见可能应该归功于沃顿个人对伽利略的兴趣：1610 年，他设法弄到一本《星际使者》，并寄送给了詹姆斯一世（James I）*，该书刚出版才几天就脱销了。

因此多恩可能见过伽利略；即使不是，他也可能从萨尔皮，或从沃顿，或从瑟盖特等那里了解到伽利略和萨尔皮都支持的新哲学、原子论和反宗教的思想。这样的对话应该是可信的——像沃顿和多恩这样的新教徒并不想给他们的天主教同盟者制造麻烦。在多恩读《星际使者》时，他就已经了解过伽利略的思想了——因此他很有信心能从所读的文本中读出文外之意。很可能多恩比我们更了解伽利略，因为他曾听到过伽利略毫无保留地谈论自己的个人见解。我们的任务——我们不可能完成的任务——不只是去读伽利略写了什么，而是去找出他想的是什么。为此，我们需要抓住那些流失很久的对话在其他现存文献中留下的痕迹。伽利略和多恩的对话可能在《第一个周年》中有所反映；幸好，还有其他我们所知的对话。如果我们注意到伽利略与他的朋友之间的对话，不久我们就会发现一个与维维亚尼和法瓦罗所描绘的虔诚的天主教徒很不一样的伽利略。

---

* 詹姆斯一世，17 世纪初的英国国王。

第一部分 7

内心之眼

我想，我看到我父亲了，……，用我的内心之眼看到了。

莎士比亚（Shakespeare），《哈姆雷特》（Hamlet）

一位在帕多瓦任教的教授认为他有了新发现，但没有人在墙上给他写上尊敬他的话语，他感到沮丧。于是，他壮着胆子，决定某个晚上带着梯子走出去，在公共场所涂写上“尊贵的某某教授万岁！”不幸的是他在爬梯子时遇到警察了，警察认为他是个贼，要把他抓到牢里去。如果他们没有注意到他系在腰间的颜料桶和手里拿着的刷子（这些显然已经说明了他的行为疯狂的特性），他可能处境更糟。但现在，新事物的发现者实际上已经被我们奉若神明了。[1]

罗多维科·德勒·科隆贝（Lodovico delle Colombe）*，

《礼貌的驳斥》（Polite Refutations，1608）

---

* 罗多维科·德勒·科隆贝，伽利略同时代的意大利亚里士多德学派学者。

1 9

父亲的儿子

伽利略的父亲温琴佐（约 1525—1591）是一位佛罗伦萨的音乐家。1562 年他在比萨（Pisa），他在此结婚并建立了一所音乐学校。我们不知道他是否为了爱情或者金钱而第一次迁徙到比萨，或许他来此既不是为了婚姻也不是为了把音乐学校办好。他的婚礼于 1562 年 7 月 5 日举行，长子伽利略出生在 1564 年 2 月 15 日。[2] 现存的文献包括伽利略父亲的好朋友穆齐奥 · 泰达尔迪（Muzio Tedaldi）所提供的账目，他在 1573 年（这年伽利略 9 岁——穆齐奥的开支账目中包括了购买一个圆球）负责处理其事务，而这时温琴佐在佛罗伦萨。另外一份文献是温琴佐在一场拖欠丝织品的生意争执中聘请其妻姐为其代理人的文件（这些丝织品起初是其妻姐所有）。[3] 这件事，以及温琴佐曾收取了其妻的布料嫁妆的事实说明，他妻子的家族是经营丝绸、棉布和羊毛的，而他有可能为弥补音乐家收入的不足而在这些生意中发挥了一定作用，或者他妻子以他的名义从事商业买卖。[4] 一份现存的材料说伽利略曾经打算从事羊毛生意——这是受了他母亲而不是父亲的影响。所有的材料都认同，这个家庭是贫穷的。他们的收入仅能勉强度日。长子伽利略后来强调，他从父亲那里没能继承下什么财产。

生活的艰难困苦必然对伽利略早年的生活有很大的影响。这在多年后他所写的一个注释中有所反映。这个注释出现在1619年由著名的耶稣会批评者奥拉齐奥·格拉西（Orazio Grassi）所著的一本书中，伽利略在书中用了萨尔西（Sarsi）的笔名：

> 萨尔西就像这样一种人：他们要去买一块丝绸布料，拿着布料出了店门，在店外的空地里一点一点地查验布料，试图找出最轻微的污迹和最小的瑕疵，一旦他找到绸布最小的一点纰漏，他们就会说整块绸布都有问题，极力压低价格，根本不管这块布的其他部分是完好的，是花费了大量的精力、时间、耐心和克服了种种困难而造出来的。实际上这是多么的野蛮和残忍，竟然对布匹上的小小瑕疵和露出的线小题大做，当他们穿上这块绸布做的衣服时，他们已经对这块布料切、轧、剪了上千次。他们穿着这件衣服去化装舞会，去赌博，或者去剧院，他们知道聚会活动结束前衣服就会被泥土完全弄脏，被撕成碎片。[5]

当伽利略想起某些人但记不清他们的详细外貌时，他就回想起自己童年时代的比萨，想起自己的父母没能赚到钱的布匹生意。

小伙子很快显示了他对制作（船和水磨坊）机械模型的兴趣。他学会了弹奏琉特琴（lute）*，并且达到了职业水准，就如人们对自己的儿子所期待的那样。他也在绘画方面显示了相当的天赋。后来他经常和画家们待在一起，并说如果他不做哲学家就会成为一位画家。[6]伽利略想靠双手工作的意愿（在他那个年纪，从事手工劳动被认为是有失身份的）对他后来的成功是至关重要的：他所用的望远镜是最简单的一种，一直用了二十年，因为他亲自磨透镜，而那时其他天文学家都是从眼镜工匠那里购买透镜的。[7]

伽利略后来的一件事就很能说明他由于有手工劳作的意愿而导致社

---

* 琉特琴，文艺复兴时期欧洲最风靡的家庭独奏乐器。

会地位模糊不清的情形。1630年，佛罗伦萨驻马德里（Madrid）的大使答应送给西班牙国王一架伽利略望远镜。一位佛罗伦萨外交官正好要去马德里，他接到指示要学会使用伽利略望远镜并把它带到马德里。但他显然不是很重视这件事，而且由于时间紧迫，他完全没有按上头的指示做。等他到了西班牙，惊奇地发现，国王不断地纠缠着问他要望远镜。他被迫写信回佛罗伦萨让人把望远镜寄送过来。望远镜终于送来后不久，上面的物镜却掉出来摔坏了。他又被命令尽快再弄一架新的望远镜来。他写给佛罗伦萨的信让佛罗伦萨当局很不耐烦，甚至对这事的反应还有些傲慢。他似乎没有把信息完全地转告给西班牙政府；他被告知，望远镜的制造者不是什么工匠，不是可以被命令做事的，他是一位哲学家和伟人，要带着尊重的态度和他接触。[8] 在拥有商业贵族阶层的佛罗伦萨，一个伟人用手劳作的观念对某些人来说是可以理解的［这位郁闷的外交官以扫·德尔·博尔哥（Esaù del Borgo）显然对此不理解，他似乎也没完全明白伽利略望远镜对西班牙国王的意义］；但在西班牙则不一样，国王大概认为伽利略的社会地位就和工程师和画家科西莫·洛蒂（Cosimo Lotti）一样。洛蒂在从佛罗伦萨迁移到马德里前，有时候会受雇为大公（the grand duke）的宴会制作蛋糕。

小伽利略从学校老师那里接受了当时标准的人文主义教育——拉丁语、希腊语、亚里士多德的逻辑学——他接受教育的地方起初在比萨，然后在佛罗伦萨。在10岁生日前后，他和母亲及妹妹维吉尼亚（Virginia，生于一年前的1574年）迁到佛罗伦萨他父亲那儿。他父亲
当时正逐渐得到美第奇（Medici）[*]家族的赏识。小伽利略还花了些时间 11
到佛罗伦萨以东40英里[†]的瓦隆布罗萨（Vallombrosa）的一个修道院做见习修士，可能是为了获得免费教育。当他刚要在修道院起誓（因此这时他可能已经14岁）的时候，他父亲前来把他带走了，说他因为眼部感染要进行紧急治疗。他父亲认为儿子不应出家修行而是要去求职谋

* 美第奇，意大利佛罗伦萨13—17世纪时期在欧洲拥有强大势力的名门望族，佛罗伦萨的统治者。

† 1英里约合1.61公里。——编者注

生。当我们对伽利略的母亲朱莉娅（Giulia）了解得更多时，就会发现她是一位希望有一个儿子做僧侣的妇人（事实上伽利略一直没有结婚）。因此，我们可以猜测伽利略的父母对孩子成为什么人有过争吵。在后来的岁月里，伽利略肯定和朋友说过，他曾经离贫困、圣洁和顺从的生活是多么靠近：1588 年他回到瓦隆布罗萨任教时，同样的问题又来了。[9] 一位朋友，成了他的敌人，这个人被解除了教会的职务，他把"被驱逐"视为最大的屈辱，他在法庭一起案件中伽利略的书面证词边上重复地写上"sfrattato"（被驱逐）这个词。或许，伽利略有时会后悔父亲把他从修道院生活中解救出来：他很疑惑妹妹愿意献身去女修道院做修女，而他则把自己两个受过教育的女儿交付给女修道院。[10] 可能他认为这么做是自己已把孩子的最大利益放在心上了。虽然到临去世前，他对宗教生活的态度已经有所改变。在他最后的一份遗嘱中，他取消了那些已经进入修道院和女修道院的子孙的继承权。[11]

伽利略 16 岁时，父亲决定凑钱把他送到比萨的一所大学学习，打算让儿子成为一名医生。其实伽利略这个名字就是取自他一位曾做过医生的著名祖先的名字。伽利雷（Galilei）家族宣称，他们的血脉就是从这位最初的伽利略开始传承下来的。伽利略要住到比萨，住到父亲的老朋友穆齐奥·泰达尔迪的家里——但是，有个相当苛刻的条件：他必须和那个与他一起生活的女人结婚，否则就要和她分手。泰达尔迪的情妇（如果她是他的情妇——他断然否认他们之间有性关系）是伽利略母亲的亲戚，她非常要面子。我们能猜出这个条件是朱莉娅而不是温琴佐提出的。后来，伽利略有了情妇，但没有和她住在一起，也没有迹象显示他曾考虑过要娶她。

伽利略的父亲肯定对小伽利略产生过重要影响。温琴佐是一本重要音乐理论作品《关于古代和近代音乐的对话》（*Dialogue on Ancient and Modern Music*，1581）的作者 [12]：后来伽利略用意大利文写对话时就效仿父亲的做法。伽利略还把这本书的复写本到处散发——我们发现他把书借给了一位朋友。[13] 在对音乐和谐的研究中，温琴佐做了许多实验，伽利略对此是了解的，而且可能还帮忙进行过实验。温琴佐揭示，不只是弦的长度决定了所演奏的音调，弦的材质、直径和张力也都起到作用。这就涉及一个简单的实验装置了，在这个装置里，重物挂在不同材质的弦上。但是当然了，每个琉特琴演奏者都知道，通过缩短琴弦，或 12
者按压指板，或拉紧琴弦，可以提高音调；温琴佐应该也知道，使用新琴弦需要重新定音。因此他的实验，就如我们所称这些做法为实验那样，确实是展示他所知事物的方法。他不能忍受那些他所称的毕达哥拉斯学派（Pythagorean）的人，这些人认为音乐可以通过简单的数学比例来解释，并坚持认为所有的知识必须都通过经验的验证。我们相信，他曾告诫小伽利略不要信任抽象的推理。伽利略始终是音乐家的儿子，当他要描述他试图引介到哲学里的改革举措时，他把这个举措比作给管风琴调音。而同时，他一直（至少是在 1597 年之后）强调他是个毕达哥拉斯（Pythagoras）的信奉者：他不仅相信数学抽象的力量，而且毕达哥拉斯还是第一个提出地球围绕太阳转的观点的人。每次伽利略宣称他是毕达哥拉斯的信奉者时，他就是在否定自己与父亲的关系。

对儿子来说，年老的温琴佐可能就象征着失败。他确实给儿子展示了一个雄心受挫的典型形象。温琴佐把自己视作一个从来没有获得巨大成就的人，他能取得的些许成就都是在法庭上。伽利略顽强地拒绝向检察官低头，宁可因此失去名誉地位，这些都可以看作是他拒绝重复父亲的失败人生。但温琴佐对儿子的最大示范作用可能在别处。16 世纪后期的意大利文化沉迷于对古代的模仿。在哲学上，在医学上，在法律上，在雕刻上，古代的范式都是被模仿的对象。在音乐中，这种情形更为复杂。温琴佐认可当时这样一种看法：古代的音乐是独奏式的（monodic），而近代音乐是多声式的（polyphonic）。他认为古代音乐是直接与灵魂对话，优于近代人所创作的任何音乐作品。而他就在很多作曲作品中试验用了古代的独唱（monody）（这些作品没有一首流传下来，人们认为它们开创了歌剧中吟诵的先河），所创作的音乐作品大部分是“近代”音乐。

有人认为，温琴佐敏锐地意识到古典理想已经不可能达到，这使他的音乐成为第一批具有自我意识的近代作品。还有人认为，他追求理想而不可得意味着他已经陷入了充满混乱和矛盾的思想世界中。[14]小伽利略要选择一个更为简单的世界。文艺复兴时期的数学家们声称他们可以做古代人做过的东西，但做得更好。他们非常真诚地相信进步的作用。对小伽利略来说，由于不能忍受父亲的焦虑，这似乎肯定是一个非常有吸引力的想法。最终这个世界会让你为自己的成就感到骄傲。

可能有人认为，在小伽利略时代，进步观念在那个世界可能还未广为人们接受。确实，在16世纪，除了绘画和数学领域，实际上进步的观念还是很少有人接受的。[15]但几十年过去后，这个观念变得越来越强大。17世纪30年代，一套两卷本的专著在威尼斯出版了，它显示了近代人比古代人更具有优势：塞肯多·兰斯洛蒂（Secondo Lancellotti）
13 的《现在的思想和以前一样好》（*Nowadays, or Today's Minds as Good as Ever*）。[16]1635年，伏尔根齐奥·米坎齐奥（Fulgenzio Micanzio）曾报道过有一种新的水泵被发明出来了，这种水泵可以为消防龙头提供动力，他认为人们一直是越来越聪明。[17]1637年，伽利略的一位朋友声称，血液循环的发现将会使医学发生革命性变化，罗盘已经彻底改变了海上航行，火药也完全改变了战争。[18]

可是，尽管伽利略坚定地站在进步一边，他的最终命运还是重复了他父亲的所为。温琴佐·伽利略不赞成毕达哥拉斯学派有关和谐贯穿于整个宇宙的观念，他暗示有些领域可能不存在音乐：声音是特殊物质的不完美的产物。他的儿子要终止对自然对应关系的破坏，人们猜想这种对应关系存在于微观世界（人的小世界）和宏观世界（被赋予神的力量一样的宇宙）之间。他还要重新界定宇宙的范围，这样天堂和地狱将不再存在于物理空间里。他要让他的大多数读者向往那个已经不可以恢复的过去，就如温琴佐的读者做的那样。

2 14

佛罗伦萨

伽利略出生在比萨，在那儿度过了童年大部分时光，他在那儿上大学，在那儿得到了第一份正式工作。伽利略的父亲是个佛罗伦萨的绅士（虽然那时他生活潦倒），他只是碰巧在比萨生活了几年并结了婚。维维亚尼认为强调这一点很重要。伽利略一辈子都认为自己是佛罗伦萨的绅士，“nobil fiorentino”[*]。[1] 意大利人经常通过人的出身城镇来辨别人的身份——列奥纳多·达·芬奇（Leonardo da Vinci）、彼得罗·佩鲁吉诺（Pietro Perugino）[†]——而且比萨人（还有其他地方的人）也很自然地称伽利略为“il pisano”[‡]。这并没让他开心。比萨是个死气沉沉的地方。但它曾经是个自由和独立的城市，是亚诺河（the river Arno）[§] 畔的一座繁忙的港口，但现在其人口已减少到只有 1 万人，一半的街道都空荡荡没有人，其大学只在本地出名。佛罗伦萨是托斯卡纳（Tuscany）[¶]的首府，

---

* nobil fiorentino，意大利语“佛罗伦萨贵族”之意。

† 彼得罗·佩鲁吉诺，15—16 世纪的意大利画家。

‡ il pisano，意大利语“比萨人”之意。

§ 亚诺河，意大利中部河流。

¶ 托斯卡纳，位于意大利中部的地区。

人口有8万。这里政府部门集中，风行时尚。伽利略和他父亲一样坚信，佛罗伦萨是而且将来一直是自己真正的家。他成为学生的时候回到了比萨，回到母亲娘家的世界，并没有回到家的感觉。他到大学报到注册时，登记的身份是来自佛罗伦萨的“Florentinus”[*]，而不是来自比萨的“Pisanus”[†]。[2]后来人们通常猜想他出生和成长于佛罗伦萨。[3]但传闻恰恰与实际情况相反。曾把他告到宗教裁判所的反对者说，伽利略说自己是佛罗伦萨人，但他实际上是比萨人。[4]

伽利略终其一生始终是意大利北方一座小城的居民。拿一幅地图和一副圆规，以佛罗伦萨为圆心，以275公里为半径画一个圆：伽利略从来没有走出这个圆。热那亚（Genoa）[‡]人口有6万，位于西北方，威尼斯（15万人口）和洛雷托（Loreto）[§]位于东方，罗马（110万人口）在南边，是他旅行的最远界限。他有一句很生动的话语，说他把曾经去过热那亚、罗马和米兰（Milan）[¶]的人描述成看到整个世界的人。[5]他弟弟曾去波兰找一份音乐家的工作；伽利略就留在家附近。他确实讲过他的远行——去那不勒斯（Naples）[**]，甚至去西班牙。[6]当他动身时，他的方向是南方而不是北方。他写的书都远行越过了阿尔卑斯山，他却没有出过那么远的门。在帕多瓦，他教授着来自欧洲各地的学生，但他
15 从来没有去各地看过这些学生。几十年前，哲学家焦尔达诺·布鲁诺（Giordano Bruno）[††]在牛津讲学，住在巴黎和伦敦，他回到意大利后被指为异端并被活活烧死。伽利略无意效仿他。

在伽利略漫长的一生中，世界已经发生了变化。当他4岁时，荷兰人开始了反抗西班牙的斗争。他死后六年，明斯特条约（the Treaty

---

* Florentinus，拉丁语“佛罗伦萨人之意”。

† Pisanus，拉丁语“比萨人之意”。

‡ 热那亚，意大利西北部港口城市。

§ 洛雷托，意大利中部著名的天主教朝圣地。

¶ 米兰，意大利北部城市。

** 那不勒斯，意大利南部海滨城市。

†† 焦尔达诺·布鲁诺，17世纪意大利思想家、自然科学家、哲学家和文学家，支持哥白尼学说。

of Münster）[*]承认荷兰从西班牙独立。在伽利略生活的年代里，欧洲财富和力量的平衡逐渐由南方转向北方，从天主教转向新教，虽然这种趋势在好几个历史时期［如1620年白山战役（the Battle of the White Mountain）[†]之后的几年］中似乎要被扭转了。在去世前，伽利略依赖一位日内瓦中间人和荷兰出版商，还在与荷兰政府谈判。伽利略的第一本生平传记在1664年出版于英格兰。伽利略没有预见到这些变化，他的著作也没有加快这些变化（就像保罗·萨尔皮那样）。如果说有什么不同的话，那就是伽利略1610年从威尼斯迁移到佛罗伦萨，说明他误解了历史的进程，因为佛罗伦萨向南方寻找同盟者，而威尼斯则向北结盟。如果这些变化没有发生，如果真的这样，伽利略被人们记住的，将是一个著作受到批判、不准出版发行的籍籍无名的异端哲学家。如果人们记住他的是近代科学的创立者的形象的话，应该感谢——尽管这是维维亚尼的努力——天主教，而不是欧洲的新教。

伽利略似乎——至少从他存留至今的文献证据来看——对欧洲政治有点兴趣。我们可能也会猜想，遥远的地方会激发他的想象力。1617年，他最好的朋友詹弗朗切斯科·萨格雷多（Gianfrancesco Sagredo）在威尼斯，送给他一只笼鸟，这只鸟是千里迢迢地从印度的阿格拉（Agra）[‡]弄来的。萨格雷多［曾担任过威尼斯驻阿勒颇（Aleppo）[§]的代表］看出这只鸟有长途旅行的欲望。他决定把鸟送给伽利略，因为他担心自己会因这样一只珍稀生物死在自己手里而深感不安，看起来他极有可能想让这只鸟活得更长久。鸟被送走了——萨格雷多听不到鸟鸣了。没有感激，没有谢意。最后他从伽利略那里得到了消息：猫把这只鸟逮了。[7]没有证据显示伽利略（就如萨格雷多所感受的那样）因事情发生了这样的变化而感到悲伤。

---

* 明斯特条约，16世纪西班牙与荷兰人签订的条约，标志欧洲三十年战争的结束。

† 白山战役，欧洲三十年战争中的一场战役，巴伐利亚天主教军团战胜了波希米亚的新教军团。

‡ 阿格拉，印度北部的一个城市。

§ 阿勒颇，在今叙利亚北部。

根据萨格雷多的描述，这只鸟实际上相当普通。但萨格雷多热爱所有的生物——他形容自己的房子是一艘方舟。我们知道他的两只狗的名字（是伽利略从佛罗伦萨送给他的，佛罗伦萨专门饲养最好的猎犬），我们知道母狗长得很漂亮而公狗很丑，我们也知道公狗把家具咬坏了，在地毯上胡乱扒弄。[8] 而萨格雷多想象着他是陪伴着这只鸟从印度来到了意大利。伽利略收集果树，就我们所知，他不养狗。而印度似乎已经超出了他的想象范围。这就很令人惊讶了：毕竟他以心灵之眼已经旅行到了
16 行星和恒星了。似乎他被那些不会遇到其他人类的地方所吸引。确实如此，因为他认为人类大体上来说是相当险恶的种类。他写道，他们（人类）很少会花费心思去相互帮助，而是一有机会就互相钩心斗角。[9] 而且他敏锐地意识到，世界上存在这样一个偏见：人民大多数是无知的，相比那些比无知者懂得更多的人，没有什么东西更能激起无知者的敌意了。[10]

虽然伽利略在临死前对自己的著作用拉丁文（拉丁文是国际思想领域的专门语言）出版已经不抱指望，虽然他在做大学教师的整个职业生涯中都是用拉丁文讲课，但他只用拉丁文写过一本小册子：《星际使者》。他更喜欢像父亲一样，用托斯卡纳语（Tuscan）写作，这是佛罗伦萨的一种语言，但丁（Dante）[*]、塔索（Tasso）[†]和阿里奥斯托（Ariosto）[‡]都使用这种语言。年轻的时候他曾向佛罗伦萨的听众讲述但丁，在讲座中，他为自己在演讲中不得不将一些源自希腊语或拉丁语的单词引入“纯正的托斯卡纳语”而表示道歉。[11] 在他的书被禁前，他希望他的书能被人读到，这些读者不是在牛津和剑桥，不是在巴黎和布拉格，而是在佛罗伦萨和博洛尼亚，在罗马和威尼斯，在帕多瓦和比萨。比萨太小了，容不下年轻的伽利略的雄心壮志，意大利北方对他来说才足够大。我们可以补充说，意大利北方的范围比我们最初想象的要大：伽利略 1600 年以佛罗伦萨为中心的旅行范围内有十六个人口达到 1 万的城市，相比之下，同样规模的城市，整个法国只有七个，英格兰

* 但丁，13 世纪末意大利著名诗人。

† 塔索，16 世纪意大利诗人。

‡ 阿里奥斯托，15—16 世纪意大利诗人。

只有四个。[尽管伦敦比威尼斯大得多，但约克（York）[*] 的规模和比萨大致相当。] 在这方面，伽利略生活的范围都是他父亲所去过的地方。他决定用托斯卡纳语出版第二本著作，为此他辩解道，他真正关心的就是佛罗伦萨同胞们对他的看法。

相比于向意大利听众发表演讲的愿望，伽利略更想以托斯卡纳语出版自己的著作。拉丁语虽是国际思想领域的专门语言，但那是因为拉丁语是大学里所使用的语言。在大学里，伽利略所批判的亚里士多德科学（Aristotelian science）占据着统治地位。伽利略通过用意大利语出版著作，呼吁受过教育的大众反对大学，就如路德，通过用德语出版书籍，呼吁受过教育的大众反对神学家。甚至在伽利略以自己的名义用意大利语出版著作前，1612 年，他极有可能与用帕多瓦语写的讽刺性对话的小册子（1605 年）和另外一本匿名的以托斯卡纳语写的书（1606 年）的出版有关系——他已经在试图逃离大学学术研究的狭小世界了。[12]

当然，伽利略的书走得更远——甚至到了莫斯科。但读完这些书（除了第一本外），你的头脑里必定听到一种语言，这种语言我们称之为时代错置的意大利语。但是，在伽利略的时代，有许多不同的意大利语，它们与伽利略写作所用的佛罗伦萨语不一样。当他的第一本书在罗
马出版时，他很担心，唯恐罗马的排字工会把他的托斯卡纳意大利文转 17
成罗马意大利文，当他收到来自奥格斯堡（Augsburg）[†] 的一位读过他的书的人士用正确的托斯卡纳语所写的信件时，他说感觉到自己似乎把奥格斯堡带到了佛罗伦萨的城墙里，实际上让他感觉好像佛罗伦萨征服了奥格斯堡。[13] 因此，在他的脑海里，是他的书把世界带给了他，而不是把他带给了世界。即便如此，他的意大利读者比其他人对他来说更为重要。直到临终，他还得知，他的《对话》（*Dialogue*）拉丁文译本使整个欧洲的天文学家变成了哥白尼学说的拥护者。他的回应是，因为意大利没有一个人获准阅读这本书，他担心这本书终将被人遗忘。[14] 荷兰的读者就能读到这本书。[15]

---

[*] 约克，英格兰东北部城市。

[†] 奥格斯堡，德国中南部城市。

18 3

伽利略的灯

现在来了解一下伽利略的思想生活。我们应该看看眼前有什么信息。从 1581 年伽利略成为大学生到 1610 年他出名为止，关于这个时期伽利略的精神生活的信息，我们所知甚少。在接下来的几个章节中，有很多争论是有必要的，是探测性和猜测性的。如果存在一份我们可以利用的叙述文字材料，我会毫不犹豫地从中得出结论并继续研究，但现存的资料中没有这样的材料。

下面几章要探讨的是个双重过程。首先是一门新物理学的发明，这个物理学最终由牛顿（Newton）[*]完善定型。伽利略发展了惯性原理的概念，发现了落体加速度定律、抛射物的抛物线轨迹以及钟摆的等时性（the isochronicity of the pendulum）（钟摆等时的原理，任何长度的两个钟摆保持同样的摆动时间），他第一次将运动是相对的概念以公式的形式表达出来。这五项创新算起来是从亚里士多德到牛顿之间科学最重要的发展——或者，用现在的话来说，伽利略的成就是两千年来哲学上最重要的进步。[1]其次，是实验方法上至关重要的进步。伽利略并没有发

* 牛顿，17 世纪英国伟大的物理学家。

明实验方法，他在这方面的贡献是有限的。然而他的实验方法比以前的人做得更加有效，他的学生成了最相信科学实验的思想转变者。

这个双重过程的问题是——新物理学和实验方法——对于我们来说，很容易低估过程中所遇到的障碍。不用掌握实验方法也完全可以进行实验。同样的，不用掌握相关的整个讨论过程，我们也能发现与新物理学有关的端倪（例如抛射物的抛物线轨迹），而这些讨论到了 1610 年时伽利略已经有所了解。如果我们要公正地评判伽利略的成就，我们就要明白，他在一步一步地前进时是不知道自己要往哪里走的。只是到了人生的尽头，他才回顾往事，明白了自己已经创建了一门新的物理学。我们可以看出他每走一步所蕴含的意义。因此，最终他自己也能看出。但这时已经到了他旅程的尽头了。

1581 年，伽利略被送进大学学习医学。医学不仅仅是通往优厚待 19
遇职业的途径，也是各门科学中最具实证性和实践性的学科，是受到抽象理论影响最少的学科。因此医学是反毕达哥拉斯学派的温琴佐给长子最合适的选择。医生在毕业前都要接受一定的数学教育，主要是给病人占卜星相，占星的结果会告知他们病人一贯的情绪是怎么样的，这时最好该采取什么治疗方法。占星术被认为是医学的一部分。天文学和占星术还不是被严格区分开来的学科，而是一个领域的两个方向。但是伽利略没有耐心学这几门数学课，他到父亲的朋友，佛罗伦萨人奥斯蒂里奥·利奇（Ostilio Ricci）那里，这个人在美第奇宫廷中教授数学，答应可以瞒着温琴佐来教他数学。伽利略一接触到利奇的讲课就爱上了数学。不久父亲就怀疑他没在专心学医，亲自跑到比萨去看看儿子在干什么。但伽利略暂时装作还在学医，他把薄薄的数学书藏在了厚厚的医学教科书里，瞒着自己在看数学书的事实。[2]

这里我们有必要打断一下。伽利略向父亲隐瞒自己真实想法和情感的情形，给我们点出了他未来的行事风格。当伽利略被禁止写书支持哥白尼学说时，他用了同样的方式来应付：他尽可能地推延自己的反抗行为，而是试图创造一个自己的个人世界，在这里他想怎么做就怎么做。后来，在他被判罪之后，他表示遵守教会的判决，但是他竟把自己的手稿偷偷带出国外。社会科学家阿尔伯特·O. 赫斯曼（Albert O. Hirschman）*把人们对待（政党、机构、货物和服务供应商、配偶，甚至教会的）归属关系的态度分为三种：忠于、发出不同的声音和脱离。[3]我爱我妻子，我要和她在一起。我和妻子之间出现问题，我要改变我们之间的关系。我离开我妻子，我不要和她有关系。伽利略的实践是外表服从，内心逃脱。这是抵制而不是反抗，是进行破坏而不是彻底革命，是暗中反抗而不是服从。

据维维亚尼说，伽利略在转向学数学之前有个重要发现。有一天，他在参加大教堂的一个活动时，注意到了一盏用长链子悬挂着的灯。这盏灯已经被点着了，灯慢慢地前后摇动。他按着自己脉搏跳动节奏和礼拜音乐的节奏计算着每个摆动的长度，他发现，每个摆动的弧度都比前一个摆动弧度短，而每个摆动所用的时间是一样的。维维亚尼说，他接着用实验确认了他的发现。伽利略发现了一个精确计算时间的方法。（在摆钟发明之前，钟表的走动是由重量所驱动，和准确的时间相差较多。）起初，作为一名医学生，他用钟摆来测量病人的脉搏率。[4]

20 维维亚尼的故事有时候被人解释为，伽利略在青少年时期就已经发现了如今所称的钟摆定律。如果这是真的，那么那个时候伽利略已经创建了近代物理学了。亚里士多德学派的哲学家们没有注意过钟摆，但是如果他们注意过，他们很可能搞不清楚其中的原因。起初钟摆似乎是一直摆动的，几乎不会停止，而在亚里士多德学派的物理学中，运动是被假定为当物体接近其自然终止之处时就会停止。其次，很明显的是，钟摆速度会慢下来，而当它摆动时速度会加快。对于为什么落体下降时会获得速度，为什么一个被扔向上的物体上升时失去速度，中世纪的哲学家提出了各种经验性的解释，但没有一个人能对钟摆交替加速和减速的完美对称做出解释。他们只是看到了钟摆的摆动，更不必说理解其原理了，人们需要跨入近代物理学的大门。

维维亚尼的这个故事长久以来被当作一个虚构的传说而不被人认

* 阿尔伯特·O. 赫斯曼，当代德裔美国经济学家。

可。在伽利略自己的文献中，没有证据显示他对钟摆有兴趣，直到二十年后。19 世纪时，比萨大教堂的那盏据说就是被他观测了其摆动的灯——所谓的伽利略的灯——被证明是伽利略的学生死后不久才安装的。1614 年，伽利略的朋友桑托里奥·桑托里奥（Santorio Santorio）声称已经发明了“*pulsilogium*”，一种测量脉搏率的钟摆装置，而伽利略不是那种抢夺朋友功劳的人，从来不对朋友的这个说法质疑。然而英语学术界最伟大的伽利略研究者斯蒂尔曼·德雷克（Stillman Drake）*声称，伽利略从父亲那里学习了实验方法。德雷克指出，他很可能把父亲那个琴弦重量的实验引入他的钟摆实验里。德雷克也相信，伽利略开始做钟摆实验时还是个年轻人。[5]

我们永远不会知道，伽利略是否想办法去测量钟摆摆动的持续时间，但他可以很轻易地就得出结论，不用发现钟摆定律也能知道每个钟摆摆动有其特定的速率。根据钟摆定律，决定钟摆摆动（至少在真空里）时间的是线的长度，而不是摆子特定重力下的重量，或摆线的材质。一个人不可能在没有精心构建起经过详细论述的新物理学的情况下得出这样的结论，而这样一门学问确实超过了作为医学生的伽利略的能力——新物理学的概念还没有在他思想中产生。在相对简单的水平下，钟摆定律蕴含着这样的意思——任何两个摆线长度相等的钟摆会以相同的速度摆动——它们的摆动将是同步的。但用同样长的摆线做出多个钟摆后，你会发现它们会以不同的速度摆动（至少如果你用的线的材质是大麻线或亚麻线，并经丈量过进行拉伸后，就会有这样的情形）；如果
只有伽利略知道了钟摆定律确实存在，那么他会得出结论：线的长度不 21
是完全相同的，还要对钟摆进行调整直至它们摆动的时间相同。[6] 因此是有可能通过经验来证实钟摆定律的，但你绝不可能通过经验来发现这个定律。相反，你能调乐器上的弦时，你就可以调整钟摆。这是科学史非常重要的两个原理中的一个例子：第一，实验结果总是有不止一个可以说得通的解释，因此对于为什么钟摆的摆动总是有相同的频率也有不

* 斯蒂尔曼·德雷克，20 世纪加拿大科学史家，以研究伽利略出名。

止一个解释。第二，从来没有一个实验是可以很轻易地重复的，因此当两个设定好相同长度的钟摆摆动时能算出什么数值我们并不清楚。维维亚尼的故事弥补了某个科学发现及其解释之间的差距，而现代的科学史需要强调这个差距的大小程度。[7]

因此年轻的伽利略很可能已经得出这样的结论：任何钟摆都有其特有的摆动速率，就如任何管风琴听起来都有其特有的声调。他很可能已经看出摆动的钟摆与产生乐音的振动之间具有类似性。而他应该已经根据父亲有关振动弦的著作对自己的发现进行了解释，这会让他得出结论，认为不能简单地用数学公式来表述钟摆完成一个单一摆动所需要的时间，就如他父亲所揭示的，不能简单地用数学规则来表述琉特琴琴弦所弹出的音调。很可能他已经关注到钟摆的运动，但他要理解这个运动还有很长的路要走。

钟摆和琉特琴琴弦之间有个很重要的区别。一位音乐家能听出弹拨乐的声音是不是C调，但你肯定看不出一个钟摆摆动所用的秒数。要测量所用时间，你需要知道你要用的东西：一个可靠的参照点；自然所提供的参照点——太阳和晚上的天空——用来测量天数，而不是秒数。直到年龄很大之后，伽利略才设计出一个可以计算秒数的钟摆，这个被称作“*pulsilogium*”的装置大概是被设计来标记发明者的静息脉搏的时间，这个装置被发明出来很久之后，人们才找到了测量短时间的可靠单位。

4 22

找到了！

在比萨三年半的医学学习结束后，1585年伽利略回到了佛罗伦萨学习数学。这次学习不再是偷偷摸摸的了。他现在只为自己的兴趣而工作。很快他的学习内容从欧几里得（Euclid）[*]进展到阿基米德（Archimedes）[†]。1544年之后阿基米德的主要著作才被印刷出版，被人读到。阿基米德对伽利略很有启发。在伽利略其后的生涯里，他对阿基米德这个公元前3世纪的伟大的希腊数学家、工程师和科学家一直是无限敬仰的。“很显然几乎没有人像他这么聪明。”[1]他是“非凡的阿基米德，我提到他的名字都是带着敬畏的心情”，“最神圣的阿基米德”，伽利略读到他的书时充满“抑制不住的震惊（infinito stupore）”。对他来说，阿基米德的著作成了科学的典范。[2]伽利略一直到去世，都是一名阿基米德信徒，他从来没有成为，也从来不可能成为一位“近代”科学家。对于近代科学来说，知识是以关于世界的事实而开始的，通常这些事实通过实验而构建起来。尽管阿基米德的研究工作要用到天平、杠杆

* 欧几里得，公元前4世纪到公元前3世纪古希腊著名的数学家。

† 阿基米德，公元前3世纪古希腊著名的科学家。

和滑轮，尽管他研究浮在水中的物体，他渴望建立起一门关于重量和力的推理性科学，这门学科以明白无误的推导前提而开始，通过演绎而得出无可争辩的结论。他追求开创一门仿照几何学而建立的物理学。伽利略一生的目标就是开创一门与演绎性知识类似的科学门类。在这样一门科学里，就如滑轮，或如用浮体做的真正的实验，可能被作为一个事例以帮助人思考，就像某个研究几何的人会画出圆和三角形，这门知识不再只是建立在通过测量而声称三角形的内角和是 180° 的事实的基础之上的了。[3] 后来，伽利略对阿基米德的热爱成了他对自己实验的反省的障碍，或者说妨碍了他对实验的总结。阿基米德信徒伽利略和新实验科学创立者伽利略之间的紧张关系肯定存在于任何伽利略的著作论述的核心中。

伽利略和阿基米德的关系在一本著作中体现得很明显，维维亚尼告诉我们这是伽利略写于 1586 年的，该书通过几个不同的手抄本流传下来：《小天平》（*The Little Balance*）。[4] 阿基米德因跳出浴盆光着身子穿过叙拉古（Syracuse）* 的街道喊出“找到了！”而出名。他解决了一个
23 看似不能解决的问题：叙拉古国王希罗（Hiero）给了金匠黄金，用来制作王冠。王冠所称出的重量和人们猜测用来制作王冠的黄金的重量是一样的，但国王怀疑金匠用银掺到了黄金里，从而窃取了一些黄金。但他不愿把王冠融化了来判断他的怀疑是否正确。

有一天阿基米德注意到，他进入浴盆洗澡时水位会上升。把王冠放到水池里，人们就能测量出王冠所取代的水量的多少。银的重量小于黄金，因此一顶银王冠会比一顶用同样重量的黄金打造的王冠要大。通过测量王冠的体积，人们可以发现，大致上王冠里金和银的比例是多少。

这已经被视为阿基米德作为科学家的辉煌表现了。伽利略不这么看：他认为这个解决办法过于粗略，测量太粗糙也太快了。不值得阿基米德这么做。他要做的肯定是取一架精密的天平，用它来称量王冠在空气中和水中的重量——因为天平测量重量比测量体积更精确。用同样的

---

* 叙拉古，位于意大利西西里岛东岸。

方法对金银进行测量，他就可以精确地算出空气中的金银和王冠比在水中的重多少。伽利略要引入的是比重（specific gravity）的概念，接着他给我们提供了一张不同材料的比重表。一旦你知道了金、银和王冠的比重，你就能精确地，而不只是大致地，区分王冠是用什么做的。

比重的概念是很重要的，伽利略将其应用于更加复杂的环境中。而阿基米德已经有了这样的概念。他们之间的不同是，伽利略要测量得更加精准，而且测量了一种物质后还要再测其他物质。为此，他要设计一个新的测量方法。要测量一个物体（例如一块黄金，称出的重量与希罗的王冠一样）在空气中和水中的不同重量，伽利略称量了一个物体在空气中的重量，然后将其放到水中。接着他用细线在天平横梁上做记号，而这个记号的点就是他移动砝码以恢复平衡的地方。他又用一块银做了同样的测量。现在天平上有两个不同的点了。在这两点之间，他用最细的铜丝绕起来，每一条铜丝绕的时候一条挨着一条尽可能地紧压。他接着称量了他想要分析的物体（希罗的王冠），先在空气中称，然后在水里称。他只要计算第二次称重时砝码停靠点的两侧的系铜丝的数量，就能知道王冠中金与银的比例。如果细铜丝能准确地绕在横梁上，铜丝足够细，缠绕得尽可能相互靠在一起，凭肉眼是数不出其数量的。你可以用一把非常锋利的小刀轻轻地、慢慢地（意大利语谓之“adagio, adagio”）把其数量数出来。接着你可以听到和感觉到划过刀锋的细线的数量。伽利略于是在测量两种不同重量的物体的差异时可以得到更精确的数值。

《小天平》揭示，伽利略很早就开始专注于精准测量。[5]但这本书的 24
关键是，他声称有关阿基米德在澡盆的故事与这样一位伟大人物是不相配的。他宣称他对阿基米德的理解超过任何人——而这只有一个理由。那就是，只有他才有阿基米德那样的水平。在他的这个第一部科学文献里，他讲出了他的雄心壮志。他宣称他的自信是有道理的，因为他已经超越了所有前辈，除了伟大的阿基米德。当然，这里也暗含着他认为自己已经超越了他所认可的英雄阿基米德——还没有证据显示阿基米德发明了小天平。

25

5 眼见为实

写完《小天平》后不久，1587 年的年末，伽利略把自己对一个数学难题的解答寄发给意大利北方权威的数学家们，这个难题源自阿基米德的著作。[1] 两年来他一直在研究这个问题。显然他得到了吉多巴尔多·德尔·蒙特（Guidobaldo del Monte）[*] 侯爵的支持，德尔·蒙特是他的第一个赞助人，直到 1607 年去世为止其著作对伽利略都有重要影响。[2] 伽利略研究的这个问题是，如何计算各种固体的重心（centre of gravity），而伽利略终其一生都想把他对这个问题的解答予以出版，虽然他后来发现另外一位数学家卢卡·瓦雷利奥（Luca Valerio）[†] 已经用公式表述的方式解决了这个问题，而后放弃了对此的研究。如果瓦雷利奥的解答与他的不一样，他会对两者的解答质量进行对比。[3]

伽利略要说的第一个问题是，在同样距离时，一套共五个砝码称重的情况下，如何确定沿着横梁分布的重心点，从而划定五个称量的重量单位。他对这个问题的解决让吉多巴尔多和意大利权威的数学家、

* 吉多巴尔多·德尔·蒙特，16 世纪意大利的数学家、天文学家和哲学家。

† 卢卡·瓦雷利奥，16—17 世纪的意大利数学家。

罗马耶稣会学院（Jesuit College）的数学教授克里斯托弗·克拉维乌斯（Christopher Clavius）*感到迷惑[4]：确实他已经用这样一种方式对问题进行了定义，以至于他的解答已经包含在定义中（也就是逻辑学家所称的“*petitio principia*”†)？[5]伽利略对这个质疑的回答是，不是用不同的术语来重复论证。毫无疑问地，论证是有效的，并且不存在他们所谓的逻辑缺陷。他给两位通信者画了一张关于这个问题的图，图中五个砝码是聚成一团，而不是沿着横梁散开。他说，如果他们看到这张图，会明白他所提的解决方法。[6]

吉多巴尔多发现伽利略的回应令人满意（“patet sensu”‡——我能明白你是对的）；[7]但克拉维乌斯重申他的观点：这不是论证。[8]严格地说，伽利略的答复并不是答复。他对一个问题逻辑上的反应只是给问题提供了一个图示化的不同的解释方法——他声称，你能明白他是对的。

伽利略的争辩可能不合乎逻辑，但我们能发现他的话是令人信服的，因为我们都生活在一个眼见为实的文化里。几乎所有信息，和我们大多数人有关的信息，决定我们生与死的信息，以及决定我们成功或失败的信息，都是通过眼睛看到的——从书中，从计算机屏幕中，通 26
过汽车挡风玻璃，从汽车仪表盘的刻度中，从X射线和CT扫描中。我们的文化是一种视觉文化，而伽利略是构建这种文化的人之一。历史上的一大谜团就是为什么要用三百年时间才发明出望远镜：眼镜是1248年发明的，而望远镜——本质上是两个眼镜透镜组合在一起——是1608年发明的。[9]对此的一个解释是，望远镜和显微镜所蕴含的道理很深奥，因为它们需要你依赖一种感觉，一种很独特的感觉——对视力的感觉。[10]视力一直被人认为是一种最容易被欺骗的感觉：透视是什么，只是对眼睛的欺骗？使徒托马斯（Thomas）不相信耶稣死而复生，虽然那时他就看到了——只是在触摸了耶稣后他才相信。马基雅维

* 克里斯托弗·克拉维乌斯，16—17世纪德国裔耶稣会数学家、天文学家。

† petitio principia，拉丁语“循环论证”之意。

‡ patet sensu，拉丁文“明显感觉”之意。

利（Machiavelli）*在其著作《君主论》（*The Prince*）中写到第18章时大概头脑中就出现了托马斯的形象，他在这一章里论述"掩饰"。他抱怨道，绝大多数人的判断是宁可用眼睛也不用触觉。当说到透镜的用途，对其表示怀疑是特别恰当的做法。大多数透镜的作用是放大和扭曲：它们都具有欺诈性，而不是如实反映事物。我们的眼睛依赖透镜进行观测的能力随着开普勒（Kepler）†的《光学》（*Optic*）发表才基本实现，这个时间恰好在望远镜发明之前。因此，只有能够经过触觉或听觉或嗅觉的确认，视觉才能令人信服，特别是要依赖于透镜时。要接受望远镜这个概念，你必须相信你的眼睛。把望远镜指向天空，你必须相信它给你提供的那个你不可能触摸、听到或闻到的世界的信息。伽利略已经决心相信眼睛所看到的：因此他相信望远镜能告诉他想要知道的东西。在他的著作里，"视觉是所有感觉里最高贵的一种"这一老格言呈现出一种全新的意义。[11]

文化上对纯粹的视觉信息的抵制程度有多大是很容易讲清楚的，因为天文学家们一直依赖这样的信息。根据天文学家的说法，行星在天空沿着复杂的轨迹移动——绕着圆形而转，实际上是螺旋形。根据哲学家的讲法，这些只是假说，"维护着事物的现象"；是一种变通的措施，其结果就是让这种假说和数据能够匹配。他们强调，在现实中，行星被附着在透明的轨道上，在天空中画出完美的圆圈。结果就是相互不理解，这一点在贝拉明红衣主教（Cardinal Bellarmine）‡1616年的一次争论中解释得非常漂亮，他说哥白尼学说只是一种像本轮说（epicycle）§一样的假说——没人认为这些假说是真的，因此为什么还会有人认为哥白尼学说是真理呢？伽利略的回答很简单：每个天文学家都认为本轮说

* 马基雅维利，15—16世纪意大利著名政治思想家和史学家。

† 开普勒，16—17世纪的著名德国天文学家、数学家。

‡ 贝拉明红衣主教，16—17世纪意大利耶稣会士，反宗教改革的重要人物。

§ 本轮说，2世纪的天文学家托勒密所提的天体构想，他认为各行星都绕着一个较小的圆周运动，而每个圆的圆心则在以地球为中心的圆周上运动。他把绕地球的那个圆叫"均轮"，每个小圆叫"本轮"。

是真的，而每个哥白尼学说的信奉者都认为哥白尼学说是真理。[12] 但天文学家们没法用眼睛看到他们的本轮说：他们从记录着行星在天空中位置的制表中推断这些本轮说的存在。他们所能看到的和他们所相信的是两种不同的东西，即使天文学家们的知识是建立在视觉信息的基础上的。

到了 1616 年，天文学家们不仅有证据表明他们已经在使用望远镜，而且是在一个越来越接受视觉信息的文化里进行研究。非常巧合的是， 27
短语“眼见为实”（seeing is believing）在英语里有记录的使用实例出现的年份是 1609 年，这一年是伽利略首次制成望远观察镜的年份。和伽利略自己的世界不一样的是，他对视觉信息的信任是与时代的发展合拍的。1611 年，他受邀加入了林琴学会（Accademia dei Lincei）[*]，也就是独眼山猫学会（Academic of the Lynx-Eyed），这是一个致力于“自由”哲学（例如反亚里士多德学派）的进步发展的学会，它于 1603 年由费德里科 · 切西（Federico Cesi）侯爵（1613 年他成了切西王子）所创立。[13] 学会的标志是一只山猫的眼睛的图案，代表着敏锐的视力。从那一刻起，伽利略不仅提及自己是“山猫人”，也就是学会会员，他还把山猫眼当作自己的三个个人标志之一（其他两个是弹道抛物线和美第奇之星）。[14] 当发现一位反对者抱怨山猫人过于依赖他们锐利的视力时，对此我们不应该感到惊奇。[15]

伽利略很了解，他要带来的革命需要人们对感觉有个新的态度，特别是对视觉。我们对此视为当然，但我们很难想象伽利略和他的朋友需要克服的障碍。在《对话》里，他（或者是萨格雷多，《对话》里的同情者）给我们讲了下面这样一个故事：

> 有一天我在威尼斯一位名医的家里［可能是伽利略的朋友，脉搏率测试仪的发明者桑托里奥 · 桑托里奥］，许多人出于学习的目的来到这里，偶尔有些人会出于好奇，想看看由一位真正懂行的细

* 林琴学会，意大利科学院的前身，成立于 1603 年。

> 心而专业的解剖学家操刀的解剖实验。恰好在这天，他正在研究神经的起源和来源，盖仑*的信徒和亚里士多德学派（Peripatetic）的医生就此发生了一场有名的大争论。解剖学家给大家揭示了神经干主干，从大脑向下，经过颈椎，沿着脊椎扩展，向整个身体分支扩散，只有一条像丝线一样细的神经纤维到达了心脏。他转向一位认识的先生（这位先生是位亚里士多德学派的哲学家），对于他以不同常规的处理方式进行的展示和证明，他问这位先生最终是否满意和信服神经是源自大脑而不是心脏的说法。哲学家想了一会儿，回答道："你让我很清楚地了解了这件事，如果亚里士多德的著作和这些说法不矛盾，清楚地表述神经是源自心脏的，我就不得不承认这个说法是真的。"[16]

对于一位亚里士多德学派的哲学家来说，眼见不一定为实。而对伽利略来说，眼见就是为实。有趣的是，强调亲眼所见的是伽利略：当桑托里奥讲出他这个版本的故事——这个故事大概源自伽利略——他
28 写的是"感觉"而不是"视觉"，解剖学家感觉到和看到了他正在做的东西。[17]当然，眼见为实是过于简单的一条规则：伽利略赞赏哥白尼（Copernicus）坚持自己的理论，虽然他的理论暗示金星和火星的大小应该有所改变，但显然两个行星形状大小没有改变。现在，通过一架望远镜看金星和火星，人们就能明白哥白尼始终是正确的。[18]

1587年伽利略关于天平重心的争论初步给我们展示了他做研究的方法：他思考时手里拿着铅笔，用铅笔草拟图示，直至画到可以看出解决方案为止。然后，拿着图示，把解决方案转换成逻辑论证。[19]上课教学时他也使用同样的方法。撰写第二部伽利略传记的作者尼科洛·格拉迪尼（Niccolò Gheradini），和维维亚尼一样，也认识伽利略，他告诉我们，伽利略总让他的学生明白他在谈论什么。[20]他不只是讲，还进行推演证明，就如在医学里，医生在教授解剖学时向医学生展示解剖过

* 盖仑（Galenus），古罗马著名医师。

的尸体。他的朋友画家罗多维科·卡尔迪（Lodovico Cardi），以奇戈利（Cigoli）之名而为人所知，他看着伽利略干活，他说，不画图示的数学家只是半个数学家，就像一个盲人那样残疾。[21] 在《试金者》(*Assayer*)中，伽利略告诉我们，视觉是最高级的感觉，是我们赖以探寻知识的一种感觉。[22]

对于伽利略以图示进行思考的方法有各种解释。这只是一个个人癖好而已：这是一个能够成为艺术家的人，他的视觉高度发达。这是一个近代文化早期重要变化的事例，这个变化基本上是由印刷机所引起，而印刷机可以在第一次出版之后把图解说明重复地印制。但如果伽利略被问，他可能会很清楚地说这只是追随阿基米德的做法。

阿基米德曾经用凸透镜和其他高级的，甚至是不可思议的技术帮助保卫了叙拉古。公元前 212 年，叙拉古被罗马人占领。罗马将军马塞勒斯（Marcellus）下令不准伤害阿基米德。一个罗马士兵在海滩上发现了阿基米德，命令他去见将军。阿基米德回答道，他会很高兴迟一点再去，但现在他有其他事忙着。士兵立即以违反命令的罪名处死了他——这是一起众所周知的军队指挥上相互矛盾的事例。阿基米德忙什么？在沙地上画图示？[23]

如果我们检视一下伽利略最早的两项研究，《小天平》和关于重心的定理，我们发现它们有两个特征，让他不同于当时其他的数学家，以至于当一门新科学要建构起来时，他比别人具备特有的优势：对准确测量的专注，同时还相信画出略图可以使你在解决了问题如何用文字表述前明了其中的数学定理——甚至你可能还无法用文字来表述。

伽利略关于重心的定理被当作一个揭示他有能力做事的明证。他把这些成果散布开来，以此作为他应该在数学方面获得大学教职的证明， 29
但把这当作体现他野心程度的证明是完全错误的。在他与吉多巴尔多的通信中，他为自己没有讲清楚简要证明的细节而道歉；他说，他忽略了这些细节，因为他模仿大数学家们的例子，这些人经常忽略细节。[24] 就如在《小天平》里，他把自己放在了和阿基米德竞争的位置上，伽利略要让人明白，只有变得伟大才能让他满足。

1589年秋，经吉多巴尔多的推荐，伽利略获得了他的第一个工作职位——在比萨大学任教，这是佛罗伦萨仅有的大学，也是伽利略的母校（*alma mater*）。但首先，我们得考虑一下与乔万姆巴蒂斯塔·里卡索利（Giovambatista Ricasoli）有关的奇怪案件。

6 30

需要帮助的朋友

随着《星际使者》的出版，伽利略一举成名，对于他生平的早期，我们知道得太少。即便在1610年后，我们所看到的伽利略，主要还是他想让我们看到的：他选择隐瞒起来的思想和情感似乎已经永远消失了。但是有一份资料能使我们对伽利略进行观察，看他如何应对极度困难，应对道义上的困境。[1]

1589年初，伽利略试图成为一名数学家，同时做些兼职工作——他好像在佛罗伦萨和锡耶纳（Siena）* 教数学，1589年春他住在比萨，上一年的秋天他在瓦隆布罗萨的修道院教书。[2] 他从比萨回到佛罗伦萨庆祝复活节，偶然碰见了老朋友乔万姆巴蒂斯塔·里卡索利，他是一位有钱的年轻人。他们一起学习哲学、数学和诗歌。就像文艺复兴时期的朋友一样，他们曾同睡一张床。有一天晚上乔万姆巴蒂斯塔叫醒了他——一年后伽利略仍然还记得，乔万姆巴蒂斯塔伸手去拉他，把他的手臂绕在脖子上——并让他确信，乔万姆巴蒂斯塔要被判死罪。[3] 发生了什么事？伽利略想到了什么？他应该被砍头处死吗？或者他该被活活烧死

* 锡耶纳，意大利城市，位于佛罗伦萨以南50公里。

吗？他的罪行是在大公还活着时给大公写了悼词。实际上是他在阿尔特拉蒂学会（the Accademia degli Alterati）做演讲时念了这么一份悼词，这是一个半严肃半玩笑性质的青年知识分子组织（我们可以把它的名字翻译为“醉者学会”），但大公真的去世了，死于1587年10月7日。[4]一夜又一夜，一天又一天，过了三十个日夜，伽利略努力说服他的朋友，没人判他死刑，除了失败——乔万姆巴蒂斯塔疯疯癫癫，他正公开穿着丧服，给自己举行丧礼。最终，他为了逃避司法审判，逃到了皮斯托亚（Pistoia）[*]，他还是被亲戚当作囚犯一样带了回来。但是，显然他将再次动身远行，因此他家里人同意伽利略和另一位亲戚乔瓦尼·里卡索利陪同他一起旅行，以确保他的安全。于是，乔万姆巴蒂斯塔和伽利略、乔瓦尼以及一位仆人一起，出发穿行于意大利北部，一个地方一个地方地走，有时候是晚上旅行，有时候专走无人行走的道路，乔万姆巴蒂斯塔在逃避他想象中的敌人。

31 圣灵降临节（Whit Sunday）（复活节过后的七周）来临前两天，他们来到了热那亚，最终说服了里卡索利去看医生。[5]12天后伽利略回到佛罗伦萨去处理他的事情（大概是向比萨大学求职）。自从那个半夜乔万姆巴蒂斯塔叫醒伽利略跟他讨论即将到来的处决，时间过了八个星期。他们的再次见面是在9月末，这时伽利略带着几个亲戚开始去说服乔万姆巴蒂斯塔（他正在前往罗马和米兰旅行）回到佛罗伦萨。他发现乔万姆巴蒂斯塔还穿着春天出发旅行时的衣服，晚上还睡不着觉。[6]

这时，乔万姆巴蒂斯塔已经把他的财产献给了乔瓦尼，而他的几个亲戚则把乔瓦尼告上了法庭，声称乔万姆巴蒂斯塔心智不健全。当乔万姆巴蒂斯塔于1590年去世时案子还没有了结：他的亲戚声称他的财产是他们的。接着还有另一场官司，他们试图撤销早前的一份遗嘱，他们声称那时乔万姆巴蒂斯塔心智不健全。伽利略不可避免地被卷了进来成为这几个案子的证人，还受到了那些企图证明乔万姆巴蒂斯塔实际上是心智健全的人的带有敌意的盘问。他作为证人给人的印象是非常好的：

* 皮斯托亚，意大利中北部城市，位于托斯卡纳大区。

他的回答很有耐心很准确，而如果他经常说不能回答那些问题（“朝臣的生活很花钱吧？回答是他从来没过着朝臣的生活，因此没什么可说的。”），看起来绝不可能是他在隐瞒证据。[7]

好几周的时间里，伽利略陪伴着乔万姆巴蒂斯塔，他的这位朋友任意地花着钱，就像一个人觉得自己只有几天能活了那样。当乔万姆巴蒂斯塔打牌输给伽利略时，伽利略（在法庭文件中他被描述为“可怜的”）试图把钱还给他。他为自己在热那亚的食宿付费。乔瓦尼真的指控伽利略在热那亚偷乔万姆巴蒂斯塔的钱，但似乎没人相信他，很容易就能想出这是为什么。有一次乔万姆巴蒂斯塔曾让别人误解了伽利略是个匪徒，伽利略还被人拿着火绳枪瞄着——幸运的是，火药受潮了。因为这件事伽利略非常伤心，但即便如此他也没有放弃朋友。

显然伽利略真的很喜欢他的同伴。在司法文书里他总是怀着尊敬提及他，他坚持认为疯癫是无所谓耻辱的，因为耻辱只来自我们所掌控的东西。他自始至终处在困境中，扮演着乔万姆巴蒂斯塔的朋友和他家庭代表的角色，防止他受到伤害。我们可以猜测他强烈反对那些人通过把乔万姆巴蒂斯塔绑起来和关在牢里来解决问题。[8]但他对有关各方保持着尊重。这个小冒险并不是没有好处的——它给了伽利略一个看看他所 32
称的“世界”是怎么样的机会。但只有一个有耐心和仁慈的人——或者是像乔瓦尼一样有心计的人——才能一个月一个月地陪伴着乔万姆巴蒂斯塔。强调这点是应该的，因为伽利略不是一位特别好的父亲，在后来他都很少显示出对他人的关心。不久，他的工作变得比他所喜好的事情还重要。如果我们把他看作一位品行特别良好的人，在 1589 年的几个月里他肯定日夜陪着乔万姆巴蒂斯塔，确保他不受伤害。

33 # 7

初出茅庐

佛罗伦萨法庭的这个案子给我们现代伽利略研究者带来了最大的疑惑。威廉·华莱士（William Wallace）[*]用了整整七本书去解决这个问题，不幸的是，他最有力的反对者阿利斯泰尔·克龙比（Alistair Crombie）和阿德里亚诺·卡鲁戈（Adriano Carugo），对他所有的看法都不赞同，除了他论点的主要错误前提外。[1]因此首先让我们搞清楚中心论点的前提是什么。在1640年，他生命的最后阶段，伽利略把自己描绘为与反对者佛图尼奥·里切蒂（Fortunio Liceti）相对的亚里士多德主义者。里切蒂很有礼貌地表达了他的怀疑——他相信世界会和他一起分享他的惊喜。伽利略回答道，他是个很好的亚里士多德主义者，很佩服亚里士多德的逻辑，也和亚里士多德一样很尊重感觉经验——重新定义一个好的亚里士多德主义者是什么样的，就是能让伽利略有否定整个亚里士多德科学的自由。[2]华莱士的学术努力（广义上说克龙比和卡鲁戈也同样做出了贡献）就是重新发现了伽利略是个亚里士多德主义者——这样的说法首先应该遭到（我坦率地说）里切蒂礼貌性的怀疑。伽利略的事业，

---

* 威廉·华莱士，美国当代科学史学家。

他的朋友费德里科·切西对此有很好的描述："我们所从事的就是对如今主导着我们的哲学的基本信条进行解构，即 'il maestro di color che sanno'[*]。"——引用了但丁对智者的大师亚里士多德的描述。[3]

但是华莱士的努力不只是个幻想。在伽利略留存至今的文献里，有三份是有关哲学的拉丁文文本。其中之一包括两篇关于亚里士多德的《分析后篇》（*Posterior Analytics*）的论文，这是一篇论述逻辑的文章。另外两份是讲述科学内容的，一篇是对亚里士多德的《论天》（*On the Heavens*）的评论，另一篇是对亚里士多德的《论生》（*On Coming-To-Be*）的评论。[4]每篇都约一百页纸，似乎都和耶稣会有关系。伽利略最初和耶稣会最为人知的联系就是 1587 年拜访了罗马的克里斯托弗·克拉维乌斯（Christopher Clavius）[†]——我们从其后他们的通信中获知了这次拜访。

对《论生》的评论显然是源自罗马耶稣会学院的保罗·瓦里乌斯（Paulus Vallius）[‡]可能在 1586 年所讲授的一门课。这些评论写在带有佛罗伦萨水印的纸上。如今这种纸显得粗糙，运输成本很高，因此我们可以很有把握地假设，这些在每个城市售卖的纸只能出产于本地。当伽利略从一个城市旅行到另一个城市（作为一个穷人，他一般都会步行—— 34
实际上也没有伽利略曾经骑马旅行的记录）时，他应该不会为多携带一点这种纸张而烦恼。因此，水印成了我们探寻伽利略撰写手稿时所在位置的最好指引。此外，这篇特殊的手稿的拉丁文拼写由于受到了意大利文影响而出现错误，这说明手稿的作者是个学术新手。上述事实暗示这些早期作品的写作时间可能是 1588 年，但学者对此有争议。

华莱士揭示，论述《分析后篇》的两篇论文也是源自保罗·瓦里乌斯所讲授的一门课，这门课于 1588 年 8 月结束。伽利略肯定获得了一整套瓦里乌斯授课期间的听课笔记，从这些笔记中他写下了自己的评论——大概在 1589 年初。因为纸张上的水印显示，这是比萨所产的

---

* il maestro di color che sanno，意大利语"他们知道的颜色的主人"之意。

† 克里斯托弗·克拉维乌斯，耶稣会数学家。

‡ 保罗·瓦里乌斯，16—17 世纪意大利耶稣会的逻辑学家。

纸。1588 年 9 月初至 11 月末在瓦隆布罗萨授完数学课程之后，至 1589 年复活节前，伽利略在比萨。最后，对《论天》的评论可能源自安东尼乌斯·门努（Antonius Menu）于 1580 年在耶稣会学院所授的一门课。纸张有比萨的水印，华莱士认为，这是伽利略在比萨教书的第一年（1589—1590 年）所用的纸张。这就是克龙比和卡鲁戈不同意华莱士的地方（按我的看法，他们是错的）：他们不相信伽利略用手稿资料进行研究，而他们研究的印刷材料导致他们对这些文本的时间确定得很靠后，在 1597 年之后。

重要的是要承认，这三份材料不是仅有的材料。这些都是其他人讲稿的抄写和摘要。这样的摘要并不少见：授课者讲授得很清晰，因此每个学生就能记下很好的摘要。[5] 这些文稿记载了当时最优秀的哲学思想，但只是伽利略对其他人思想的记录，而不是他自己的。[6] 我们把这些和一篇埃托雷·奥索尼奥（Ettore Ausonio）的讨论光学的抄本《凹球面镜原理》进行了对比，或者和伽利略自己的《两门新科学的对话》（*Two New Sciences*）的手稿本（这个本子在出版前曾在佛罗伦萨流传过一阵子）进行了对比。[7] 这两个本子出现在 1592 年至 1601 年（1602 年后出版的版本与此前的这些本子有些不同）。这样问题就简单了。为什么伽利略会花大量时间去抄写和摘录耶稣会的讲课或奥索尼奥的著作？答案之一就是他要熟悉思想界的最新发展趋势：他对《论天》的评论很可能是他对落体运动研究的前奏。但诸如这一类的文章与伽利略的研究工作之间没有必然的联系：当他在抄写奥索尼奥的书时他还没有进行光学方面的研究。

似乎应该有个更简单的答案。我们知道，伽利略正在靠做家庭教师谋生，而每个教师都要让学生阅读一些材料。看过耶稣会的授课材料应
35 该有助于伽利略讲授哲学课，但抄写这些授课材料可能有其他目的。这种抄写为他提供了一本可以用来讲课的教科书，他还可以把这本教科书借给学生，当学生结束课程时还能收回。在伽利略的文稿中，我们正好发现这样一本：阿尔贝蒂（Alberti）的《数学游戏》（*Mathematical Games*）的抄本，这个抄本是伽利略的老师奥斯蒂里奥·利奇的手抄笔

迹。就如伽利略抄写耶稣会授课材料一样，阿尔贝蒂的这本书据推测也是一本教科书，但已经被去掉了作者的姓名。[8] 抄写最新的耶稣会授课材料能让伽利略宣称他可以提供比其他教师更好的课程，例如后来在1601 年做家庭教师时，他的奥索尼奥光学抄本就被用作光学课程的教科书。

唉，华莱士的辛勤研究和不知疲倦地发表的论著大部分都被浪费了。那些在学术上不成熟的论著几乎没能告诉我们伽利略的思想发展有什么变化，它们只是告知我们伽利略能够靠教书谋生。在伽利略研究中，这些论著的做法是没有出路的。华莱士（他自己就是个亚里士多德主义者）要用三篇文章去讨论伽利略的逻辑就是亚里士多德主义的，有关经验知识的亚里士多德主义哲学思想里还有一些空白，而伽利略被理解成一位亚里士多德主义的自然哲学家，尽管在物理学的具体问题上他与亚里士多德有分歧。与他对那三篇拉丁文评论文章的来源材料和出现时间的信心十足的论证不一样，华莱士的这些讨论都是建立在不可信的基础之上的，他忽略了这些文字并不是对伽利略自己观点的记录的基本事实，这些抄录奥索尼奥的文字至多只能被视为伽利略在 16 世纪 90 年代时有关光学看法的记录。

36

8

斜塔

1589年秋，伽利略成为比萨大学的数学教授，迈开了职业生涯的第一步，开始了衣食有保障的生活。他的状况应该是这样的：每年的薪水为60弗罗林（florin）[*]，明显比一位好的石匠的收入要少。[1]绅士以这样的收入来生活是不可能的。在著名的机构中任职的哲学教授们的收入是他的15倍；伽利略的朋友雅克伯·马佐尼（Jacopo Mazzoni）在比萨就挣700弗罗林。[2]这种状况不仅仅因为伽利略的事业才刚起步，还因为数学不是一个很有名望的学科。至于其他相关的教授，他们有两个主要职责：向哲学学生介绍基本的几何学知识，介绍有关证明的思想；向医学生传授所需要的制作星盘的技能。数学被人们视为没有什么思想趣味，纯粹只是一种技术训练的东西，数学家的薪水就反映了这一点。

伽利略最早在1585年成为比萨大学的学生，1589年他在比萨度过了年初的时光，其间从事家庭教师等自由职业，大多数教授成了他的新同事，他们在他是学生时就已经在教书了。他应该还有些老朋友以及

* 弗罗林，威尼斯的货币单位。

亲戚，这让他感觉就像在家一样。很可能他发现，在做学生时引发他兴趣的思想讨论让他很有收获。比萨的思想界当时被两位哲学家所主宰：吉洛拉莫·波罗（Girolamo Borro），是阿威罗伊（Averroes）[*]的追随者，阿氏是对亚里士多德进行评论研究的著名阿拉伯学者，他因否定灵魂的不朽性而出名；另一位是弗朗西斯科·布奥纳米奇（Francesco Buonamici），是希腊评论家的追随者（人们猜想这两位都赞同的一件事是对宗教愚昧的揭露）。[3] 波罗于 1575 年出版了一本论述重物和轻物运动的书，伽利略拥有一本该书的抄本。[4]1589 年布奥纳米奇的书桌上有大量关于同一主题的手稿，虽然这部书稿（超过一千页的大页面纸张）直到 1591 年都还没有付梓，而读大学时的伽利略就已经注意到布奥纳米奇的讲课了，因此他在能够读到这部书之前就已经很熟悉其主要论点了。

波罗和布奥纳米奇完全否定运动，就像对其他事物的态度一样，而
他们的同事和学生肯定了解其中的差别，特别是当学生参与到“争论” 37
和辩论中时，他们以学术争论的标准选边站。思想领域的核心存在分歧，学生们受到的教育是，从观点的尖锐对立来接近核心问题。而同时，对亚里士多德的传统解释决定了分歧的可能范围。

为了理解波罗和布奥纳米奇之间的争论，我们首先需要假定，所有的亚里士多德学派支持者都是一样的——假定伽利略不久后就会提出问题，至少在某种程度上提出问题。首先，亚里士多德支持者明确地区分了自然运动（natural movement）和被迫运动（forced movement）。如果一个球被抛出，这就是一个被迫运动；如果落下，它会移动到自然位置，这就是自然运动。如果球被向上抛，上升时它会减速，这是因为被迫运动趋向于逐渐消失；如果它是下落，它会加速，这是因为自然运动趋向于加速。如果一个球被扔出去，其初始是被迫运动，然后球就向下落。亚里士多德支持者相信，一个时刻只能有一种运动，因此他们坚持认为这个球是直线运动的，然后垂直落下。他们也坚持，任何容易做被

* 阿威罗伊，出生于摩洛哥的 12 世纪穆斯林哲学家和思想家。

迫运动的物体肯定会被另一个物体所推动（或者，就如手的运动，是受有知觉的生物的意志所控制的）。显然从这个观点来看，球一旦离开了手，原则上就应该停下来。亚里士多德力图解决这个问题，他认为这个球被空气推动，而空气也受到了手的运动的干扰。后来理论家们认为球获得了某种内部的能量或者强迫力（impressed force），正如它可能获得了来自手的热量，甚至在球离开后还能继续发热。伽利略应该在耶稣会哲学家本尼迪克特·佩雷拉（Benedict Pereira）[*]的教科书中发现了一份关于强迫力的记载，当他第一次研究落体运动时［《论运动》（*On Motion*）］使用了外在力这个概念。[5]关键是，所有的亚里士多德支持者都坚持，球越重下落得越快。[6]

所有这些在我们看来相当奇怪，但它讲述的至少是某种我们熟悉的事物，即抛射物运动。然而亚里士多德的支持者相信，宇宙的构成不仅有重的东西，还有轻的东西。如果球自然地向下运动，火焰自然就向上运动。波罗和布奥纳米奇为物体的向下和向上的自然运动产生了争执。他们坚持认为，运动会一直持续直到物体受到阻碍，或者物体到达其停止的自然位置为止：在重物的情况下，这个位置应该是地球的中心；在轻物的情况下，它应该处在地球和月球之间一条无形的边界线上——越过这条线，唯一的自然运动就是圆周运动，而这还没有出现过或者不存在。在天上，变化是很平常的，如果人们等待得足够长久，就能看到重复的现象出现。

因此一个物体越重，它下落得就越快。但这里重是什么意思，而快
38 有多快呢？亚里士多德很明确地提出，速度和重量成正比：两倍重的物体应该以两倍的速度下降。比较难的问题是如何理解重量。标准的观点是，以一般的感觉来看重量被理解成这样：一块 2 磅重的铅下降时速度应该是 1 磅重的铅的两倍。布奥纳米奇主张另一种观点：重应该被理解成密度或比重，这样不同大小的铅的重量应该以同样的速度降落，而它们降落得比木球要快。波罗主张第三种观点。他认为，重量因情况的不

* 本尼迪克特·佩雷拉，16—17 世纪耶稣会西班牙裔哲学家和神学家。

同而存在差异性，而且还与材料的构成有关。亚里士多德的支持者坚持认为，地球上的所有物体都由四种元素构成：土和水，都是重物；火，是轻物；空气，或者是重的或者是轻的，这要依据其所处的地方。他们同意，一个木球所包含的空气比铅坠（lead weight）的要多。波罗的观点是，当你称量一个木球时，其内部的空气是没有重量的，但它在空气中下落的那一刻，空气就变重了（在水中下落，相比之下它会变轻）。因此如果你拿一个木球和一个铅坠（两者重量相同）放在天平上悬吊时，当降落时木球实际上更重，落得也更快。

波罗用实验来验证这个理论。他召集了一群哲学家到他家里，他们将几个用来比较的铅坠和木头从楼上窗户扔出去。木头先于铅块落地。[7] 布奥纳米奇没被说服：你应该先称量一下物体的重量，确保它们的重量是相同的。显然也存在这样一个问题：下落的路径越短，就越难看清落体下落的过程。解决的办法就是从更高的地方扔下物体，而1612年乔治·科雷西奥（Giorgio Coresio）*就已在比萨斜塔（Leaning Tower）试过将不同重量但材质相同的物体从上往下扔的试验，这个试验广为人知。他宣称试验的结果证明亚里士多德是正确的，因为下落的速度被证实与重量成正比。[8]

据维维亚尼说，伽利略在比萨任教时（即1589—1592年），就准备到斜塔顶部做这样一项将不同重量但材质相同的物体从上往下扔的试验，以便向大众演示这些落体同时到达地面。[9] 这就和维维亚尼讲的钟摆的故事一样：他要把伽利略作为实验科学家的形象呈现给大家，并宣称他是如此的早熟以至于几乎毫不费力地就把近代物理学建立起来。在这个事例中，有一份伽利略论述自然运动的手稿，显然是写于1589—1592年。他在手稿中信心十足地宣称他知道在这样的实验中会发生什么：他告诉我们，起初轻的物体运动得更快，但接着被重物体超过，重物体先于轻物体到达地面。他告诉我们，他已经重复这个试验好多次了。[10]

---

* 乔治·科雷西奥，与伽利略同时代的比萨大学的讲师。

因此，似乎可以很简单地说，当伽利略在比萨时他就已在做落体实验了，所以很明显，他已经是一位实验科学家了。但是历史学家却把简单的事搞复杂了。1935 年，莱恩 · 库珀（Lane Cooper）发表了一本专著，整本书都在论证维维亚尼的故事是个神话。1937 年，影响力巨大
39 的科学史家亚历山大 · 柯瓦雷也没认真对待这个故事：这不是一个真正的实验，而只是一个虚构的或“思想”的实验。这样的怀疑是很有根据的，因为如果你把两个同样材质但重量不同的物体从高塔上往下扔时，得不出维维亚尼和伽利略所描述的结果：较重的物体比较轻的物体先落地，而这是因为空气阻力对轻物比对重物更有作用。[11] 伽利略根本无法做这个实验并得到维维亚尼所描述的结果。很不幸，维维亚尼、库珀、柯瓦雷和那些写过高塔实验的近代物理学家们根本上就误解了，影响我们理解科学是什么的一个因素是：他们认为实验很简单，重复实验是没有问题的。

1638 年，伽利略出版了《两门新科学的对话》。在书里他描述了一个高塔实验（他从来没有明确地说是比萨斜塔），在实验里同样材质的一个重物和一个轻物落下，其中一个的重量是另一个的 100 倍。重物比轻物提前 2 英寸[*]落地。[12] 许多学者并不仅仅把这个当作思想的实验。但是我们知道，1641 年 3 月，温琴佐 · 雷涅里（Vincenzo Renieri）[†]开始重复伽利略的实验，他把一个炮弹和火枪子弹从比萨斜塔往下扔。[13] 他告诉伽利略，炮弹比火枪子弹提前一个手掌的宽度到达地面：也就是 6 英寸，而不是伽利略的 2 英寸。根据计算机的模拟，差异应该有 174 厘米，或者是 5 英尺[‡]8 $\frac{1}{2}$ 英寸。没有谁会把一个男人的身高错当成巴掌宽。[14] 雷涅里也做了另一个实验，所用的落体是用不同材质做的，而这个实验失败了，得不出一个近代物理学家所期待的结果。他扔下了两个同样大小的落体，一个是木制的，一个是铅制的，铅制的比木制的提前三个手

* 1 英寸等于 2.54 厘米。——编者注

† 温琴佐 · 雷涅里，17 世纪意大利数学家、天文学家。

‡ 1 英尺等于 30.48 厘米。——编者注

臂（*braccia*）或者 2 米到达地面；根据物体的大小，现代计算的结果告诉我们差距还更大：其范围达到 8 米。

并不是只有雷涅里一个人才得出与近代期望相矛盾的结果（也就是说，近代物理学家们所期待的结论——科学史家不再假设他们已经知晓一个实验的“正确”结果）。1632 年，一位耶稣会士罗德里戈·德·阿里亚加（Roderigo de Arriaga）声称，重复做从高处把物体扔下来的实验证明，所有物体正好以相同的速度下落。而在 1634 年所做的实验里，一个实验是在费拉拉（Ferrara）[*]的一个耶稣会小教堂里的塔上做的，扔下的落体中重的落体比轻的落体提前了一点点到达地面——或者至少贾姆巴蒂斯塔·利奇奥里（Giambattista Riccioli）[†]就是这么声称的，当一个物体撞击铜器和其他木头时，我们相信的是所产生的声音而不是所看到的东西，而尼科洛·卡贝奥（Niccolò Cabeo）[‡]坚持这两个物体是同时着地的。[15]

对伽利略高塔实验的重复证明了维维亚尼所说的伽利略是一位实验物理学家的话是对的。问题是，我们怎么理解伽利略和那些追随他的人 40
得到了那些在近代物理学家看来是错误的结果。在这方面我们的资料并没有提供多少帮助：以实验为手段并把实验细节记录下来的惯例做法还未建立起来，因此他们提供的摘要极为简单就再正常不过了。但幸运的是，只有一个答案可以解释我们的疑问：伽利略和雷涅里都没有成功地让两个大小不一样的落体下落时同时着地。而实际上，如果你想象一下把身体伸出栏杆，一手举着火枪子弹，一手举着炮弹，显然你握着炮弹比握子弹更稳些，也不可能双手同时放开。首先把轻物放下似乎会存在一个系统性偏差（虽然科雷西奥肯定已经找到了避免这种错误的方法；他在描述他的实验时用的是第一人称复数，这点可能很重要。在这个实验里，他让两个人，而不是一个人，放下落体）。[16] 如果人们放下落体，那么他们就能正确地理解伽利略在《论运动》中所讲的是什么：轻物显

* 费拉拉，离威尼斯 87 公里的波河边的一个城镇。

† 贾姆巴蒂斯塔·利奇奥里，17 世纪意大利天文学家和天主教神父。

‡ 尼科洛·卡贝奥，17 世纪意大利耶稣会士，哲学家、神学家、工程师和数学家。

然落得更快，然后重物赶上。如果你选择了一个高度恰当的塔，重物刚好在轻物和重物同时落到地面之前超过轻物。

伽利略的高塔实验比波罗的测试更为复杂。波罗的测试包括把各种木制的和金属的块状物从楼上窗口扔出。不过这些测试基本上都有缺陷。伽利略最终解决这个落体问题的办法是忽视其中一个实验结果，而集中关注另一个结果。另一方面，在《论运动》中，他能够接受尽可能可靠的结果，因为对于这些结果他自信可以解释得通。

伽利略在其早期论述运动物体的手稿《论运动》中描述了三个实验。有两个高塔实验是波罗实验的自然发展。他说他实际上做了其中一个，而且确信自己能预知另外一个实验的结果。第三个是完全原创性的实验，这个实验被设计来测量从山坡上滚落的球的速度。伽利略想知道，如果增大坡度，一个球滚落下来有多快。但他也推论，如果重物比轻物落得快，接着就应该可以找到这样一个适合的坡度，重球以轻球垂直下落的速度沿着山坡下滚。[17] 但应该强调的是，他是在想办法解释这个理论，而不是检验这些理论，当检测数值不符合他的期望时他并不会重新考虑这些理论，而只是下结论说很难用实际例子来解说。

41 这些理论是什么呢？读了波罗的书，伽利略发现里面记载了阿威姆佩斯（Avempace，卒于 1138 年）* 的观点，阿威罗伊认为阿威姆佩斯是一位观点具有挑战性的阿拉伯哲学家。[18] 伽利略应该在阿威姆佩斯的著作中发现了一种方法，与阿基米德关于水中浮体的记载相符合。根据阿基米德的看法，为什么一个物体能浮在水面？因为该物体的比重比水要低，实际上它是被往上推或挤压到水面。以阿基米德的观点来看，不需要考虑物体有多轻——它们之间只有重的差异。一个物体的重量受到它所替代的介质的影响：人们因此可以算出物体的绝对重量，就是其在真空中的重量，这个重量是其在介质中的重量加上该物体所取代的介质的重量。

根据亚里士多德的说法，下落的速度取决于物体的重量和物体所穿

---

* 阿威姆佩斯，11—12 世纪西班牙阿拉伯博物学家、哲学家。

过的介质的比重之间的比率。亚里士多德相信，真空是不可能的，但如果有这样一个真空，物体在这个真空中掉落的速度应该是无限大的，其数值与被零所除的重量相一致。物体一旦进入真空就会穿到真空的另一边——它很快就会处在两个地方。阿基米德曾经提出重量可以通过相减而获得：物体的绝对重量减去它所替代的介质的重量。阿威姆佩斯曾指出，为什么不用同样的方法来确定下落的速度？在那种情况下，在真空中下落的速度取决于物体的比重。（布奥纳米奇赞同这个观点。）任何一块铅物会以一个恒定的速度在真空中下落，这个速度比木质物体快 10 倍。而且由于空气重量非常小，铅物和木质物体在真空中下落的速度的差异与在空气中的几乎相同。一个简单的思想实验表明，需要考虑的是比重而不是总重量。依据亚里士多德的观点，一个 2 磅的砝码下落时是 1 磅重的砝码的速度的 2 倍。但假设你把 2 磅的砝码和一个金属棒绑在一起：现在这个物体以什么速度下落？从某个角度来看，这个物体是 2 磅重；但同时，它也是两个各为 1 磅重的物体。唯一合乎逻辑的结论是它下降的速度将和之前的完全一样。因此所有相同材质的物体，不管它们多重，都以同样的速度下降。

这就是伽利略《论运动》中的基本理论。注意，他反对亚里士多德的假设，即存在着向上的物体和向下的物体；而他接受亚里士多德这样的假设，即在向下的物体中，重物比轻物下落得快。下落的速度应该是一个取决于比重的常数：伽利略认为这是不证自明的——在同样的力持续作用的地方，在没有其他因素的情况下，结果将是一个恒定的速度。这是为什么？伽利略说，因为有一个强迫力，这个力最终会逐渐被磨损掉——实际上这种力在某些材质的情况下会比其他材质磨损得更快（就 42
如铁比木头散热更快）。而这解释了高塔和滚球实验所得到的令人不大满意的结果：这些实验没有测量出下落的绝对速度。他们只测量了加速的速率。下落的绝对速度无法测量：我们只能从基本原理推断出这些速度。

关键是要理解在《论运动》中，实验被人认定其作用是有限的。这种作用是由正统的亚里士多德思想的追随者们所认定的。亚里士多德思想的追随者们坚持认为，对世界所做的哲学解释必须与经验事实相符合。他们承认，经验可能迫使人们重新思考哲学上的争论。而这些争论中的基本术语不是来自经验而是来自推理。（很有名的事例就是，著名的帕多瓦学派认为，经过适当的修订，经验可能有助于构建用于推理的前提条件。）是推理（而不是经验）产生了科学，因为科学是对必要关系或因果关系进行的研究。伽利略在《论运动》中恰恰指出了这点，他主张必须“始终使用推理而不是举例的方式（因为我们所要探寻的是产生结果的原因，而这些原因不是由经验提供给我们的）”。[19]

大多数情况下，亚里士多德思想的追随者把经验看作是某种随着时间的流逝而被动地获得的东西，他们并不反对走出去把观点拿来进行经验验证，就如波罗把物体从窗口扔出时所做的那样。但没有一个亚里士多德思想的追随者，也没有一个阿基米德思想的追随者，认为经验本身曾经解决了哲学上的争议。因此伽利略在《论运动》中可以很高兴地宣布，他的高塔和滚球实验并不符合他的理论。[20]

9
43

惯性

我们现在看看伽利略《论运动》里的核心观点。有一个观点成型于阿基米德（他宣称这个观点本身与亚里士多德追随者们的可笑观点是相反的），但任何一个有能力的亚里士多德思想的追随者都会信服这个观点。以亚里士多德学派的观点来看，这个观点包含着与任何类似正统看法相背离的两方面的内容：否认轻（lightness）的存在，或者坚持每种东西都有重量；在真空中运动的可能性。但是，这本书中还有一个引人注目的论点，而且当时的亚里士多德思想的追随者会发现，这个问题令人深感困惑。

根据亚里士多德的观点，有两种运动：自然运动，这是一种直接走向终止的运动，当运动物体到达其自然休止处时就会停止；还有一种就是被迫运动，只要存在原动力对移动物体起作用这种运动就会继续下去。就像在他之前的其他人所做的一样，伽利略修正了有关被迫运动的论点，还把外在强迫力的概念包括进来了。但他还提出了一个很新型的运动概念，他称之为中间运动（intermediate movement）。想象一个非常圆的球在一个非常滑的冰面上，最轻微的触动就会开启球的运动，它将无限期地动下去。如果这是一个太过不切实际的抽象化做法，那么想象一条河：它无时无刻不在流动着，而河流的坡度往往是极其微小的。似乎流水对运动几乎没有阻力；否则，人们应该能看出坡度的不足到什么程度，导致河水无法流动。亚里士多德坚持认为，地面上所有物体的自然状态是稳定的，所有的运动都会自然终止；伽利略这时认为，运动（如果运动不是向上也不是向下而是横向的）应该是没有自然终止的：运动应该是无休止的。[1]

这种观点接近 14 世纪所发明的一个理论，这个理论是用于取代旧有的外在强迫力（impressed force）的概念的：推动力理论（the theory of impetus）。外在强迫力自然消失了，推动力一直在起作用，直到遇上障碍或者阻力。根据外在强迫力概念，如果一个球被扔到一个空间，它在空间中既不受制于重力也不受制于空气阻力，它会慢慢滑向终止；根据推动力理论，它会一直运动下去。伽利略的理论（尽管他还没有意识
44 到这是个理论）就是推动力理论，这个理论摆脱了自然终止位置的概念：最轻微的触碰就能使一个想象中的球穿过理论上的冰面永远地滑行下去。[2] 而且，一旦你主张推动力理论，结果就是，如果一个力持续地作用于运动的物体上，所发生的情形不是这个物体将以恒定的速度继续运动下去（如伽利略在《论运动》里对落体运动的记载中所假设的那样），而是加速运动。

迄今为止就我所写的有关《论运动》的论著文字来说，似乎《论运动》是个最终的文本。但并非如此。它是一系列的草稿和笔记的综合本，是一部被舍弃的、未完稿的著作。为什么伽利略停止了该书的写作？这是第一本重要的科学（或者用 16 世纪的术语来说，是哲学）——和数学相对立的——著作？伽利略没有说，因此我们要进行推测。当时的理论有两个。第一个是，在《论运动》中所描述的实验代表了伽利略整个实验计划的开始。根据这个理论，《论运动》被舍弃是因为伽利略没能做出证实其理论的实验结果。[3] 这很难让人相信，因为没有证据证明 1592 年时伽利略把实验证据看得很重要：当实验结果与理论不一致时，人们很容易说那是因为偶然因素的出现。第二个是，伽利略在《论运动》中所发展的思想是前后不一致和矛盾的。伽利略引入了中间运动

的概念，他需要贯彻这种思维方式的逻辑，并用推动力理论取代外在强迫力理论。如果他这样做了，他可能会得出结论，而这个结论在中世纪时已经有好几个主张推动力理论的学者得出了：落体没有绝对的下落速度，而是无止境地加速（在没有空气阻力的情况下），其运动所伴随的情形是地心引力在无限地给推动力加力。这就会涉及已被舍弃的、让人们一直恋恋不舍的那种重物必然比轻物下落得快的思想：所有的物体都会受到同样的加速定律的支配。[4]但在1589—1592年，伽利略未能迈出大胆的一步。他停住了，停止下来，放弃了。[5]这个理论的问题是，它暗示了伽利略在思想上对此没有把握，而因为有这样的问题，这个理论并不令人信服。如果他看出来理论有问题，他应该会尽力去解决。

还有第三个可能性。1585年，乔瓦尼·巴蒂斯塔·贝内代蒂（Giovanni Battista Benedetti）* 发表了一部关于运动的新理论的著作。与伽利略的理论一样，这部著作对亚里士多德关于自然运动的观点进行了阿基米德式的批判。与伽利略一样，贝内代蒂的被迫运动理论也是一个外在压迫力的理论，尽管他也（很含糊地）使用了推动力这样的术语。[6]很长时间以来，人们的标准看法是认为伽利略的观点是很接近贝内代蒂的，他肯定读过贝内代蒂的书。[7]但他真的读过吗？在《论运动》中，伽利略只提到了两位当代的作者：他比萨大学的同事波罗，以及耶稣会士佩雷拉（他的著作是标准的教科书）。他的整个态度就是对提出深刻的原创性看法的人的态度——这种态度几乎很难与贝内代蒂著作中的认识相容。[8]在某些方面，伽利略和贝内代蒂是很接近的——例如在两个关联落体的思想实验中——伽利略还从来没有采用过贝内代蒂的用词用 45
语。[9]在某些方面伽利略和贝内代蒂看法并不一样，伽利略在这些观点上还从来没有和贝内代蒂有过交流，或者向他解释过为什么他的观点更可取。伽利略写出《论运动》，似乎他从来没有听说过贝内代蒂；他也不需要听说过，因为他有很多相同的资料（阿基米德、阿威罗伊对阿威姆佩斯的记载、佩雷拉）可以利用。

---

* 乔瓦尼·巴蒂斯塔·贝内代蒂，16世纪意大利数学家和哲学家。

特别要说的是，16 世纪时比萨的大学还没有图书馆。书籍很昂贵，而伽利略很贫穷：我们可以确信，他自己的财产不多。[10] 贝内代蒂不是一个很有名的作者，而他的书是在威尼斯出版的。比如，买得起书的布奥纳米奇在他大量关于运动的书中都没有提到他。贝内代蒂第一次被比萨的作者提到是在伽利略的一位好友雅克伯·马佐尼的著作里——伽利略和他至少从 1590 年 12 月起就成为朋友——他这本书出版于 1597 年。这几乎无法构成贝内代蒂的书在 1592 年的比萨被人读过的证据。

这解释了伽利略决定舍弃《论运动》的一个可能的原因。1592 年夏天，伽利略和两个人在一起，这两个人可能读过贝内代蒂的书：吉多巴尔多·德尔·蒙特和保罗·萨尔皮。[11] 如果他向他们解释《论运动》的观点，他们会立刻告诉他，他需要读读贝内代蒂，而他的核心观点并不是原创的。对伽利略来说，这应该是他在研究重心时所做事情的重复。在发现卢卡·瓦雷利奥沿着同样线路进行研究后，伽利略就放弃了。现在他发现贝内代蒂已经发表了类似观点，他要寻找另外的方法来提高自己的声望。

伽利略后来的作品中经常包含对瓦雷利奥的赞赏。瓦雷利奥成了他的朋友，尽管他反对哥白尼学说，他们还是保持着友谊。但伽利略从来没有提到过贝内代蒂，他似乎不可能读过贝氏的作品。这使我们认识到伽利略舍弃《论运动》的真正原因。当他知道了贝内代蒂的存在时，促使他撰写《论运动》的思想动力对他来说已经失去意义了。伽利略舍弃《论运动》并不是因为他不能做这些实验；不是因为他认识到他的观点不合逻辑；也不是（或不仅仅是）因为他最终知道了贝内代蒂，而是因为一个很简单的理由：他现在要尽力去解释在一个移动的地球上落体的运动。他转而相信了哥白尼学说，而这意味着他能够不再依赖阿基米德来理解运动。

10 46

裸体

伽利略的第一份工作似乎不是很成功。不仅薪水低，而且他还因为缺课和没有穿上规定的学袍（意大利称之为 toga，这是一种长袍，在伽利略的每一幅肖像画中都可以很清楚地看到这种学袍）而被罚款。他的第一个任职是三年，在任职期末他被解雇了。据维维亚尼说，他遇到了一个很有权势的敌对者，他知道自己没法续签聘任合同。1591 年 7 月 2 日，伽利略的父亲去世了，他一分钱也没有继承到，可能父亲留给他的都是债务：家里确实得依赖信用借贷来支付葬礼的费用。[1]1592 年 2 月，吉多巴尔多·德尔·蒙特邀请伽利略夏天到威尼斯来，他应该是试图给他安排事情做。[2] 伽利略的成功要归功于德尔·蒙特的影响力和名声，而不是伽利略自己的名望：伽利略还没有出版过著作，并且被比萨大学（这是一所比威尼斯的帕多瓦大学声名更逊的大学）拒绝过；帕多瓦大学的规模是比萨大学的两倍，它有 1200 名学生，而比萨只有 600 人。[3] 伽利略在其职业道路上一路走下来，正崭露头角。9 月 3 日，他在威尼斯，正试图敲定其新工作的薪水。当他写下讽刺诗《反对穿长袍》时，他已经离开比萨去威尼斯找工作了。他这首诗所表达的态度很像某个打算远离比萨的人的想法。

讽刺诗具有悠久传统，《反对穿长袍》就属于这种传统。这种体裁要求诗人描绘一个传统价值观念被颠倒了的世界，在这个世界里一般包含有令人高兴的反教权主义因素（就像在这个事例中）。[4] 颠倒的概念是这种体裁的需要，这个事实说明了伽利略拥抱这个世界的热情。他以追求最大的善意而开始，没人知道怎么找到这个最大的善意，因为没人知道怎么去找。没人知道怎么使用他的想象力，怎么别出心裁，如何去展望未来。你怎么找到善？相反地，找到恶，你就不难发现善，因为善和恶就像市场上的鸡一样，两条腿是被捆绑在一起的。

47 那么最大的恶是什么呢？穿着的衣服。因此最大的善就是裸体。在黄金时代[*]，每个人都是裸体的，年轻男女能够很容易看到将来的配偶是否适合自己。在这个时代不需要害怕瘟疫，因为你可以很轻易地辨别出某个人是不是被感染了。当人们穿起衣服，社会分层变为可能。没有衣服，每个人都是平等的——就如多恩举出的诗句，似乎他很熟悉伽利略的诗，“君主，臣民，父亲，儿子，都是被遗忘的事物”。[5] 男人就像瓶装的酒：好瓶似乎总是装着劣酒，而最普通的瓶子却装着好酒。这真的和你穿的衣服有关系吗？无论你是来自土耳其还是贝加莫（Bergamo）[†]，无论你是被称为先生还是学生，衣服是魔鬼的发明，就如火药、巫术和恶魔附体等一样。

然而伽利略打算穿上衣服，除了那种令人难受的长袍。没有哪个神志清醒的人会穿上它。这种长袍的缺点是什么呢？首先，你不能穿着它去妓院。其次，需要讲面子的时候就要穿上一件时髦的长袍，反之如果你要显得穿着普通那就穿上旧衣服。第三，你单独行走时大家都能认出你，并得出结论，说你和其他教授相比没有什么地位。如果你不是一个群体或一群人的成员，大家就会认为你愚蠢而无能。最终，你蹑手蹑脚地走在街上，沿着墙壁滑行，极力避开大家，似乎你很害怕被抓住，就像是一只被赶出家门的猫。如果你哪也不去，穿长裙就很好；但如果你

---

* 黄金时代，希腊、罗马神话中的一个时代。

† 贝加莫，意大利北部伦巴第大区的城市。

随时都得躲避追捕那就不行了。所以伽利略发誓，他将辞职而不是再次穿上长袍。

伽利略的诗给我们描绘了他在比萨的生活——孤独，没人陪伴，像一只被人扔出去的猫一样在街上跌跌撞撞。他肯定怀着讽刺而快乐的心情读过学生本内德托·卡斯特里（Benedetto Castelli），一位本笃会（Benedictine）的僧侣，寄送给他的报告，这时卡斯特里已在 1614 年成为比萨的一位教授（他取代了伽利略的职位）：卡斯特里描述了他沿着亚诺河岸闲逛时，被一群愤怒的学生包围起来，大家都看到了他的成功——这正好与伽利略的经历相反。[6] 这首诗也告诉我们，他重视发明、想象力以及展望未来的能力，如维维亚尼所说，他还有抗辩的精神。该诗也告诉我们，他无法忍受等级制度，渴望被平等对待，而不是被人鄙视。该诗告诉我们，他乐于嘲弄宗教——不仅仅在他俏皮地暗示这样的话的时候——如果你想了解邪恶的男人是怎么样的，你该去认识一些修道士和神父（当然了，因为他们都是善的化身），而不是通过贯穿在这首诗里的根深蒂固的自负来了解。根据《圣经》所讲，衣服不是恶魔的发明，而是对羞耻的最早表达，是罪孽使我们无法回到伊甸园，这个亚 48
当和夏娃赤身裸体的地方。伽利略通过赞美裸露，谴责衣饰，不仅是在说大家应该平等，还声称不存在罪孽这样的东西，也不存在拯救这样的东西。他厌恶穿长袍只是一个抨击基督教的诗人的托词而已。

第二部分 49

天空的守望者

当一个新行星进入他的视野范围，
我就感觉自己像某个天空的守望者。
约翰·济慈（John Keats），《初读贾浦曼译荷马有感》（On First Looking Into Chapman's Homer，1816）

我认为，同样的事情还在继续，就如米开朗琪罗（Michelangelo）[*]开始设计那些非常不同于前人所造的建筑一样。人们议论纷纷，说米开朗琪罗严重背离了维特鲁威（Vitruvius）[†]的传统，是对建筑学的破坏；听到这些说法，我认为他们搞错了，因为米开朗琪罗没有破坏建筑，他所毁坏的是（其他）建筑师。[1]

罗多维科·卡尔迪·达·奇戈利
（Lodovico Cardi da Cigoli，1612）

---

* 米开朗琪罗，意大利文艺复兴时期成就卓著的科学家、艺术家。

† 维特鲁威，古罗马建筑学家。

11 51

哥白尼学说

这（赞美秃头）对席尼西斯（Synesius）很不利，也是对秃头一种不小的贬低，如果阿什利安（Ælian）和阿希勒斯（Æschilus）有关系，阿希勒斯的秃头被误认为石头，被一只鹰掉落的乌龟猛击致死……有些有批判倾向的人，可能从此就对哥白尼学说进行批驳，从来没有想过地面的运动如何会不使他受到地面上物体垂直的撞击。

托马斯·布朗（Thomas Browne）[*],《平庸之错》

（*Vulgar Errors*，1646）

从 1592 年至 1610 年，伽利略任教于帕多瓦大学，这一时期无疑是他作为科学家最重要的一个阶段。他在物理学上的所有发现都是在此期间（他后来应该会说这是他生命中最好的年华）做出的，而两本最重要的后期著作《对话》和《两门新科学的对话》大部分都是在这一时期对主要部分进行修改的。[2] 然而这个时期存留下来的文献记录非常少，甚

* 托马斯·布朗，17 世纪英国哲学家和联想主义心理学家。

至没有：一本非常伟大的书，也就是一本小册子《星际使者》，于 1610 年出版；一本私人印刷的说明书和一份抗议剽窃者的印刷品；可能还有一两本匿名的小册子，对已被人们遗忘的思想争论有些许帮助；一些关于天文学的、机械学的和军事防御工事的教学资料手稿；有差不多 350 封伽利略的或者有关伽利略的信件；一堆比较粗略的笔记和记录了实验、计算和结论的简短摘要。可能存留至今的伽利略文献出自这十八年间。这十八年的前十年，数量相当少——没有一本出版物，没有一份研究笔记，只有十份伽利略所写的信和教学资料。雷恩（Renn）[*]和瓦勒里亚尼（Valleriani）[†]的《伽利略和兵工厂的挑战》（Galileo and the Challenge of the Arsenal）是一本叙述这些年份的重要著作，该书提出，这十年间伽利略几乎放弃了哲学和科学，转向了技术和应用知识。如果他采取这个做法，伽利略思想发展史上最重要的事件就会消失：他转变为哥白尼学说的支持者。

哥白尼 1543 年出版了《论天体革命》（*On the Revolutions of the Heavenly Spheres*）——他死的那天，该著作的第一印本被放到了他的手
52 上。在书中他认为，所有受过教育的人（甚至没有受过教育的人）一直坚持这种假设，也就是地球是静止不动的，位于宇宙中心，这种假设是错误的。哥白尼说，人们必须承认地球是个行星，且和其他行星围绕着太阳旋转，才能弄明白他所展示的证据。通过这个转变，哥白尼能够完全用圆圈来描述天体的运动——而这是数学家一直想用的方法，他们相信圆周运动是完美的，其他类型的运动没法达到这种完美，因为这种运动可以重复进行，永远不变。

哥白尼没能摆脱本轮（周转圆）的概念——绕圈移动——托勒密体系用之来解释为什么行星一般在一个方向穿过天空以及偶尔会绕圈绕回去。他减少了很多大型本轮（周转圆）的数量，因为地球围绕太阳的运动相当于一个对其他行星的似动现象（apparent movement）有影响的本

---

* 雷恩，德国当代科学史学家。

† 瓦勒里亚尼，德国当代科学史学家。

轮，但他实际上增加了小型本轮（周转圆）的数量。但是，他要排除的是“天体运行的轨道”（equants）*——在圆周中加速和减速运动的公式，其定义是在相同时间扫过相同角度的运动，对中心之外的点与圆周之间的连线进行测量的公式。在天空中做圆周运动所经过的所有点，被认为是不变和连续的，然而天体运行的轨道把圆周运动转变为一个加速和减速的运动。因此天文学家们总是认为天体运行轨道这个概念是不成功的，他们对这些轨道并不满意。哥白尼的主张是回归真实的、不变的、连续的圆周运动。这很吸引人，但他的体系的其他部分并没有什么吸引力。哥白尼的宇宙有一个中心，在太阳附近，但不在太阳之内；在这个中心周围，有一系列不同圆心的各自携带着行星的天体。因为无论地球处在其轨道的哪个位置，哥白尼的宇宙必须完全一样，其规模肯定远远大过传统的以地球为中心的托勒密宇宙。

当天文学家进行计算时，他们非常乐意用运动的地球在扩大化的宇宙中运行等术语进行思考；但是哲学家绝对拒绝这样做，而当考虑到宇宙实际上是如何被建构的时候天文学家也是一样的态度。现在所称的物理学那时还是哲学的一个分支，而哲学是一门描述物体应该是什么样的演绎科学，它被人们认为是超越天文学的，而天文学是一门描述物体看起来是怎么样的描述性科学。只要哲学家仍然反对哥白尼学说，这个学说就永远不可能把自己定位为对宇宙的正确解释。在哥白尼体系内进行的每一个计算，通过引入天体运行轨道的概念，也能在托勒密体系中进行。依靠肉眼的天文学绝不可能产生出一个支持哥白尼学说的决定性论据。

哥白尼的著作引起了人们的极大兴趣，特别是因为它简化了计算。 53
依据哥白尼的计算，人们不久制作出了非常有用的表格。1566 年该著作出版了第二版（伽利略在临终前得到了第一版和第二版），而第三版到了 1617 年才出版。但在天文学家里没有谁是全心全意拥护哥白尼学说的，职业哲学家里也是如此。有一个不争的事实是，哥白尼逝世后的

* 天体运行的轨道，这是托勒密体系中的一个术语。

头五十年里，只有四个人支持哥白尼体系：英国数学家托马斯·迪格斯（Thomas Digges）*、意大利哲学家焦尔达诺·布鲁诺、西班牙神学家迭戈·德·尊尼加（Diego de Zunňiga）†和意大利数学家乔瓦尼·巴蒂斯塔·贝内代蒂，贝内代蒂对运动的叙述非常类似于伽利略在《论运动》中提出的观点。贝内代蒂只是在其1585年出版的主要著作里很简要地提到了哥白尼，但他把日心说（heliocentrism）描述成“最美丽的”理论，并赞扬哥白尼的这个学说是非凡的创举，该学说优于托勒密。[3]塞里奥·卡尔卡戈尼诺（Celio Calcagnino）‡早在1525年完成但直到1544年才出版的一本著作中就提出一种修正的哥白尼学说（有时候也称为准哥白尼学说）。他主张，地球每日转动的说法比托勒密的天空围绕着地球转动的说法更好，但他还是把地球视作宇宙的中心。伽利略（完全传统的）关于天文学的讲稿显示他对准哥白尼学说的地位很熟悉。[4]当然还有其他哥白尼学说的支持者过于谨慎而没有发表他们的看法。在德国，迈克尔·马斯特林（Michael Maestlin）§传授哥白尼天文学，克里斯托夫·罗思曼（Christoph Rothman）¶在通信中为该学说辩护，而大卫·奥里加努斯（David Origanus）**依据这个学说进行天文计算，虽然在1596年之前，他们中没有谁明确地作为哥白尼学说的支持者而出现在出版物中。

对哥白尼学说缺乏支持的一个重要原因在于托勒密的地心体系和哥白尼的日心体系之间存在一个新的选择。这就是第谷·布拉赫（Tycho Brahe）††的地—日心体系（geo-heliocentric system），对这个体系的最早描述是在1587年的出版物中。根据第谷的说法，如托勒密和亚里士多德所声称的，地球静止地位于宇宙中心，而太阳、月亮和固定的恒星围

* 托马斯·迪格斯，活跃于16世纪。

† 迭戈·德·尊尼加，16世纪西班牙天主教奥古斯丁教派的隐修者和学者。

‡ 塞里奥·卡尔卡戈尼诺，15—16世纪的意大利人文主义者和科学家。

§ 迈克尔·马斯特林，16—17世纪的德国天文学家和数学家。

¶ 克里斯托夫·罗思曼，16世纪德国数学家。

** 大卫·奥里加努斯，16—17世纪德国天文学家。

†† 第谷·布拉赫，16世纪丹麦天文学家和占星学家。

绕地球旋转。但第谷认为，行星遵从哥白尼学说，是围绕太阳旋转的。这三个体系是根本不同的，所以你可能一开始以为找到证据来解决这个问题是很容易的。如果人们考虑到对其规模的调整，这几个体系都能预测星空中的月亮、太阳和行星的位置，这些位置用其他体系来预测都是一样的：它们预测的几何位置都是相同的。很明显，依靠裸眼的天文学是不能在它们之间做选择的。最根本的选择看似是合理的。地球一天旋转一次，还是所有的固定的恒星围绕地球一天旋转一次，哪个看似更为可能？地球是另一个行星，还是巨大的太阳携带着所有行星每天围绕着地球转？当考虑到这些问题时，诸如反对地球是移动的——这个问题更 54
多的是在物理学上被反对而不是在天文学上被反对——绝对是其中的核心问题。事情在 1609 年发生了变化——更有用的新证据来自望远镜的观察，首先是伽利略；而在同一年，约翰尼斯·开普勒出版了他的《新天文学》(*New Astronomy*)，在这本书中他认为，没有一种主张圆周运动的理论能够解释火星的轨道，他声称这个轨道是个椭圆。伽利略站在了望远镜革命的前沿，他根本就回避讨论开普勒的革命性建议（尽管他的赞助人费德里科·切西发现这些建议是令人信服的）。他可能怀疑开普勒的测量是否足够可靠；他确实发现他的论点是不可信的；他可能感觉他们向哥白尼学说的反对者提供了拒绝哥白尼体系的新理由，认为这在哲学上是错误的。伽利略直到最后一直是个老派的哥白尼学说支持者。[5]

看起来很有可能伽利略成为哥白尼学说的赞成者时还没遇到过一个支持哥白尼学说的人：他遇到的第一个哥白尼学说支持者可能是英国人埃德蒙·布鲁斯（Edmund Bruce，他把自己描述为“Anglus”*，而不是“Scotus”†，实际上他是英国特务机关的人员），他是哥白尼的学生，布鲁诺的学生，最终也是开普勒的学生。当伽利略来到帕多瓦时他就住在那儿。[6] 伽利略很有可能从来没有读过哥白尼支持者所写的著作，

---

* Anglus，拉丁语“英格兰”之意。

† Scotus，拉丁语“苏格兰”之意。

除了哥白尼本人的作品以及哥白尼的学生格奥尔格·雷提卡斯（Georg Rheticus）* 首次发表于 1540 年（在《论天体革命》发表之前），1541 年和 1596 年重印的《第一份报告》（*First Report*）。1566 年的哥白尼《论天体革命》版本，很可能就是伽利略第一次购买到的版本，对他来说，《第一份报告》就是《论天体革命》的补充——虽然该书是作为异端者的作品而列名于禁书清单中，但有时也会有漏网的情况发生。

最伟大的哥白尼学说支持者之一在 1592 年还活着，他为了支持哥白尼还出版了专门的著作，他就是焦尔达诺·布鲁诺。布鲁诺不仅是个天文学家，更是位哲学家，并不仅仅是一位哥白尼学说的支持者；他也相信，宇宙是无限的，而有人居住的行星是围绕太阳旋转的。（在讨论宇宙的无限性时，他毫不掩饰地遵从《论天体革命》的主张，虽然哥白尼自己极力避免对宗教信条进行颠覆性的破坏。）因此毫不奇怪，他再也不能在大学得到一个安稳的教授哲学的席位。布鲁诺在威尼斯的时候，伽利略于 9 月初到达了那里，成功地在帕多瓦大学谋到了一个职位——这个职位布鲁诺也曾经谋取过。但到了 9 月份，布鲁诺已经身陷威尼斯宗教裁判所的监牢了；他从 5 月起就关在那儿了，1593 年 2 月被转到了罗马。（威尼斯牢牢地掌控着其领地上的宗教裁判所；如果布鲁诺是威尼斯人，是帕多瓦大学的教师甚至学生，威尼斯都不会把布鲁
55 诺交出去。但他只是个访客，威尼斯也没兴趣保护他。）到了罗马，布鲁诺就一再遭受折磨，最终被判死刑，并于 1600 年在鲜花广场（Campo de’Fiori）被活活烧死。

不可思议的是，这些年里伽利略竟然没有听说过布鲁诺。他工作的图书馆里有布鲁诺的著作。人们一再地把他的观点和布鲁诺的进行比较。然而在所有伽利略存留至今的著作里——他的书，他的信件，他的手稿笔记——没有一件提到过布鲁诺。奇怪的是，对布鲁诺的确切指控至今无从得知；对他的审判记录在 19 世纪时遭到了破坏，没有一份当时的文献记载记述过指控的细节，因此伽利略对此也没有了解。避免提

---

* 格奥尔格·雷提卡斯，16 世纪德国数学家和天文学家。

到他就是最安全的做法，尽量不提及与他的名字相关的两个观点：宇宙的无限性，有人居住的世界的多样性。但是，在伽利略的两本主要著作里，人们还是能发现遭到掩盖的布鲁诺影响力的蛛丝马迹。在柏拉图（Plato）的对话中，苏格拉底（Socrates）总是出来为自己说话。在西塞罗（Cicero）* 的对话里，讨论着伟大哲学家们的观点，并且还点他们的名字。布鲁诺发明了一种新的对话形式，对话里学生和无名哲学家的反对者［指的是“il nolano”，因为布鲁诺就来自诺拉（Nola）†］在他不在的时候讨论他的观点。伽利略把这种创新的形式复制到他的对话里，在其对话中，萨格雷多、萨尔维亚蒂（Salviati）和辛普利西奥（Simplicio）讨论一个叫“学者”（Academician）的人的观点——这个人就是伽利略。[7]

伽利略第一次记录与哥白尼学说支持者的接触出现在 1597 年 8 月。[8] 他写了一封信给开普勒，而开普勒已经在 1595 年出版了《宇宙的奥秘》（*the Cosmographic Mystery*），这本书是哥白尼天文学理论发展史上第一本重要著作。该书提出，太阳系的范围大小由五个规则的立方体所确定（棱锥体、立方体、八面体、十二面体和二十面体——分别有四面、六面、八面、十二面和二十面），这个观点首先由柏拉图提出。开普勒把他的两本书的抄本给了一位去意大利旅行的朋友，这位朋友最终把书给了伽利略。开普勒对突然收到伽利略的来信肯定很惊奇，他对伽利略一无所知，伽利略在信里说他已经成为哥白尼学说的支持者好多年了。[9] 这封信已经成为理解伽利略思想发展的最重要的文献，结合另外两份文献，使我们不得不采纳一个与曾经被广为接受的有关伽利略思想发展轨迹非常不同的观点。

作为一位数学家，伽利略被迫去教授不同的天文体系，因此很自然地他应该对哥白尼学说有所了解。伽利略的导师，伟大的耶稣会数学家克拉维乌斯曾对哥白尼表达敬意，甚至在强调他肯定是错误的时

* 西塞罗，公元前 1 世纪古罗马政治家、哲学家。

† 诺拉，位于意大利那不勒斯附近。

候。在《论运动》中，提到了一个技术细节，而这个细节在哥白尼的伟大著作中有所描述。因此，似乎到 1592 年，伽利略就读过哥白尼的著作了。《论运动》本身确实不是一本哥白尼学说支持者的著作：它假定
56 地球位于宇宙中心，有绝对的向下和向上的方向，当天体向下掉时会掉向宇宙的中心。这给了我们一个假设性的年表：当伽利略 1592 年夏天离开比萨时，他还不是个哥白尼学说的支持者，但那以后不久他肯定就是了。在帕多瓦（1592 年 12 月他在那儿开始教学）他成了乔瓦尼·温琴佐·皮内利（Giovan Vincenzo Pinelli）* 的同事。[10] 皮内利有一个令人惊奇的图书馆，他尽可能地更新图书馆的藏书。图书馆有两本哥白尼著作、布鲁诺的若干著作和托马斯·迪格斯所写的支持哥白尼学说的著作；只要皮内利能弄得到，他会尽可能快地添加诸如第谷和开普勒等天文学家的出版物。当 1601 年皮内利去世时，他的图书馆被出售，藏书通过航船运到了那不勒斯。装载的船却被海盗劫持了，海盗们发现货物只是旧书，他们很愤怒，把大多数书扔了。船被砸破了，然后落到了渔夫手里，渔夫们把这些他们视为废纸的东西用来堵塞船只的漏洞和点火。[11] 但从 1593 年到 1601 年，伽利略曾经使用了世界上最好的图书馆。因为他在那些年里买不起很多书。皮内利的图书馆对他来说就是个宝藏。

当伽利略 1597 年写信给开普勒时，他做了一个非常重要的声明：不仅说他已经成为一个哥白尼学说支持者很久了，还声称“用这个假说［我］能够解释许多自然现象，而这些现象在现行的假说下还无法解释。”[12] 他很详细地为哥白尼学说进行辩护，但他并没有打算发表他的论著，而哥白尼学说一直普遍遭受人们的鄙视。[13] 值得注意的是，像其他教授一样，伽利略通过一系列可以继续的短期合同，获得了教职，所以他无法接受被公众普遍“鄙视”。但到了 1597 年，他显然已经在从事后来成为名著的《关于两大世界体系的对话》（*Dialogue Concerning the Two Chief World Systems*）的早期版本的撰写。[14]

* 乔瓦尼·温琴佐·皮内利，17 世纪意大利人文主义者，伽利略的导师。

这是个问题：伽利略在 1592—1597 年某个时间所写的为哥白尼学说辩护的文字没能存留下来。我们只能利用他在研究物理学、天文学方面的记录，就如保存在 1602 年的书信、论文和出版物中的资料那样。他在帕多瓦头十年最重要的思想活动后来为他赢得了科学家的声望，也让他遭到了宗教裁判所的审判和定罪，这些活动最终还是失败的。解决不了的问题最好就是回避，因此对伽利略生平的标准记述就是匆匆略过这个问题——以及那封寄给开普勒的信。[15] 与伽利略自己所提供的明确证据不同，严肃的学者认为，他是在 1610 年之后才成为哥白尼学说的支持者。那些对此持不同看法的人却因为这十年的缺失无法填补而遭遇阻碍。

但是，有相当好的证据说明在伽利略首次到达威尼斯时的思想状态。其实考虑到这些年里他思想发展的相关信息的缺乏，能够发现他转 57
向支持哥白尼学说的蛛丝马迹，我们还是非常幸运的。1592 年，伽利略的朋友和赞助者吉多巴尔多·德尔·蒙特邀请他到家中。我们可以很有把握地确定这次拜访的时间是在 1592 年夏天，德尔·蒙特有一份关于他可能和伽利略一起做实验的笔记，这个实验的想法实际上可能出自伽利略。[16] 实验非常简单。取一个硬球，用一种可以留下记号的物质把它包裹起来；取一个坚硬、平坦的表面，并把它放置在一个相当接近垂直的角度上；然后把球扔出，就像弹球游戏一样，球飞过倾斜的表面，它首先往上，在它变慢后，就往下：留下的就是球滑过表面的轨迹，而这个轨迹非常类似于球在空中穿行的路径——抛射物的路径。[17] 这个实验揭示了两个情况。第一，球的路径是一条对称曲线——抛射物绝不会以直线运动，而其上升路径与下降路径是一样的。第二，这个曲线在数学上是清晰可辨的。伽利略和吉多巴尔多感到这个曲线与抛物线（由公式 $y=x^2$ 所产生的曲线）或悬链线（从两个固定点悬挂链条产生的曲线）很类似。确切地说，他们相信这是一条抛物线也是一条悬链线。现代数学家知道，悬链线不是抛物线，但这两种曲线很相似；伽利略终生都在努力证明这两种曲线就是一回事。[18]

这个结果令人惊奇。首先，传统的亚里士多德学派的物理学坚持物体的运动肯定要么受到自然要么受到力的控制。因此一个炮弹以 45° 的角度发射出去时应该以直线开始运行，最后以直接朝向地球下落而结束运行；在起点和终点之间可能会有某种曲线来连接这两个运行的运动。一些当时的理论家、阿基米德学说的拥护者［而不是亚里士多德学派的人，如塔尔塔格利亚（Tartaglia）*、贝内代蒂和萨尔皮］认为，没有一条线是很直的，但如果要画一只炮弹的轨迹，他们会画出一条明显不对称的路径、就是某种鱼钩的形状——塔尔塔格利亚就在他的《新科学》（*New Science*，1537）里画出了这样的路径曲线，伽利略在其《论运动》的手稿里也画了这样一条线。还没有什么东西能为伽利略和吉多巴尔多认定路径曲线是对称的提供基础。他们确信这条路径曲线应该不是对称的，因为向上的路径是由强迫力所决定的，而向下的路径是由重量所决定。两种不同的力应该产生两种不同的路径，而不是两条相互形成镜像的路径。

其次，让我们把一个抛射物的路径设想成带 x 轴线和 y 轴的曲线图（这种语言虽不合于那个时代但很有用）。y 轴代表高度，我们能在上面看到抛射物的上升和下降。但 x 轴就有点混乱了，它可以代表距离或者时间——抛射物在空中的时间。不论哪种方式，抛射物在空中的速度看起来是相当稳定的。

任何一位数学家都知道，抛物线是根据一个等差数列（y=1，然后 2，然后 3）的数字和一个几何数列（x=1，然后 4，然后 9）的数字相结合而得到的。因此 x 是同样事物的不断重复（例如 1，加 1，加 1）——
58 在曲线图上，这是条直线。问题是，这个 x 是被迫运动，而 y 是减速向上而加速向下，至少在向下时是自然运动。用亚里士多德学派的术语来说，它恰好是相反的：被迫运动应该是时常变化的，而自然运动则是稳定而持续的。因此抛射物的路径曲线不仅说明同样的力控制着加速和减速、向上运动和向下运动；同时也说明，存在一种不变的侧向运动。在亚里士多德学派的世界里，除了在天上，是没有不变的运动的。

---

* 塔尔塔格利亚，16 世纪意大利威尼斯的数学家和工程师。

伽利略在思考抛射物和落体时，在理解怎么样把时间和距离联系起来时遇到了很大的困难——1604年的时候他还为这个问题而困扰。但似乎他很快就摆脱了另一种可能的困惑。抛物线是两个力相互垂直作用的结果，悬链线是两个完全不垂直的力（一个是向下拉的重力，另一个是把链条拉向一边的张力）相互作用的结果，因为链条是不可能笔直的。因此，抛射物做悬链线运动时要考虑其初始的引力，因为一个炮弹或子弹是以水平和垂直之间的某个角度发射的。认为抛射物的路径曲线是两种力以不垂直的角度而互相作用的结果是错误的。伽利略成功地避开了这个错误结论，但他却下了一个相反的错误论断——他断定，悬链线曲线是两个力相互垂直作用的结果。[19]

在《论运动》中，伽利略认为，除了被迫运动和自然运动之外，还有第三种运动。被迫运动和自然运动最后会停止：上升的物体会减速直到它开始下降，而落体会加速直至它遇到障碍物或者到达地心。想象一下一块磨石，它的中心类似于地心，磨石没有任何摩擦力就转动起来，用一根曲柄推动着它，一旦开始，它将永远转动下去。当然，这就是朝向卡尔卡戈尼诺的准哥白尼学说迈进的一大步了。这意味着，如果地球被设置为旋转的，它将永远旋转下去，但地球仍然处在宇宙的中心，而不是在太阳周围的轨道上飞行。再想象一下，一块相当光滑的卵石被放置在非常平滑的冰面上，一丝丝微小的接触都会影响其平衡，因此最微小的触动也会移动这块卵石。而如果这个冰面实际上是个地球表面一样的曲线，这样卵石就以垂直于重力的方向移动，而理论上卵石将永远移动下去，它总是以同样的速度保持移动。[20] 在牛顿物理学中，这就是惯性原理。在伽利略的物理学中，所有现实世界的惯性都涉及某种圆周运动。[21]

伽利略研究了弹球所留下的路径轨迹，弹球越过一个长长的、陡峭
的斜坡表面，他肯定看到两个现象，一个是完全没有预料到的，一个是 59
非常熟悉的。第一，完全没有预料到的是看到了向上运动与向下运动的
对称性。第二，非常熟悉的是，似乎是其他因素导致曲线产生不间断运
动——一块想象中的卵石在想象中的平整的地球表面上沿着想象中的冰

面滑动的不间断运动。当伽利略看到这个运动的曲线是条抛物线时，他承认——在那个时间他没有认识到，至少还没有认识到——重力下降意味着存在某种乘法关系；而没有重力的运动意味着存在某种惯性。十二年后他才完全明白第一个现象的原理；而第二个现象，他从来就没有搞清楚过。

弹球滚动所留下的曲线的意义，有些伽利略立刻就领会到了，有些他慢慢地搞清楚了，有些他从来没有弄明白。[22] 为了理解伽利略生平中的其他研究工作，我们需要找到一种方法来适当处理他对事物反应的三种方式——他马上就意识到，他明白了如何解释物体在空中运动的道理；慢慢认识到，里面有问题需要解答；无法克服的障碍阻止了他想象运动是如何在一个没有特征的、抽象的、几何形状的牛顿空间中运行的。为什么伽利略不能马上理解他所看到的现象后所蕴含的东西？可能是因为他所制定的落体定律，当他终于确定这个定律时，就认识到，如果不是遭到媒介的阻力，落体就会无限地加速。长久以来他肯定想维持他在《论运动》中所做出的假设——加速是个暂时的阶段，这个阶段会被一个不变的下降速度所取代。

且让我们关注一下那个立即就能理解的方式。伽利略认为这个方式是最重要的，他自己也这么做。欧洲文艺复兴时期有这样一个风尚，绅士们用签名纪念簿收集朋友的签名，并附有格言和图画*。有四份这样的题词是由伽利略所写，并一直保留至今，其中有一份是 1599 年的（这时他还没有完全掌握落体定律），两份是 1629 年的，这三份包括了几张小草图，它们与伽利略 1638 年首次发表的抛射物路径的抛物线曲线图形状很相似。[23] 这些草图最早出现在托马斯·瑟盖特的友情簿中。瑟盖特似乎做过一阵子皮内利的图书管理员，而不久就被关到了威尼斯的地牢里，直到沃顿把他解救出来，还把他（如果我的猜想是对的话）介绍给了约翰·多恩。

1599 年，伽利略有了一个未曾宣布的伟大发现。在后来的某个时

---

* 即友情簿（friendship book）。

期，他的朋友们回顾往事，就会发现他早已在他们的签名纪念簿上宣布了他的发现。而伽利略如果卷入了谁是最早的发现者的争论，他就能找朋友们要签名纪念簿做证据了。[他把这个发现视为是他自己的，表明吉多巴尔多所记录的实验是出自伽利略的想法。而他对可能的优先发现权的担忧是没错的：他的一个朋友拉法埃洛·瓜尔特罗蒂（Raffaello Gualterotti）*在1605年的一份出版物中把一个抛射物的下降路径描述为抛物线。][24] 伽利略的发现不只具有理论上的意义：这对射击学是一个 60
重大的贡献，比如，它也证明了能达到最大射程的仰角是45°。1610年，我们发现伽利略承诺为这个应用学科写一篇论文，他的威尼斯朋友希望论文在当年他迁居到佛罗伦萨不久后发表。

但伽利略在1592年所看到的还不只是对应用知识领域做出了贡献。他知道，一个运动必定支配着另一个运动的传统假设是错的：一个物体可以同时以两种不同的方式移动。他也明白他的圆周惯性理论差不多可以通过眼见的事实来验证了：如果物体没有以与重力成直角的恒定速度移动，则运动曲线就不会是对称的。这一点的重要性在于它与哥白尼的《论天体革命》中的一段话有直接关系。在书中哥白尼确定他的地球运动的理论会遭到很多人的反对。为什么地球表面上的重物不会被抛到太空？如果一个物体从高塔上扔下，为什么它会掉到高塔脚而不是塔的西边？（1596年，第谷·布拉赫要出版一本更新过的持反对意见的书，他加了一条新的意见：为什么炮弹不是向西方射击比向东方射击更远呢？）[25] 哥白尼对高塔问题的解答是，物体实际上必须沿着弯曲的路径下落，以便它始终恰好保持在相同位置的上方。在哥白尼的构想中，这是一个相当遥不可及的主张，因为之前从来没有见到过这样的曲线，而存在这样一条轨迹的可能性似乎是没有疑问的。伽利略现在所见的恰恰是哥白尼理论所需要的那种弯曲的轨迹，而他也找到证据证明存在那种使落体连续地保持在地球表面同一个点上下落的圆周惯性。他现在可以解释——当他在帕多瓦进行研究时，他所看到的那个问题的版本就是托

---

* 拉法埃洛·瓜尔特罗蒂，16—17世纪意大利诗人。

马斯·布朗所见到的——在哥白尼的宇宙里，一只鹰如何确定目标把一只乌龟扔到埃斯库罗斯（Aeschylus）*的头上，即使埃斯库罗斯的头随着地球的转动而移动。

当伽利略写《论运动》时，他还不是一位哥白尼学说的拥护者：他甚至都没有提到在运动的地球上落体下落的问题，因为即使他已经提出了圆周惯性的概念，他还是会认为地球是静止的。看起来在离开吉多巴尔多时他的思想就已经发生了转变——甚至很有可能伽利略还说服了吉多巴尔多。当吉多巴尔多1607年去世时留下了许多文章，其中一篇论文就是论述地球运动的。[26]促使伽利略变成一位哥白尼学说的拥护者的，不是哪种对天文学的新理解：这是一种解决物理学问题的新方法，他曾在《论运动》中强调过。伽利略成为一位哥白尼学说的支持者
61 是因为他有一个在物理学上理解地球运动的概念工具，但他思想上的转变说明了他渴望接受哥白尼学说，他并没有找到支持哥白尼学说的新证据——只是找到了一种方法来反驳某种常见的对哥白尼学说的反对意见。思想转变对伽利略来说是很容易的。他是一位数学家，因此他欣赏哥白尼体系之美。他反对亚里士多德哲学，因此并不留恋旧秩序。他相信（通过一首反对穿长袍的诗进行判断），既不必上天堂也不用下地狱，因此不必担心它们的空间位置。他应该很清楚，能说服他的论据还不足以说服其他人，更不要说那些传统的思想家了。

在离开之前，伽利略也和吉多巴尔多讨论了一个材料学里令人困惑的问题：为什么长绳比短绳容易断？他们的结论是，和绳子的长度没有关系；最重要的是绳子最弱处的强度，长绳子更有可能存在强度较弱的地方。[27]有关伽利略思想变化的另一个证据出自一份很不一样的材料。当伽利略9月份到达威尼斯时（他在那儿待了两个星期，然后暂时回到了比萨），好像他即刻就结识了修道士保罗·萨尔皮（Paolo Sarpi）。萨尔皮是个兴趣特别广的人。后来他成了历史学家，是《天特会议史》(该书以意大利语出版，拉丁文版和英文版于1619年在英国出版）的作者。

* 埃斯库罗斯，古希腊著名诗人、悲剧作家。

1606年，他成了威尼斯首要的神学顾问，还代表威尼斯进行神学辩论，而威尼斯当时被教皇保罗五世（Paul V）封锁——他的职位使他名扬欧洲。1607年，他逃过了一次暗杀，这次暗杀让他成了思想自由的象征。1606年之后，萨尔皮专注于宗教和政治，但在16世纪90年代初期，他的大部分思想精力都投入科学和哲学专业中。[28]他是一位唯物主义者、原子论者和无神论者（或者至少是一个不可知论者）；尽管没有证据说明他完全信服哥白尼学说，但长期以来他一直困惑于赞成还是反对新天文学的争论。他也积极参与解剖学研究，他还在静脉瓣膜的发现中发挥了作用。

萨尔皮在一个笔记本上记录了许多有关哲学和科学问题的想法，这些记录按年份排列在本子里。在1592年的条目里，我们发现了一份吉多巴尔多弹球实验的记录，分布在四个编了号的段落里。其中的第一段反对对称原则，这个反对意见还出现在萨尔皮1604年给伽利略的信里。还有一个与绳子长度难题相反的说法：如果一根绳子的强度由头到尾始终都是一样的，那么它就永远不会断开，因为绳子不存在强度最弱的点。这两种截然不同的观点的唯一来源可能是伽利略。实际上，这就是证据，吉多巴尔多把所有这些证据材料记录在了他的笔记本里，还和伽利略一起进行了检查，伽利略也和萨尔皮一起检查过这些材料。[29]

在这两个与吉多巴尔多笔记中相对应的观点之间，我们发现了另外 62
一份材料，它与伽利略的不一样，但也是出自与伽利略的对话——实际上，萨尔皮的笔记使我们知道他与伽利略的对话。在其中一段里，萨尔皮列出了后来伽利略在《两门新科学的对话》中陈述的观点，也就是所有的落体在真空中将以同样的速度下落——这个观点非常不同于《论运动》，伽利略在这本书里主张，落体在真空中的速度与其比重成正比。[30]在另外两段里，对于为什么在地球旋转时不会被离心力抛离地球表面，萨尔皮提出了很多理由：其中一个成了伽利略在《对话》中的（错误）观点，也就是落向地球的速度肯定超过物体射向太空的速度。[31]

萨尔皮的笔记揭示，当伽利略1592年到达威尼斯时，他对常见的反对地球是运动的观点提出了一些较为复杂的回应——这些观点远远超出了哥白尼的范围。他可以解释，为什么一个物体从高塔上以圆周惯性原理的方式垂直下落，这个下落结合了几种运动（而不是只有一种运动）；他也能解释，通过比较物体落向地球的速度估计值和物体飞离地球的速度的估计值，为什么物体没有被离心力抛离到太空。当他最终读到第谷·布拉赫和克里斯托夫·罗思曼之间的争论时（这个争论第谷于 1596 年发表），他马上感觉到，他已经解决了所有关键问题（圆周惯性原理可以很容易地用来解决第谷有关炮弹发射向西和向东的轨道问题）。[32] 维维亚尼在其关于伽利略的传记中声称，伽利略一到威尼斯就开始了他的研究计划，而这个研究在四十年后就成了他的著作《对话》：这个说法现在看起来是正确的，而在当时显然是很夸张的。[33]

这一点已经确定，我们有可能回顾一下他的非凡主张，这个主张在他写给开普勒的信中，也就是他用哥白尼学说来解释在传统物理学中难以解释的许多自然现象。开普勒马上就猜出了伽利略要谈论潮汐。[34] 这似乎是个认识上的飞跃，直到我们认识到有一个经典的说法揭示潮汐有可能与地球的运动相关。开普勒是对的，因为在萨尔皮 1595 年的笔记里，我们发现他记录了一个理论，是伽利略 1616 年提出，1632 年发表的，该理论证明了地球是运动的。[35] 该论点的基础很简单。如果你坐在一艘船上，船有漏洞，有少量水渗了进来，船和船上的水很平稳地沿着水面运行。但如果船撞到了河岸，接着船底的水就会继续向前流，聚集到船的前部。伽利略说，潮汐肯定就是由类似的现象引起的：由于地
63 球运动的速度和方向发生了某种变化，导致地球上的水四处搅动。哥白尼将其归因于地球的三种运动，其中最重要的两种（实际上伽利略认为第三种运动是假的）是地球围绕太阳旋转一年的运动和地球每天围绕其轴线自转的运动。[36] 伽利略说，这些运动结合在一起，意味着，地球表面上的任一点，在其位于地球远离太阳（公转加自转）的那一面的位置时会运动得更快，而在其位于靠近太阳（公转减自转）的那一面位置时会运动得慢些。其间这个点会经历加速和减速。实际上这不是引起潮汐的原因［如牛顿所揭示的，潮汐是由月球和太阳的万有引力（gravitational attraction）所引起的］，但这种运动能够在理论上可能存在

的世界（theoretically possible world）里引发潮汐：这个观点原则上是有效的，但对我们这个特定世界来说没有实际作用。[37]（这个说法对我们地球上的潮汐的解释是错误的，伽利略从来没有提到过。他把这个说法进行了简要概括，用来解释潮汐为什么在一个月或一年的不同时间会发生变化，他也力图解释清楚每天有两次潮汐而不是如他的理论所揭示的一次这样的基本问题。伽利略也没法说清潮汐从某天到次日的变化时序这样的事实。）

在1597年所写的信函里，伽利略提到了他的潮汐理论，他已经向萨尔皮解释过他的这个理论（或者只是萨尔皮可能向他解释过）。但开普勒令人易于接受的阐释让大多数人忽略了伽利略曾经说过他解释了“许多自然现象”而不是一个现象的事实。伽利略还有其他什么想法呢？我认为，其中一个答案就是运动的相对性原理。哥白尼认为，运动的感觉是相对的。当两列火车并行，其中一列开始移动时，我们就会体会到运动是怎么样的。如果你在其中一列火车上通过窗口看着另一列，最初你是没法区分哪一列在移动——在视觉上，一列火车的移动和另一列的移动是很难区分得清楚的。伽利略应该经历过同样的现象，当所乘坐的船解开缆绳离开码头时——起初看起来是码头在移动，而不是船。但在1594年之前，可能是在1592年，他详细阐述了一个不一样的运动相对性原理：除非存在一个外部参照点，否则恒速运动与静止不动无法区分。如果船是以稳定的速度移动，则船底的水保持平静。如果船上的一个人向另一艘船投掷硬币，那他瞄准时不必考虑船的移动，因为他、硬币和另一艘船会相互保持其原来的位置。如果某个人在桅杆的顶部扔下一个硬币（这是那个问题的哥白尼版——因此对伽利略很重要），它会落地掉在桅杆的脚下而不是后面。在传统的亚里士多德物理学里，这个世界上的物体自然都是静止的：只有它们受到外力压迫才会运动，或者处在了不适合的位置才会运动。因此一个物体从移动的船的桅杆上掉下来，会垂直向下掉向地心，当物体掉落时它不会与船保持同步继续向前运动。[38]

在伽利略的新物理学里，静止和恒速运动是没法区分的，而只有这 64

样才能解释物体在船上的运动。当伽利略说他用哥白尼学说来解释许多自然现象时，他的意思是他使用新的绝对的运动相对性原理去解释范围更大的自然现象。如果哥白尼学说有效，则运动相对性原理就是真的。由于这个原理是《对话》的核心，现在很清楚，《对话》直接承自为哥白尼学说的辩护，这个辩护他在1597年写给开普勒的信中提到过。

还有另外一个发现，当伽利略在给开普勒所写的信中用了"许多"这个词时他可能想到了这个发现。在他的第一本伟大著作《星际使者》（1610）中，他谈到有个发现"不是在现在而是好多年前就有了"。[39] 这一发现与在新月时照亮月球黑暗面的微弱光线有关。一些人声称，这些光线来自月球自身，有人声称是来自恒星，还有人说是太阳的光线穿过月球的半透明体照耀的结果。伽利略说——它这个说法是准确的——这种光线就是我们所称的地球反照（earthshine）；换句话说，就如月球照亮地球一样，地球照亮了月球。他的看法并不新鲜。人们在列奥纳多（Leonardo）*的一本笔记里就发现了这个观点。这个观点显然在1596年由马斯特林出版的著作里就已经有了，但这部著作如今已经失传；可以肯定的是，开普勒在1604年出版的一本书里也讲述过这个观点（伽利略不熟悉这部著作，说明随着皮内利图书馆的书籍的丢失他的阅读范围已经跟不上形势的发展了），拉法埃洛·瓜尔特罗蒂1605年出版的一本书里也讲到了这个观点。在伽利略发表他对这个观点的论述前，托马斯·哈里奥特（Thomas Harriot）† 把这个观点用来命名天文现象，第一次提出了"地球反照"现象的说法。[40] 说得更确切些，萨尔皮在没有遇到伽利略之前就已经论述过这个观点了。因此，很有可能伽利略在《星际使者》里把应属于萨尔皮的观点当成了他的观点。[41] 伽利略、马斯特林、哈里奥特和开普勒都是哥白尼学说的支持者；对于哥白尼学说支持者来说，这个观点的巨大吸引力说明了月球和地球基本上是相似的——这个观点绝对是《星际使者》的核心观点。

---

* 列奥纳多，即意大利文艺复兴时期的杰出代表人物达·芬奇。

† 托马斯·哈里奥特，与伽利略同时代的英国著名的天文学家，数学家，翻译家。

在《星际使者》里，月球和地球被视作是相同的，其关键的一点是，月球不是一个完美的、水晶式的球体，这就如亚里士多德学派的哲学家所认为的一样：月球上也有高山和峡谷。高山可以通过它们的投影来识别，也可以通过升起的太阳而看到高山的山峰（光照的效果用望远镜可以清楚地看到）来识别。[42] 在《星际使者》里，这个观点给人的印象是，这是个全新的观点。但这个现象是伽利略在 1609 年把望远镜指向月球就发现了的，而他最初并没有很急切地将这个非凡的发现发表出来。原因是，这只是对他肉眼所看到的东西的确认，如果你眼睛足够 65
锐利，并知道你在寻找什么，你不用望远镜就能看到月球存在高山的证据。伽利略拥有一本 1606 年在佛罗伦萨出版的书，在书中这个现象是如此被描述的，“月球上也有如地球上那样的巨大山脉；或者说其规模更大，因为我们可以感觉得到。在这些山上，在没有山的地方，月球坑坑洼洼的表面上出现了点点的小黑点，因为大部分弯曲的山脉都不能像月球其他平坦而光滑的表面那样接收和反射太阳光”。[43] 我们有充分的理由认为这本匿名的书是伽利略的学生所出的——事实上极有可能是伽利略本人所出版的——而早在 1597 年伽利略就很有可能得出结论说，月亮上有山，这证明了月亮和地球是一样的。

这些观点——包括运动的相对性和可结合性、转动中的地球受到的离心力冲击的程度、对地球反照的解释、对潮汐的解释——全都是伽利略在 1597 年解决的，可能还有月球上存在高山的观点，这些观点确实证明了伽利略在那一年声称过他用哥白尼学说的原理解释了很多自然现象。

1597 年还存在另一份有关哥白尼学说的文献——伽利略写给他的比萨朋友雅克伯 · 马佐尼的一封长信（皮内利去世时在他的图书馆里发现了这封信的抄本，该信揭示伽利略对哥白尼学说的支持对于他的帕多瓦的朋友来说已经不是秘密了）。[44] 马佐尼是一位柏拉图学派的支持者，而伽利略的信明确宣称他与马佐尼都赞成柏拉图学说（换句话来说，他们都同意这个世界在结构上基本上是数学的），而不是哥白尼学说。[45] 就当时的情况来说，他只是说他支持哥白尼学说，还有与哥白尼学说密不可分的观点（我们假设是关于地球运动的物理学观点）存在一点“偏见”而已。马佐尼刚刚出版了一本关于柏拉图学说的书，其中包含对哥白尼学说的批评：问题是相关联的，因为毕达哥拉斯学派主张地球是围绕太阳转的，对那些有兴趣用数学术语来阅读宇宙的人来说，毕达哥拉斯就是取代柏拉图的最好人选。伽利略觉得必须回应这个批评，他的回应间接证明，当他在比萨时还不是一个哥白尼学说的拥护者，因为这显然不是他过去与马佐尼所讨论的问题。马佐尼理所当然地认可我们能“看到”上天这个概念——也即恒星所附在的范围。他说，如果哥白尼是对的，当我们白天仰望天空时，我们所看到的天空，远比我们在夜间看到地球绕太阳轨道的直径所看到的部分更远。其结果应该是，在白
66 天，我们意识到我们头顶的圆顶代表了天空的一半以上，晚上我们知道它代表了接近一半的天空。这个观点应这样来表述（因为白天能看到的只是一片没有特色的蓝天），人们可能应该在午夜看到，地平线上的恒星比我们头顶上的恒星要远得多。伽利略通过将初等几何应用到研究中来反驳这个观点。他的论点取决于这样一个事实——即使在托勒密体系中，我们都不能从宇宙中心看到宇宙，而从距离中心很远距离的地球表面却能看到。考虑到亚里士多德学派所能接受的宇宙的大小，他认为，将地球从中心位置移到太阳的位置，相当于夜里在 176° 56′ 看到的天球和白天在 183° 04′ 看到的天球——如果地球位于宇宙中心，这一差异相当于在 1 英里高的山顶看天空。他认为，很容易明白这种差异可能是察觉不到的。我们当然不会意识到，如果按照哥白尼学说，宇宙的规模在增大，那么我们头顶上的恒星比地平线上的恒星更近些。伽利略试图要表达（说出来必定显得很笨拙）的东西很简单、很基础：如果我们用肉眼观察天体，无论是在一个时间点还是在一天之内，我们所看不到的东西可能有助于我们在哥白尼体系和托勒密体系之间做出选择。[46]

12 67

金钱

1591 年（这一年伽利略的父亲去世）至 1610 年，伽利略一直在为养家糊口而拼搏。他的妹妹维吉尼亚很可能按照他们父亲谈妥的条件而嫁人了。伽利略继承了替妹妹支付嫁妆的义务，1593 年他的妹夫本内德托·兰度齐（Benedetto Landucci）威胁如果他不来佛罗伦萨就让官府逮捕他。[1] 伽利略借了 200 达克特（ducat）* 试图解决问题。[2]

1601 年他的妹妹利维亚的婚约规定了 1800 达克特的嫁妆，得由伽利略和他的弟弟米开兰基罗（Michelangelo）在五年内支付。[3] 但是米开兰基罗没有钱了——其实，伽利略刚刚花了 60 达克特给米开兰基罗置办服饰，以便他能在波兰找一份工作。[4] 我们发现，1602 年伽利略借了 250 达克特，这笔钱他没法偿还。伽利略向雇主提出预支两年的薪水，但雇主只给他预支了一年工钱，他不得不转向朋友求助。一年后他获得了预支的第二年的薪水。[5] 尽管如此，1605 年 3 月，他因拖欠利维亚的嫁妆而被起诉，5 月他又因维吉尼亚的嫁妆而面临诉讼，而到了 1608 年他再次收到了提前支付的一年的薪水。[6]

---

* 达克特，当时佛罗伦萨货币的名称。

当我们认识到利维亚的嫁妆接近于伽利略在比萨工作三十年的薪金，相当于他在帕多瓦大学工作八年的薪金时，就能明白伽利略的处境有多么困难了。在比萨，他一年的收入是 60 达克特；在帕多瓦，他起初的收入是 180 弗罗林（1 个威尼斯弗罗林约值 0.7 个佛罗伦萨达克特），当他于 1599 年获得了一份新的聘用合约后收入上升到 320 弗罗林，而 1606 年他得到了第三份聘用合约后收入增加到 520 弗罗林。[7] 他对望远镜进行了改进，这使他获得了一份每年 1000 弗罗林的收入的终身合约，但这个合约直到 1612 年才开始生效，并且合约规定此后给予他的钱的数量不再提高。[8]

1606 年以前，伽利略无法用他的大学薪金来偿还债务。此外，不久之后他还有了一位情妇玛丽娜·加姆巴（Marina Gamba）（关于她的情况人们所知甚少，而伽利略 1610 年迁移到佛罗伦萨后没有带她一起走），他还有自己的孩子需要供养（维吉尼亚生于 1600 年，利维亚生于
68 1601 年，温琴佐生于 1606 年）。[9] 他通过给那些谋求军职的年轻绅士教授他们所需要的数学技能课而获取些额外收入。他也教授人使用一种计算和测量装置，这种装置在当时的英语里被称为“sector”（函数尺，其意大利语名称是“compasso”或“compass”）；这就需要有一位装置制作工匠，于 1599 年时雇佣，制作函数尺，还需要一位抄写员来抄写装置说明书，到了 1606 年他私人印制了六十本说明书。[10]［伽利略这本说明书数量非常少见，以至于 2008 年佳士得拍卖行（Christie's）卖出的一本价格达到 50 万美元。］那些跟随伽利略学习的年轻绅士们经常和他一起吃饭，还带着朋友来听课，或者带着随从仆人前来。有证据表明他私下授课的高峰年份是在 1603 年，那时他得拼命为利维亚挣嫁妆，他所期待的米开兰基罗却没给他什么帮助。在那年他有十来个学生，并卖出了十二个计算和测量装置；学生、朋友们、仆人等，伽利略随时都有十个一起进餐的陪同者，此外还有五个人（包括他的情妇）为他们供应餐饮。[11] 他有必要买一所大房子，还要带有一个葡萄园，可以为全家供应葡萄酒。[12] 授课给他带来了 660 达克特的收入，这是他的主要收入（虽然他有一个全职工作的抄写员给他提供阅读的文本）；陪同进餐者

给他付了一千达克特，这些钱大多数是用餐的花销；售卖计算和测量装置的利润越来越少——每个可能只赚5达克特。我们可以很有把握地说，伽利略在私下授课、提供餐饮和售卖仪器上赚到的钱比他在大学获得的收入多3倍多。1610年他声称，他在私下授课、提供餐饮上一年至少赚了2000达克特，虽然他之前在这方面实际获取的收入是其薪水的3倍，但这个说法可能有些夸张。[13] 但是到了1603年，他的收入肯定让他开始能顺利应对债务了。威尼斯维护非宗教国家权利的政策导致了它与罗马教皇发生冲突，从而暴发了1606年至1607年的封锁危机（the Interdict crisis）。危机显然造成了伽利略的收入在短时期内下降。但到了1610年，他的处境发生了改变，他以6%的利率借给了自己的朋友、哲学家切萨雷·克雷莫尼尼（Cesare Cremonini）400达克特（这是一笔很大的数目，是大多数教授一年的薪金收入）。这笔钱他很难收回来。克雷莫尼尼是帕多瓦收入最高的教授。据知，他的生活就如一位红衣主教：他拥有不止一部而是两部马车，有六匹骏马，因此他需要向人借钱并不令人惊奇。[14] 伽利略安全地离开威尼斯的领地后，克雷莫尼尼甚至偶然发现了伽利略原则上是反对向人收息借贷的。[15]（和伽利略在威尼斯及帕多瓦的许多朋友一样，克雷莫尼尼把伽利略离开威尼斯去往支持教皇的佛罗伦萨视为背叛，而他不还钱的行为可能也是一种抗议的方式。）[16]

但是这几年伽利略正在进行一项实验计划，长时间的教学活动似乎被看作是无法忍受的干扰。他很厌恶教学，以至于要把教学视为出卖灵魂的行为。毫不奇怪，他开始渴望更好的生活，跟人打听在其他地方是 69
否能找到工作。他所要找的不是更多的钱，而是更多的时间。最后他于1610年迁移到了佛罗伦萨，薪金（考虑到当时的汇率）只有他原先留在帕多瓦的约40%——比他留在帕多瓦继续授课能赚的少得多了。最大的不同是，在佛罗伦萨他根本就不用被要求去授课——即使是当时那个大学的聘任合约要求一年有60.5个小时的教学任务也没能约束他。他和与他通信的朋友把这称之为“ozio”*或“悠闲”，视之为一种地位而不

* ozio，意大利语“懒惰”之意

是金钱的象征。这也是（至少在正式说法上）吸引他离开帕多瓦的无法抗拒的原因。

吸引他去往佛罗伦萨的还有另一个原因。在帕多瓦，伽利略依赖一个很有权势的年轻贵族小圈子的赞助。他们照顾他，确保他的薪水能逐年上升，可以提前支取，当他急需钱时借给他。但作为回报，他们希望他能花时间和精力满足他们的要求——例如，他们希望他能在假日时陪伴他们。[17] 这些朋友和赞助人的要求似乎让他难以忍受，以至于伽利略认为这些取悦他们的活动是“无尽的劳动”。[18] 似乎很清楚，他对这种不平等关系感到不满。1606 年，他试图为他的朋友，伟大的帕多瓦医学教授阿夸彭登泰（Acquapendente）在佛罗伦萨找一份工作。他确信阿夸彭登泰应该乐于迁移到佛罗伦萨——他会很高兴地放弃自己的教学，并渴望摆脱囚禁他的依赖他人的关系网。[19] 这很容易让人们怀疑，伽利略所说的，与其说是阿夸彭登泰可能对求职（他坚称没有对他提及此事）的回应，还不如说是他自己的回应。

迁居到佛罗伦萨后，伽利略有了一份很好的收入，他再也没有出现过财务困难。可以确定的是，他在 1614 年和 1628 至 1629 年提前支取了薪金：第一次支取是为他两个发誓做修女的女儿筹措金钱——就相当于给修女院的嫁妆——第二次支取是收回把他还没相认的私生女嫁出去花掉的钱。[20] 但是没有迹象表明他对自己迁移到佛罗伦萨后整个收入减少而感到后悔，也没有迹象说明他再次把赚更多的钱当作自己的目标。1591 年至 1608 年，他为了安顿下来不停地迁移，就像一只在轮子内奔跑的仓鼠。1610 年，他走出了这个轮子，再也不要回到轮子上跑了。他别无所求：在佛罗伦萨他能攒下大笔的钱，这笔钱多到他的侄子把他看作一个富翁。[21]

13 70

射程

有人认为，当伽利略来到帕多瓦时，他的思想兴趣发生了改变。[1]《论运动》纯粹是一本哲学著作，相比之下，存留下来的最早在帕多瓦的信件是和航海技术有关的问题：大帆船（galley）的桨应该是多长。这肯定是那个时代地中海海战中最为根本的问题了，因为海上战斗完全是靠船的驱动来进行的，这种驱动力不靠风力（无风的天数太多了），而是人力——通常是把判了刑的罪犯罚到船上来。这种对技术要求的新兴趣不久就反映在其他不同领域中。伽利略写了几个关于机械和防御工事的课程讲义。他设计并出售他的函数尺和罗盘。他还设计出了一种排水泵［可能是阿基米德螺旋泵（Archimedes’ screw）的一种］。[2]他的主要兴趣现在转到了应用科学上，而这个新兴趣是与日益发展中的实验方法密切相关的。近代科学的诞生地不是伽利略的课堂，而是威尼斯人所称的兵工厂（the Arsenal）——这个大船厂专供建造和修理威尼斯海军的舰船。[3]

这个故事听起来很有说服力，但我还是不相信它是真的：伽利略在帕多瓦的第一封信和贾科莫·康塔里尼（Giacomo Contarini）[*]的回信已经不可能保留下来了。[4]康塔里尼负责船舶修造，他向伽利略咨询了一个问题，伽利略给他做了解答。他的问题是，把桨的枢轴放在舷缘或者舷外支架上是否效果会更好；后来事情清楚了，康塔里尼是知道问题的答案的，他可能是想考考伽利略。伽利略回答道，最有效的桨是桨架尽可能接近摇桨人的那种。如果桨的手柄部分是长的，则桨划动海水的效率就高；如果桨划水的叶片部分长，桨移动船只的效率就高。

康塔里尼对这个分析没有留下什么印象，人们知道是为什么：如果伽利略的理论是对的，没人会去建造威尼斯平底船（gondola）。康塔里尼的回信几乎掩饰不住他的不满。他断言，伽利略没有考虑到桨抬出水面和划入水里，并被水推动的问题。他没有考虑到，摇桨人需要用上
71 整个身体的重量，因此就要站着进行摇桨。桨肯定和摇桨人的手臂成正比，因为要用手臂上下摇动，也和他的身体成正比，因为要用整个身体来推动桨。伽利略的提议会增加桨的重量，以至于摇桨人难以掌控桨（在一艘平底船上，每个桨边有好几个桨手）；实际上，即使使用现有的桨（手柄长度是整个桨长度的三分之一），也必须在舷内侧加上大铅坠，以使桨接近平衡，而如果舷内侧的桨太短，平衡就不能保持。但是，桨的入水角度也很重要：角度越陡，浪费在划水的能量就比推动船前进的能量越多。

康塔里尼的答复相当于告诉伽利略，他不能仅仅用他所声称的杠杆原理来设计一艘大帆船。他需要看看一些船舶和桨，观察桨手的工作，问那些熟练的手艺人：当他们摇桨时为什么船舶会前进。要说伽利略已经成了应用科学家，人们需要证明他很快地就学会了康塔里尼试图教给他的东西。对康塔里尼来说，他似乎决定了，伽利略没有完成他所设定的基本考验：没有证据表明他再次向伽利略咨询问题。[5]

在某种程度上，伽利略确实是接受了这次教训：《两门新科学的对

* 贾科莫·康塔里尼，威尼斯的一位官员、学术赞助者和数学工具及书籍的收藏者。

话》就是以兵工厂的造船工程师的对话开始。正是从与他们的谈话里，伽利略得知，一艘大船的重量可能会是这样的，当船处在干船坞*时它会处于破裂的危险之中，尽管船漂浮时看起来是没事的。在去威尼斯前，他就已经对材料的强度很感兴趣了——他一直对绳子的断裂点感到困惑。但是，我们可能很想知道他是否曾花了很多时间研究造船学：他写道，似乎木船上的横梁只靠着一端支撑，但实际上这些横梁几乎都是由两端支撑的。

其实伽利略对应用知识的评价比对只有理论意义的知识的评价更高：他认为没有什么东西比字母表的发明或纺织的发明更值得敬佩。他相信，他对应用知识的重大贡献就是为确定经度提供了一个可靠的方法。[6]他对经度的研究表明，他从来没有理解应用科学是不同于理论性知识的。1635 年和 1636 年，他宣称能够制造一只在一个月内的精度精确到一分，甚至一秒的钟。他之所以这么宣称，是依靠于钟摆的等时性原理，以及他认为设计一个钟表擒纵器（an escapement for a pendulum clock）并不困难。但他从来没有制出一个带钟摆的钟，他也绝对没有想过这样一只钟如何做才能精确，例如在经历各种温度时，更不必说在大海的航船中，如何做到精确。

因此伽利略从来没有完全理解理论是有局限的，也不知道人们需要从实践中学习。只有当理论不完备和有缺陷时他才依赖经验。他已经做 72
了一个实验——弹球实验，这个实验改变了他对哲学基本问题的看法：但没有证据表明这导致了他的思想兴趣发生了更大的变化。他没有弄明白弹球实验其实揭示了加速度定律，这说明了他并不知道能从一个实验中了解到多少东西。在 1600 年以前，伽利略留下的文献里（我们只是根据吉多巴尔多·德尔·蒙特、保罗·萨尔皮的记载，才间接地知道了弹球实验），没有哪份记载了用来补充、修正或取代旧理论的实验。

当我们把教科书手稿和伽利略早期的两门讲座课程——一门是关于机械的，一门是关于防御工事的——联系起来时，声称这些书稿和课程

---

* 这种船坞三面接陆一面临水，以方便船舶的建造和修理。

似乎对应用科学而不是理论物理更有贡献，可能让人觉得奇怪。这两门课不属于大学课程：像许多数学家一样，伽利略通过给那些来到帕多瓦不是为获取学位而是学习有用技能的年轻贵族提供私下授课来补充大学收入的不足。关键是，他们需要的是那种能使他们在战争中指挥部队的实际知识，他们需要以诸如磁罗盘如何使用等基本专题作为入门课程。伽利略没有一定的实际经验，他怎么能讲授这些课程呢？

伽利略不仅讲授应用性科目，他还设计了一个供士兵使用的非常复杂的基础科学仪器：军用的罗盘或函数尺。[7]这种函数尺可以通过读取一个刻度到另一个刻度的数字，快速算出所涉及的速率和比例。在当时的世界上只有少数人能进行准确的乘除法运算，函数尺极大地降低了错算概率。设计出函数尺的人要确定哪些计算需要简化：给出更多的刻度数据他就能简化更多的计算，但这也增加了仪器的制作成本，而仪器的使用也越来越精确和复杂。因此，可以举出一个简单的应用事例来说明，函数尺提供的刻度可以使做买卖的商人不用进行乘除运算就能明白一笔以达克特计算的钱币数额值多少弗罗林。另外一个刻度可以把体积换算成重量，因此只要给出一堆谷物的高度，他就能用这个仪器算出其重量，并计算出其价钱是多少。加一个铅垂线连接物，可以用函数尺算出大炮炮筒的抬升角度。只要用上（伽利略提供的）瞄准器，也可以用这个仪器来测量射击范围。

这个函数尺相当于16世纪的计算尺或计算器，像计算尺或计算器一样，函数尺为大多数的普通计算提供了内置的公式。在文艺复兴时期的战争中，函数尺对任何一个掌管炮兵的人来说都是一件非常宝贵的工具：例如，可以用这个函数尺来计算发射一千发炮弹需要多少火药，或
73 者也可以把对敌人防御工事范围的估测转为火炮的发射角度。伽利略的函数尺是当时意大利北方所使用的最复杂的一种计算和测量工具：其他人很快造出了仿制品，他的工具使用说明书也遭到了抄袭。（在一起官司中，伽利略向法庭证明，抄袭者不是工具仪器的发明者，因为他向法庭揭示抄袭者并不知道怎么使用这个仪器。）[8]正是伽利略的这个仪器，引起了托斯卡纳大公（the grand duke of Tuscany）费迪南多一世

（Ferdinando I）的妻子洛林的克里斯蒂娜（Christina of Lorraine）对他的关注——1605年夏天她雇伽利略来教授儿子科西莫（Cosimo）使用函数尺。[9]

毫无疑问，伽利略在教授应用性和技术性科学；他也对这些学科进行了深入思考，在这方面的教学很有创新性，相当出色。但实际上他是以理论性的而非实践性的方法来对待这些科学。正是对理论性原理的清晰而简要的阐述，伽利略认为他能使自己的学生获得实践动手能力。

伽利略关于防御工事的教科书手稿是一本精彩的小书，因为该书侧重于讨论火药时代的战斗中出现的问题。[10] 该书带有非常有用的插图，这样读者可以很轻松地理解书中的观点。由于大炮可以击倒城墙，因此防守就取决于阻止敌人占据可以发起进攻的位置的能力——这些位置离城墙还有一段距离，大炮可以在堡垒或城池的城墙上对这些位置进行发射，而在墙脚位置，可以架上梯子或挖掘地道以放置炸药。因此首先就要求在高处安置火炮。其次就更复杂了：通过火炮的侧面发射和扫射，火炮应该能射击到防守的周边的每个点。扫射可以使你在敌人靠近城墙时击中敌人，而侧面发射则使你在敌人处于堡垒右边时射击他们（不用破坏你自己所在的城墙）。如果一个城堡是个简单的立方体，那么大炮可以架在城堡顶部，向着四处的乡野发射，射击手也可以在城墙上射击靠近的敌军部队。但如果敌人到达了城墙脚下，那就几乎无计可施了：用大炮轰击他们是不可能的，你必须冒着被敌人枪炮击中的危险用步枪去射杀对方。什么样的大炮结构形状能提高炮火的射程？基本的解决之道是堡垒：加强发射的火力，就是让火炮能沿着堡垒的侧翼发射，通常人们也在大堡垒的每个角落设置小堡垒。当然堡垒内部也会出现同样的问题：人们怎么能沿着堡垒侧翼发射呢？答案是，每个小堡垒的边都不能与主城墙平行。因此防御工事基本上成了一个几何学问题：如何在特定的位置设计一种结构，使得通过这个结构用侧面发射和扫射的方式把周边的每个点纳入射程。如果中世纪城堡的理想形状是立方体，那么防御外缘的理想形状现在就是个星状，可惜星状城堡建造成本昂贵，而且防御范围只包含了一个小区域，难以付诸实践。

74 伽利略非常乐意讨论城墙恰当的高度和深度——其地基需要有大量的土方工程，能够吸收炮弹的冲击力，而城墙顶部则能为射击手提供保护。当讲述到进攻的部队尽可能地向前推进以便靠近城墙就需要挖掘壕沟和堆出土坡时，他才会强调有关建筑的实践性问题。在这里军官必须直接指挥，而不是只使用工程师和泥瓦匠，因此伽利略提供了这时所需要的工具和战术的插图。但这些都是次要的问题：对于伽利略来说，在火药时代，防御工事基本上是个应用几何学的问题，因为枪炮是直线射击的（至少从上空来看），因此研究射程所必需的工具是尺子和铅笔。

伽利略关于机械学的教科书手稿在理论上是一份简化了的类似练习册的东西。[11] 他所感兴趣的机械是现在所谓的简单机械：天平和桁端、杠杆、楔子、螺丝、轮轴、滑轮、斜面等。他的基本理论（似乎是他第一个提出的）就是，你所得到的永远比不上你投入的多，因此一个能使 1 千克重量的东西抬升一个 10 千克重量的东西向上 1 米的装置总是需要一个 1 千克重量的东西移动 10 米远：如果只考虑重量而忽视距离，似乎得到的量已经超过了投入的量。[12] 如果有十块砖，它们可以放在一起，并且可以一起搬走，也可以一次搬一块：所用的工作量完全相同。一块一块搬走所需的力量是差不多一样的，但你得走十次。显然伽利略认为所有简单机械做功都遵循同样的原则：每个机械都代表一种方法，通过与距离相乘，然后再除以重量。如果理解了其中一种方法，就很容易理解其他的了。

同样明显的是，伽利略谈的不是真正的机械。在真正的机械里总会有能量的损耗：想想转动螺丝所涉及的摩擦力。不存在没有摩擦的滑轮，没有哪种绳子弯曲时是没有阻力和没有损耗的，也没有哪种杠杆是不存在弯曲和收缩的。在实践中与伽利略理想化的机械最接近的一种是横杆，而吉多巴尔多已经做了实验来验证人们是否可以设计出一架可以精确称量的天平。但吉多巴尔多对改进这些机械的设计并不感兴趣。他的目的是讲清楚其工作原理，而这涉及了把阿基米德用来理解横杆的概念性工具应用于这些机械中。在现代，伽利略的观点可以用计算机来模拟，而在他那个时代，用真正的机械演示你都没法说明这些原理。他给出了几何草图，人们还需通过看图后在头脑中演示这些原理。对伽利略来说，机械就像几何学一样，是一门纯粹的理论学科。在《论运动》中，他描述在斜面上做滑动物体的实验，他写道：“我们必须假定，可 75
以说斜面是无形的。”[13]

人们可能走得更远，说机械已经成为他科学思考的样板。伽利略可以在理论上告诉你，无摩擦的滑轮会做什么功，任何人都明白，一个真正的滑轮是理论化滑轮模型的不完美版。但是，当伽利略想象冰球完美地滑过光滑的冰面时，或者得出结论说，抛射物的路径是一条抛物线时，他所做的是完全一样的抽象化的总结，不同之处是他把真实世界看作是理论模型的不完美实践。[14]

76

14 实验方法

> 当伽利略让预先确定了重量的球沿着斜面下滑时……一道亮光突然照亮了所有研究自然的学者的内心。他们知晓理性所能洞察的，只限于理性按其自身计划所产生的事物，他们也知道理性不容许自身按照自然中主导的原理来维持下去，但肯定会依据自身的法则显示其进展的途径。
>
> 伊曼纽尔·康德（Immanuel Kant),《纯粹理性批判》
>
> （*Critique of Pure Reason*，1781）

伽利略是一位实验科学家吗？科学史上很少有这么有争议性的主题。在进行论述前，有许多可能混淆的材料需要弄清楚。首先，实验是什么？在现代用法里，实验的概念涉及在一个精心控制的人造环境中再现一些自然现象——康德所称的理性按其自身计划进展下去。我们可以把实验和经验区分开来，前者是为了在论证中发挥作用，甚至可能是为了验证一个假设：我经历过很多打雷的场景，但我想不到怎么去设计一个实验来确定打雷的原因。观察是经历和实验之间的共有的特点之一：我观察到，在听到打雷之前就已经看到闪电了，我假设闪电打雷都有同样的原因，在设计一个比较声速和光速的实验的可能性上，我已经迈出了很好的一步。为了避免不必要的复杂化，我使用了定义不是很严格的实验概念。我已谈过伽利略的弹球“实验”，但把这个“实验”说成是对弹球的“观察”可能更准确：伽利略只是设计了一种记录抛射物路径的方法。（同样地，我们也可以补充说，他可能已经看出喷泉所射出的一股水柱所形成的路径，然而在发表了《两门新科学的对话》之后他已认识到这条路径就是抛物线。）他没有试过一系列可操控的实验和研究，例如，如果他把抛射物的速度加倍或减半会发生什么情况。

实验、观察和经验只是常见的概念和术语，它们之间的这些区别可
能需要进一步界定清楚。实验、观察和经验可能很难定义，但每个人都 77
知道怎么使用这些概念。而这不是伽利略那个时代的情形。思想争论主要使用拉丁语，而古典拉丁语，也就是西塞罗的拉丁语，对实验和经验是没有相应的词语的：“experientia”和“experimentum”这两个词不久之后才出现，但很少被使用，“experimentum”（实验）是两个词中更少见的一个。在拉丁语里伽利略只使用过这个词两次，而他很少使用意大利语里的意思相同的词“esperimento”：对他来说，“esperienza”[*]通常含有上述两个词的意义。[1]确实，他假定存在两种知识：基于证明而得到的知识（例如机械），以及基于经验而得到的知识。

但是，他用一个拉丁短语来检验假说：“periculum facere”[†]，把某些事物置于其中进行检验测试。[2]依据测试是开放式的（用术语来命名）或者是封闭式的来区分这些测试，这可能是很有用的——也就是说，这些测试仅仅是可验证的。在一个开放式的测试里，得到一个结果应该是可能的，但结果不会事先被人获知。因此，木梁所用的木材以前是未经测试过的，测试一条木梁是否有断裂应变（breaking strain），那么测试结果将会给出更多的信息。提前预测结果是不可能的，虽然可以做些估测。而另一个极端的情况是，如果我恰好知道了毕达哥拉斯定理（在直

* esperienza，意大利语“经验”之意。

† periculum facere，危险之意。

角三角形里，斜边的平方等于另两边的平方和），我可能会在方格纸上画一个三角形并量出方格的大小，就知道结果会是什么了，同时得出结论，如果我没有得出正确结果，那就是我在绘制三角形或计算时有错误，而不是毕达哥拉斯定理有错。应该在开放式测试和确定性测试之间对假说进行验证：提前预测结果可能是不可靠的，结果的可能范围要谨慎地限定在“是”或“否”中。这种验证可以被称为二元测试，也是用“periculum facere”来界定的含义。

现在应该很清楚的是，问伽利略是不是实验科学家显然是个过时的问题；更直截了当的应该是问他是否通过演绎或归纳的方法来进行论证——尽管在这个意义上，“evidenza”[*]是另一个他所不用的词。即使是演绎科学，也会以证据参照作为补充——正如画图来解释毕达哥拉斯定理的例子一样。经验科学依赖于开放式验证或观察。经验性或理论性科学依赖于假说和二元测试。演绎科学会提供确凿的例证。

还有第三个难点。鉴于对科学的一些基本理解或某些相关的经验，我们很容易预测到实验的结果。毕竟我们熟悉近代科学的基本原理。这两个问题我们已经讨论过。我们能否令人信服地预测出，如果有人从高塔上把重物和轻物扔下会发生什么。事实证明，同时将两个物体扔下比
78 想象中的要难。同样地，可以通过实验来确定假定的钟摆定律吗？事实也证明，做两个同样长度的钟摆，让它们在同一时间摆动，比起演示两个同样长度的钟摆总在同一时间摆动更容易些。

我们容易高估自己的知识，《两门新科学的对话》就给我们提供了一个典型例子。伽利略告诉我们，将一个玻璃容器用葡萄酒倒满，然后用一个带有非常小的小孔的塞子把容器密封起来——这个孔要小到如果我们把它倒过来，酒都流不出来的程度。现在把这个容器倒置在一盆水中。慢慢地，葡萄酒会从容器里飘出来，落到盆底。而水会渗入容器里——水和葡萄酒交换了位置。伟大的历史学家亚历山大·柯瓦雷读了这段文字，认为很荒谬。大家都知道可以用水来稀释葡萄酒，因此他推

* evidenza，意大利语“证据”之意。

断，在前面这个事例中，最终得到的是充满稀释了的葡萄酒的一个盆和一个容器。所以他总结道，这肯定是个思想实验。伽利略从来没能在实践中试过这个实验。柯瓦雷的结论是非常了不起的。因为他几乎不能想象，伽利略是不知道我们可以用水来稀释酒的。但直到 1973 年才有人重复了这个实验，结果证明伽利略是对的，而柯瓦雷是错的。[3] 从这可以得出一个重要的结论：除了重复他所描述的实验外，是没有办法验证伽利略是不是实验科学家的。过去人们认为，他曾宣称过，有大量的实验他是从来没有做过的：我只能找到一个他提出过的估测事例，似乎这个事例就是个实在的实验。[4]

第四个也是最后一个难点：在伽利略之前是否存在实验科学的传统？接下来的几章的论点是，伽利略实际上发明了近代实验科学的观念。我们应该暂停一下，去考虑考虑关于实验科学诞生的另外两个说法。第一个说法是，实验方法是由伊本·赫尔沙姆（Ibn al-Haytham）[*] 发明的，现在也被称为“海桑”（Alhacen，但在欧洲文艺复兴时期称他为“Alhazen”）。海桑生卒年为 965 年至 1039 年，但他的著作到 13 世纪早期才被翻译成拉丁语，这个译本直到 1572 年出版后才在西方广泛流传。译者不经意间给我们创造出了现代词汇，他采用了一个晦涩难懂的词语“experimentum”[†]，而他可能是第一个使用动词“experimentare”（实验）和名词“experimentator”（实验者）的人。伽利略偶尔使用后一个词，表明了海桑的译者间接和直接的影响力。[5]

毫无疑问，海桑使用了实验方法；而遗憾的是，我们对海桑的著作，尤其是其著作在 1572 年之后的影响力缺乏很好的研究。海桑在文艺复兴时期被视为给一般科学甚至是特定学科如光学如何进行研究提供了榜样，而这方面的证据正是我们所缺少的。目前也没有任何证据表明 79
海桑对 17 世纪早期的实验方法有重要影响。在此，重要的是要明白以经验为基础的科学概念是没有什么特别问题的：解剖学和占星学就是这

* 伊本·赫尔沙姆，10—11 世纪的阿拉伯学者、物理学家、数学家。

† experimentum，拉丁语“实验”之意。

样的科学。所需要做的是接下来的两个步骤：形成实验研究的逻辑，要求实验在所有自然科学中发挥作用。没有证据表明，海桑的文艺复兴时期的读者（伽利略也是其中一员）从他的著作中学会了这些步骤，或者说他们因为读了他的著作而受到启发采用了这些步骤。海桑的著作似乎是我们所谓的没有价值的老古董（sleeper）了：回过头来看，我们可以明了海桑的书可能的影响力，实际上它应该有那样的影响力，也的确曾有过那样的影响力；但伽利略的同时代人认为它的重要性只是很小的。对他们来说，它只是一本历代专家才读的旧书。它在光学上的影响力有限，更不用说它的科学的方法论了，说它为理解世界提供革命性的新方法似乎是令人费解的，甚至是难以置信的

我们无法确定伽利略什么时候阅读过海桑的书，但他可能在 1601 年教授过光学课程。[6]很明显，伽利略没有掌握他书里的核心观点，也即是，视觉仅仅依赖于进入眼睛的光线，而不是（正如传统上所假定的，以及伽利略跟着所假设的那样）从眼睛发出的射到感知对象的东西——这对伽利略理解望远镜工作原理是个基本的障碍。他并没有理解海桑著作或者开普勒的《光学》（1604）的重要性，后者发展了海桑的观点——实际上伽利略可能从来没有读过开普勒的书。[7]

因此，尽管海桑是近代科学发展史上的重要人物，但实际上科学革命并不是阅读了海桑著作所产生的结果。一个次要且有说服力的观点是，科学革命是阅读了一本重要性一直被低估的书的结果：出版于 1600 年的威廉·吉尔伯特（William Gilbert）* 的《论磁体》（*On the Magnet*）。吉尔伯特的书由一系列和磁体有关的实验（experiment）——这个词是他所使用的——组成。他所知道的一切关于磁体的知识都是来自这些实验。他通过使用恒星系统概念以展示磁体重要性的方式来帮助读者理解：四星实验表明我们还不知道的某些重要事物。

吉尔伯特的研究源自对水手的罗盘以及与之相关的两种现象的兴趣：地磁北极和真北极存在差别，罗盘的指针会向下倾斜。他假设，由

* 威廉·吉尔伯特，16 世纪英国物理学家。

于地球本身是个磁体，罗盘的指针会受到地磁北极的吸引。因此，他用自己称之为“地球”（earthlets）的球形磁体来做研究，他的目的是重复地球表面上罗盘的所有现象。他不仅给出了设计巧妙的实验，还提供了 80
精准的测量数据。需要强调的是，他的实验是受到控制的，由人操作的：因为地球是如此的大，以至于它只能被观察而不能被用于实验，他用一个实验替代品进行研究，企图在替代品上重复他所感兴趣的现象。在书末，他得出了一个非凡的结论：南北轴线不是在天上，而是在地球上。南北不是参照点，而是地球圆球体（terrestrial sphere）的磁性特征。地球有一条轴线，这条轴线使得地球旋转本质上是合理的；实际上做一个磁体围绕轴线旋转的实验是很容易的事情。因此吉尔伯特以哥白尼（或者确切地说，是用卡尔卡戈尼诺的准哥白尼学说，尽管吉尔伯特读过哥白尼的书，没有读过卡尔卡戈尼诺的书）的辩护来结束他的这本书：对磁性的研究可能没法为地球围绕太阳旋转提供有利证据，但对地球每天的旋转提供了新的思考方法，因为研究表明，轴线是真实存在的东西，而不是想象中的东西。

磁性就是伽利略那个时代的人所称的神秘力量：它隐藏在人的视野之外，没人知道它究竟是什么。因此，在想象中对我们生活产生影响的星辰也取决于这种神秘力量。在科学革命期间，科学家对神秘力量越来越不耐烦，因为他们还没能成功地测量过它们，或者预测出它们的行为。但磁性是个重要的例外。到了科学革命的末期，牛顿引力成了新的神秘力量。通过将磁性研究转变为实验科学，吉尔伯特提出了可靠而全新的知识。此前（似乎真的）没人这样做过。

伽利略在 1602 年读过吉尔伯特的书。[8] 他后来告诉我们，一位哲学家（可能是他的朋友克雷莫尼尼）给了他一本该书的抄本，这位哲学家不想把这个抄本留在自己的书架。[9] 伽利略急着想和别人一起分享这本书：我们发现他在与两位亲密朋友萨格雷多和萨尔皮通信时讨论过吉尔伯特。萨格雷多甚至写信给在英格兰的吉尔伯特，对他的研究工作表达钦佩之情。吉尔伯特很高兴收到这封来信，但不久之后就去世了，显然他没有回信。[10] 很有可能读过吉尔伯特的书之后，伽利略被其书所折服，他可以写一本书来为哥白尼学说辩护，而他这本辩护之书绝大部分应该不涉及天文学：后来他将自己的伟大著作《关于两大世界体系的对话》开始写作的时间确定在 1601 年。

恰好在收到这封信的下一封信（这封信也留存下来了）里，吉尔伯特第一次提到伽利略描述了一个重要实验，这确实不是巧合。而实际上这个实验是个很重要的基础实验——确定钟摆等时性的经典实验。

为了理解这个实验，有必要向后退一步。在《论运动》中，伽利略描述了几个物体沿着斜坡往下滚动的实验。在他的机械教科书里，他将
81 一个把物体沿着斜坡（一个非常光滑的物体沿着非常光滑的斜面往上）向上推的力和把物体垂直向上牵引的力进行了比较。人们很容易明白，倾斜的坡面只是使落体的加速度放慢的一种方式：实际上，可以假设，物体沿着斜坡（假设没有摩擦力）落到坡底部的速度，应该与相同高度落下的物体落到底部的速度一样；而沿斜坡下滑所花的时间应该与同样高度（与斜坡的高度相同）以相同速率垂直下落所用的时间是相同的。[11] 如果可以设计出一种足够精确的测量时间的方法，人们就能通过将球沿着光滑的表面滚动的方式来证实这一假设。（伽利略不知道滚动的球的运动与滑动的物体稍有不同，因为它们是旋转的。）在某种程度上，伽利略做了几个实验证实了这个结果，但他在做实验前就对实验很有信心了。他知道实验结果不可能是完美的：球绝不可能是个完美的圆形，坡面也绝不可能光滑得非常完美（他在木板上挖了一个凹槽，让球保持在轨道上，然后用羊皮纸对凹槽加衬以尽可能减少摩擦），而运动的时间也绝不可能极其精确（他用了一只快速流动的水钟，称量其中所用的水量，以测量很小的时间量）。但总而言之，结果是完全令人满意的。

伽利略这时问了自己另一个问题。假设一个物体花了一个时间单位才掉落一定的距离。是否有一个公式可以对在同一个时间单位内滑下的坡面的倾斜度和长度进行计算？显然，这个斜坡越长，就肯定越陡峭，直到 89° 接近 L 形为止；斜坡越短，就越接近水平面，直到 1° 几乎没有长度。（在这个论证逻辑里，存在着物体滑动无限制变慢的坡面。）伽利略肯定在木板上不断地写上长度和斜率，直到他意识到如果所有坡面

结束在同一点上，那么所有的起点就会形成一条曲线。哪种曲线？最简单的曲线是圆，伽利略很快就能证明（根据他早前关于高度、长度和时间的假设），如果一个圆垂直放置，那么一个物体滑过任意一段弦落到最低点所花费的时间会和该物体滑过其他段的弦所用的时间是一样的。没有必要对此进行测试：如果最初的假设是真的，那么它只能是真的；而对最初的假设进行的任何检测都会证实这个新定律。伽利略正在构建一门类似他的机械学那样的关于落体的学科：这是一个关于理想化的、抽象化的、想象的物体的学科，在确定好初始的假说和定义的基础上，这个学科是可以进行演绎推理的。

如果圆上连接到圆最低点的每段弦代表了相同的下落时间，那么弧呢？所有相同长度的钟摆在摆过不同的弧度时，不管是宽的还是窄的，所花的时间应该是一样的？伽利略认为这应该是对的，但他尽其所能，也没能找到一个几何学的方法来证明这个说法——他找不到相应的数学算法来处理一个不断变化的下降角度。他朝着正确的方向跨出了一步：他向人们揭示，如果一个物体从圆上的中间一点至最低点沿着不是一条 82
而是两条相邻的弦下落，它所花费的时间与沿着直径长度和单一弦长度下落所用的时间恰好是相同的。物体在第一条弦下落的速度要比沿着单一弦下落的要快，但在第二条弦的下落要慢得多了，而第一、二条弦的速度会相互抵消。物体会运动得更快，但所用的时间量是相同的。原则上，弧只是一系列无数条弦的组合，但伽利略无法对无穷系列的弦进行计算，只能计算连续下降的角度。他遇到阻碍了。

这大概是伽利略阅读吉尔伯特的书时遇到的重点。吉尔伯特已经揭示，人们可以通过实验来证明理论。伽利略能否通过实验来揭示同样长度的钟摆会以同样的时间摆过不同的弧度。他能否在事实上证明钟摆等时性定律，而不是在理论上？伽利略阅读了吉尔伯特的著作后在其第一封信件中描述的正是这个实验：他在给吉多巴尔多·德尔·蒙特的信里讲述了几个实验，他声称这些实验证明了这个定律。[12]

这些实验一直存在疑问，因为我们知道伽利略的假说是错的：钟摆每次的摆动长度都是稍有变化的，因为它每次摆动时，不论幅度宽窄，用的时间是一样的。[七十年后克里斯蒂安·惠更斯 (Christiaan Huygens)[*] 在理论上和实践上确立了真正的钟摆等时性定律。][13] 伽利略说，摆动了一个大弧度的钟摆和摆动了一个小弧度的钟摆会一起摆动——绝不会出现一次不合拍的摆动——几百次。对伽利略所说的钟摆摆动的长度，以及他头脑中设想的摆动弧度的不同，现代理论认为，两个钟摆在摆动三十次左右之后，会出现一次不合拍的摆动。结论似乎很简单：伽利略从来没有做过这方面的实验——就如柯瓦雷所说，这是一个思想实验——或者就是他篡改了实验结果。但是保罗·帕尔蔑里（Paolo Palmieri）[†]最近的研究揭示，如果你做了这个实验，你会得出伽利略所描述的结果，因为理论模型会误算空气阻力所产生的影响。[14] 伽利略也试图考虑空气阻力。根据他的可靠的实验报告提供的实验证据，钟摆的等时性定律在真空中是有效的，他这样说也是有道理的。

伽利略相信他拥有了两条关于落体速度的新定律。他的弦定律暗示，落体开始下落后，速度无限地变慢——显然落体下落时是加速的。他明白加速度在他和吉多巴尔多·德尔·蒙特于 1592 年所做的实验（或者说是观察）中的作用。起初，他认为这一观察（实验）的结果的
83 重要性在于，如果哥白尼学说是真的话，它证明了必然存在不同类型的运动组合。这个时候他想知道，他能否找到一个可以描述落体加速度的数学定律。在 1604 年他写给萨尔皮的一封信里，他试图根据落体落到某段距离后的速度来给出这样一个公式定律，但他很快意识到，结果是不可能的。他接着用速度和时间来对定律进行重新阐释，结果似乎和实际是相符的。[15]

假设，在 1 个时间单位里，物体达到了速度 y；在 2 个时间单位后，速度达到了 $2y$，3 个时间单位后是 $3y$，依此类推：这是一个恒定的加速度定律，不论时间单位是多少，距离是多少，这个定律都有效。在第 1 个时间单位里，物体移动了 1 个单位的距离；在第 2 个时间单位里，物

* 克里斯蒂安·惠更斯，17 世纪荷兰物理学家、天文学家、数学家。

† 保罗·帕尔蔑里，美国匹兹堡大学科学哲学和科学史学者。

体移动了 3 个单位的距离；在第 3 个里，移动了 5；在第 4 个里，移动了 7；在第 5 个里，移动了 9，依此无穷类推。如果人们画出一个时间和速度的曲线图，则距离就为线下面的面积；如果人们画出一条时间和距离的曲线图，则所得的曲线就是抛物线。

但这是正确的吗？在数学上它很简明，在概念上也很清晰明了。唯一含混不清的是这样的一个概念，当物体开始下落时，它们的运动会无限地变慢——正如我们所知道的，这是伽利略所遇到的一个悖论。伽利略通过使用一种不言自明的法则（self-evident principle）可以证明弦定律：滑下斜坡所用的时间与从相同高度直接落下所用的时间的比值将与斜坡长度与高度的比值相同。接着它可以证实，经验与理论是相符的。这时他有了一个理论，这个理论建基的原则远非不言自明的法则，虽然这些原则简洁明了。他应该验证一下这些假说，看看定律是不是对的。

根据伽利略的理论，加速度的原理同样可以应用于斜面。取一个 45° 的斜面，放置一个物体在上面向下滑动 1 秒钟：在滑动结束的那一刻，人们可以说物体达到了 1 个单位的速度。把斜面延长，这样物体可以下滑 2 秒钟。正如吉尔伯特用“earthlets”替代地球一样，伽利略用斜面替代了垂直下落：在斜面上情况是可控的，而在垂直下落时则不可控，但它们涉及的原理是相同的。现在把这个斜面设定在靠近桌面的边缘，这样物体首先会水平移动（并停止加速），然后飞向空中。无论物体的速度如何，它下落的高度是一样的，而它如果被完全水平地抛射到空中，所用的时间应该是一样的。因此，达到 2 个单位速度的物体在到达地面之前会飞行两次，和达到 1 个单位速度的物体飞得一样远。现在需要做的就是进行实验并测量距离：存在的实际困难是在斜坡上标出与时间相对应的点，而这就需要进行微调和重复实验（他可能使用了水钟 84
测量时间单位）。伽利略非常小心地做了这个实验，并得到了一个令人完全满意的结果：这些几乎完全符合今天我们所期待的结果。这时候伽利略就是一个实验科学家了。

1602 年之后，伽利略在读过吉尔伯特的著作后相信，可以通过演绎

（如弦定律的例子）和实验（如钟摆的等时性原理和加速定律的例子）的方式来推进科学知识的进步。之后，他说他的方法非常类似于吉尔伯特的方法——这就表明了吉尔伯特的高明之处——他还把自己形容为一位伟大的哲学家。[16]当伽利略还只是紧跟着吉尔伯特时，为什么还宣称他创建了近代实验科学的方法呢？答案就是吉尔伯特已经揭示过的，实验可以增加新知识：在吉尔伯特之前，对于磁性，还没有一个合适的理论可以解释。但伽利略已经为我们展示了一些更为令人振奋的东西。伽利略揭示，实验可以改变现有的知识。自从亚里士多德以来，人们对落体的记述已经非常详尽了。伽利略已向人们揭示，这些记述在各个方面都是错误的。落体不是以一个恒定的速度下落：落体是加速的。重物并不比轻物下落得更快：在真空中，所有的落体以同样的速率加速。

对亚里士多德的这种驳斥是非常重要的，因为哲学家们以前曾相信，人们可以假定虽然亚里士多德的说法含混不清，但他从来没有错过。替亚里士多德做解释可能很难，但人们总是在向他学习。在此，亚里士多德的权威第一次受到了检验，人们发现需要这种检验。而且在实验中发现的重要证据揭示，世界并不是以我们认为的方式在运作。亚里士多德认为，科学是用于解释他所谓的“现象”，但“现象”（phenomena）这个词不仅包括人们的直接经验，也包括通常所理解的情况。[17]亚里士多德只是认为，大众的先入为主总是有根据的。伽利略科学要处理的不是“现象”，而是现在所谓的——伽利略已经称其为——事实。事实在被谨慎地予以确认后，人们才能认为是理所当然的。

伽利略这时可以对抛射体的路径给出完整的解释——他可以解释1592年所观察到的情况。如果他的新科学的某些部分（诸如弦定律）看起来是纯粹理论性的，那么其他部分显然具有实践意义。他现在可以证明，如果设置在45° 的高度，大炮发射得最远；他可以用他的钟摆测量出比以前更精准的时间。他现在要做的是把这些结果印刷出来。这些结果会形成一门新科学，这些结果会鼓励别人接受这些实验方法，这些结果会证明伽利略配得上阿基米德的继承者的称号，这些结果也会证
85 明哥白尼学说是符合物理学定律的。1604年伽利略四十岁。他已经从

事教学工作很长时间了。终于，他开始偿还自己所欠的债务了。他即将成名。他开始——当然是用拉丁语——写书，他知道这本书会比吉尔伯特的《论磁体》的影响力更大。实际上，有证据表明，到 1608 年他已经接近完成这本书了，并且我们在《两门新科学的对话》的意大利语对话中发现了用拉丁文重新翻译的上述文本。[18]

这本书令人惊异之处在于它与吉尔伯特的书不一样。吉尔伯特继海桑之后，将他的新科学以一系列实验的形式展示出来；伽利略的展示形式则是一系列原理。像海桑一样，吉尔伯特非常仔细地描述了每一个实验；伽利略甚至从来没有讲述过他的桌面弹射实验——我们只是从未曾发表过的笔记里了解到这个实验。如果伽利略已经成为一位实验科学家，那他不是那种把自己展示给世界看的实验科学家，他要展示的是自己作为阿基米德演绎科学追随者的形象。在伽利略看来，实验科学真正的作用是，构建事实，然后人们可以对事实寻找解释，并在可能的情况下对事实予以证明。吉尔伯特（像伽利略的父亲那样）愿意在工作做到一半时停下来，而伽利略并不那么容易满足。他写道："你可能知道，毕达哥拉斯在发现证据之前很久，就已经确信三角形直角对边的平方等于另两边的平方和，为了这个证据，他做了一场献祭。结论的确定有助于为结论找出证据。"[19] 在伽利略的脑海里，实验只是寻找证据的准备过程。即便如此，实验只是澄清了某种意义上"已知的"东西。[因此，伽利略可以坚持柏拉图的回忆说（The Platonic doctrine of reminiscence）*。] 在《两门新科学的对话》中，他坚持认为，他的方法是从"众所周知的和大家熟悉的理性、观察或经验"进行论证。[20]

到那时为止，他自己都还没有认同一种实验方法，在他思想成熟的两部著作中，他都从未使用过那个时代的意大利词语（"esperimento"和"cimento"）之一来表达"实验"（experiment）这个意思；他只使用"esperienza"这个词。[21] 情况确实如此，甚至在伽利略描述吉尔伯特的著作时，他把吉尔伯特说成像他一样的实验科学家。然而，英

* 柏拉图的回忆说，古希腊哲学家柏拉图为论证他的理念论而提出的一种认识学说。

语单词“experience”和意大利语单词“esperienza”的用法之间有较大的差别，注意到这点也很重要：在英语中“experience”（经验）是某种人们被动接受的东西，而“experiment”（实验）是人们去做的东西；在意大利语中，人们可以去“做”一种经验（fare una esperienza），这里“esperienza”这个词的意义就处在英语单词“experience”和“experiment”之间。[22] 对当时的博学者来说，伽利略是“各类精确实验方法的创建者”。[23] 而且，在他去世后，他的学生创立了实验学会（the Accademia del Cimento），致力于通过实验探求科学知识。[24]

86 如果伽利略只出版他的关于抛射物和落体的小书，而没有发表其他作品，那么他将成为科学史上的重要人物：近代物理学的创始人，牛顿之前最伟大的物理学家，比塔尔塔格利亚和斯蒂文（Stevin）* 更伟大的一个人。在后来几年里，伽利略的朋友不断地催促他把著作出版，但他直到 1638 年才这么做。三十年的延迟出版迫切需要他做出解释。毕竟，伽利略一直有发表著作的机会。1616 年之后他可以在任何时候出版他的书：为哥白尼学说做辩护是被禁止的，这么做是明智的。他甚至在 1618 年准备了一份干净的草稿，以便继续写作。之所以延迟出版，只有一个理由：在伽利略看来，这项研究与他视为更大、更重要的工作——为哥白尼辩护的运动——是密不可分的。对伽利略来说，声名和威望是不够的，证明亚里士多德是错的也是不够的，对物理学进行革命性改变也是不够的。还有一件事也和他有关，他认为更为重要。那究竟是什么事呢？这是伽利略一生中的核心之谜，直到我们明白了伽利略为什么这么关心哥白尼学说，我们才开始理解他。

在伽利略看来，对我们的问题的解答是很明显的。“我所相信的宇宙法则可能处在可被认知的自然事物中的第一位，”他写道，“因为它的普遍性内容使它比其他一切事物都更伟大，它必然也就高高地处在这些事物之上而成为规则和标准。”[25] 没有什么别的事物会这么宏大或高贵；这个法则处在优先的位置，高于其他事物。他确实是怀着很真诚的态

* 斯蒂文，16—17 世纪荷兰数学家、工程师。

度讲这些的。但他肯定知道，当他继续做研究时，说托勒密和哥白尼无疑是世界上最伟大的科学家总是很奇怪的：他本人比任何人都更敬佩阿基米德，而大多数的哲学家认为相比于亚里士多德，托勒密只是个小人物。为什么宇宙学处在其他学科之上？值得我们铭记的是，我们本身就是宇宙理论里的宇宙构成的一部分。我们在宇宙中的地位是什么？宇宙对我们是友好还是敌对？落体定律没有给我们提供这些问题的答案，但哥白尼学说给我们暗示了一个答案，或至少是提出问题的一个新方式，我们有理由相信这些对伽利略产生了很重要的影响。证明哥白尼学说是伟大而崇高的行为，同时也证明，这个学说对人类物种基本上是不重要的。因为，正如笛卡尔（Descartes）*后来明确指出的那样，我们可以确认的是，宇宙不是为人类而造的。[26]

---

* 笛卡尔，17 世纪法国著名哲学家、物理学家、数学家。

87

15

望远镜

1604年秋天，一颗新星出现在天空上。消息很快在那些对天文学感兴趣的人们中传播开来。早在三十多年前，1572年，第谷·布拉赫就把一颗新星的出现转化成了一件热门事件（*cause célèbre*）。根据哲学家们的说法，天是不变的，永恒的，完美的。上天不会发生任何变化，有变化产生也只会出现在地球附近——在月下世界上。因此在他们看来，人们能做的选择很简单：要不天空出现了新星，要不它根本就不是一颗星，而是空气中的一种特殊现象，是一颗伪星（pseudo-star）。由于第谷所说的新星很快就消失了，争论一直持续着。而1604年新星的出现很快再次震惊了世人。

作为一个哥白尼学说的支持者，伽利略很快就明白他该怎么做了。如果哥白尼是对的，人们对月下世界和月外世界的了解就是错的：地球就在天上，与天是密不可分的。如果地球上发生了变化，天上也会有变化。作为军事科学的讲授者，伽利略也知道如何进行距离测量。他知道，只要有一个我们已知其距离的参照点，就没有必要去接近目标物来计算其有多远。通过观看不同位置的物体，就可以明了该物体与其他物体之间的关系是如何发生变化的：简单的几何学就能把一个视差测量问题转化为距离计算问题。如果我们从地球表面不同位置进行观察，新星与它周围的星星有相对不变的关系，那么它离我们就很遥远——比我们离月球还要远。

伽利略很快收集了这些信息，证明新星实际上就是一颗恒星——它确实比不上月球离我们更近。他举办了一系列讲座来谈论这颗新星：讲座吸引了大量听众，在学术界引发了激烈争论。伽利略的朋友切萨雷·克雷莫尼尼是帕多瓦的重要哲学家，也是他的对手之一：哲学家对数学论证并不习惯，并且很难理解视差论证。

伽利略肯定考虑过把自己关于新星讲座的讲稿出版：用意大利文或者用拉丁文，书应该会很好卖，这些书会是他第一批有自己特色的科学著作。他似乎已经准备好了用于出版的手稿，却把手稿从出版商那里拿 88
了回来。[1] 相反，他派了自己的一位学生代表他加入反对克雷莫尼尼的同事所写的小册子的行列，这本小册子充满误导、令人费解。这个学生叫吉罗拉莫·斯皮内利（Girolamo Spinelli），他以切科·迪·龙奇蒂（Cecco di Ronchitti）（“Dead-End Dick”是一个比较接近的英译名）的笔名写作。他写了一本小册子，讲述了三个帕多瓦农民对新星的争论。这本书完全用当地方言所写，属于一种很成熟的具有独特地方风格的文学作品，为了喜剧效果，还使用了帕多瓦方言对话。这类作品的目标读者是受过教育的精英，而不是作品中的农民。这本对话形式的册子早在1605年出版，当然出版地是帕多瓦，其含义是很明显不过的：随便哪个笨蛋都比一位很有阅历的亚里士多德学派的哲学家更能信从伽利略的观点。很难再能找到一种更直接的方式来表达对学术界的愤怒了——伽利略的愤怒和斯皮内利的一样多，这种愤怒也没有因为薪水的逐年上升而有所下降。[2]

1604年秋天，伽利略就能向人们揭示，从欧洲不同城市看到的这颗新星，其在天空中的位置是一样的。这颗新星然后就消失在夜空的地平线下了，1605年春又重新出现。显然伽利略希望当它再次出现时，其相对位置应该发生变化。如果哥白尼是对的，他现在可以从离他以前观测点有地球轨道直径那么长的距离的点来观测到这颗新星。[3] 伽利略肯定是急切地期待着这颗新星的再现：但它的位置没有发生变化。这可能令他失望，但并不怎么令人吃惊——第谷和迪格斯也没能测量到1572年那颗新星的任何位移变动（迪格斯著作的抄本藏在皮内利的图书馆里）。[4]斯皮内利那本引人发笑的对话后来于1605年在维罗纳（Verona）（离帕多瓦50英里）重新出版，但涉及哥白尼的一些边缘性内容被淡化了。这被解释成意味着伽利略已经对哥白尼学说失去了信任，但没有理由认为伽利略要对书中的变化负责，要对这些变化负责的可能是维罗纳承印商或者斯皮内利本人。

第二本小册子于1606年出现在佛罗伦萨，它为伽利略对新星的解释进行了辩护。这也是一本用假名出版的书。其作者自称阿里姆贝托·毛里（Alimberto Mauri）（很显然，这不是个真名），似乎是个在帕多瓦生活的佛罗伦萨人，他在书中很赞同切科（Cecco）* 的那本对话小册子中的观点。有人认为毛里就是伽利略本人，[5]而我倾向于认为（尽管看起来这个说法不是很确定）这个说法是对的。这本小册子是献给教皇的财务总管路易吉·卡波尼（Luigi Capponi）的，后来证明他是伽利略的朋友。毛里在小册子序言里提到了卡波尼，“我更想在您面前展现自己，为自己获取有价值的东西，为你增添功德……但由于各种原因，
89 我没法做到我能做的”。[6]1606年，威尼斯和罗马处在对峙状态。威尼斯处在教皇的封锁之下，很有可能发展成战争。威尼斯领土上没人敢公开向罗马寻求庇护——因此使用化名。由于封锁危机，伽利略不仅不能在卡波尼面前表现自己，他还有一些在酝酿中的“更有价值的”东西——关于抛射物的著作。作者最强烈反对伽利略的是，毛里似乎很赞同占星术。现在我们知道，这些年里伽利略确实如此。[7]而作者最强烈支持的观点仍然是，我们知道还没人能写出毛里的那本小册子。如果毛里就是伽利略，那么把这本书献给卡波尼的决定意味着一个重要的政治选择：他私下里不再与威尼斯朋友萨尔皮和萨格雷多来往，他们坚决反对教皇，他还寻求他们敌人的支持。毛里回避了对哥白尼学说进行详细的讨

---

* 切科，也就是斯皮内利的笔名。

论（就如 1597 年时，伽利略担心如果他讲得太过随意的话，会遭人嘲笑），但他确实多次提到哥白尼，并总是对其持赞赏的态度。而且，正如我们看到的那样，他大胆地宣称，就和地球一样，月亮上有山脉——如果伽利略不是作者，这个观点肯定会引起他的注意。

因此，在经历过几次激烈争论和对亚里士多德学说的善意嘲弄之后，伽利略第一次涉足天文学领域就此结束。他的注意力转向了物理学。但是，早在 1608 年，一位荷兰眼镜制造商就发现，如果凸透镜放置在凹透镜后面，人们就能看到放大的图像。他将几个镜头放置在一个带有滑动装置的管子里，从而造出第一台望远镜（telescope，这个名称是由古希腊语中代表视野和距离的单词构成，尽管该名称出现得较晚，但却是伽利略的崇拜者所发明的）。[8] 不久，很多人声称自己才是第一位发明望远镜的人，有关这一发现的说法迅速传开。1609 年 5 月，伽利略和保罗・萨尔皮在威尼斯会面。萨尔皮收到了伽利略从前的一位学生，住在巴黎的雅克・巴多尔（Jacques Badoer）的一份含混不清的仪器说明书（或者说伽利略因此要让我们明白——巴多尔的信没有保存下来）。[9] 在返回帕多瓦时，最多也就几天的时间里，伽利略“重新发明”了望远镜：也就是说，他从未看到过望远镜就造出了一台望远镜，他也没有给出望远镜的构造是怎么样的说明。他后来宣称，“重新发明”和“发明”一样困难。毕竟，阿基米德就曾拥有过别人没法“重新发明”的战争武器。他还宣称，他的光学知识对他重新发明和改进望远镜至关重要。[10] 伽利略当然掌握一些光学知识，但不清楚的是，这对他重新发明或改进望远镜是否起到了非常重要的作用。以上所涉及的都是思想上的尝试和错误：伽利略很快明白，镜头可能的组合数量是有限的，他要做的就是进行试验。

伽利略的第一台望远镜，使用了为眼镜而制的透镜，只能放大 3 90
倍；那时荷兰最好的望远镜能放大约 6 倍。镜头的质量很差——所看物体的边缘都会出现彩虹色组成的光环，由于镜片曲率不规则图像会模糊不清；其实用价值有限。伽利略真正天才之处是他立刻明了望远镜需要改进的地方。我们生活在一个生产者不断为我们提供质量不断被改进的产品的世界中，因此如果你我都看到了一台原始粗糙的望远镜，我们会立即把望远镜加以改进。伽利略的时代并非如此。即使是新技术——枪炮、印刷机、罗盘——都是在长时间内缓慢改进的。到了1609年夏天，有数以千计的人——其中大多数人是数学家、科学家和工程师——都见过和使用过望远镜了。但只有伽利略才是明了望远镜正面临着挑战的人：人们怎么去改进它？

这一刻，每件事都为伽利略准备好了。他的职业开始与天平相伴——一台精密的称量装置。他的函数尺在之前的函数尺上有了重大改进。他的整个科学观是建基于进步是可能的这个他深信的观点之上的。但有个特别经历让伽利略明白，一项新技术代表了一个机会——一个获利的机会。他知道一旦他能制造出一台可用的望远镜，他就确信自己可以从中赚钱。

他的信心源自1608年时做过的一些生意。由于伽利略给托斯卡纳年轻的王子提供数学指导，他与托斯卡纳宫廷有所接触。他知道，大公和其他统治者及贵族一样，喜欢收集宝物：这是一个充斥着珍奇展馆的时代，大人物们在展馆中展示着稀有和奇妙的物品，包括从埃及手工艺品到独角兽的角等各种东西。伽利略的奇妙之物是世界上磁力最强的磁铁。[11] 他说，这个东西属于他的一位熟人所有，他能为大公取到这个磁铁。他说这块磁铁能把5倍于自身重量的物体抬起来。为了这件宝物，大公给了他100达布隆（doubloon）[*]，相当于200多达克特。

这个故事还出现了两个小波折。首先，伽利略声称自己是个中间人，他对卖方隐瞒了自己的买者身份，向买方隐瞒了自己的卖者身份。最终，他向大公透露，卖者是他的有钱朋友萨格雷多，大概他也告诉了萨格雷多买者就是大公。钱给了伽利略。他有没有像他说的那样把钱给了萨格雷多？他们分享了这些收益吗？这两个人都参与到了一个复杂的恩惠与交换的网络中，因此很有可能萨格雷多让伽利略保管着钱，同样
91 可能的是伽利略报答了他先前得到的恩惠，并且不求回报。显而易见的

* 达布隆，古西班牙金币。

是，一块神奇的磁铁才是有价值的东西。

第二个波折是，伽利略通过把金属衔铁包装在磁铁上来增强磁铁的吸力。伽利略描述了这么做的具体技术。考虑到这是块大磁铁，任何读过吉尔伯特著作的人都能做出一块能提起自身重量5倍的磁铁来，而且还是世界上磁力最强的磁铁；萨格雷多的磁铁的价值取决于伽利略从吉尔伯特那儿吸取的知识。因此，我们不应该惊讶，伽利略很快就着手制造世界上最强大的望远镜；而且我们也不应该感到惊讶，像萨格雷多的磁铁那样，伽利略所参与的这项研究工作，公正的旁观者可能很有理由将其称之为欺骗。

伽利略很快拥有了一台可以放大8倍的望远镜。他把他改进过的望远镜带到了威尼斯，展示给城市的统治者们看。[12]这可能是他们中的多数人看到的第一台望远镜，但是有些人已经知道有人在贩卖制造望远镜的秘密。站在圣马可广场（St Mark's Square）的钟塔顶上，他们用望远镜看到了大海，看到了肉眼看不到的船舶——该项技术显然在军事上很有用途。伽利略向他们保证，可以造出更多同样好的望远镜。在有权势的朋友和同事（包括萨尔皮和萨格雷多）的帮助下，他迫切要求回报，他想在大学取得终身教职，并且年薪达到1000达克特的希望也获得了实现。作为回报，他答应下半生时间为威尼斯服务。[13]

公正的旁观者很快就开始抱怨伽利略实施了诈骗。[14]望远镜供应商把装满荷兰造的望远镜的包裹带到了整个欧洲。很快，人们就能在圣马可广场很便宜地买到望远镜了，就在那里伽利略向人们展示了他的新发明。这就是第一个模棱两可的问题：伽利略是否把自己定位为望远镜的发明者，还是只是更好的望远镜的发明者？而这就引出了第二个问题：如果伽利略的望远镜比当时一般所用的望远镜要好，这些望远镜的构造还有秘密吗，或者一个花了一点点时间和精力的人能制造出一台更好的望远镜吗？威尼斯的当权者对此似乎有所怀疑。但他们不能违背自己先前的诺言——除非他们准备控告伽利略犯了罪。然而在元老院（the

Senate）*就他的报酬进行投票表决时，显然他们感到自己被误导了。伽利略的新教职——以及他的薪酬——在被任命时已经决定了。元老院宣布他的新薪酬永不会增加，他们可能还说过他们已被骗过一次了，不会再次上当了。我们能够猜测到，伽利略被这个禁令所激怒，将其视为是
92 向其他地方寻求帮助的邀请函。毕竟新的薪酬并不比他的朋友克雷莫尼尼目前获得的收入要好，克雷莫尼尼在随后几年里薪水翻了倍（尽管没有得到终身教职）。[15]

1609年，伽利略和威尼斯的统治者都想搞清楚新技术的含义。伽利略当然可以猜测到（他手上从来没有另一副望远镜，因此他无法绝对保证其他人的望远镜的工作原理与他自己的完全一致）别人很快就能制造出和他的望远镜一样好的望远镜。但伽利略在高性能望远镜的制作方面仍保持着领先地位。1609年秋，他造了一台放大20倍的望远镜；到了1613年初，又造了一台可放大30倍的——他在竞争中仍然处于领跑的位置。他成功地保持了二十年的领先地位。伽利略确实给威尼斯做了些事情，但他的望远镜不是一项新发明，也不是用特殊技术制造出来的。人们不可能下结论说，在他与威尼斯政府的交往中存在欺骗因素，就像他处理萨格雷多与托斯卡纳大公的磁铁交易那样。

---

* 元老院，也译作参议院，威尼斯的国家立法机构。

16 93

母亲

1609 年 11 月，伽利略的母亲朱莉娅 · 阿曼纳蒂从佛罗伦萨写信给伽利略的佣人亚历山德罗 · 皮尔桑蒂（Alessandro Piersanti）。[1] 在信中，她表达了对伽利略的关切，说已经好几个星期没有听到他的消息了，并确定伽利略给她的信肯定没有被拦截。她要他从织布工那里收集些布料——关键是伽利略家里没有人看到这封信。她对伽利略的大女儿维吉尼亚应该做什么很有意见。不幸的是，皮尔桑蒂已经知道怎么回事了，因此为了大家的利益，朱莉娅没有重复这些事。但她把维吉尼亚带回了佛罗伦萨，可能是为了把她从父母的坏影响中解救出来。她告诉皮尔桑蒂要给她回信，她希望至少要有一页纸来说说因她的离开而引发的庆祝活动，因为她知道一页纸不足以记述事情的简要经过。

3 天后她写信说已经收到来信了。[2] 她想要了解伽利略家中所有事情的细枝末节，她坚持认为不应该让玛丽娜 · 加姆巴摸她的布料。有人抱怨她受骗了，听信了谎言——显然是想让她从帕多瓦回到佛罗伦萨。1 月 9 日，她再次写信，要皮尔桑蒂从伽利略那里偷两到四个望远镜的镜头——要的是物镜而不是目镜——然后将其寄送给伽利略的妹夫本内德托 · 兰度齐（兰度齐曾一再向伽利略要镜头，但伽利略没有回应他），并要求在寄送时隐藏在著名医生阿夸彭登泰所制的药丸下面。[3]维吉尼亚看起来是住在兰度齐家里，伽利略对妹夫为他所做的一切并不是很感激，兰度齐只能认为他弄到这些镜头就是理所当然的了。（一年后，伽利略记下了他和兰度齐之间的结算账目。）

并不是只有伽利略的母亲一个人认为她有权利从伽利略的发明中获取金钱利益。伽利略给弟弟寄送了几台望远镜，以便他们能把他的发明送给有权势的人，以此来扩大伽利略的科学发现的影响。不久之后，弟弟给他回信：他已经把望远镜卖了个好价钱，但现在上好的望远镜到处都有得卖，因此，伽利略如果下次还想那么走运的话，应该再给他寄送几台质量更好的望远镜。[4]伽利略再也没给弟弟寄送望远镜。

94 1609年伽利略45岁；他的母亲71岁。我们很想知道在伽利略青少年成长期中伽利略和他母亲之间的关系是怎么样的，而不是仅盯着四十年后他们之间的关系，因为上述信件是我们能看到的她为自己说话的4封信件中的3封。很显然，她生气，做事不够正派，也许还有些偏执，并且自以为是，以至于她觉得暗中监视和偷窃并不是什么不妥的事情。她大概知道，威尼斯政府为了获得制造上好的望远镜的秘密而给了伽利略大笔的酬劳，所以她差不多知道镜头样本有很大的商业价值。当然她很有理由相信，她的儿子和儿媳非常不喜欢她。

我们来看看另外一则时间更早的她与伽利略关系的事例，见于伽利略的抄写员西尔维斯特罗·帕尼奥尼（Silvestro Pagnoni）于1604年在向威尼斯宗教裁判所（the Venetian Inquisition）做的一份陈述——伽利略雇用了一位抄写员专门抄写供他的学生使用的教科书抄本。伽利略的母亲曾告诉帕尼奥尼，伽利略在佛罗伦萨的宗教裁判所遇到了麻烦，她向裁判所提供了不利于伽利略的证据，而伽利略的回应是，当着她的面发誓，称她为妓女和丑陋的老母牛。[5]在这种情形下，她似乎还鼓动了伽利略的一个仆人起来反对他，而伽利略也发现他被告发到宗教裁判所的部分原因也是因为她的鼓动。

帕尼奥尼证实伽利略从来没有去过教堂，虽然他没有发表过反宗教的言论。他有很长一段时间和帕多瓦权威的哲学家切萨雷·克雷莫尼尼在一起。（克雷莫尼尼在 1608 年曾担任伽利略欠大学年薪的债务担保人。[6] 他争辩亚里士多德所提出的人死后应该是没有生命的论说时遇到了很大的麻烦。他是一位很有魅力的人物，以至于参加他的讲座的威尼斯年轻贵族觉得具有宗教信仰是很过时的事物，威尼斯政治领袖，詹弗朗切斯科·萨格雷多的父亲抱怨他培育了一整代无神论者。）[7] 特别是，帕尼奥尼声称，伽利略正在做占星术预测——这是完全合法的。但据帕尼奥尼的说法，伽利略宣称他的占星预测是完全可靠的——事情会按他的预测展现出来。如果事情被证实确实如此，这就是对上帝意志的异端性的否定。威尼斯当局有效地阻止了对事情的进一步调查：对他们而言，管理帕多瓦大学的教授们的行为是当局的而不是教会的职责。

我们怎么看帕尼奥尼的证言？从来不去教堂但也不直接攻击基督教的伽利略，听起来就像是一个基本上对宗教问题漠不关心的人。而另一方面，他的母亲对儿子表现出了深深的敌意，并热衷于让他与当局之间的关系出现麻烦。

最后，我们来看看伽利略的弟弟在 1619 年 10 月写给他的一封信，那时他们的母亲已经 80 岁了："听到我们的母亲还和以前一样可怕，我感到有些吃惊。但考虑到她的身体已经很衰弱，她应该不会再和我们待很久了。因此，大家和她之间的争吵都快结束了。"[8] 她于 1620 年 8 月去世。

七年后，她的儿子米开兰基罗多年后第一次回到佛罗伦萨。他花 95
了 50 斯库多（scudi）*，用了很多功夫在城镇里修建了一所房子。然后他无法忍受在那儿的生活，匆匆离开了佛罗伦萨，他告诉伽利略把房子卖了，或者至少付钱给他。[9] 他没有钱——他付不起钱给自己买一座房子；他的弟弟拒绝用钱帮他解决困难；而人们不用花大笔钱去租房。这是一座什么样的房子？唯一合理的答案是，这座房子是父母之家，自母亲去世以来，这所房子一直空着，没人打理，大概按他母亲的遗愿房子是留给他的。这告诉了我们一些事实，就是当父母的家破败后没人愿意住在

* 斯库多，19 世纪前的意大利银币单位。

那儿。

如果说伽利略和他的母亲一直陷在无休止的冲突中，有时候她也会和他站在一起。1590 年，当他在比萨讲课时，她病得很严重，可能接近去世了。伽利略正到访佛罗伦萨，他一直留在她身边，因为他的出现对她来说非常重要——尽管她的丈夫和其他孩子在身边。[10] 即使确定病症并非致命性的，但要治好需很长时间，他仍待了很久。伽利略的薪酬被扣发了，因为他没有按合约给学生上课。[11] 很难不给人造成这样的印象：当他认为母亲濒临死亡时，他母亲最大程度地利用了她短暂获得的权力。

他的母亲霸道而又不光明磊落，她认为他的每一样东西理所当然地也是属于她的，她相信她有权监督他的言论和思想，这样一位母亲对伽利略有什么影响呢？我们只能猜测，这种情形阻碍了他结婚。但应该记住的是，伽利略刚成年时在威尼斯度过了他的成长岁月，在那儿贵族不结婚而是和情妇在一起的情形很常见（萨格雷多在这方面就很典型）。可能就是这个原因促使他决定为自己着想，拒绝服从，渴望自己的而不是别人的成就得到承认。当然这也使他保持着小心谨慎的态度。如果说我们对伽利略的情感依恋、他的内心感受、他的个人信仰和内心信念知之甚少，那并不是因为存在某些文化上的禁忌，阻碍了他向别人敞开心扉。阅读萨格雷多给伽利略的信是为了对萨格雷多了解得多些，而不是为了多了解伽利略——关于他对年岁渐增的感受，关于他保持健康的养生之道，关于他的仆人，关于他的女朋友。如果说我们对伽利略知之甚少，首先应该指责一个人：朱莉娅·阿曼纳蒂。

17 《星际使者》

96

我认为，勤奋的伽利略在三大发现上比马格拉内（Magellane）* 做得更多，马格拉内开通了通往南海（the South Sea）† 的航线，也比在新地岛（Nova Zembla）‡ 被熊吃了的荷兰人做得更多。我很相信他，我自己也很高兴。他的消息使我非常感动，我希望夏天已经过去，我也能观察到那些现象。

威廉·娄尔（William Lower）写给托马斯·哈里奥特的信，论《1610 年最长的一天》[1]

在威尼斯，6 月份和 7 月份每天的白昼大约有 16 个小时，而 12 月和 1 月只有 8 个小时。1609 年秋，随着白昼的缩短，伽利略把改进过的望远镜转向了天空。他把望远镜以某种方式支起来，但他还得学会放慢呼吸速度，甚至他的脉搏也会使望远镜振动，当夜间温度下降时，镜片还会蒙上雾气。1610 年 1 月初，他发现可以在镜头上安装带有椭圆

* 马格拉内，15—16 世纪葡萄牙探险家。

† 南海，欧洲人指南太平洋。

‡ 新地岛，俄罗斯北部位于北冰洋的两个大岛。

孔的防护材料来减少物镜周边的光环——用摄影术语来说，他减小了镜头的光圈，用眼科医生的话来说，就是矫正了镜头的散光。虽然如此，恒星依然还是星空中的小点——除了出现的点数比以前更多。他发现，银河不是天空中的神秘白色带状，而是大量的小型恒星，肉眼是看不到的。到处都有新星可以看到。这些新星的重要性很容易被现代读者所忽视：可能人们认为有多少恒星并不重要。但与伽利略同时代的人相信，宇宙体现了理性的目的。太阳、月亮和星星的存在是为了给地球发光。看不见的恒星是一个非常反常的概念：如果没人看得到恒星，那么它存在的目的是什么呢？只有少数的哥白尼支持者（布鲁诺、迪格斯、吉尔伯特）相信宇宙是那么大，以至于远处的恒星从地球上是看不到的。至于行星，通过伽利略的望远镜所看到的，不是一个个小点，而是在太空中漂浮的小圆盘。

当然了，伽利略还把他的望远镜望向了月球。甚至用上 20 倍的望远镜，其放大倍数如此大，以至于一次只能看到月球的近一半。大家都知道，月亮在外表上并不是完全相同的，但哲学家坚持认为月球肯定是
97 一个完美的球体，其表面甚至比其他球体更具有反光性。如果月球是光滑的，那么照亮的一半和未照亮的一半的界线应该是完全规则的——但伽利略能看清这条界线是不规则的，这种现象只有用月球表面是不规则的才能解释得通。而且，在照亮的一半和未照亮的一半之间的边缘处他能看到两个异常现象。在未照亮的边缘处，他看到了几个小片的光点：太阳光在到达别的地方之前就已照到了某块区域；这些点肯定就是高处的点。在照亮的边缘处，他也看到了黑点，这些黑点阳光需要更长的时间才能到达，它们肯定是阴影。伽利略对绘画的兴趣、在绘画中使用光影来表达纹理质地和形状的经验，可能会帮助他理解所看到的东西。但他也马上领会到所见的现象与地球上的现象有相似之处：在黎明和黄昏时分，阳光停留在山顶，而山谷则处在深深的阴影中。伽利略已经发现（因为他看过毛里 1604 年出版的论新星的书，或者说他已经证实）月球有山脉和山谷；这方面，月球与地球一样。而这也证实了他的观点，从月球来看，地球看起来就像一个巨大的月球。

这给哥白尼的观点提供了一个漂亮的证明，哥白尼认为，天地之间没有根本的区别：1月7日伽利略坐下来写了一封信，在信中他仔细介绍了他的发现。那天晚上，他把望远镜转向了木星，发现三颗星星与木星排在一条线上，两颗在东，一颗在西：他认为这些是新发现的恒星。[2]次日，他又偶尔看了一眼：现在这三颗星都到了木星西边，虽然木星本身也从东向西移动。两颗"固定"的恒星完全超越了木星！伽利略现在开始在每个没有云层的晚上观察木星。到了11日，他决定观测围绕木星的三颗卫星。13日，他发现了第四颗卫星。伽利略知道他有了重大发现。

1月30日，他在威尼斯，正在安排出版一本关于他通过望远镜所发现的事物的书——月球上的山脉，银河系性质，木星的卫星——同时他还在继续他的观察。[3]伽利略很着急——别人也有望远镜，如果别人的望远镜没他的好，他们还得有一段时间才能用望远镜解决木星的卫星的问题。他的焦虑是对的：英格兰的哈里奥特和罗马的伦博（Lembo）已经观察到月球表面的不规则形状了。[4]大概伽利略这个时候已经找到了印刷商和镌版工了。

最后，经过多年的思考，伽利略（2月15日他46岁生日那天摔了一跤）撰写了一本书。2月12日，他回到帕多瓦；该月月底，他在那儿准备申请出版该书的执照。[5]为了获得批准，他必须写出完整的书稿， 98
在最后一刻还对书稿进行了补充：他对木星的最后一次（第六十五次）观察报告于3月2日完成。

当天进行研究时，书名又改变了。各个改变过的书名告诉我们，伽利略越来越有信心，他正在写一本前无古人的书。最保守的书名曾出现在手稿上，并作为每个开页顶上的页头书名而保留下来："Observat[iones] sidereae recens habitae"，"最近所做的星空观测"（Starry Observations Recently Undertaken）。[6]"recens"这个词标志着一场革命宣告开始了。

印刷一本书时，先印书的正文，然后印相关的前言序文，这种做法很常见。显然，伽利略的这本观察报告就是这么做的。第1页上印的最大标题是“Astronomicus nuncius”——天文信息或天文信使之意（“nuncius”可以是信使，也可以是信使所携带的信息之意）。[7]在他的通信中，他用意大利语“Avviso astronomico”称这本书，意思是天文消息；或者称作“Avviso sidereo”，意思是星际消息。“Avviso”一般指新闻报道，这表明其意思是指“信息”而不是“信使”，而且在他头脑中这种信息就是所报道的重要的新闻。[8]最终的书名——3月12日书的最后一页付印才最后确定——是“Sidereus nuncius”，星际信息或星际使者之意——也就是关于星星的信息，或者来自星星的使者。[9]这个书名从开始就是个难题：伽利略的一个不懂拉丁语的朋友抱怨说，没人能向他解释这是什么意思。[10]我们可以猜测，伽利略在信件中做了两次评论后想到什么：有些人不愿意接受他的新发现，只有当这些星星掉到地球并对着他们说话，他们才会相信。[11]

这本书收集了观察记录、信息或报告。从其书名来看，它更接近于是一份外国旅行者的报告，而不仅仅是一本哲学作品。实际上，该书缺少同时代哲学著作的核心特征：哲学书讨论其他的哲学著作，而这本书根本就没有提到任何其他的哲学著作——或其他书籍，除了有关的星星目录之外。伽利略一向不能忍受讨论其他著作的书。他声称，他所报告的东西是全新的，以前关于天的讨论已经显得无关紧要了。这不是一门新的学科；相反，这些都是些原始材料、原始观察记录，是用于构建新学科的材料。在最后选择书名时，伽利略把自己描述成一位旅行者，从一次穿越天空的航行中返回地球，带着想要报告给人们的有关奇妙而精彩的事物的信息。如果该书是关于星星信息的书，那么伽利略就是来自星际的使者。多亏了望远镜，他成了第一位太空人——事实上，这
99 就是维维亚尼把他的成就记录在他所立的纪念碑上的原因。[12]而伽利略的意思——书的最后修订稿才最终明确——是，地球本身就是一艘宇宙飞船。

这本书需要有详细的图解。没有哪个人的望远镜有伽利略的那么好，他对月球的广泛讨论需要读者“看”到他所描述的东西——标题页说该书“展示了他观察到的所有人关注的东西”。当伽利略对他的观察

记录进行仔细的描绘时，他正在从事一项创新：没有一个天文学家、数学家、物理学家或工程师曾需要如此水准的图解。他头脑中的模型是什么样的？几年后，他把望远镜和解剖学家手中的手术刀进行了比较：望远镜把一直存在于那里但隐藏于我们视野的东西暴露在我们眼前。正如我们在伽利略于《对话》中所讲述的解剖学家和哲学家之间进行争辩的故事中所看到的那样，解剖学家开创了建基于直接的、感官体验到的知识的理念。因此，《星际使者》可以和带有图解的人体解剖学著作相媲美，这类著作中的第一本和最伟大的一本是维萨里（Vesalius）*的《论人体结构》（*On the Construction of the Human Body*，1453）。在做观察实录时，伽利略模仿了医生，而这一刻他那些年受到过的医学教育出乎意料地和他的研究工作有关系了。

我随意地把《星际使者》当作一种“事实记录”。伽利略并没有这么看。“事实”（fact）（以及该词在意大利语和法语中相同意思的词）这个词来自拉丁语动词“facere”。事实起初是一个行为，一个行动。在法律语境下，事实（factum）就是诉讼主体的行为。约翰刺伤托马斯：这是一个必须通过供认或证据确认的事实（factum）。然后法律必然要应用到事实上去。是自卫还是谋杀？英国法律允许依据法律认定的事实（如果一个人的第一个企图不是退却，他是否可以进行自卫行为？）提出上诉，而不是依据于实际的事实：只有陪审团才能决定约翰是否确实刺伤了托马斯。[13]

在文艺复兴后期，事实（fact）这个词慢慢地具有了“真实发生的实际出现的事情”的现代含义。培根（Bacon）† 在拉丁文中使用了这个词的这个意思，而当他把论著翻译为英文时这个词以英语的形式出现了。[《牛津英语词典》（*the Oxford English Dictionary*）所记录的最早的这个词的英语例子是在 1632 年，比培根的翻译略早。][14] 在文献中人们猜测“事实”这个词是英国的发明，但实际上最早是意大利发明的（我

* 维萨里，15 世纪比利时医生、解剖学家。

† 培根，16—17 世纪英国最重要的散文家、哲学家和实验科学家。

发现最早的该词用法是在 16 世纪 70 年代)，这就是科学革命始于意大利而不是英格兰的原因。[15] 和同时代的人一样，伽利略知道一个拉丁语短语“de facto”(事实)，当他用意大利语和拉丁语写作时用上了这个词，还有一个意大利语的短语“di fatto”(事实上) 是从这个词派生出来的。正如他偶尔也使用“实验”(experiment) 这个词，他偶尔也使用意大利语短语来表示“事实”。就我所能确定的，除了在短语“di fatto”和“in fatto”中用到“fatto”这个词之外，他使用有现代含义的“fatto”这
100 个词有二十多次——在 1615 年《写给大公夫人克里斯蒂娜 (the Grand Duchess Christina) 的信》中，最引人注目和最频繁的是 (共出现六次)，他说我们首先需要做的是确定事实：“prima fosse d’accertarsi del fatto”。[*16] 所以看起来伽利略似乎可以把《星际使者》描述为事实的记录，但我认为他在之前一直在犹豫要不要这么做。在这个意义上来说，该词是个新词或口语词，在意大利语和拉丁语中不是个书面的词。(《写给大公夫人克里斯蒂娜的信》最初是为了让手稿流传，而不是出版。) 伽利略给我们的东西，不是事实，而是天文学家一直所依赖的东西：观察。其中的一些观察——例如对新星的——很少需要解释；其他的——对月球上的山脉的，对木星的卫星的——只能通过演绎推理的过程才能转变为事实。

插图中的月球画得相当精确；这些插图如果和现代的月球照片并列在一起，其精确程度就能显现出来。实际上，月球的外观不仅每天都在变，而且每个月都在变，当伽利略记录下他所看到的东西时，是可以利用这些来精确构建月球外观形状的。这些插图的准确性是必不可少的，因为其目的是为人们提供一个虚拟的体验——当人们用望远镜观察时可以看到经历的东西。但这些插图有个重大缺陷，一直让后来的学者迷惑不解：有一个特征明显的，伽利略将其描述为与波希米亚一样大的坑口，似乎扩大了——说有那么大以至于批评者们抱怨道，如果插图是准确的，用肉眼就可以看到了。[17]

---

* 此句为意大利语，意思是，首先是确定事实。

答案很简单，伽利略相信，这个特征比其他特征更大更突出，因为他用肉眼就看到了。毛里在1606年就知道，声称人们能看到月球上的山脉的说法会遭到怀疑："而为了证明这一点，我会举出一个简单而漂亮的观察事实，当她（月球）与太阳方向上的连线成直角时，这个观察就能持续地看到；然后半球就是不光滑、不干净的，其中肯定有岩丘存在。对此，人们会推导出比那些山脉的弧度曲线更有可能性的原因吗？"[18]伽利略并不是个完全超然的观察者：他看到"岩丘"扩大，因为他已经知道岩丘就在那儿，并确信岩丘比其他特征更突出。

在后来出的书中，伽利略都没有提供漂亮、细致的插图，只有一本书是例外。原因很简单：他希望他的读者拥有或者能够拥有自己的望远镜。他们可以用望远镜看自己想看的东西。例外的就是他有关太阳黑子的书，在书中，能看到太阳黑子随着时间的变化而改变形状和位置是非常重要的。伽利略没法假定他的读者有耐心看他的书或拥有专业知识来看懂他的书，因此他给读者提供了非常准确的插图。[19]

我觉得有必要强调一下伽利略《星际使者》的插图质量，因为书出版之后不久，法兰克福（Frankfurt）*就出现该书的盗版了。由于盗版书的出版商没法得到原版书，加上快速获利是其唯一兴趣，他用粗糙的木 101
刻版来印制，印刷时速度又快又不够细心。这一版的读者就知道所用的插图是未经伽利略许可的。

1975年，保罗·费耶阿本德（Paul Feyerabend）出版了一本现在很有名的《反对方法》(*Against Method*)。[20]在书中他指出，《星际使者》的成功没有得到确证。伽利略不知道望远镜是如何工作的，所以他无法辨别望远镜所看到的是否准确地体现了天空的实际。他也没有准确地描绘出他所看到的东西，因此他所报告的东西不应该受到人们的信任。简而言之，他欺骗了同时代的人，使他们相信他有了新的科学发现。

如果《星际使者》只关注月球的地形，那么费耶阿本德首次提出的批评就会产生一定的影响力。说望远镜准确地表现了地球上的物体，这

* 法兰克福，德国西部城市。

一点很容易证明，但关键的是天空中的物体是否与地球上的物体相似，人们很难下结论说，望远镜看地球上的东西是准确的，因此当用它来望向天空时，它所看到的东西必然是准确的。但伽利略发现（他并没有使用那样一句话——他说新星是“直到今天，任何人都不知道的东西”）了木星的卫星，削弱了费耶阿本德的第一个观点的可信度，他这个观点与伽利略同时代的人很自然、很快得出的看法一样。伽利略确实无法解释望远镜是如何工作的——保罗·萨尔皮对此也有同样看法。[21] 威尼斯的一位贵族阿戈斯蒂诺·达·穆拉（Agostino da Mula）着手写一本阐释望远镜光学的书，但后来放弃了这个写作任务。[22] 幸运的是，开普勒于1611 年在《屈光学》（*Dioptrics*）中做出了一个令人满意的叙述——这本著作伽利略读起来很慢，甚至理解起来更慢。伽利略对光学理论的问题失去了兴趣，因为有一件事不久就清楚了：望远镜并没有在其他行星的周围制造出虚幻的卫星。如果他发现了金星和土星的卫星，人们就能很合理地认为那是由于望远镜存在一些缺陷造成的，但他只是在木星周围发现了卫星。因为望远镜都是一样的，而天空肯定真的存在差异。[23]

费耶阿本德的第二个观点是，伽利略的插图是不可靠的。为了证明这个看法，他从盗版的《星际使者》中复制了一张插图，就好像这是一张获得授权的正版的插图。因此这第二个指控只是一个愚蠢的错误，正如伊万·A. 惠特克（Ewan A. Whitaker）* 在一篇文章中指出的那样。当时并没有人指责伽利略给出了误导性的插图——并没有人误把粗劣的法兰克福版当作真本。在《反对方法》第二版的附录中，费耶阿本德试图为他起初的论述辩护，但他没有讲清楚惠特克所做的批评而产生的影响。[他暗示惠特克声称伽利略未曾公开的水彩画插图才是准确的，这个倒是事实。但是这并不是惠特克提出的看法——这点令人不解，因为当费耶阿本德在《科学》（*Science*）的论文中第一次回应惠特克时就已
102 经明白了其观点的真实含义。] 在第三版里，附录及所有提到惠特克的信息都不见了。在所有三个版本（以及他死后出版的第四版）里，这个

* 伊万·A. 惠特克，英国当代天文学家。

插图与法兰克福版是一样的。[24]很难想象怎么替费耶阿本德明目张胆地把重复其原初错误的修订版拿来出版的决定辩护，但如果他用原版的插图来取代法兰克福版的插图，那么每个读者马上就明白他的观点是错的。

伽利略毫不怀疑他发现木星的卫星在科学上的重要意义：这是第一个证据，表明宇宙不是由一系列围绕着一个共同的中心地球而转的天体所构成。但他也明白他的发现预示着一个极其不一样的机会。因为这些卫星之前都是未知的，他可以宣称有权对这些卫星进行命名，他也希望能够获得奖励作为其发现的回报。威尼斯人已经给伽利略增加了在帕多瓦大学任教的薪水，并给了他终身教职，作为他改进望远镜的回报。他们坚持不会再给他进一步的奖赏，因此发现新星不会得到什么回报。[25]但在 2 月 12 日，伽利略收到了佛罗伦萨大公（伽利略在美第奇宫廷的赞助人）的秘书贝利萨里奥·文塔（Belisario Vinta）的信，信中说大公为伽利略的发现所“惊呆”。[26]伽利略次日就回信了。这位被称为科西莫的大公（他在一年前继承了父亲的爵位）会喜欢这些星星以他的名字命名为宇宙星（the Cosmic stars）* 吗？或者考虑到这些新发现的卫星有四个，而他则有三个兄弟，他难道更愿意将它们命名为美第奇星（the Medicean stars）吗？[27]

很快答案出现了：给伽利略的回信写于 2 月 20 日，而几天后会寄达伽利略那儿（佛罗伦萨离帕多瓦 240 公里，或骑马至少需要两天）。“科斯米克”（Cosmic）太含糊了；它不会让人很自然地想到科西莫（Cosimo）；“美第奇”（Medicean）就很好。[28]而伽利略已经安排他的书在 1 月底出版了。实际上，他已经定好时间进行印刷了，不能等待回信了。当文塔转达大公选择新星的命名的回信来到时，一张勘误纸片贴在了单词“cosmica”上，取而代之的是“Medicean”。[29]收到文塔的信后，伽利略选定了最终的书名［书名页印的是美第奇星（the Medicean stars）］，并写上了赞扬科西莫的序言。

---

* 宇宙星，科西莫（Cosimo）和宇宙的（cosmic）都有相同的词根。

伽利略的印刷商把他的著作分成两部分，分别印制，让伽利略有时间可以直到最后一刻（那时把序言添加了进来）都能修改书稿，不仅在书的末尾处有添加修改的内容，我们也期望在这里找到修改的痕迹，但在书的中间我们也发现了修改过的地方。在这些补充添加的内容里，伽利略把他的观察记录（原初的想法被浓缩在了早先的书名里）从报告中移除出来，增加了数学论证的内容。书中只有这部分是带有几何图的。在伽利略看来，这肯定会增强这部分内容在书中的重要性——“Avviso”[*]于是成了“Nuncius”[†]，或者（因为“nuncius”这个词还有大使的意思）记者成了大使。

103 更重要的是，通过对现存手稿的考证，我们还有另一个发现。书中有三段话，伽利略在这些话语中宣布他支持哥白尼学说。第一段话是在序言中，第二段出现在关于地球反照的讨论中（在这两段话中，提到哥白尼时是暗示但并非含混不清的），而第三段则出现在书的末尾，哥白尼的名字第一次也是最后一次在书中出现。[30] 所有这些话显然是后加进去的。

显然，当伽利略 2 月 12 日收到文塔的信时，他的书稿几乎已经完成，但书稿中并没有单独提及哥白尼学说。[31] 书的第一部分和第三部分以金星和火星围绕太阳旋转的叙述为开头。而一位知识渊博的同时代人更有可能将此解释为他在谈第谷 · 布拉赫，而不是哥白尼。[32]（在宣布他的科学发现的信中也有同样的段落。）[33]2 月中旬，伽利略做了两项大胆的决定。他决定把参考书“sidera cosmica”[‡]列到书名中和书的结论中（如果科西莫拒绝让伽利略把书献给他，则这两整本书就要重印）。他决定参与有关哥白尼的争论，并在书中暗含对第谷 · 布拉赫的攻击。伽利略首先写了一本书表示接受第谷的解释，最后又写了一本书明显针对第谷，就像反对托勒密学说一样。给英国大使亨利 · 沃顿留下深刻印象的不是伽利略用望远镜所做的发现，而是伽利略在书中解释地球反照现象

---

* Avviso，意大利语通知布告、新闻报道之意

† Nuncius，拉丁语信使、信息之意。

‡ sidera cosmica，意为宇宙之星。

的那几页，他的解释揭示了地球照亮了月球就和月球照亮地球一样。[34]正如伽利略所说的，在支持哥白尼的所称的地球和天体之间没有什么区别的看法上，地球反照就是个很有力的证据。在《星际使者》所报告的科学发现中，有两项和第谷·布拉赫的宇宙学是相反的，这是其中之一，另一项发现的含义是，发现了行星有卫星，因此地球在原则上是一颗行星，这个发现只在书的倒数第 2 页做了概述。[35]

是否这本书刚出版伽利略就有了一个重要的新发现？当然不是：关于地球反照的新段落提到了一个发现。不管是伽利略还是萨尔皮做出的，这个发现在很多年前就有了，当时就没有用上望远镜。没有什么事情使得伽利略比几周之前更加相信哥白尼学说是对的了。因此肯定有什么事情让伽利略更为自信，更不害怕经受他在 1597 年写给开普勒的信中提到的嘲笑。[36]很容易看出发生了什么变化——或者至少伽利略希望要改变的是什么。当伽利略和他的印刷商签订合同时，他还只是帕多瓦的一位微不足道的教授；2 月 12 日之后，他觉得有信心获得美第奇的
支持；而当书开印时，他就收到了正式的确认信息，书的出版显然得到 104
了美第奇的赞助。为了报答以其家族姓氏来命名木星的卫星的情谊，科西莫成了不具名的哥白尼学说的赞助者。

有必要看看伽利略在 2 月中旬做了什么。他正在出版一本“震惊”学术界的书。成功有了保证。因此他决定提高赌注，使成功变得更加没有确定性。他决定，只要许可，就把书献给科西莫。更为大胆的是，他决定，不仅在书中确立反对托勒密的立场，还明确地以哥白尼学说支持者的身份自居，以此掀起对他的著作的最大反对浪潮，这也导致他的书获得的支持度非常小。当然了，因为他信奉哥白尼学说，这更有利于让他讲出自己的想法。但这种做法是非常鲁莽的。

3 月 19 日，伽利略告诉文塔说，当书稿通过出版商的审稿时，他的书已经完成了大部分了。[37]这是一种可以容忍的夸大。书中超过一半的内容实际上可能是 1 月底在他与托马索·巴利奥尼（Tommaso Baglioni）签订合同后写完的。书的书名、核心部分和结尾在 2 月中旬进行了重大修改，把第谷的文字换成了哥白尼的文献，并宣布这些是关于真正的宇

宙系统的杰作。随着这本书的出版，对书的重要批评出现了——一位评论者，可能是保罗·萨尔皮，问道，如果月球上有山脉，为什么从地球上看，月球看起来并不像个齿轮呢？[38]

这种重构解释了该书存在的一个令人震惊的特点。书中的修辞最精彩的不是在末尾（这种修辞在讨论木星的卫星表面大小的变化时逐渐减少），[39]或者在序言（在这里伽利略正忙于赞美他的赞助人美第奇）里，而是在人们最不希望的地方：书的中间。[40]现在很明显，这段话可能是这本书付印前最后写上去的（尽管不是最后公开出版前写的）。至少有三方面值得注意。值得注意的显然是哥白尼学说。这些观点向世人宣告了伽利略的计划，“世界体系”。这也是伽利略在拉丁文中使用了“实验”（experiment）这个词的仅有的两个地方之一，知识渊博的读者会认为这是暗指吉尔伯特的《论磁体》。[41]因此，这段话成了他论述自己的新发现的总结性思想，他用这几句话宣告了一场知识革命即将到来，并为他伟大的《对话》(*Dialogue*)（这本书直到 1632 年才出版）提供了一幅草图：

> 在这谈谈跟这事有关的几个问题就够了。我们会在《世界体系》中做更多的论述。在书中，我会用几个观点和实验［experiments（experimentis）］证明有强烈的太阳光从地球反射出来。我要说服的这些人宣称地球已被排除出天空中的闪亮星星之列了，主要
> 105 的原因是地球不是运动的，也不发光。因为我们会证明，地球是可以移动的，亮度上也超过月亮，而地球也不是宇宙污秽和渣滓的堆积地，我们将用来自自然的大量的观点来证实。[42]

伽利略的书出版于 3 月 13 日；一周之内卖出了五百五十本。伽利略本应免费得到三十本，但只收到了六本，因为书很快就卖光了。印刷商只能给伽利略提供几本未加过插图的，但他拒绝要这几本。[43]伽利略终于出名了。

18 106

佛罗伦萨与浮力

1610 年 5 月，伽利略同意迁往佛罗伦萨，在那儿成为世界上第一个从事研究的教授时，他的利益和美第奇家族的利益就更加紧密地联系在一起了。在他这一辈子中，伽利略曾做过两个重要决定。这两个决定确定了他后来的人生走向。这次搬迁是第一个决定，第二个出现在 1632 年。伽利略为什么会离开威尼斯呢？不是为了赚更多的钱，因为他在佛罗伦萨的薪水和他在威尼斯获得承诺的薪水大致相当，而且他还放弃了私人家教的收入。他摆脱了规定的教学任务的束缚，但教学要求并不高——任教一年课时为 60.5 个小时。[1] 他摆脱了那些威尼斯贵族。这些人认为伽利略应该很看重他们，但他却应承了美第奇大公和他的宫廷的要求，美第奇大公显然更有权势。他的威尼斯朋友感到困惑：在帕多瓦，他的朋友詹弗朗切斯科 · 萨格雷多抱怨道，伽利略实际上已经成了他自己的主人了；现在他服从于王子的任何意志，这位王子很可能随时都会死掉，并被一位不赞赏伽利略及其著作的人所取代。在威尼斯，他生活有保障；在佛罗伦萨，他之所以有保障是因为王子活着［实际上在费迪南多二世（Ferdinando Ⅱ）治下时，就曾以纳税人的钱受到了不恰当的使用为由，开展了一场剥夺伽利略的薪水的运动］。[2]

哲学家克雷莫尼尼问，为什么伽利略放弃了“帕多瓦的自由”？[3] 萨格雷多问，为什么去了一个耶稣会士有那么大影响的地方？[4] 他们都非常了解伽利略。两个人在私下都跟他谈了很长时间。他们都相信，伽利略去了佛罗伦萨，就是陷于危险之中了——陷入与罗马当局的对立冲突中去。克雷莫尼尼经常因为否认灵魂的不朽（或者说是传授亚里士多德否认灵魂不朽的学说）而被宗教裁判所下令追捕，但威尼斯政府一直在保护他。他曾极力攻击帕多瓦的新耶稣学院，这个学院为学生能进入大学而进行激烈的竞争——在整个 1606 年封锁实施期间，耶稣会士不得进入威尼斯领土，学院也被关闭了。[5] 萨格雷多也非常敌视耶稣会士。众所周知的是，在封锁期间，他还和这个修会的一位成员通信，装成一
107 位虔诚的妇女，目的是揭露他们对受骗者的利用。[6] 他们都认为伽利略也像他们一样看待世界；而实际上我们这里有一封伽利略写的信，他在信中描述了耶稣会士在黑夜里，拿着十字架和蜡烛，坐着船离开了威尼斯。他的同情之心在这里显而易见。他说，那些曾献身于他们的女士们会对他们的离去感到难过。由于耶稣会士和妇女的这种苟合之举，似乎就没人尊重这个修会了，但这其实这是威尼斯人用来反对教会干预政治的一种话语。[7]

克雷莫尼尼和萨格雷多不仅认为伽利略在冒险，而且他的离去看起来就是背叛。在 1606 年 4 月至 1607 年 4 月的封锁期间，威尼斯几乎与罗马和西班牙发生了战争。如果不是得到了法国人的支持，威尼斯就会遭到攻击。封锁危机期间的危险之处是一个天主教国家控制其领土之内的教会（和思想生活）的能力。现在伽利略加入了反对派的一边。因为佛罗伦萨与西班牙和神圣罗马帝国（the Holy Roman Empire）的哈布斯堡统治者（the Habsburg rulers）结成了牢固的联盟。在所谓的“意大利文艺复兴后期的文化战争”中，伽利略改变了立场。[8]

伽利略曾一直在思考离开威尼斯的可能性。1604 年，他访问了曼托瓦（Mantua）*（他在那儿教公爵使用他的函数尺），并获得了比在帕多

* 曼托瓦，位于意大利北部。

瓦大学一年的薪水还多的奖金，还得到了一份教职。但是合约条款不是很令他满意，而且曼托瓦这个地方也显得死气沉沉。[9] 1606 年，如果毛里是伽利略本人，他就会转到卡波尼去寻找赞助。最重要的是，1605 年他开启了对美第奇宫廷的一系列暑期访问，并在 1606 年和 1608 年返回。[1607 年他曾注意力分散，陷入了与巴尔达萨·卡普拉（Baldassar Capra）的争执中，这个人曾剽窃了他的函数尺及其使用手册。] [10]

他受雇到宫廷里给小王子科西莫上课。科西莫的教育是由其母亲洛林的克里斯蒂娜所负责。而她就是伽利略后来那封有名的《写给大公夫人克里斯蒂娜的信》的收信人。第一次访问进展顺利：1605 年秋，佛罗伦萨政府支持伽利略要求威尼斯提高其待遇的努力。作为回报，伽利略做了两把银制的函数尺供王室使用，还印制了一本小型的专供私人使用的说明书献给大公。[11] 那年冬天，他感到佛罗伦萨宫廷的保障足够强大，于是直接写信给王子本人，实际上就是提出从威尼斯迁往佛罗伦萨的要求。[12] 一年后，他向克里斯蒂娜保证，在帕多瓦担任医学教席的阿夸彭登泰一定会抓住机会前来佛罗伦萨。1608 年，他成功把萨格雷多的珍贵磁铁卖给了大公。那年夏天，克里斯蒂娜告诉伽利略，她相信他是“基督教世界中最好的和最杰出的数学家”。[13] 9 月，伽利略仍在佛罗伦萨，他写信给克里斯蒂娜，建议科西莫的婚礼（当然了，他是与哈布斯堡王朝联姻，虽然克里斯蒂娜本人是法国人）庆典应该包括一个写 108
有“*Vim facit amor*”——“爱创造力量”——的座右铭的图景，这句话完全合乎一位专制统治者（absolute ruler）的地位，可以把这句话刻写在巨大的磁铁上——这恰好是一个伽利略试图成为一位谄媚科学家的例子。[14]

1609 年 2 月，费迪南多一世去世（尽管伽利略根据他的占星术对他的预期寿命做出了乐观预测），而伽利略的学生科西莫二世成了大公。伽利略马上公开表示，他很想美第奇宫廷给他一个职位，并表明他并不是想得到更多的报酬。[15] 但是他没能得到新官职，可能是因为大公不愿意给伽利略一个高薪职位（这会使他成为佛罗伦萨政府收入最高的雇员）。伽利略说，对他来说，空闲时间比金子还值钱；一个人有金子可以买来名声，但拥有空闲时间就能有希望赢得真正的名望。[16] 在前一年的夏天，大公秘书贝利萨里奥 · 文塔就把伽利略置于他的保护之下，当他们分开时，他说："伽利略，你跟宫廷的交往活动和生意往来，以后跟我来谈，别找别人。"[17]

因此，在他发明望远镜之前，在他把《星际使者》奉献给科西莫之前，他已经有意从帕多瓦转往佛罗伦萨了。他一次又一次地坚持，他宁可受专制君主所雇，也不愿意受雇于一个共和国。[18] 在某种意义上来说，威尼斯政府为了奖赏他在望远镜上所做的工作而慷慨地改善他的待遇来得太迟了——他已经对帕多瓦感到失望，而在佛罗伦萨却取得了成功。把《星际使者》献给科西莫只是持续了五年的奉承行为的最后一步。而当最终科西莫给了伽利略一个官职时，他很清楚在做什么。这时，没人能看到木星的卫星，除了用伽利略的望远镜进行观望。但伽利略于 1610 年 4 月前往佛罗伦萨时，向科西莫和他的宫廷展示了他的发现（他在宫中获得了价值 400 斯库多的金链子和刻有科西莫头像的金质奖章）。科西莫相信，其他人最终会看到他所见的东西。对伽利略来说，有比金链子更重要的东西：他坚持认为他不仅担任大公的数学家，还是他的哲学家。[19] 哲学是比数学地位更高的学科，关键是，数学被认为是纯理论的学科，而哲学家声称有权宣布世界是怎么样的。数学家建构理论模型；用我们的话来说，数学家也是科学家。

伽利略终于在 1610 年 9 月 12 日到达佛罗伦萨。起初他的大多数时间都用在了对天空的新观察上，尽管不久之前他发现自己陷入了与当地的亚里士多德学派的哲学家的争论中。争论始于 1611 年夏天，当时伽利略偶然发现冰浮起来是因为冰比水轻。亚里士多德学派的支持者——
109 忠实地追随亚里士多德——相信冰比水重（他们推断冰是凝结的水），冰是因为其形状才浮起来的。他们声称，扁平的物体浮起来，是因为这些物体无法克服水的阻力，而球形物体就会下沉。我们很清楚，物体浮起来是因为物体比水轻，而物体下沉则是因其比水重；对我们来说，很难想象世上受过最好教育的、人生阅历最丰富的人会非常简单地否定上述事例。

与我们一样，伽利略发现，人们对这个课题有很多直截了当的解释。他不仅研究比重；1608 年，他与大公的工程师们发生了争执，他们为了科西莫的婚礼在亚诺河上建造了一座浮桥。他们认为，浮桥的平面结构会给予其额外的浮力，而伽利略认为其形状与浮力没有关系。[20] 伽利略认为，比重比水重的物体总是会下沉的，尽管有时候要很长时间才沉下去：一小撮泥可能需要几小时才能沉入一大桶水的底部。固体物体的形状与其浮或沉没有关系；形状只影响物体在水中移动的速度。因此一小块冰就会浮起来。对我们来说，这是显而易见的，但对于 17 世纪的佛罗伦萨人来说就不是这样了。他们看到的冰有两种形状：冬季池塘里薄片的冰，以及夏季从亚平宁山脉（the Apennines）弄下来用于保持鱼的新鲜的大块冰。这方面的分歧还涉及亚里士多德的追随者与伽利略之间的直接冲突，前者认为冰是水的凝结，而后者则运用了阿基米德的原理，坚持认为冰能浮起来，明显是水的体积扩大了。伽利略的看法对我们来说看起来是直接明了的，而对于他的同时代人来说，似乎就是“自相矛盾”了。[21]

对伽利略来说，事情变得更有趣了。当时一位名叫罗多维科·德勒·科隆贝的哲学家宣布，他有一个实验能证明伽利略是错的。德勒·科隆贝是一位严格的亚里士多德学说的信徒；他的论著也写到了 1604 年的新星，他还很肯定地怀疑伽利略与反对他的观点的毛里的小册子有关联。德勒·科隆贝的实验很简单：他将乌木片和乌木球轻轻地放在一碗水的表面。木片浮起来了，而木球沉下去了，证明亚里士多德是正确的。德勒·科隆贝想与伽利略会面来讨论这个实验，但他没能见到伽利略。相反，他走遍了整个城市，在公众广场向人们展示他能把乌木浮在水上，并高呼他已经击败了伽利略。1611 年 9 月，在大公的餐桌上人们对这个问题进行了讨论，两位到访的红衣主教也参与进来。马费奥·巴贝里尼（Maffeo Barberini）*——后来证实他是与伽利略关系最密切的佛罗伦萨人——站在伽利略一边，而费迪南多·贡萨加

* 马费奥·巴贝里尼，即后来的教皇乌尔班八世。

（Ferdinando Gonzaga）站在亚里士多德一边。

在这个激烈的氛围里，大公告诉伽利略，不要再和德勒·科隆贝对110 抗，而是把自己的观点写下来，因为这是确保理智获胜的最好方式。伽利略在一封信中感谢了大公的建议：

> 我最尊贵的主人，使我最终下定决心将在过去几天中引发很多人辩论的争议写下来的理由有很多。第一个也是最有说服力的理由就是您的提示，还有您的赞赏之语，是对清理和区分混淆不清和持续不断的争论的唯一补救措施；在这些争论中，特别是那些曾经吵吵嚷嚷为错误辩护的人否认了他们先前曾肯定过的东西，接着，他们有着与其不相称的荣誉和社会地位，由于受到了理性的压力，凭着平白无故的批评和牵强附会的指责，因其敏锐和欺骗而逃避过自己的错误，这些人毫不犹豫地提出了上千个可怕的、不可思议的只有他们稍微有点了解而不为他们大多数听众所理解的幻想。如此，人们迷惑不解，糊里糊涂地从一个幻想转到另一个幻想。就像在梦中，人们从一个宫殿走到了一条船上，然后走到洞穴或海滩上，最后，当他们醒来，梦境消失（对大多数人来说，这些都是记忆），发现自己慵懒地躺在床上，啥事也不做地过了几个小时。第二个理由是，我希望充分而坦率地告知殿下发生了什么事；因为竞争的本质就是这样，那些因为粗心大意而被引诱来支持错误观点的人喊的声音会是最大的，目的是让公众场合里更多的人听到他们的话，而不是让那些平和而缓慢地向他们讲述真相的人听到。因此我完全可以相信，就如在广场、教堂和其他公共场所一样，听到那些不赞成我的断言的声音会比听到赞同我观点的声音更多，同样在法庭上他们试图通过诡辩和无端指责的方式来阻止我的辩解，以此来提出他们的主张；我不希望出现这些东西。[22]

伽利略因此得到了（或者认为他已经得到了）宝贵的教训。在宫廷里、在露天场合，或者在权势人物的家里所发生的有关思想论题的争辩迅速地退化成叫喊竞赛。在这样的情形下，系统性的推理变得不可能；实际上，人们进入了一种噩梦般的世界里，其中所讨论的词和主题的含义不断地发生变化。接着最好是写下自己的论点，这样别人就不会误解他们。最好不要在宫廷和城市广场辩论，而是回去好好研究辩论的主题。伽利略在辩论中表现得很好：他的崇拜者相信，他的反对者也承认，他能驳倒任何人。他最令人愤恨的技巧之一就是，在全面驳倒对手之前，面带着宽宏大度的表情，将对手放置在有利位置来辩论。[23] 但他不认为将对手驳倒就够了。从宫廷辩论和公开场合辩论［这些在《水中 111
浮体对话集》(*Discourse on Floating Bodies*) 中都有所体现］退出，不久就使他进入科学研究的新阶段。1612 年 1 月，伽利略其实生活在佛罗伦萨乡下的一所别墅里：他放弃了在佛罗伦萨城中所租的房子，和他的朋友菲利波·萨尔维亚蒂一起搬到了郊外别墅。

尽管伽利略起初在佛罗伦萨保留了一所房子，但他只是在 1614 年萨尔维亚蒂去世到 1617 年签约出租自己的一套别墅［一处相当宏伟的房产，叫作“贝罗斯瓜尔多”别墅（the Villa di Bellosguardo）］之间再次在这个城市居住过。[24] 他的反对者声称，他从宫廷和城市退出就证明他已经不受欢迎了。[25] 但所有证据表明，伽利略一直得到科西莫二世的坚定支持；当科西莫 1621 年去世后，他的儿子费迪南多二世（他 1628 年才成年）继续支持他。1611 年的夏秋，伽利略简单尝试了一下作为一位宫廷知识分子是什么样的。在宫中他的看法与知识界的观点是不一致的。这段经历并不愉快，至少在佛罗伦萨，他再也没有重复过这样的经历。他展示了一位奉承者在佛罗伦萨获取地位的各种技能：他奉承美第奇的统治者，并因其殷勤谄媚而获得了他们的青睐。他们当然希望有机会让伽利略去拜访权贵人物——毕竟他是公认的伟大人物，也是一位出色的对话者。但他们把重要的投资放在了一本未完成的著作上，这本书是论述两个世界体系的，在《星际使者》中他曾预示过这两个体系。他们也不反对他隐匿在城里或隐退到乡下去写这本书。

如果我们想要了解 1611 年之后伽利略与宫廷之间的关系，去看看 1630 年的情形是很有帮助的。那时他的《对话》还只是手稿。尼科洛·阿吉恩蒂（Niccolò Aggiunti）[*]向大公解释伽利略的书稿，而大公对所读到的东西很满意，但他周围的一些人却不是。“我不会费心向你描述随后的讨论，”阿吉恩蒂告诉伽利略，“因为，……大公知道他们在教士尼科洛·基尼（Niccolò Cini）的家里阅读你的《对话》，听过你的书稿的人是没有必要感到惊奇的，也没必要不停地鼓掌称好。”[26]如果一直得到大公的赞助，那么他就不用担心宫廷里的人是否赞成他的观点。重要的是，在宫廷之外，有一小群崇拜者，他可以和他们讨论他的研究工作；这些人的崇拜证明大公一直在支持他，有大公的支持使他们有可能一直把伽利略视为一位伟人。因此伽利略现在既不是位大学教师，也不是工程师；他是某种相当新式的人——用一个更恰当的词来说，是一位知识分子（intellectual）。

于是伽利略起草了一封给大公的信，概述了他对浮体（floating bodies）的看法，他决定把这封信扩展成一本书。该书于1612年5月
112 出版，并在12月略加修改扩展出了第二版。[27]在这本书中，伽利略提供了一个解决德勒·科隆贝难题的方案。他向人们揭示，乌木薄片之所以浮起来不是因为其形状——他发现，他能把一枚针浮在水面上。比水重的物体怎么能浮起来呢？伽利略声称，因为这些物体略微浮在周围水面的表面上。真正漂浮起来的不只是乌木薄片，而是一个开放式的乌木薄片和一层空气的夹层，这两个混合层的平均重量比它们所取代的水要轻。换句话说，乌木薄片有点像一条小船，虽然没有挡水的木板。伽利略因此认识到，在进入其研究领域的过程中，也就是在探寻实验证据的过程中，德勒·科隆贝实际上发现了一个有趣的谜题，这是一个很难处理的事。他不知道为什么空气会粘在乌木薄片的表面，或者为什么水不会流进来淹没了薄片。他只知道实际发生了什么事。这个事实无法否认，但必须用阿基米德术语来描述。伽利略尽其所能地用能用的概念进行了解释。我们现在可以说，针和乌木薄片得到了表面张力的支撑，但伽利略没法提出水的表面与水其他部分的作用是不一样的看法。他能看

* 尼科洛·阿吉恩蒂，17世纪意大利学者、数学家，曾是伽利略的学生。

到的就是，某种隐藏的力在起作用——就像磁力的作用那样。

在同一本书中，伽利略探讨了一个令人迷惑的替换特性问题。如果我把一艘大型船舶投入海中，当船进入水中，船体所取代的水的重量等于它自身的重量——船的重量和所取代的水的重量完全相等，就像一台天平上两个物体完全平衡时那样。但是，假设我从餐馆中取来一个用于冷藏白葡萄酒的银桶。我往银桶里放入冰块；这些冰块慢慢融化，直至化为 0.5 升的冷水。在桶和水中，我放了一瓶大约与 1 升水同等重量的香槟。如果桶的周边紧紧地贴着香槟酒瓶，酒瓶就会浮起来：0.5 升的水以某种方式与其两倍的自身重量相抗衡。所产生的作用起到了倍增效应。伽利略认为，这种倍增效应与桁端和杠杆的原理完全相同：在我的银桶中，0.5 千克的水可以和 1 千克的香槟酒瓶平衡，因为水沿着桶的周边上升，上升的速度是平时的两倍，而酒瓶下沉到水的速度也是平时的两倍。稍微用心点，你就可以设计出一台液压机，将很重的物体抬升一小段距离；在机器内，用少量的水就可以移动很长的距离。这就是液压升降机的工作原理。

伽利略的小书引发了相当多的评论。出现了四本攻击它的书，而伽利略的学生本内德托·卡斯特里出版了一本内容很充实的书来为老师辩护（实际上这本书由伽利略和卡斯特里共同撰写）。[28] 伽利略对浮体的论述代表了物理学的质性研究（“轻的”物体在空气中向上移动，“平的” 113
物体浮在水上）被数量研究（比如比重）取代的过程中的重要一步。这反映了人们对上述因果关系的新理解：对于亚里士多德来说，有四种类型的原因（物质的、形式的、最终的、有效的——有效原因是传统的说法，人们认为就是这个原因导致冰浮在水上），但伽利略认为，要确定原因需要做很多类似但不完全相同的测试，最终人们可以找到会改变结果的单一参数。[29] 伽利略因此认为，你只能通过实验来找到原因。这种新的思维方式迫使他不再相信占星术，但直到 1611 年他还在为占星术做辩护。[30]

伽利略还认为，我们经常要用不能令人满意的因果关系来做解释：1612 年，他就懂得了落体加速度定律，但他没有，也从来不会，对落体给出因果关系的解释。对亚里士多德来说，所有的真正知识都是存在逻辑推理、相互作用的必然关系的知识。对伽利略来说，很多知识只是由后来休谟（Hume）所说的不断变化的法则（而不是原因）所构成的。比之亚里士多德的科学，伽利略的新科学在应用因果关系解释上显得比较吝啬。

虽然伽利略的所有看法都论证得很严密，他的对手对此也不能视而不见，但关于浮体的争论越来越使他相信，他绝不可能说服亚里士多德学派的哲学教授们赞同他的观点，即便他让这些人相信有一种方法可以认识到事实的核心意义（亚里士多德也教导过，必须始终尊重经验）。在他整个一生当中，欧洲大学里没有一位哲学教授曾在哪个议题上支持过他。只有观点的说服力是无法让这些教授支持他的。从事后来看，我们可以说，伽利略太有耐心了，而亚里士多德的学说在欧洲的大学里继续维持了一百多年的稳固地位——当牛顿任剑桥数学教授时，大学还在教授其学说。如果伽利略想要击败亚里士多德学说，那他就不仅需要提出新观点，还要有新的盟友。

19 114

耶稣会士与新天文学

《星际使者》于 1610 年 3 月出版之后，一场精心运作的运动使伽利略的发现获得了人们的接受，他的这些发现与当时人们所接受的事物差异很大，以至于人们最初都持怀疑态度。这场运动依靠于对美第奇政府资源的调动，因为现在美第奇的荣誉与伽利略著作的出版关联在一起。

但如果萨尔皮、萨格雷多、克雷莫尼尼和伽利略的其他威尼斯朋友看到伽利略 9 月份抵达佛罗伦萨时写的第 1 封信（或至少是第 1 封幸存至今的信），他们会感到惊讶。[1] 这封信是写给耶稣会数学家克里斯托弗·克拉维乌斯的，伽利略曾在 1587 年到罗马拜访过他，并在 1588 年还和他通过信。克拉维乌斯于 1604 年写信给伽利略，试图重申他们的友谊，但似乎很明显，伽利略没有回复。[2] 伽利略当时写道："是时候打破沉默了，长久以来，我没有用书信向你表达我的看法，但我内心一直有话对你说，我最尊敬的先生。现在我不再沉默了，我告诉你，我发现我是由于最尊贵的大公的恩赐而返回了佛罗伦萨。正是他非常乐意地召唤我回来充当他的哲学家和数学家。我之所以长久以来没有说出来，是因为我住在帕多瓦，对我来说，当我要写信给像你那么聪明的人，我是不需要特地表明原因的。"[3]

威尼斯的政治机构和帕多瓦大学对耶稣会都怀有敌意，而十八年来伽利略（他要定期地和大学签订合同）都没有跟耶稣会有过通信，虽然我们知道他曾与在帕多瓦的学院教书的耶稣会士们谈论过数学问题。他写道，现在他计划马上就到罗马去向克拉维乌斯及其同事们展示他发现的木星的卫星，以便消除克拉维乌斯所抱的“circa la verità del fatto”*疑问——这是伽利略使用近代意义上的“事实”（fact）这个词的其中一个情形。[4]

这封信所提供的证据是不容置疑的。考虑到佛罗伦萨存在着反宗教改革（the Counter Reformation Church）的影响，伽利略没有迁移到那儿去。虽然有点不好，但是为了获得其他的机会值得容忍一下。搬到佛罗伦萨去的最大的好处是可以让他能够以一位有良好声誉的知识分子
115 的身份以及作为一位受尊敬的天主教统治者的侍奉者的身份去罗马，并重新开始与耶稣会进行联系。他为何会离开威尼斯呢？不仅仅因为他在佛罗伦萨受到欢迎，他在罗马的地位更显突出（我们已经看到，毛里正是按这些思路进行思考的）。当我们想到威尼斯时，我们会想到一个繁忙的港口，一个国际化的大都会——欧洲最国际化的城市，就像帕多瓦大学是最国际化的大学一样。伽利略见识到了不同的事物。威尼斯那时处在边缘的地位，仅有的盟友是远处英国、法国和德国的新教徒。如果你要说服世上的人，要让整个有教养的阶层相信你说的话，那你必须去罗马。究竟他为什么这么想？最终可能只有一个答案：因为他是一个佛罗伦萨人，而这就是佛罗伦萨人的想法。人们可能想知道他是不是罗马天主教徒，而那就是罗马天主教徒的想法，但这再次提示我们，一个简单的事实是，伽利略要回家是因为他属于耶稣会士及其崇拜者之列的那类人，而萨尔皮、萨格雷多和克雷莫尼尼就不会这样。那些认为伽利略背叛了威尼斯投奔佛罗伦萨的人从来不会以他的宗教信仰来解释其行为。

但是伽利略关注耶稣会士是对的，这些人迅速成为欧洲天主教会精

* circa la verità del fatto，意大利语，意为“关于事实的真相”。

英中的教育者：到16世纪末为止，共有245个耶稣会学院。在罗马，他们经营着一所相当于研究型大学的学院，但这是一所培养派往世界各地的教育者的学校。而他恰好认为耶稣会士是新科学的潜在同盟者，因为大多数早期实验科学是这个修会做的。而在耶稣会内部，存在着深刻的紧张关系。一方面，耶稣会士处在新科学的前沿；另一方面，该会下令要求致力于维护特别是由圣·托马斯·阿奎那（St Thomas Aquinas）* 所代表的教会传统学问。在接下来几年由伽利略所引发的危机也成了耶稣会命令的危机。因为一个不幸的巧合，总会长（general）阿夸维瓦（Acquaviva）1611年重申维护教会传统的学问，这必然导致对创新的反对。[5] 就如一直同情伽利略的耶稣会士克里斯托弗·格林伯格（Christopher Grienberger）† 在1613年的一封信中所说的那样："我没有你所拥有的那样的自由。"[6]1632年，反对的命令显然扩大到了伽利略，但个别耶稣会士在私下谈话中继续表达他们对他的研究工作的同情。[7] 伽利略与耶稣会士的战略同盟关系可能从开始就注定是失败的，他自己比任何人更有可能让这样的同盟关系变为不可能。

因此，在《星际使者》出版六个月后，1610年9月伽利略回到了佛罗伦萨。这时，他向威尼斯的朋友如保罗·萨尔皮等展示了他的发现。其他人写信给他，问他们怎么样才能证实他的报告所说的事实。[8] 他的回答是，即使他提供给大家望远镜，他也不能确定在没有他的指导下他们能够看到木星的卫星。[9] 3月19日，他起草了一封信给佛罗伦萨，说 116
他寄送了一本他的书以及望远镜，用这个望远镜可以看到他的发现。他对这架望远镜有特别的喜好：他们相互陪伴度过了漫长的冬夜。这架望远镜破旧而简易，而他坚持认为，没法把它改进到可以献给王公使用的程度，应该将它按原样保留给后世子孙。[10] 但是，这封信被修改过了，并被附上了一台劣质望远镜寄出——伽利略无法让出他的望远镜，直到1637年他还拥有，那时他已经失去视力了。[11] 相反，伽利略在复活节假

* 圣·托马斯·阿奎那，13世纪最著名的哲学家、神学家，意大利人，经院哲学的集大成者。

† 克里斯托弗·格林伯格，伽利略同时代的奥地利裔天文学家。

期外出旅行。他在傍晚天空观测到的木星，因为太过靠近太阳，在初夏时分是看不到的，因此观察的时机是很重要的。直到 7 月下旬木星不会再次出现，而这次它会出现在黎明的天空。[12]

伽利略还有另外十台望远镜能看到木星的卫星，而他打算把这些望远镜连同他的著作一起送给科西莫的亲戚和盟友——巴伐利亚公爵（the duke of Bavaria）*、科隆选帝侯（the elector of Cologne）†、德尔蒙特红衣主教（Cardinal del Monte）（他的旧赞助人的一位很有权势的兄弟），还送给西班牙、波兰、奥地利、乌尔比诺（Urbino）‡，甚至法国。[13] 我们知道其中一些望远镜被人送出去了，但好像在 1610 年春天只有一个人用他们的望远镜看到了木星的卫星——安东尼奥·桑蒂尼（Antonio Santini），一位威尼斯商人，他给自己造了一台质量很好的望远镜。其他所有看到过卫星的人都是在伽利略在场时，用伽利略的望远镜观察到了木星的卫星。[14]

那些未曾见过伽利略的读者只能根据他已经出版了的报告进行思考。有些人对此表示怀疑：他们认为伽利略不可信，因为他们知道，他声称发明了望远镜，而他们知道那不是真的。[15] 其他人打算相信伽利略，同时又质疑其重要性。他所提供给人们的是新的事实，但自然知识来自哲学，而哲学与事实几乎没有关系。伽利略的好朋友切萨雷·克雷莫尼尼是位伟大的哲学家，他对这点非常肯定；他拒绝用望远镜观看天空，即使伽利略给他提供望远镜并让他带回家。克雷莫尼尼说望远镜让他头疼（虽然他很高兴地用上了最早的一批显微镜——亚里士多德没有谈论过微观世界，因此显微镜与克雷莫尼尼的哲学职业是没有关系的）。[16] 克雷莫尼尼接着出版了一本论天的书（这本书没多久就被教会禁止），在书中他既没有提伽利略也没有提他的望远镜。但是其他人说，天文学是一门以感官认知为基础的学科，因此确实会因有新发现而改变。[17] 在

---

* 巴伐利亚公爵，德意志巴伐利亚公国的统治者。

† 科隆选帝侯，德意志科隆地区的统治者。选帝侯指德意志诸侯中有权选举神圣罗马皇帝的诸侯。

‡ 乌尔比诺，位于意大利中部。

大多数情况下，第一批读者都很愿意等着看伽利略的发现是否被别人所证实。

但有个很重要的例外。约翰尼斯·开普勒，尽管是一名新教徒，却是皇帝的御用数学家，也是一位罕见的哥白尼学说支持者。有一本《星
际使者》的抄本（但不是望远镜）被送到了皇帝手中，并转给了开普 117
勒。开普勒立刻（4 月 19 日）给伽利略写了一封长信，该信很快在布拉格（Prague）发表了，然后在佛罗伦萨和法兰克福重印。[18] 开普勒试图结合思想背景来看待伽利略的发现：他指出，他先前的一些研究工作与此相关，就如那不勒斯人吉安巴蒂斯塔·德拉·波尔塔（Gianbattista della Porta）*所做的研究一样，德拉·波尔塔出版了论述镜头的著作。他明确指出，读了伽利略的信后，让他想起了焦尔达诺·布鲁诺，想到了除我们居住的星球外是否还有其他人类可以居住的世界的问题。[19] 有些人读了开普勒的长信后认为，开普勒很委婉地指出《星际使者》并没有什么新意，其实就是把伽利略视为与自己一样有实力的人了。他们说，伽利略让他们想到了伊索寓言中的那只乌鸦，它把其他鸟的羽毛披在自己身上，故事的结尾是这只乌鸦露出了自己丑陋的裸体。[20] 但这根本不是开普勒的观点。[21] 他打算相信伽利略所描述的一切，并相信其中所含的重要意义。因为他承认，只有哥白尼学说的支持者才能乐于接受伽利略的新天文学。甚至在亲眼看到木星的卫星之前，他就准备表达对伽利略的支持——9 月份之前他就这么做了。

对伽利略来说这真是很幸运。因为这个故事发生时，其他人实际上并没有看到他所发现的事物。4 月下旬，伽利略去到博洛尼亚，向当地的二十位数学家展示了他的发现。马丁·霍尔基（Martin Horky）很快发来信件，指出没人能看到木星的卫星（尽管伽利略声称他可以清楚地看到），而伽利略此时已经很失意地离开了博洛尼亚。[22] 很多同样的报告也传到了伽利略的东道主和霍尔基的雇主数学家乔瓦尼·马吉尼

* 吉安巴蒂斯塔·德拉·波尔塔，16—17 世纪意大利学者，博学家和剧作家。

（Giovanni Magini）*手里。尽管马吉尼力阻霍尔基发表论著反对伽利略，并最终解雇了他——这时霍尔基终于发表了他的反对意见。[23] 伽利略从来没有否认他对博洛尼亚的访问是一场惨败。甚至科西莫也开始怀疑他了。[24]

伽利略现在遇到麻烦了。在《星际使者》中，他只给读者提供了有关他自己使用望远镜的最基本的信息——还不足以让其他天文学家轻易地复制他的望远镜。[25] 例如，他隐瞒了（大概是有意的）能大大提高影像清晰度的光圈的信息。他的动机直截了当：他想尽可能长时间保持望远镜制作的领先地位，希望能有更多的发现——这是一个很好的策略，不久效果就显现出来了。但他认为，他不难说服人们相信木星的卫星真的存在。他通过让人们用他的望远镜观测来把他的发现展现给他们看。他的错误在于著作发表前没有尝试这样做。据我们所知，尽管随着这本书出版，关于他的天文发现的传闻就开始在佛罗伦萨流传了，但在《星际使者》出版之前他没有向任何人展示过木星的卫星的存在。现在，随
118 着书的出版，一些重要人物，如克雷莫尼尼，拒绝观看他所说的发现；而其他人，如马吉尼，则望向天空，但是声称，虽然伽利略看到了，但他们没能看到。他已经承诺把十架上好的望远镜送给王子和红衣主教。这似乎是个明智的想法，因为这抬高了望远镜的身价，也提高了他用望远镜所做的发现的重要性。但是没有哪几个王子或主教有资格告诉世人木星是否存在卫星。如果哪天他把望远镜给他的值得信任的同事使用，同事能给他更多的支持时，就会有越来越多的王子和主教会来问他要望远镜。[26]

显然，伽利略要做的事是送一架上好望远镜给皇帝，皇帝会立刻把它转给开普勒。但伽利略没这么做。皇帝确实抱怨说，似乎越来越多的主教得到了望远镜，而他却没拿到。[27] 我认为我们可以假设，伽利略（或者是大公，他声誉遭到了怀疑，但他的观点不容忽视）试图让天主教会的科学家（而不是新教的科学家）来证实他的发现。他本可以送一

---

* 乔瓦尼·马吉尼，伽利略同时代的数学家、天文学家，任教于博洛尼亚大学。

架望远镜给克拉维乌斯的，但如果克拉维乌斯说用望远镜看不到任何卫星呢？伽利略的名声将在一夜之间被摧毁，而且还可能再也无法恢复名誉。他有很多质量次等的望远镜——他说有九十对镜头——许多人还问他要，但他没给别人，因为如果他提供的望远镜无法看到木星的卫星，那就会被人看作是替反对他的伟大发现的人提供了证据。

伽利略于是陷入了两难的境地。他急需一位受人尊敬的天文学家来证实木星存在卫星，但没有哪位天文学家值得相信，让他敢于给其提供一架上好的望远镜。他要做的是让其他天文学家制作出望远镜。开普勒试过制造望远镜，但效果不是很好。[28] 到了 1610 年底，除了伽利略外，只有两个人——伽利略所知道的——制造出了达到要求水准的望远镜。其中一位（据说）是罗马的耶稣会士，而另外一位是伽利略的威尼斯朋友安东尼奥·桑蒂尼。桑蒂尼对其他人的制作速度之慢感到吃惊，而伽利略和他一样对此感到困惑。[29]

到了 7 月，马吉尼用自己的望远镜进行研究，探究这颗卫星的表面，[30] 但还是没有证据证明其他人看到了木星的卫星，它们现在又回到了地平线上，尽管伽利略从 25 日起就能观察到它们了。[31] 直到 9 月份，威尼斯的桑蒂尼才报告说木星的卫星又出现了。桑蒂尼的观察报告足以说服马吉尼，即使他还没有亲眼看到卫星。最后桑蒂尼向他提供了用于观察卫星的物镜。[32] 开普勒用伽利略送给科隆选帝侯的望远镜（肯定不是打算给开普勒的）进一步证实：9 月 5 日，在托马斯·瑟盖特的陪同下，他观察到了卫星，瑟盖特显然从威尼斯来到了布拉格。[33] 因此，现
在有两位独立观察者声称再次看到了伽利略所观察到的东西。他们遭到 119
了那些未能看到的人的抵制：这些人有来自巴黎的，最糟糕的还有来自罗马的，据说罗马的克拉维乌斯曾试过用望远镜观察，但未能看到木星的卫星。[34]

伽利略在 9 月听说克拉维乌斯没能观察到卫星，立刻写了封信给他（这里我们还是回到他从佛罗伦萨写的第 1 封信），说他要到罗马来，亲自给他展示木星的形状。他承认，望远镜的使用技巧并不简单。甚至使用者的脉搏跳动都能使望远镜产生震动，导致行星看不到，呼吸也很容

易让镜头蒙上水汽。但伽利略没有前往罗马，他变得焦虑和沮丧，然后就病倒了。[35] 人们可以想象，他很担心他对罗马的访问可能会像他的博洛尼亚之行一样。然而到了 11 月下旬，克拉维乌斯——现在他收到了桑蒂尼送来的两台望远镜——看到了四颗小星星在木星周围移动。[36] 他没有马上相信那是行星，但他在 17 日给伽利略写信时毫无保留地赞扬了他的奇妙发现。[37] 桑蒂尼为伽利略解决了观察结果可以重复的问题：他给两位重要的天主教科学家提供了上好的望远镜，他这样做比伽利略自己做的风险更小。由于伽利略和桑蒂尼关系良好，我们可以猜测他是伽利略的代理人；当然他似乎并没有以自己的名义行事，因为他做这些事既不为利也不为名。

伽利略为克拉维乌斯的来信而欢呼雀跃——他从床上跳起来，重新充满了信心，并立刻回信给他。两个月后，1611 年 2 月，他很高兴地宣布，有关木星的卫星的存在已经不再有什么争议了，虽然长久以来很多顶级数学家对此持反对态度。[38] 现在人们有大量机会可以亲眼看到这些卫星了，已经能够相信他们眼睛所见的东西了——伽利略抱怨说，他们以前还怀疑他是个骗子。这就够真实的了，虽然很多仁慈之士怀疑他是否以某种方式来骗人。[39]

因此在 4 月份他可以毫无顾忌地去到罗马，因为他现在可以肯定会得到耶稣会士的支持。在罗马学院（the Roman College）他受到了人们的鼓掌欢迎——当时的人说，他小心地选了一个词来形容，“胜利”。[40] 换句话说，伽利略就是个征服世界的英雄。当他在场的那一刻，当时被人们认为是各种教义权威的耶稣会士、枢机主教罗伯特 · 贝拉明（Robert Bellarmine）通过伽利略的望远镜看到了奇特的景象。他写信给罗马学院的数学家们，询问他们是否能证实在《星际使者》中所报告的用望远镜发现的事物——众多之前无法看到的恒星、月球景观，还有木星的卫星。[41] 有四位数学家答复道，伽利略所声称的发现是可以证实的，
120
尽管克拉维乌斯对月球表面的情形有新的怀疑，认为这可能是光线投射到光滑表面的某种效果。[42] 这场战斗，就其意图和目的来说，已经结束了。伽利略因受邀成为由费德里科 · 切西所创立的林琴学会（the

Lincean Academy）的第六位会员而备受鼓舞。他现在在罗马有了一个小团体的盟友，还得到了切西的财政支持（切西花钱就像一个王子，尽管他的钱在死前都已花光了）。

这时，伽利略宣布了两项新发现，贝拉明也希望可以证实。伽利略于1610年7月首先（通过美第奇驻布拉格大使）给开普勒发送了一句神秘的短语，这样他就可以在有人抢先宣布发现权时获得权威对他是最早发现的确认。他告诉大公，他正计划把他的发现用到《星际使者》的第二版里。[43]他注意到了土星星体周围有两个小的环圈（circle）——他已经看到了土星的环（ring），尽管还无法做出解释。开普勒着手发表伽利略的神秘来信，到了11月，伽利略（他很快对《星际使者》第二版失去了兴趣）写信给他，向他解码了自己的密码短语，并允许他公开这个发现，但开普勒没有马上这么做。[44]

一个月后，12月11日，他再次用代码向开普勒宣告了一个更为重要的发现。12月30日他收到了克拉维乌斯的来信，信中证实他看到了木星的卫星。伽利略为此而兴奋，他马上回信告知克拉维乌斯他的新发现。同一天他还给卡斯特里写了信，卡曾预测过这个最新发现。两天后，又给开普勒写信（通过中间人转交），解码他先前的密码短语，这些短语讲述了金星的外形与月球相似。[45]开普勒着手发表伽利略的信件——这正是伽利略所期待的。

关于金星的这第二个发现至关重要。这个发现可能有些运气的成分。在9月12日至万圣节（11月1日）期间，伽利略住在临时租住的地方。在那儿他可能无法安装磨制望远镜新镜片所需要的砂轮，而且朝东望的景象很差（在早晨东边的天空可以看到木星）。[46]因此他自然把望远镜转向了西边，西边晚上的天空可以看到金星。他搬到那所他打算当作自己居家的房子，这房子每个方向的视野都很好，他继续自己的观测计划。因此伽利略看到了金星像月亮那样的多个相位，也看到了这个行星的外观大小随着时间变化而改变。1610年之前，没有一位天文学家能果断地预测出金星有各种相位，因为要做出这种预测首先必须确保这个行星只能受到太阳光的反射。这种想法以前只是被当作一种可能性被讨论过，但证据似乎与此相反：如我们的肉眼所见，来自金星的光似乎并没有如人们期待的那样变化，如果它具有相位的话。例如，开普勒就认为金星是凭自身的光而闪耀的。[47] 尽管如此，伽利略还是在《星际使
121 者》中朝着这个预测迈出了重要一步。他认为月亮的光完全是反射光，而地球也是被这个反射光所照射。其含义是，没有任何一个围绕太阳转的星体是依靠自身的光而闪耀的。鉴于这个假设，就有可能预测——如果哥白尼和第谷是正确的，金星是围绕太阳转的——金星会像月亮一样，拥有从亏到盈的各种相位。而如果托勒密是正确的，则金星的相位要么处在盈与半盈之间（如果金星与地球的距离比太阳还远），要么处在半盈与亏之间（如果金星比地球更靠近太阳）。发现金星实际上存在从盈到亏的各种相位，能够准确地作为金星围绕太阳而不是地球旋转的证据。[48] 这是人们第一次观察到与托勒密宇宙学相矛盾的现象，但却与第谷·布拉赫的日心说体系完美兼容。

同样重要的事实是，第谷体系和哥白尼体系预测出了金星形状大小的显著变化，因为金星有时候相对靠近地球，而其他时候又远离地球。对金星的肉眼观察的结果显示金星的亮度只有微小的变化，而这对两个体系都是根本性的问题。伽利略现在可以声称，使用望远镜进行的观察显示了所预测出的金星的形状大小：当金星最接近地球时，处于亏时相位的金星的直径是处于盈时相位的金星直径的六倍多，而处于盈时相位的金星距离地球最远。关于为什么肉眼观察和望远镜观察的结果不一样，给人们提出了一些难题，但最终视觉证据是不可能与托勒密体系相合的。而视觉证据也表明，如哥白尼所声称的，宇宙的规模大小必须重新考虑。[49]1611 年 4 月，耶稣会士向贝拉明证实了这两项发现。

12 月 5 日，伽利略的学生本内德托·卡斯特里从离佛罗伦萨 180 英里的布雷西亚（Brescia）写信给他，问他是否对金星进行仔细的观察。卡斯特里建议，如果他进行了观察，他肯定会发现金星有相位。12 月 11 日（极有可能这天伽利略收到了卡斯特里的来信），伽利略写信给美第奇驻布拉格大使朱利亚诺·德·美第奇（Giuliano de' Medici），大使与开普勒联系沟通，伽利略在信中用代码宣布他发现了金星有相位

（他说，这是依据他对金星三个月的观察得出的结论）。这导致有人指责他实际上并没有看到金星的相位。在卡斯特里的推动下，伽利略宣称，他的观察是可信的，将来他会再进行这样的观察，他声称他是首先发现这些现象的。这个时候他真的应该承认卡斯特里在理论研究上是做出了贡献的。[50]这是一项指责，说他盗窃了思想成果，而且这也不是指控伽利略的唯一的罪名。然而，这个指责伽利略以前从来没有面对过，直到19世纪才有人提出这样的指控。

伽利略有罪吗？保罗·帕尔蔑里利用数学模型重建了1610年秋天
通过望远镜观察到的现象。[51]这与他12月30日所做的描述完全一致， 122
在一个关键点上则与他的预测有所不同。（因为伽利略没有精确地算出行星轨道，所以他就不能预测出一个月后金星会以半月形的状态出现。）由此可见，伽利略确实观察到了他所声称的三个月前看到的东西。帕尔蔑里也澄清了伽利略延迟宣布自己发现的原因：鉴于伽利略把金星视作一个完整的圆盘，在金星新月形出现之初，其外观的关键变化证明托勒密假说是不成立的，而这个变化要到12月20日之后才出现。伽利略在信中说变化现象“现在”发生了。于是在卡斯特里来信的鼓动下，伽利略宣布了他的发现，尽管他知道还有一项至关重要的信息尚待收集。他已经看到了金星的部分相位，但还没有见到明显与托勒密体系不相符的东西。这时，他收到了克拉维乌斯的来信，他也得到了他所需要的且可以公布的所有信息。伽利略虽然没有从卡斯特里那知道什么信息，但他12月11日过早地宣布了他的发现，其实是在赌他自己能够成功地预测将来的观察会给我们揭示什么。

伽利略和卡斯特里都确信他们会发现什么，因为他们都相信哥白尼是对的。让他们困惑的是他们很难说服其他人来赞同他们。[52]卡斯特里认为，金星相位现象是有决定性证明作用的，而伽利略还不确定木星有卫星能为人们普遍接受，他认为没什么东西能说服顽固分子。

伽利略首先用代码然后用一般文字报告了开普勒，说他发现了土星外观的奇特之处；他用密码向开普勒告知他发现了金星的相位，他允许开普勒发表他的这两项新发现。他首先向克拉维乌斯透露了他发现了金星的相位，他在与克拉维乌斯通信中确定了他的发现宣布的时间。开普勒在《星际使者》出版后马上就意识到其重要性，他正是伽利略想要依赖其提供证明的专家，如果有人宣称是他们首先发现的话。他也信任开普勒，可以代表他公布他的发现；他想争取克拉维乌斯的支持；有机会与克拉维乌斯通信是迁往佛罗伦萨的主要优势。伽利略迁到佛罗伦萨引起了宗教裁判所的注意；他专注于与罗马的一位收信人的来往导致了他的落败。1610 年他给克拉维乌斯的两封信反映了他的选择是经过深思熟虑的，这个选择的后果只是在多年之后才清晰起来。

有两件事值得注意。第一，伽利略一心想着要确立其用望远镜第一个发现的权利；这就是为什么他通过媒体来力推他的《星际使者》，为
123 什么科学以前从来不是以这种方式进行的竞争性活动。伽利略第一次把科学家当作发现新事物的人。因此为了有新发现，人们最需要做的就是有一架望远镜，而伽利略亲自在世界各地分发上好的望远镜，他非常清楚他只有一小段时间可以去宣布自己的首先发现权。[其实，德国人西蒙·马里乌斯（Simon Marius）在伽利略之后第一个观察到了木星的卫星，虽然他直到 1614 年才公布他的发现。]

这里的发现其实就是发现新的土地，我们看到伽利略在佛罗伦萨的朋友们称他为“另一个亚美利哥（Amerigo）*”，亚美利哥指的是他的佛罗伦萨朋友亚美利哥·韦斯普奇（Amerigo Vespucci）。[我们也可以比较一下，以统治者的名义来命名新土地为美第奇之星，而卡罗莱纳（Carolina），就是以查理一世（Charles I）†的名义来命名的。][53]拥有首先发现权不仅是获得不朽名声的手段，它也给了首先发现者解释的权力。伽利略并不急于向大众宣布他发现的由三部分构成的土星外观轮廓，因为他提供不了相关的解释；而他急于宣布所发现的金星的相位，是因为他手头上有相关的解释。

第二，我们应该注意到伽利略行为的一个特点。他一点一点地向世

---

* 亚美利哥，发现哥伦布所发现的美洲大陆为新大陆的意大利航海家。

† 查理一世，17 世纪的英国国王。

界发布他的发现，利用开普勒来发表他的发现的做法就好像他在经营一本科学杂志。伽利略在这么做的过程中，逐步地从一种旧有的科学活动模式中走了出来。《星际使者》刚一出版，他就开始谈论要在托斯坎纳出一个带有献辞诗的精装扩展版——一本像科西莫那样的王子和伽利略那样的科学家完全可以引以为豪的书。他甚至希望出版 28 幅月亮的版画，向人们展示在阴历月份里每天都在变化的月亮外观。科西莫向他提供资金资助他出版这样一本书，而伽利略直到 1611 年夏天心里还想着要出版这样的书。[54]

当他接受了科西莫给他提供的工作时，他宣称他有许多书稿正在接近完成——在这份声明中我们看出了未来的《对话》和《两门新科学的对话》的样子，这两部著作确定了他后来的声望，但它们的到来却被延迟了二十多年。他说他曾打算靠出书谋生。相反，他现在陷入了与对手的争斗中；每个新发现都引起了争议，处境相当不利。他要么被人指控说谎和欺骗，要么被批评不能解释自己的眼睛所看到的东西。我们可以看到，伽利略肯定已经发现争议是不可避免的。我们很难理解，他是多么渴望抓住每个借口不去写他曾应承写的书。这只能说是他在不断地自己骗自己。我们已经看到，1610 年 9 月，他要去罗马，向克拉维乌斯展示木星的卫星，但行程一直推迟到 1611 年 4 月。在他确信这次旅行会成功之前，他是不会踏上这趟旅程的，并且他从博洛尼亚的经历中得到教训——相信别人会看到他能看到的东西是轻率的。因此，直到他确 124
信自己的著作能受到人们的欢迎，他才会去撰写和出版他的这些伟大著作；他不断推迟这些书的写作任务。1610 年的春天和整个漫长的夏天，没有证据证明木星存在卫星，而伽利略也知道了失败的味道是怎么样的。不发表比发表和被嘲笑更好。这恰恰是他在 1597 年告诉过开普勒的。他一定觉得，经验已证明他是对的。一个与众不同的人会认为，1611 年春对罗马的成功访问就是对他最好的奖赏；对伽利略来说，这次旅行肯定让人感觉像是一场差点没逃过的灾难。每次挫折在他看来都让人心情沉重；每次成功都让他觉得不够。

125 # 20

太阳黑子

太阳黑子有时候可以用肉眼看到：例如，在1591年，西非海岸的一位英国海船的船长，看到了太阳上一个“1先令[*]大小的”黑点。1607年约翰尼斯·开普勒看到了一个黑点，那时他在自己房子的阁楼里通过木瓦的间隙观看太阳，为的是观察经过的水星；那时他认为这个点是水星，但事后他认识到那是个太阳黑子。[1]

1604年在佛罗伦萨，有人也看到了类似的黑点。[2]

伽利略可能是第一个通过望远镜看到太阳黑子的人。1610年7月，《星际使者》出版之后，在他前往佛罗伦萨之前，他向威尼斯的人们展示了他发现的黑子。1611年春他还向罗马的几个人展示了所发现的黑子，而那年秋天他的一个朋友写信给他，报告说有人也看到了黑子。[3] 在英国，托马斯·哈里奥特在1610年12月独立观察到了黑子，1611年春天前后约翰内斯·法布里修斯（Johannes Fabricius）和大卫·法布里修斯（David Fabricius）[†]在东弗里西亚（East Frisia）[‡]也有了同样的

---

* 1先令，16—19世纪的英国银币。

† 两人系父子，德国天文学家，伽利略同时代人。

‡ 东弗里西亚，今德国北部北海海岸一带。

观察发现。在大约同时，克里斯托弗·谢纳（Christopher Scheiner）* 在因戈尔施塔特（Ingoldstadt）† 也观测到了——可能是听到了伽利略观察结果后的发现。[4] 伽利略可能是第一个发现太阳黑子的人，但约翰内斯·法布里修斯是第一个公布发现结果的人（1611），谢纳是第二个发表的（1612）。[5] 至于哈里奥特，他的科学发现在很多方面与伽利略有相似之处，他从来没有发表过。[6] 在收到了谢纳的一份简短的小册子后，伽利略于 1612 年 2 月又开始观察太阳黑子，并在《水中浮体对话集》（*Discourse on Floating Bodies*）中简单提及，这本书于 4 月份完成。他第一次认真讨论这个问题是在 1612 年 5 月 4 日写给马克·韦尔瑟（Marc Welser）‡ 的一封信中。

现在很容易重建这份年表，但在当时并不清楚。五十年前，亚瑟·库斯勒（Arthur Koestler）§ 在持续对伽利略的攻击中发表了许多令人吃惊的说法——例如，说伽利略从来没有读过哥白尼的书。[7] 库斯勒认为，当伽利略在读谢纳的小册子前声称他看到过太阳黑子，那只是在说谎。他声称已向其他人展示他看到的太阳黑子，但他没有对其进行命名。他声称有目击者目的是让他的叙述看起来显得真实，但这只是要了一个手段。因此他的叙述很难被人相信。要指望库斯勒去阅读法瓦罗（Favaro）在 1887 年首先讨论关于太阳黑子的发现的那七十页文献可能 126
太过分了。但人们至少可以假设，他熟悉伽利略著作的标准版本，在这些著作里法瓦罗提供了几段有关这个问题的摘要。例如，我们发现，伏尔根齐奥·米坎齐奥在读完《对话》后写信给伽利略，说能记起伽利略在 1610 年夏天用望远镜向他展示了看到的太阳黑子，"就好像昨天看到的那么清楚"。[8]

但是，经过仔细研究后，我们看到库斯勒显然很少参考伽利略著作的国家版（the National Edition）。他将书写成那样，好像法瓦罗的工作

---

* 克里斯托弗·谢纳，耶稣会士，物理学家和天文学家，伽利略同时代人。

† 因戈尔施塔特，位于今德国东南部的城市。

‡ 马克·韦尔瑟，德国银行家、政治家和天文学家，伽利略同时代人。

§ 亚瑟·库斯勒，20 世纪匈牙利裔英国作家。

从来没有起过作用。只有当他讨论到审判时，他的话才开始值得相信，关于审判的这部分文字他不仅依赖于法瓦罗版的文献，也依赖于19世纪70年代的法文和德文版——这些版本的文字始终是保持不变的（除了少量新发现的文档），而且内容也是可靠的。库斯勒被误导的一个例子是，他声称伽利略只写了两封信（和一封旅行介绍信）给开普勒。严格来说这是真的。但在伽利略离开帕多瓦后，他就不能安全地与新教徒通信了：他进入罗马宗教裁判所的辖地了。因此，如我们所看到的，他通过美第奇驻布拉格大使与开普勒通信。这是一个很方便的联络方式，因为他可以使用外交邮件服务。但更重要的是，这是一个安全的通道，因为没人能指控他与新教徒进行秘密交易。（耶稣会士克里斯托弗·格林伯格以完全相同的方式试图把伽利略当作与开普勒联系的中介。）[9] 这就使得开普勒能够通过自己的出版物来发表伽利略的信件而向世界宣告伽利略的最新发现，同时也使伽利略不必为此担负责任。

在1610年夏天至1616年夏天之间，伽利略彻底改变了自己，这个过程始于1610年秋他离开帕多瓦之时，并在1611年春末成功访问了罗马之后加快了改变的速度。在他离开威尼斯和帕多瓦之后，尽管多次受邀，但他从未回来过。[10] 他只给他的老朋友保罗·萨尔皮写过一封信（如果我们可以相信遗存下来的证据的话），人们普遍认为萨尔皮是教皇的敌人，他一直活到1623年。这封信写于1611年2月12日，信中包含了一个明显的漏洞：伽利略说，鉴于他与萨尔皮的长期友谊，他准备为他或我辩护——这个“我”被用在此有点不知所指。[11] 伽利略并没有兴趣为萨尔皮做辩解，他只对为自己辩护感兴趣。伽利略访问罗马之前，开普勒是第一个听说了他的新发现的人。之后伽利略就写信告诉他与发现太阳黑子有关的事，而这已经是在他告诉了其他人之后了。伽利略遗憾地表示他打算用意大利文而不是拉丁文写信，因此开普勒无法接受，实际上他们的这种关系就结束了。

伽利略决定用意大利文写信并不意味着他致力于巩固他在佛罗伦萨
127 的地位。修订版的《星际使者》肯定是要敬献给美第奇家族的，伽利略对该书不再感兴趣了。他想要倾诉的对象现在在罗马，这点我们从他传播自己发现太阳黑子的策略就可以看得很清楚。伽利略选择通过与马克·韦尔瑟（Marc Welser）频繁通信的方式来发展他对太阳黑子的思索。韦尔瑟通晓两种语言，曾在意大利学习过；他有财有势，是天主教城市奥格斯堡城的执政委员会的成员，也是一位与皇帝关系密切的银行家。伽利略的一位朋友特地警告他要远离韦尔瑟，这位朋友判断得很准确，他认为韦尔瑟是西班牙人，是反威尼斯的。[12] 尽管韦尔瑟在《星际使者》出版后不久就和伽利略有联系了，但他直到克拉维乌斯证明了伽利略的新发现后才接纳了他。[13] 但他在 1611 年 1 月再次和伽利略联系，表达了对月球山脉的怀疑。伽利略并不羞于承认这种关系。相反，他接受这种关系。而且，通过韦尔瑟，伽利略不久发现自己和谢纳陷入了争论中。

1611 年，谢纳尽可能地试图理解太阳黑子。他认为这些黑点不可能是不证自明的太阳表面上的东西，就如它们所显现的那样。如果它们是太阳表面的黑点，那么就意味着太阳是不完美的和易于变化的，而这就违背了亚里士多德哲学的一条基本原理：所有变化的东西都只限于月下世界。考虑到伽利略所发现的美第奇星（或者木星的卫星）的情形，谢纳认为太阳表面的黑点现象能够以是否有很多物体以低水平速率围绕着太阳旋转来解释。这些物体在完全规则的轨道上运行，但有时它们会聚集成大的黑点，而其他时候则是很小的点，可能完全不能被人看到。[14] 伽利略在阅读谢纳的小册子前（可能是因为他知道有时候可以用肉眼看到黑子，但也有可能是因为他发现黑子很异常，并不知道其形成的原因）实际上对太阳黑子并不感兴趣，而他在其《水中浮体对话集》的第一次印刷的版本中提到过黑子，该书准备在 1612 年 4 月初付印，他说黑子是不是太阳表面上的黑点还是个有争议的问题。在提及黑子时他没有提到谢纳，而这样是很不礼貌的。

在他写给韦尔瑟的三封信中（1612 年 5 月 4 日，8 月 14 日和 12 月 1 日，三封信由切西王子代表林琴学会在罗马印刷出来），伽利略取得了三项重要进展。首先，最近所有有关黑子的观察都是通过望远镜直接望向太阳的。在黎明或黄昏时分，或者有轻微薄雾的时刻，人们可以短时间地盯着太阳，特别是用有色玻璃滤片时，而这样做有人仍然会短暂性失明，很难记下所看到的东西。但是伽利略的朋友卡斯特里发现，人们可以把太阳的图像投射到望远镜的镜头后所贴的一张纸上，虽然图像的上部和下部是颠倒的，但图像大而清晰。现在可以很舒服地对太阳黑子
128 进行研究。而且，你可以准确地记录下所看到的东西。如果你在太阳投射了的纸上画一个圆圈，你可以调整纸和镜头之间的距离直到太阳的影像完全充满圆圈。当太阳黑子出现在纸上时，只要把黑点画出来，然后就可以在纸上标出太阳黑子的位置。实际做的这个过程比说的要更棘手些，因为太阳在天空中移动的速度相当快，因此你要周期性地重新校准望远镜。而结果就是，伽利略现在可以对太阳黑子的观测做出漂亮精确的记录。谢纳已经看到过穿过太阳表面的黑点；伽利略现在可以详细研究黑子形状的变化，准确计算出黑子的移动速率。他首先向罗马红衣主教马费奥·巴贝里尼宣告了他的突破性发现——巴贝里尼在美第奇宫廷中辩论水中浮体时支持伽利略——同时也告知了开普勒。他把 1612 年 5 月 3 日至 11 日所观测到的一系列逐日所记的太阳表面的漂亮而准确的记录寄送给巴贝里尼。在给韦尔瑟第二封信中，他随信附上了类似的一组三十七份的 6 月、7 月和 8 月三个月的图解。

伽利略的第二项突破性发现显然就是由对这些图像的研究而得到的，因为在 5 月 12 日，他在罗马给费德里科·切西写了另一封信，说他可以准确地证明他的观点——那些黑点是在太阳的表面而不是在太阳的上空。正如人们在纸面上看到的，这个观点令人震惊。谢纳认为（而伽利略起初也同意），人们不能在视觉上区分出太阳表面的黑点和恰好经过太阳表面上空的卫星。但看着从 5 月 3 日至 11 日的一系列他所画的图像，伽利略可以看到关于黑点的三个关键事实：当接近或离开太阳圆形图像的边缘时，黑点就会变窄；这些黑点越来越靠近；移动得越来越慢。这些都是透视短缩的效果，因为这些黑点是被人们从边缘看到而不是直接从上空看到。鉴于证明太阳黑子是二维现象是很容易的，于是这种现象就变成了一个简单的投射，人们能够从这个投射测量出透视短缩的效果，并将获得的测量结果与人们所见到的进行比较，看看黑点实

际上是否明显地位于太阳表面上空。伽利略毫不费力地揭示，如果黑点是在一个以半径比太阳半径大 5% 的轨迹上围绕着太阳旋转，那么其外观会完全不同于它们实际的状况：越接近太阳的边缘越容易发生透视短缩现象，而且效果产生得更快。于是伽利略使用基本的几何学原理来证明（demonstrate）（这个词是他所使用的，而且完全合适），黑点非常靠近太阳表面，即使它们并不是真的在其表面上。例如，它们可能盘旋在太阳表面上空，就如地球表面漂浮的云层那样；但它们不可能以明显远离太阳表面的距离而围绕太阳旋转。我们现在可以理解伽利略写给韦尔瑟的信被印刷出来所用的标题：*Istorie e dimostrazioni intorno alle macchie solari**。历史就是事实的记录：在这个事例中，这种现象主要是由对太阳图像的复制而构成的。一个证明就是一个逻辑推论：在这个事 129
例中，这种现象包括这样的证据——太阳黑子不可能是围绕着轨道旋转的物体。

在《水中浮体对话集》（出版于 1612 年 5 月）的开篇页中，伽利略还宣布了一项技术改进，导致了他的第三个突破。在《星际使者》中，他给出了一些粗略的图像，揭示了木星与其卫星之间的逐日变化的关系。这些图像是建基于简单的估测之上的：伽利略通过望远镜进行观测并判断出每个卫星与木星之间的距离，并将这些距离用作木星自身直径的单位。1612 年 1 月，他开始采用新方法。他在望远镜侧面伸展开的面板上画上了网格线——也许我们只能这样认为，因为实物本身没有存留下来。稍做调整，他就能把这些网格调适到这样的状态：把一只眼睛放到望远镜上，只要睁开双眼，它就像是飘浮在木星的图像上，其中心正好对着木星。他做了一把简单的测微仪，有了这个仪器，就可以不用考虑别人的粗略估测结果。[15] 在现代天文望远镜中，测微仪是安装在镜内的。这个设置可能在开普勒所发明的望远镜中是有的，但伽利略所做的这一类型望远镜就没有，因此伽利略已经尽其所能做到最好了。他现

* *Istorie e dimostrazioni intorno alle macchie solari*，意大利语，意为“有关太阳黑子的历史和证明”。

在只要计算木星和它的卫星之间的网格线的线条，就可以得到距离的精确值，然后他就可以用木星的直径来表示这个距离。

伽利略现在可以解决过去两年来一直困扰着他的问题：他可以精确地计算出木星的卫星的相位。解决这个问题后，他可以预测卫星的未来位置。他已经发现，地球和木星之间的关系是不断变化的（如托勒密所称的，如果木星围绕地球旋转，情况就不会如此），而且他在计算时必定考虑到这点。1612 年夏天，他有了进一步的发现。当相对于地球上的观察者来说，那些木星的卫星“置于”木星后面时，它们就从视野中消失了。但当木星位于卫星和太阳之间时，它们也会从视野中消失——它们被木星蚀掉了。当它们进入木星的阴影时，太阳光就照不到它们，因此也没有光线反射到太空。这些卫星消失了，似乎一盏灯被关掉了。

1613 年 3 月，当他关于太阳黑子的信件发表出来时，伽利略给出了几个表格，预测了接下来几个月时间里木星的卫星的位置。于是他对他测量和计算的精度进行了检测。不幸的是，信件的发表有些延迟了，因此当发表他的信件的书摆上书店时，他一半的预测都因时间的推移而失去了验证的效应，但还是有可能证实伽利略的著作基本上都是可靠的。

130 木星的卫星蚀（eclipses）的发现引发了伽利略的思考。由于木星、卫星和太阳之间的关系而发生了卫星蚀——这和地球的位置，或者地球上观察者的位置无关。因此，可能对地球上所有的观察者来说，卫星蚀恰好是在同一时间发生的。伽利略发现的是一个通用的时钟（universal clock）。结果他还发现了一种解决长途航行中的水手所面临的最大问题的方法，即计算经度的方法。

现在计算纬度很容易。如果北极星就在头顶上，那么你就处在北极上。如果北极星与垂直方向成 30° 角，那么你就处在北纬 60°。然而经度测量更难。因为同一纬度线上的所有点看到的恒星位置都是完全相同的。只是在不同的时间看到这些恒星而已。因此如果你处在佛罗伦萨以西 45°，你会比佛罗伦萨的人晚 3 小时看到恒星的升起。为了测量你处在佛罗伦萨西边有多远，你需要能够对你所处地方的时间和佛罗伦萨的时间进行比较。原则上，解决这个问题的最简单的方法是，将佛罗伦萨的时钟携带到你所处的地方（例如里约热内卢）。在实践中，造出一个在航海中能准确告知时间的可靠的钟是非常困难的［哈里森（Harrison）于 1761 年首先解决了这个问题］。伽利略提出了另一种解决方法。如果你看到木星的一颗卫星形成蚀状，这时你有一张表能告知这样的蚀状在佛罗伦萨什么时间会出现，那么你要做的就是比较一下当地时间（如果你每天正午将计时器进行设置，那么当地时间是很容易确定的）和佛罗伦萨的时间，然后你马上就能算出你所在的经度。

伽利略的方法，陆地上的每个人，在晴天，只要有一台好的望远镜，都能做到。对于在海上的人，处在风浪颠簸的航船上，头顶乌云满天，他的方法是否可用，就是一个完全不一样的问题了。需要指出的是，伽利略只见过平常多是相对风平浪静的地中海，他从来没有见过广阔的大洋。他认为，人们学会了做各种起初看起来很难的事情——例如，读和写——只要通过一些培训，他的这个新方法看起来也会是很简单的。卡斯特里被派到了地中海的一艘大帆船上，以证明伽利略的方法是可行的——但他得了严重的晕船病。真正的测试需要到远洋大船上去做，伽利略多次努力，然而一直没能说服西班牙政府安排一次合适的试验。后来他转而去找荷兰政府，他们对此表示了极大的兴趣。虽然他们试图了解他的提议，但由于整个荷兰没有一台望远镜能分辨木星的卫星，因而提议受到阻碍——如果需要证据的话，这就是证据，证明伽利略并非肯定会对原始的荷兰望远镜进行改进。[16] 伽利略继续他的研究，直到去世，他都在想尽各种办法解决测量方法上遇到的各种问题——他设计了一个方法，观测者把望远镜夹在上半身，这样望远镜就处在与眼 131
睛相对固定的位置上，同时将观测者置于一个大水桶里的浮动装置上（一种巨大的罗盘箱），这样即便船舶倾斜和摇摆，观测者仍然是保持静止的。他始终坚信，他的方法是切实可行的，尽管他从来没有成功地说服别人他是正确的。[17] 在他看来，将船只变为天文观测台、把船长变为天文学家并非不切实际。为了追求理想的技术，他甚至设计了一个能够（在理论上）准确显示时间的钟。他设想出这样一个浮在海浪中的天文观测台的办法，以至于他没有意识到如果他能造出一个准确计时的钟，那么只用这个钟他就可以确定经度了。他如此沉迷于解决每一个局部问题，以至于忽视了整体的方法。

这种想象中的技术与伽利略在《对话》中描述的“幻想”有关。[18]想象你在船舱中，在一张纸上书写或画画。羽毛笔的笔尖在纸上画出了复杂的线条图案。但如果我们在太空中拉远并观看发生了什么，那么船只、船舱、船上的人和人所握笔的笔尖正在描绘一条完美的跨越地球表面的弧线。而这艘船是对移动着的地球的比喻，正如伽利略在书写时，他的笔是在画出地球自转和公转的圆圈和小圆圈。

当伽利略把书写转化成宇宙中完美的弧线时会发生什么？伽利略本人不见了——带着他的葡萄酒，他精心照料的花园，关于让人烦恼不已的弟弟和偏激的母亲的记忆不见了。这家人总会出些消失不见的事情。如我们后来所见的，他的弟弟去到慕尼黑（Munich），目的就是消失不让人见到。他的侄子去到波兰，也消失不见了。他的孙子，小伽利略，参加了战争，再也没有回来过。伽利略待在家附近，也做过消失不见的行为。他拿起笔或望远镜，消失在深深的太空里，成了一个在星际行走的旅行者。

伽利略抱怨他得依赖别人的帮助才能实现测量经度的方法，“因为在我的研究中，没有大海，没有印度地方（Indies）*，没有岛屿，没有港口，没有沙洲，没有船只”。[19]当然不是这样。然而在他的研究里有新的、以前无法想象的世界，因此为什么会没有一两个大洋呢？伽利略似乎有些意外地意识到，他的精神航行是有界限的。

---

* 印度地方，指受印度文化影响的亚洲地区。

21 132

天主教科学家

从1611年夏天到1612—1613年的冬天，伽利略正在实施一项策略。他把对手比作守卫堡垒的士兵，他们正急于击退来自敌人的一次进攻，堡垒的其他部位都处在没人防守的状态——我们必须假设他在做进攻计划时每一点都很小心谨慎，因为他认为对手对进攻的反应都很粗心大意。[1] 历史学家没有注意到这个策略，因为这个策略与他在1613年直至去世时所运用的策略是相悖的。伽利略因认为宗教和科学必须分离而出名，但在1611年至1612年，他的目标是将宗教和科学带入一个新的联盟里。在后来的几年中，他不得不坚持认为，他总是一贯这样的态度，因此他从来不承认在接连不断参与的思想冲突中有根本性改变。但是，他的沉默不应该让我们产生误解。

为了理解伽利略的策略，我们必须知道的是，在这一点上，伽利略唯一的对手是亚里士多德学派的自然哲学家。就伽利略所关注的而言，亚里士多德的追随者是一帮拒绝为自己思考的奴隶、可怜的生物。真正的哲学需要思想自由。亚里士多德学派只是观察由亚里士多德创建的书本上的世界，而不是直接研究自然，他们假定书本上的世界是真实世界的忠实代表，然而实际并非如此。[2] 这不仅是伽利略的观点，也是费德里科·切西和林琴学会的看法——林琴学会是一个主张自由思想的学术组织，不是亚里士多德的盲从者。

每个受过教育的人都知道，让亚里士多德学说与基督教教义相容并不容易。根据大多数知名权威专家的看法，亚里士多德认为宇宙是一直存在的（换句话说，他否认有创造一说）；他否认灵魂的不朽；他没有给神迹（miracle）留下任何概念性的空间。[3]伽利略早就意识到，教会对像克雷莫尼尼这样严肃的亚里士多德学派的哲学家的学说表示深深的怀疑，这些哲学家拒绝了希腊哲学和基督教神学的托马斯式的综合，并试图在他们对亚里士多德的阐述中消除基督教的所有痕迹。

因此亚里士多德哲学的任何一位反对者自然都想知道另一种哲学是
133 否与基督教教义更相容。[4]伽利略不仅考虑到这些，还接受了这样的建议，即他应该强调世界是被创造出来的，而且天是变化不定的。[5]这两点都被《圣经》断定是正确的，但却遭到了亚里士多德的否定。（另一方面，有人警告他，哥白尼的地动学说几乎是和《圣经》不相容的。）

因此，伽利略不仅有意与耶稣会建立密切的联盟关系，他与马费奥·巴贝里尼等主教建立了联系，与韦尔瑟等虔诚的著名世俗人士发展关系，并在罗马出版著作。他还声称，新天文学比旧天文学更符合基督教教义。费德里科·切西就此提出了一些涉及神学本质的看法，他希望这些观点与伽利略论述太阳黑子的书信一起发表。在论述太阳黑子的信件中有一段很重要的段落，伽利略在这段文字中坚持认为，与亚里士多德看法不一样，太阳黑子的存在证明天是可变的，而这恰恰是与《圣经》的教义相符。

然而，当这些书信被交给书籍审查官时，上述段落是遭到删除的三个段落之一。（在另一段被删的段落中，伽利略说，他感谢上帝让他成为一个人而不是一条虫子——作为一个拥有不朽灵魂的生物，他忘记了他绝不可能会是一条虫子；他被允许说，他感谢上帝让他成为一个人而不是让他不存在于这个世上。[6]具有讽刺意味的是，被删的第三个段落是由虔诚的韦尔瑟所做的评论。）[7]书籍审查官坚决地拒绝有关太阳黑子的神学讨论出现在书本中，他坚持认为，关于天的不变性，《圣经》与亚里士多德学说是否相容的问题远非简单明了，无论如何这个问题都是神学家之间的问题而不是数学家要讨论的问题。伽利略在修改他的书信文本时多次试图保留他的核心观点（承印商必须删掉这些违规的段落，这样整本书才能不中止印制，同时还要努力找到可接受的话语来替代被删的段落），然而这样的妥协还是没法达成。[8] 在某种意义上，对伽利略来说这是很幸运的了；这意味着，当他后来声称他只对讨论科学而不是宗教问题感兴趣，指控方就找不到明显的证据了。结果是，我们看不清他这些年的行为逻辑是什么。

1612 年 5 月伽利略开始在书信上探讨太阳黑子时，他是充满了自信的。他证明了，太阳黑子位于太阳的表面，因此亚里士多德关于天是不变的教条是完全错误的。他相信他的证明具有决定性的作用。如他所说，这就是他的对手的“伪哲学”学说的葬礼——他的意思是，这是对对手的“致命一击”。当他于 12 月 1 日写完他的第三封信时，他觉得战斗已经结束了。与土星相伴的星体的出现和接下来的出乎意料地完全消失（如果观测者与其处于相同的平面上，这些环线是看不到的）足以证明，天是一直在变化的，哥白尼学说也是对的。伽利略在争论中一帆风顺。有援军加入他这一方了。胜利就在眼前，几乎没什么可担心 134
的。[9] 在后记中，他明确提到了地球每年围绕太阳的公转——人们从地球观看，计算木星的卫星应该位于哪里时要考虑到地球的公转。当然我们现在知道，伽利略完全误判了形势。加入战斗的不是他的盟友而是他的敌人。他的好运已经到头了。到了 1612 年 12 月，伽利略作为实践型科学家的职业生涯几乎要终结了。每个重要发现他都已经完成了。他还漏过了一个伟大发现。有一天晚上他注意到，有一个小星星似乎比前一晚上离它最近的邻星稍远了些。他所看到的是一颗新行星，海王星，这颗行星直到 1846 年才正式被发现确认。[10] 但伽利略并没有想到这是一颗新行星，因此在那一刻他并没有感觉到什么异常。他继续研究木星的卫星，但不再继续对天的探索。在《水中浮体对话集》中，他发表了一幅实验方法的重要插图。他不时地做实验，但他所做的重要实验都是在过去做的。他即将 49 岁，已经感觉到自己老了，觉得时间越来越少了。他现在要做的是把手头已有的研究成果发表出来。而能否发表显然并不是很确定。

第三部分 135

鹰与箭

一只老鹰翱翔在天空中，突然听到箭的嗖嗖声，它觉得自己要受伤死了。它慢慢地滑翔到地面，身上鲜血直流。看着穿过身体的箭，它发现箭身上有一根装饰用的羽毛。“唉！”它哀叹道，“我们经常给敌人提供毁灭我们自己的工具。”

伊索（Aesop）寓言

22

137

受到谴责的哥白尼

伽利略地位不升反降，第一个迹象出现在 1613 年 12 月 12 日早上。[1] 本内德托·卡斯特里与定期到访比萨的大公、大公夫人和大公的母亲——洛林的克里斯蒂娜共进早餐。除此之外，出席的人还有一位比萨的亚里士多德学派的哲学家科斯莫·博斯卡利亚（Cosmo Boscaglia）。正如人们预料的那样，卡斯特里赞扬了伽利略最新的科学发现。博斯卡利亚承认伽利略用望远镜所得到的发现确实值得相信，但他不接受地球是移动的看法，他说这个看法与《圣经》相悖。卡斯特里用完餐就离开了，但就在他从宫殿出来的时候，一位侍者追上他，把他召回了克里斯蒂娜的房间。他发现早餐的聚餐者都汇聚在那儿，克里斯蒂娜开始证明哥白尼学说是违反《圣经》的。卡斯特里在答复时为哥白尼学说做了辩护，并得到了在场所有人的支持，除了克里斯蒂娜和博斯卡利亚。伽利略从两个消息来源那里知道了讨论的详细情况，21 日他给卡斯特里写了一封很重要的回信，这封信的抄本不久后流传开来了。

1613 年 12 月 12 日，大公的宫殿里有关这次辩论没发生什么特别令人担忧的事情。但一年后，1614 年 12 月 21 日，伽利略写信给卡斯特里，说佛罗伦萨的一位多明我会（Dominican）* 传教士托马索·卡西尼（Tommaso Caccini）公开攻击哥白尼学说。卡西尼这天写的文章是《旧约》里有关约书亚攻打亚摩利人期间太阳静止的段落（约书亚，10.12—14）。他一语双关地提及了伽利略的名字，他引用了《使徒行传》1.11 的话："加利利（Galilee）的人们，你们为什么要仰望天空？"[2] 几周之后，1615 年 2 月 7 日，另一位多明我会士尼科洛·洛里尼（Niccolò Lorini）把伽利略写给卡斯特里书信的抄本寄送给了罗马宗教裁判所，该机构立刻开始对伽利略进行正式调查。[3]（注意，他是向罗马宗教裁判所总部举报，而不是像人们以为的那样，是向佛罗伦萨的异端总审查官举报。）伽利略显然是知道洛里尼的意图的：2 月 16 日他写信给罗马的一位同情他的教士皮埃罗·迪尼（Piero Dini）为自己做辩护。伽利略建议可以把他的辩解意见转给耶稣会士、著名的数学家克里斯托弗·格林伯格，以及宗教裁判所重要的神学家（也是耶稣会士）贝
138 拉明红衣主教。迪尼很快照做了——伽利略显然希望，耶稣会站在他那一边反对他的多明我对手。[4] 随信附上的还有他写给卡斯特里的信件的原件。

写给卡斯特里的信以两种形式流传了下来：寄给宗教法庭（the Holy Office）或宗教裁判所的文本比另一个流传下来的文本的用词要谨慎些。洛里尼的版本说《圣经》"歪曲"了基督教信仰的重要教义，而伽利略的版本则说《圣经》"模糊"了重要教义。[5] 一个可能的解释是，洛里尼的版本伪造了伽利略的文本。但证据指向了另一个方向。宗教裁判所一收到洛里尼版的信件，马上就试图从卡斯特里那里拿到信件原件。他们派比萨大主教作为中间人，以避免让卡斯特里知道发生了什么事（不过，考虑到大主教在警告卡斯特里反对哥白尼学说时的严肃气氛，如果卡斯特里没有当即看穿，那他实际上应该慢慢地会感觉出发生了什么事）。卡斯特里告诉大主教，他已经把信还给了伽利略，但他会问他要个抄本。卡斯特里即刻写信给伽利略，催促他借此机会"对信件

---

* 多明我会，13 世纪成立的天主教托钵修会，受教皇委派主持宗教裁判所。

文本进行最后的修订”。[6] 实际上伽利略已经怀疑自己被人告发到罗马宗教裁判所了（洛里尼向大家宣布，他拥有伽利略写给卡斯特里信件的抄本，里面充满了异端邪说，显然针对伽利略的谣言正在四处散播），因此在 2 月 16 日，他给迪尼寄送了信件的抄本，并提醒收信者注意他这个信件版本可能不同于他的对手四处散播的版本——这可能是抄写员“无意中”所犯的错误。[7] 卡斯特里和伽利略都注意到了正式文本的形成，表明正是伽利略本人修改了他的信件文本，目的是让信件少些攻击性。[8] 事实证明他没必要这样做：宗教裁判所发现，即使在洛里尼提供的版本里，虽然语句措辞有时让人觉得遗憾，但观点是清楚明白的。[9]

伽利略写给卡斯特里的信件中其基本前提是很明确的。《圣经》是上帝的话语，但对人类来说是易于理解的。因此《圣经》里有大量的陈述从字面上来说是不真实的（例如，上帝有手，或上帝生气了），但这是上帝与普通人而不是与哲学家的沟通方式。像《圣经》一样，自然是一本我们能够追踪上帝行为的书。为了让我们能理解，我们不能对自然进行改编或修订。因此，当涉及科学问题时，我们对自然的直接知识必须始终优先于《圣经》可能对相应问题所做的言说，因为对于如何解释《圣经》的不确定性总是存在充分的理由。伽利略早先用了“两本书”的观点来宣称，自然之书必须优先于亚里士多德的言说文本。[10] 现在，只要稍加修改，他用这个观点来认定，自然之书优先于《圣经》。在这个基础上，他接着认为（这个观点与他的看法的要点相矛盾），以托勒密的观点来看，约书亚的言说没什么意义（根据托勒密的天文学，太阳 139
不能单独地在天空中移动，而是会依附在恒星的范围内移动），而且可以很容易地用哥白尼学说的术语来解释。

可以说，“两本书”的论点存在一个根本性的问题，这个问题躲过了这位不知名的罗马神学家的锐利眼光，这位神学家就卡斯特里的信件写了一份报告（但后来他注意到文中画了线的段落，这些线是洛里尼在伽利略的文本中仔细地标出来的，认为这几段最令人震惊）。伽利略的核心看法是，《圣经》适于人理解，而自然不适于人理解。他说，自然是“无情而不可改变的”。[11] 当然了，基督教的一条基本教义是：为了与我们沟通，自然偶尔也会做出改变——也就是神迹。很难看出神迹如何与伽利略的论说相容。或许也不用担心洛里尼或那位神学家对伽利略文本的阅读，原因很简单，亚里士多德学派的哲学家同样也无法对神迹做出解释。

伽利略在给卡斯特里的信件的修订版中还附上了给迪尼的信。在信件里，伽利略为哥白尼学说做了辩护：之前从来没有人认为哥白尼学说是异端邪说，而哥白尼还是位虔诚的天主教徒。他还走得更远。他坚持认为，他的做法是出于对真正宗教的热心，而他的对手则是依赖于假装的虔诚。他这一做法，也是他在随后一年里（以及在 1633 年）和对手争辩的特点。[12] 他这个人宁可挖出自己的双眼也不愿意让自己的灵魂受到危害——毫无疑问，在有关救赎的问题上他会接受权势者的判决。[13] 伽利略一次次地坚持，他的行为是出自宗教信仰的动机——虽然没有证据表明，在他至此为止的一生中的任何言行是被其宗教信仰激发出来的。回顾了哥白尼学说受到谴责的过程后，他会宣称，“一位圣徒不可能会向教会显现出更多的敬畏和热情”。[14] 当被控为异端时，这样做是一种适当的言辞。对此，人们不应该太过于天真，应该质疑一下这种说法是不是对的。

事情或许就此结束：伽利略受到谴责，他逃过一劫，此外他还对自己的虔诚和服从受到质疑表达了不满。但是宗教裁判所对两个问题发生了兴趣。第一，关于伽利略，我们还能发现什么呢？因为洛里尼声称伽利略和他的追随者“非常不恭敬地谈论古代的教皇（the Holy Fathers）和圣·托马斯（Saint Thomas）……并无数次地散布这种不当言论”。[15] 第二，就是现在哥白尼学说是否被他们视为异端言论？

我们最后一次听到托马索·卡西尼攻击伽利略的布道是在佛罗伦萨。1615 年 3 月，卡西尼非常恰当地出现在了罗马。他根据一位多明我会红衣主教的建议，提供了攻击伽利略的证据——人们肯定会怀疑，当洛里尼的基本指控没法坚持下去时，卡西尼被召来增援了。[16] 卡西
140 尼在他出示的证据中首先提供了一份他 12 月份布道的摘要。他接着透露，他曾向佛罗伦萨的宗教裁判官抱怨过，这暗示了当时没有采取任何

行动。显然，洛里尼在向罗马宗教裁判所报告时，卡西尼就已经了解这件事了。接着卡西尼开始转入正题了。他说，伽利略的追随者们听到了三个观点：上帝不是一个实体，而是一个意外（accident）；上帝是一个可以感知的实在（entity），因为他是有感觉的；而被认为是圣徒所产生的神迹并不是真正的神迹。他指出，伽利略是保罗·萨尔皮的朋友，他曾在出版物中为哥白尼辩护。他引用了两位能出来作证的证人的话。这两个人能够证明，他们所称的“galileisti”是什么：还有另外一位多明我会士费迪南多·西曼乃斯（Ferdinando Ximenes），他是阿塔万蒂（Attavanti）家族的成员，伽利略的追随者。[17] 但他对指控伽利略本人没有提供新的直接证据，传言在罗马传播开来，说伽利略逃过了一劫。[18]

然而，佛罗伦萨的宗教裁判官接到指示，要迅速传讯卡西尼所引用的证人并讯问他们。但西曼乃斯已经去了米兰，然后到了博洛尼亚；当他回到佛罗伦萨时，新的裁判官懒得费力去阅读档案（或者像他声称的那样），因此直到 11 月西曼乃斯才接受讯问。[19] 他添加了一条指责“galileisti”的控罪，即原子论的思想和信仰真空，但他否认听到伽利略本人讲过什么犯罪论述。他从来没有听过有争议的圣徒的神迹，而另一个观点（上帝是一个意外且是物质性的）的提出是学术争论的一部分，目的是检验圣·托马斯的观点。[20]

西曼乃斯确认被卡西尼称为詹诺佐·阿塔万蒂（Giannozzo Attavanti）的人是伽利略的追随者，因此次日他被传唤。阿塔万蒂坚持，他从来没有听伽利略说过任何异端邪说，伽利略和学生的谈话完全是没有问题的，尽管有可能会被人误解。他被问到，伽利略对宗教有什么看法。“我认为他是个很好的天主教徒；否则他就不会如此接近‘最令人尊敬的贵族’（美第奇家族）。”[21] 这些话在他的证词中被特地画上了下划线。

于是，整个调查陷入了困境。实际上，在佛罗伦萨的裁判官眼里，这么做是很便利的。比萨大主教为卡斯特里做担保，坚持认为卡斯特里不再拥有伽利略的信件是确凿无疑的。调查被推迟了。大家逐渐被告知，伽利略受到美第奇家族的保护。他们应该能明白，在罗马不顾一切地反对权势力量是没有用的。[22] 但我们不必像他们那么快地放下这些问题不顾，因为关于伽利略和弟子的谈话我们是很感兴趣的。原子论和信仰真空的指控确实是有根据的——伽利略和他最亲近的弟子都是原子论
141 者。[23] 例如，1610 年伽利略回到佛罗伦萨后不久，他就将年轻的乔瓦尼·钱波里（Giovanni Ciampoli）转化为一位原子论者——钱波里对这一学说一直坚持到其过世。而伽利略对自己立场的描述显得似乎不是很相信神迹，这表明传言可能是准确的，但弟子们怀疑传言的真实性。

此外，我们拥有宗教裁判所不具有的优势。我们对伽利略的了解比他们知道的更多。这真是一个令人震惊的事实：数百封伽利略所写的信件存留到现在，这些言论绝对不是出于虔诚的自然流露——这样的言论只有当他被指控不虔诚时才会出现。而他的言论也没有试图引用过常见的、老套的具有反对宗教改革精神的神迹说法。把伽利略和他的女儿维吉尼亚做对比是很容易的——太容易了。维吉尼亚取的教名是玛利亚·塞莱斯特（Maria Celeste）。她为伽利略祈祷；她给他提供在世圣徒祈福过的圣水，希望他能康复；据说她卖了两只小鸡来给他做弥撒。[24] 让我们比较一下他和他的邻居。这些邻居相信，抬着圣母像在街道上游行可以把佛罗伦萨从瘟疫中拯救出来。或者再比较一下他和他的密友及学生本内德托·卡斯特里。卡斯特里是一位科学家——实际上既是一位哥白尼学说的支持者，也是一位原子论支持者——还是一位僧侣。卡斯特里坐船晕船并害怕溺水的时候，要求别人告知他的修道院院长，以便院长可以为他祈祷。[25] 当他生病时，他向圣菲利普·内利（St Philip Neri）* 祈祷，内利治愈了他。[26] 在教堂里，他有时候会听到能使自己灵魂得到滋养的布道声音。[27] 卡斯特里证明道，伽利略本可以成为一位虔诚的基督徒，且仍会推动科学的革命。

但伽利略不是卡斯特里。伽利略从不赞美传教士，从不向圣徒祈祷，也不购买赎罪券（indulgence）†，他很少要求其他人为他祈祷（据我

* 圣菲利普·内利，16 世纪意大利著名天主教教士，死后受封为圣徒。
† 赎罪券，中世纪时天主教会向教徒兜售的可以免除“罪罚”的凭证。

所知，他在丧失视力前从来没有过）。现在人们时不时地看到他去教堂，甚至是去听一篇布道——但他的心思还是在别的地方。你可以说，这一切都是默证。我同意。一封寄送给伽利略的带有极度愤世嫉俗口吻的信件描述了一个女孩身上带有圣痕（stigmata）*，根据这样的信件下结论是错误的。[28] 同样地，伽利略曾经访问过洛雷托，那有一座著名的宗教建筑，我们不能据此得出结论说：他跟随着科西莫二世的脚步（科西莫二世很从众地去到那里朝圣）。[29] 但最后，伽利略的沉默变得引人注目，以至于我们根本不能不重视它。因为"伽利略从来不说耶稣，根本没有直接的证据说明他对基督的看法"。[30]

直接证据曾经出现过，但不幸的是后来不见了。伽利略确实在 1627 年或此前不久写过一篇论神迹的论文：论文对《旧约》记载的神迹做了自然主义的解释。我们看到有两处地方提到了这篇论文：一个是乔瓦尼·巴蒂斯塔·巴里亚尼（Giovanni Battista Baliani）†，他没有读过但很想要到该文，特别是想知道该文是否涉及《创世纪》部分；另一个是法比奥·科隆纳（Fabio Colonna）‡，他写信给切西（Cesi）王子，敦促他警告伽利略，现在没时间对沙得拉（Shadrach）、米煞（Meshach）、亚伯 142
尼歌（Abednego）和熔炉的事 § 做出科学的解释。[31] 很显然，这是一篇将超自然事件转化为自然事件的论文——如果是这样，就表明伽利略非常不愿意承认神迹有发生的可能。做一个很大胆的猜想，这听起来就像伯内特主教（Burnet）¶ 对洪水做笛卡尔式的描述，给洪水的来源寻找了一种自然主义的解释。我们很难进行猜测，因为伽利略这篇论文抄本没有流传到今天。伽利略迁居到佛罗伦萨后每篇东西都有抄本，但是就没有这篇。也许这篇文章的抄本确实存在，但未被注意到和认出。似乎没有人说过，这篇重要文献已经遗失了，因此说它永远也找不到还为时尚

---

* 圣痕，指一个人身上出现和耶稣基督当年被钉死在十字架上一样的痕迹。

† 乔瓦尼·巴蒂斯塔·巴里亚尼，与伽利略同时代的意大利数学家、物理学家和天文学家。

‡ 法比奥·科隆纳，与伽利略同时代的意大利博物学家和植物学家。

§《圣经·旧约》中的一个故事，说这三个人被投入熔炉却毫发无损。

¶ 伯内特主教，17—18 世纪苏格兰哲学家、历史学家。

早。也可能在伽利略 1633 年初出发去罗马前，最后一份抄本就被烧掉了。后来，他的朋友去他家里把文件都搬到了安全地方，但这看起来可能是为了保护他的研究文件，而不是为了删除那些被认为明显有罪的东西。

我确信，这些裁判官在询问圣徒的神迹时做法是正确的。因为伽利略似乎不愿意承认历史时期有神介入的想法。他在构想有一位非凡的建筑师，建造了整个宇宙，并按着不可抗拒的规律在对宇宙进行设置。但他非常不愿意想象有一位上帝介入他的构想中来。有一条很有说服力的批注，是伽利略 1619 年写在巴里亚尼给他的信件上。巴里亚尼认为，彗星可能是新近由上帝所创造，并由他把彗星启动起来的。伽利略的回应措辞非常谨慎："我绝不反对这些说法，如果我原先说过的话与这些说法不一致，那么就有必要重申一下，我原先的说法就是不对的而且还是异端邪说。但是，我要说的是，不仅可以这样对待我以前所说过的言行，而且不管有多难，我这样做是解决这些言行最便捷、最简单和最快速的方法，而事实上处理其他问题也是这样做的。"[32] 伽利略在此同时做了两件事：他承认，对上帝介入世界的否认是一种异端邪说；他暗示他拒绝任何有关上帝介入世界的说法，因为这些说法太过于轻巧、简单和不假思索——就像非科学的态度。

在伽利略的批注中还有另一种思维方式。1612 年，朱利叶斯·凯撒·拉·加拉（Julius Caesar La Galla）* 认为，如果地球面貌由自然来决定，那么整个地球表面都被水覆盖；但是上帝以其独有的天意，把那些地方安排为干燥之地。伽利略是这样评论的："如果由于非凡的建筑师（the Divine Architect）的圣意，水不覆盖整个地球表面，那么你就不应该说，水覆盖地球表面更符合于自然。因为这种圣意比起自然来，对宇宙中的某些部分施加了更好的法则。也就是说，用这种方式把圣意与自然区分开来是恰当的。" 伽利略在这里似乎说了两个意思。第一，这种

* 朱利叶斯·凯撒·拉·加拉，与伽利略同时代的罗马学院的哲学教授，哥白尼日心说的反对者。

圣意只能通过一般规律来运行：不存在拉·加拉所写的特定圣意。这当 143
然是一种异端之说了，因此如果这种意思在伽利略的批注里是隐晦而不明确的话，我们不应感到惊奇。第二，如果圣意只能通过一般规律来运行，那么圣意和自然就不存在意义上的区别——神谕和自然规律之间亦是如此。[33] 换句话来说，“上帝”的概念是多余的。

伽利略的敌人们不只是怀疑他对神迹的看法。他们这么做是有道理的。我们已经看到，伽利略实际上是对《旧约》把上帝描述为有四肢和有情感的叙述感兴趣。[34] 因此我们甚至会怀疑某些很奇怪的说法，也就是上帝不是一种物质而是一个意外。这种说法的奇异之处并不在于认为上帝是种意外：拥有双手是人类的偶然特征（如果被截肢了，你仍然属于人类），而拥有理性的灵魂是人类的本质性的重要特征，因此对神圣的意外*的讨论不可避免地要涉及对上帝是否有四肢和情感的讨论。这种看法的奇特之处还恰恰在于认为上帝只是一个意外。从亚里士多德的观点来看，这是没有意义的。因为从另一个角度来说，每个意外都是一种本质的实在：胡子是男人脸上的偶然，但却是构成面部毛发本质之一。对于一位原子论者来说，不存在这样一种本质性或实质性的东西，因为所有的存在物都只是物质在空间的排列。当然，由此可见，如果上帝存在，他也是一个物质实体［比如，霍布斯（Hobbes）† 就打算接受这种观点］。恰好保罗·萨尔皮也坚持认为，唯物主义把人们从对本质或实质的信仰中拯救出来［实质（substance）这个概念很有问题。因为各种实质像幽灵般地到处存在着］。我们因此可以假设，他和伽利略讨论过这个问题（实际上他可能从伽利略那里接受了这个看法）。[35] 当那位伟大的、无法被征服的反叛者托马索·康帕内拉（Tommaso Campanella）‡ 于1592年遇到萨尔皮和伽利略时，他很清楚地认识到，他们都是原子论者。[36] 上帝只是一个意外的独特看法，是萨尔皮用亚里士多德经院哲学的语言所做的一个唯物主义的重申。

---

* 指上帝。

† 霍布斯，17世纪英国著名哲学家。

‡ 托马索·康帕内拉，与伽利略同时代的意大利哲学家、神学家，多明我会修士。

因此，卡西尼和西曼乃斯对伽利略的学生的指控，在每一点上都具有明显的合理性。案件因缺乏证据而撤销的事实并不意味着指控是错的（我们会发现，直到伽利略去世，都有类似的指控被人提出，因此我们暂不要对他是否有宗教信仰做出判断）。但罗马宗教裁判所无法再进一步，只能回到卡西尼所声称的，哥白尼学说应该被视为异端邪说。根据卡西尼的说法，伽利略在他的信件中谈论太阳黑子时公开承认他是哥白尼学说的支持者，于是裁判所下令，这个信件的抄本要提供给一组神学家。1616 年 2 月 24 日，这些神学家开始对这两个观点进行谴责：他们认为，太阳并不移动，“根据这些话的字面意思，根据古代教皇们和神学博士们的解释和理解，这在哲学上是愚蠢和荒谬的，因它在很多地方
144 与《圣经》的意思明显是矛盾的”；而地球（围绕太阳）移动且每天旋转一次，被认为是“至少在信仰上是错误的”。[37]

因此，可以说，这个谴责是不可避免的。1615 年 1 月，贝拉明告诉切西王子，他认为哥白尼学说是异端邪说，贝拉明的观点肯定是被告知给了一年后谴责哥白尼学说的那组神学家。[38] 伽利略肯定知道他们，他不仅从切西那里，也从迪尼和另一位好友钱波里那里知道这些人。[39] 伽利略也收到了贝拉明于 1615 年 4 月 12 日写给一位加尔默罗修会（Carmelite）[*]的修道士保罗·福斯卡里尼（Paolo Foscarini）的信件的抄本。[40] 福斯卡里尼在意大利出版了一本小册子，主张哥白尼学说是可以和《圣经》兼容的。这本小册子非常重要：福斯卡里尼是第一个在出版物中支持伽利略的意大利人，他的观点直接面对了核心问题——哥白尼学说是否与《圣经》兼容。然后他用拉丁文为他的小册子写了一份简短的辩护词，反对指责其小册子“与先贤教皇们的共同理解是相矛盾的”。[41] 这些小册子被送到了贝拉明枢机主教那里，请求得到他的支持。但是贝拉明并没有被说服：他说，福斯卡里尼要求的是，教会应该“容忍对《圣经》做出与先贤教皇们和希腊及拉丁注释家们的解释相左的理解”，

* 加尔默罗修会，中世纪建立，16 世纪复兴的天主教托钵修会。

而天特会议（the Council of Trent）*已经特地禁止“对《圣经》的解释违背先贤教皇们的共识”。对此是不能含糊的。例如，人们可以说：“这不是一个信仰的问题，因为如果这不是一个‘关于信仰主题’的问题，那么这就是一个‘关于宣讲者的信仰’的问题；因此，说亚伯拉罕没有两个孩子和雅各有十二个孩子就应该是邪说，以及说基督不是处女所生也是邪说，因为这些说法都是通过先知和使徒之口由《圣经》所载的。”[42]（我们知道，伽利略对这个观点有个回复：人们有两个或十二个孩子司空见惯，因此我们没有理由怀疑《圣经》在这些问题上的记载的准确性，但是，处女生孩子并不常见。）[43]

然而贝拉明并不主张禁止讨论哥白尼学说。他非常乐见数学家认为哥白尼学说在计算天体位置方面提供了一种优于其他学说的数学模型——人们可以运用它来计算天体位置，而不必声称该学说是真的。他打算承认，在原理上可以证明哥白尼学说可能是真的：“我说，如果真的证明太阳是世界的中心……地球围绕太阳转，人们就应该谨慎地去解释《圣经》上所载的相反的说法，我还说，与其说证明这是错的，还不如说我们对此并不理解。但我不会相信存在这样的证明，除非能证明给我看。”[44]

贝拉明是以一个神学家而不是科学家的身份参与讨论的，理解这点 145
非常重要（虽然他似乎曾咨询过耶稣会的主要科学家克里斯托弗·格林伯格）。[45]作为神学家，他知道人们能够相信《圣经》。实际上，在他青年时作的演讲中，他更信《圣经》而不是亚里士多德学派的哲学家：他曾不赞成托勒密天文学的水晶球体系（crystalline spheres），而接受了宇宙天空可能存在变化的说法，因为这好像是《圣经》所说过的。[46]我们有理由相信，就像在大公早餐桌边的亚里士多德学派的哲学家那样，他打算接受伽利略用望远镜得到的发现。他不准备接受的是人们能够从这些发现中得出结论说，哥白尼学说是真的。

因此，到 1615 年 4 月 12 日，贝拉明才读了伽利略写给卡斯特里和

---

* 天特会议，16 世纪中期，罗马教廷于北意大利的天特城召开的大公会议。

迪尼的信；他读了福斯卡里尼的那本小册子初版和福斯卡里尼为小册子做的辩护词；他和皮埃罗·迪尼进行了长谈，和格林伯格神父进行了磋商，最后他拿定了主意。这时，唯一阻止他形成正式决定的因素是，在针对伽利略异端言行进行调查时，有人建议调查要秘密进行，尽管伽利略表面上怀疑是否有这样的调查：在调查结果为人所知之前，教会不应提早宣布任何调查信息。但是，对于明智的旁观者来说，看起来事情快要得出结论了，而结论似乎（虽然我们现在知道这个推论是错的）并不需要调查者来下了。[47]

伽利略从罗马接到的所有消息都传递了同样的信息——不再有任何真正的危险了。1615 年 3 月 23 日，他写了一封长信给迪尼。显然他是在答复迪尼所描述的他与贝拉明之间的讨论，这封信读起来好像是贝拉明写给福斯卡里尼的信件的答复，而该信没有写完。[48] 与贝拉明相反，他坚持认为，哥白尼学说不能仅仅被视作一个数学模型，《圣经》文本可以与哥白尼的科学相协调。但迪尼一旦看到贝拉明给福斯卡里尼的信，他就认为不值得把伽利略的信转给预定的收信人，显然进行进一步讨论是没有意义的。[49]

很不幸，这不是伽利略看待事物的方式。由于谣言四处散播，伽利略为此担惊生病。贝拉明告诉他，他不应该认为哥白尼学说可以和《圣经》相容，而同时又坚持自己作为一位天文学家不想参与对《圣经》的解释。伽利略并不赞同贝拉明的看法。他想要接受贝拉明的挑战，并要令人信服地证明哥白尼学说是真的。而且他觉得，如果他亲自而不是以书信方式来参与问题的讨论，他会做得更好——显然他已经忘记了大公在浮力辩论中曾经给他提过的建议。于是他决定去罗马。[50] 由于疾病的
146 耽搁（根据他的描述，他这个病部分归因于身心失调或歇斯底里），他于 1615 年 12 月初才到达罗马；恰好几天前宗教裁判所最终转到了哥白尼学说是不是异端邪说这个问题上来，并收到了佛罗伦萨送来的审讯报告。[51] 伽利略带来了大公的信件，信中指示佛罗伦萨大使要照顾好他，以及秘书、仆人和骡子，并把他们安顿到美第奇别墅（the Villa Medici）。[52]

大使皮埃罗·圭恰尔迪尼（Piero Guicciardini）对此不悦。听说伽利略在路上，他紧急写了封信（小心翼翼地把关键短语译成密码），警告他的主人：宗教裁判所，特别是贝拉明，从1611年起就怀疑伽利略，并且不受多明我会士的欢迎。他说，这并不是一个试图说服罗马当局接受新学说的好时机——教皇观点保守众所皆知。[53] 在接下来的三个月里，他对伽利略的看法没有改变："我不明白他到这里做什么，"他写道，"或者通过留下来实现什么目的。"[54]

至于伽利略，他一到罗马就感到自己直接陷入与对手的战斗中，他的健康状况开始好转，并感到很开心。[55] 他每到一个地方都宣扬，哥白尼给我们描述了宇宙的物理结构，并不是只给我提供了一个数学模型［正如很多被安德烈亚斯·奥西安德（Andreas Osiander）* 给哥白尼的书添加的序言误导的人所想的那样］。[56] 在跟人进行的辩论中，伽利略以寡敌众，被众多的对手攻击指责成了一项吸引众多观众观赏的聚会。[57] 旁观者敬佩他的勇敢表现，但完全没能被他的推理所说服。通过将冲突公之于众，通过拒绝妥协，通过坚持不管怎么样都要解决问题的态度，伽利略希望达到一个目的：心平气和。[58] 但现场则证明他得到的帮助不大。他很快发现，对他有用的人更愿意接受书面辩论，而不是当面的讨论和争辩。[59] 另一方面，对哥白尼学说的攻击是由弗朗西斯科·英戈利（Francesco Ingoli）† 挑起的，哥白尼学说曾被禁止的时候，这个人被指派去审查哥白尼的《论天体革命》（*On the Revolutions*）。

因为他把他的所有论点都写了下来，我们可以重构出他在支持哥白尼学说的行动中所持的主要观点。[60] 其中有五个是：

第一，哥白尼从未打算提供一个有关宇宙如何真正构建的描述，他只是为计算提供帮助（这个计算是他在研究工作中常用的方法）。对伽利略来说，揭示这并非真相是相当简单的事。

第二，哥白尼学说并不需要认真对待，因为几乎不存在哥白尼学说

* 安德烈亚斯·奥西安德，16世纪德国新教路德派神学家。

† 弗朗西斯科·英戈利，与伽利略同时代的教士、律师和法律教授。

的支持者；如果哥白尼学说是对的，那它应该获得广泛的支持。伽利略坚持认为，与其说哥白尼学说获得广泛支持，还不如说有很多哥白尼学
147 说的支持者，特别要指出的是，这些支持者在公开发表自己的观点时都很谨慎。但他也试图将自己的不利处境（特别是在一个非常强调共识和正统的社会里）转化为优势。而至关重要的是，每个哥白尼学说的支持者都曾经是正统的亚里士多德学说的支持者。那么怎么解释他们转而支持哥白尼学说呢？他声称，唯一的可能是哥白尼学说有很强的论据。因此，伽利略尝试（有必要说一下的是这个努力并没有完全成功）将其居于少数的不利形势转化为优势。在那些倾向传统而他的对手又乐于宣扬偏见的地方，他打算辩论时支持有创新精神的偏见。相比于旧观点，新观点更可能是对的，因为新观点暗含了新思想。

第三，因为神学是科学的王后，所以由神学家来解决天文学家之间的纷争是完全正确的。伽利略在这里认为，人们要区分出知识体系里的主题和研究知识体系的人的专业知识之间的区别。与灵魂救赎有关的神学主题当然要优于天文学的主题了，但这并不能使神学家成为天文学的专家。在对技术专门知识的讨论中，伽利略提出了一个主张，在我们看来似乎是绝对平淡无奇的，而在他的同时代人看来就没有那么平淡无奇了。首先，文艺复兴时期的文化比我们这个时代的更为统一。每个神学家在研究神学之前都研究哲学，包括天文学。每一个神学家都能理解和评估天文学的观点，坚持这样的看法是有道理的。其次，在一个严格区分手工劳动和非手工劳动的社会中，即便缺乏任何专门知识，绅士们指挥建筑工人、甲胄工匠或房产管理人做事是完全正常的行为。在讨论是否可以适当地选择保留某些专家时，伽利略是在为一种新的权威进行辩护。

然后伽利略必须解决所有争论中最重要的一点：当《圣经》说太阳是移动的时候，《圣经》是不可能错的。这就是他写信（未注明日期）给大公夫人洛林的克里斯蒂娜的主要目的。值得强调的是，没有证据表明这封信曾被送到克里斯蒂娜那里，或者说这封信实际上是给她的。伽利略后来写信给英戈利，这封信在他的支持者中广为流传，但从来没有

给英戈利看过；而他最后一封关于太阳黑子的信件，虽然是写给韦尔瑟，在送往出版商付印之前切西建议出于礼貌应该送一份抄本给韦尔瑟。我们知道写给克里斯蒂娜的信起初是写给别人的，因为我们看到信的起初草稿预定收信人是一位教士。在这些公开信中，收件地址只是个象征性符号，并不是真的。在这件事中，克里斯蒂娜是收件人，因为对伽利略来说，有关哥白尼学说的合法性的争论在她的比萨大公宫殿房间 148
就开始了，也因为伽利略完全依靠于美第奇家族的赞助。

伽利略主张，应当根据当前的科学知识来阅读《圣经》，而不是重构科学以适应《圣经》。为了支持这个看法，他引用了奥古斯丁（Augustine）[*]的话［五段引文来自对《创世纪》的评论，包括“至于天的结构，(《圣经》的）作者知道事情的真实状态，但通过《圣经》作者发声的圣灵（the Holy Spirit)，并不想教导人们一些与他们的救赎无关的东西”；其他几段来自被人错误认为是奥古斯丁所写的文献］八次，引用了圣杰罗姆（St Jerome）[†]三次（包括“仿佛，在《圣经》文本中，在当初撰写时对许多事物的表述并不符合那时的流行观点，也不符合事物的真相”)，引用亚略巴古的丹尼斯（Denys the Areopagite)［或称为伪丢尼修（pseudo-Denys)］[‡]两次，引用了阿方索·托斯塔多（Alfonso Tostado，卒于 1455 年）[§]两次，还引用了圣·托马斯（他说过，《圣经》所表述的地球是悬浮在虚空中的事实不应被视为支持真空的依据)、德尔图良（Tertullian）[¶]（“我们的观点是，首先应该通过自然来认识上帝，然后通过宗教教义来认识：以研究工作来认识自然，以倾听传教士的宣讲来知晓教义。”)、耶稣会神学家佩雷拉（Pereira，卒于 1610 年）(“在讨论摩西教义时，我们必须非常小心，不要与哲学和其他学科的观点和经验出现明显的矛盾。”)、红衣主教巴罗尼乌斯（Cardinal Baronius，卒

* 奥古斯丁，4—5 世纪古罗马帝国时期天主教重要的思想家。

† 圣杰罗姆，4—5 世纪的《圣经》学者。

‡ 早期基督徒把一位中东学者的著作误以为是《圣经》中人物所写，后来这位学者被称为伪丢尼修或亚略巴古的丹尼斯。

§ 阿方索·托斯塔多，西班牙 15 世纪的神学家。

¶ 德尔图良，2—3 世纪的基督教著名神学家和哲学家。

于 1610 年）（他对伽利略说，圣灵的意图是教我们如何才能上天堂，而不是教我们如何上天堂）、加耶当（Cajetan，卒于1534年）[*]、科斯莫·马加格里安斯（Cosmo Magaglianes，卒于 1624 年）以及迭戈·德·尊尼加的话。尊尼加对《圣经·约伯记》（Job）的评论（1591 年），与哥白尼和福斯卡里尼的信件一起，在 1616 年（这年出了信件的修订版）被禁了，因为明确声称《圣经》与哥白尼学说是兼容的。

这样的大量引用很容易给人们一个印象：在神学问题上伽利略的书被很多人阅读过——实际上，这肯定是他要留给读者的印象。但这应该是个错误的印象，因为伽利略在组织他的论文攻势时，手头上可能至少有四个资料来源。首先，有（可能有）福斯卡里尼的拉丁文《辩护词》，其中有由几个同样段落构成的参考文献。第二，卡斯特里收集了很多有用的引文给他，特别是奥古斯丁的，以及同情他的神学家所编辑的引文。[61] 第三，可能有人给他送了一本切西所写的论文的抄本，题目为《天空的守望者》（*Watcher of the Skies*），在该抄本中切西认为，《圣经》、先贤教皇的思想和新哲学是能够兼容的。（这个抄本起初是附在《论太阳黑子的信件》里的。）[62] 此外，伽利略——或者他的一位助手——显然用了马加格里安斯对约书亚的评论，这篇评论发表于 1612 年：这本书提供了四篇参考文献。[63] 这四个资料来源给他提供了他所用的每一个引文。

如果伽利略确实读到过奥古斯丁对《创世纪》的评论，这本他引
149 用最频繁的著作，那么这本书肯定是借来的抄本，因为没有证据表明他曾拥有过他所依靠的这些神学著作。[64] 相反的证据表明，他的神学知识是间接获得的，这个事实与他所声称的怀着虔诚之心做事有些不一致。实际上我们可以勾勒出这些知识、思想传递的关键通道：1612 年，卡尔洛·孔蒂（Carlo Conti）向伽利略讲述了迭戈·德·尊尼加对《圣经·约伯记》的评论——在当时这是唯一一例神学家为哥白尼辩护的事例。伽利略在《写给大公夫人克里斯蒂娜的信》中引用了这段文字，并

---

* 加耶当，16 世纪意大利哲学家和神学家。

把这段话告诉了福斯卡里尼。[65]

最后，贝拉明承认，原则上有可能证明哥白尼学说是真的。在理想状况下，人们需要证据证明地球是移动的。其实，二十多年前伽利略已经有了这样一份证据（或者至少他认为是这样的证据），因为他相信，潮汐只能被解释为地球通过太空进行双重运动（围绕太阳运转和围绕自身轴线运转）的副产品。显然他一直保留着这个证据（1594年他曾向萨尔皮讲述过），在计划出版的论述托勒密和哥白尼的宇宙学的著作中发表出来。现在他需要拿出秘密武器。他选择于12月末向他所遇到过的最富同情心的主教，奥尔西尼（Orsini）红衣主教吐露他这个秘密武器，并于1616年1月8日给奥尔西尼提供了一份书面材料。[66] 材料的正文是否专门给主教写的？我们无法分辨。材料的内容再次出现在1632年的《对话》里，而当伽利略告诉开普勒，他根据哥白尼学说对许多自然现象进行了解释时，我们就知道这些内容已经存在了。

伽利略的潮汐理论很简单。地球表面不同部分在太空中的速度也是不一样的，因为地球围绕太阳旋转而它也围绕自身轴线旋转：两个恒定的运动产生了一个包括加速和减速的混合运动。在从东到西运动的水体中，结果就是水被堆积在一端或另一端，产生了潮汐。有些人（例如库斯勒）曾宣称，伽利略的论证里存在简单的逻辑错误。他们坚持认为，对于从地球外部的固定点来观察地球的人来说，加速和减速是很明显的；而对于那些在地球表面的人来说，就不明显了。[67] 这是错的，伽利略所援引的物理原理确实是存在的；在地球上的潮汐形成过程中，这个原理才恰好发挥了并不明显的作用。而潮汐是由月球和太阳的引力拉动所引起的。然而，人们可以构建出在虚拟的星球上有这样的力量能引发出潮汐的理论模型，而伽利略建构出一个力学模型来解释这样的力量如何能产生潮汐的想法还是有希望的。

到了《对话》发表，伽利略才知道，潮汐的形状大小依据于月球和太阳的旋转周期，他试图发展他的模型，以用于解释上述的变化。他也知道一天有两次潮汐，而不是一次（就如他的模型所暗示的那样）。似乎他起初认为，一天有两次潮汐是小型水体的特性，就如地中海，第二 150

次潮汐是第一次的“重复”（伽利略认为潮汐水像钟摆一样摆动）。但有位英国人理查德·怀特（Richard White）于1619年对他的说法进行了纠正。[68] 伽利略的论点更难适用到大洋，他需要说明，在不同的水体中有不同类型的潮汐。即使到了1632年，他似乎还不知道，潮汐的高位和低位来临的时间变化每天都是有规律的——这种变化也是他的模型无法解释的。他的朋友巴里亚尼一读到《对话》就写信给他，说这是伽利略的论证中的根本性缺陷，事实上确实如此。[69] 伽利略尽可能地收集世界各地不同地区的潮汐证据，但关键性的证据不知何故却没有收集到。

因此伽利略的潮汐理论是有缺陷的。这个理论与事实不符，该理论在最后的表述中存在内在的不一致性。但是在1616年，他提出了第二条补充论据来支持他的地球自转观：信风（trade winds）是从东向西吹的。[70] 现在，恰好地球的自转是信风方向的真正原因。培根在一篇伽利略肯定不知晓的文章中（虽然这个观点可能有人告知了伽利略），试图用托勒密术语来解释这个自然现象，自转的结果就是天空会摩擦地球，这样的解释可能会妨碍伽利略重视对信风的论证，差不多像他关注对潮汐的论证一样。此外，每个人几乎都见识过潮汐（尽管在地中海大多数地方潮汐都很小），而伽利略，就和大多数的意大利人一样，从来没有直接经历过信风。

伽利略不愿意承认对信风的论证要优先于对潮汐的论证还有另外一个理由：他自己发明了后者的理论，他从别人那里借用了前者的理论。在贝拉明于1615年4月12日所写的信件和伽利略写给奥尔西尼论述潮汐的信件之间的某一天，保罗·福斯卡里尼在一封长信中向伽利略讲述了信风的论点。福斯卡里尼（试图绕过贝拉明信件中所规定的限制）正在举行一场对话，在场上假设性地讨论反对和支持哥白尼学说的事例（事实上，这个对话就像伽利略后来的《对话》一样），在谈到信风时，他写信给伽利略，询问这个物理现象是否能够作为支持哥白尼学说的证据。[71]

伽利略可能觉得没有必要在给奥尔西尼的信里感谢福斯卡里尼。到

《对话》出版时，福斯卡里尼的研究工作已经被禁止了，他本人也去世了。因此没人能从这样的致谢里获益。尽管如此，伽利略的沉默令人不安，一点点证据都会增加我们的焦虑。1616 年和 1632 年，伽利略都声称，对地中海沿岸的威尼斯船舶的到达和离开的日期的研究，揭示从东到西的时间比从西到东减少 25%。[72] 大家都知道伽利略自 1610 年起就 151
再也没有去过威尼斯，这就意味着他的这个理论是他在威尼斯时期构思出来的。可惜伽利略错了——从西到东的航程更短。是否有可能他发明了这样一个理论，目的是给人留下一个他长期以来就对信风的讨论很熟悉的错误印象？

因此，伽利略为了支持哥白尼学说，公开摆明了他的观点。然而，他对真正发生的事情知之甚少。他花了相当长一段时间才确定自己没有犯异端邪说罪的可能——而当他确定自己没有冒犯教会时，他将此归因于他去到罗马以及他就其案子提出申诉的技巧。实际上从他到达罗马之日起就很安全。[73] 他最成功之处就是争取到奥尔西尼红衣主教支持他，奥尔西尼带着伽利略有关潮汐的观点，代表他于 2 月 24 日觐见了教皇，而这天一组神学家裁定哥白尼学说是异端邪说。[74] 已经太晚了——事实上，在 1615 年 5 月伽利略第一次谈到要来罗马时就已经晚了。

但是，神学家们的决定现在变成了一个行动纲领。3 月 5 日，书目管理部（Congregation of the Index）[*] 下令禁止福斯卡里尼的书，要求迭戈・德・尊尼加修改对约布和对哥白尼《论天体革命》的评论（直到 1620 年，他的评论的修订版才发表，而伽利略及时地把这些加到了他的哥白尼著作的抄本里——或者说加到了存留至今的那一本里——他在原本纸张里用的墨水质量很好，以至于其字迹至今仍清晰可见），并禁止所有称哥白尼学说是真理的书。禁令里没有明确提到伽利略的《论太阳黑子的信件》，大概是为了尊重大公，他曾经明确表示过支持自己的宫廷数学家[†]。更令人惊讶的是，对神学家们的判断至关重要的“异端邪

---

* 书目管理部，罗马教廷九个圣部之一的信理部的前身之一。

† 指伽利略。

说”（heresy）这个词没有出现在圣部的法令中。巴贝里尼红衣主教后来说这个缺漏是他的功劳。结果是，哥白尼学说的地位到底是什么还是不清不楚。该法令是宗教裁判所做的调查中唯一公开的文件，神学家们有关哥白尼学说是异端邪说的观点并没有被公开记录下来。[75] 伽利略肯定会出事，他还在为哥白尼学说而积极活动——实际上他正通过奥尔西尼不停地烦扰教皇。在伽利略身上发生了什么事我们并不清楚，因为我们只有四份官方文件，所讲述的事情相互矛盾。2 月 25 日，教皇指示贝拉明红衣主教与伽利略谈话，警告他放弃哥白尼学说。如果他向宗教裁判所的法官提出异议，就会被警告。当伽利略提出异议时［耶稣会和多明我会之间的争执众所周知，长期以来为了自由意志（free will）的性质和命定论（predestination）而陷入激烈的冲突中］，法官、多明我会士当着证人的面向他宣读正式警告，告知他，如果他教授哥白尼学说或为该学说辩护，甚至是讨论该学说，他都将面临牢狱之灾。[76]3 月 3 日，
152 贝拉明向宗教裁判部（Congregation of the Inquisition）[*] 报告，他已经警告过伽利略，并且伽利略已经表示听从警告。[77]5 月 26 日，为了回应伽利略被判异端邪说罪，放弃哥白尼学说并被下令进行忏悔的传言，贝拉明给伽利略发放了一份证书，他可以带回佛罗伦萨，证书称他并没有公开放弃什么，也没有被下令忏悔：“相反，他只是被告知了教皇的声明，这份声明［后来］还被书目管理部发布，声明内容是，哥白尼学说……违背《圣经》，因此不能为之辩解和相信这种学说。”[78]

很明显，可以从这三份文献中得出结论，伽利略受到了善意警告，但他只是受到书目管理部公开声明的限制。但是，1633 年，宗教裁判所重新对伽利略立案调查时，又发现了第四份文件：贝拉明给他发出非正式警告之后，2 月 26 日代理总主教米开朗琪罗·塞吉兹（Michelangelo Seghizzi）“连续不断地”（表面上是在这之后宣布，其实是当时就宣布了）向伽利略宣读了正式警告信。[79] 这份文件禁止伽利略“以任何方式，不管是口头还是书面的”，传授、支持哥白尼学说，不得为该学说进行辩

---

* 宗教裁判部，罗马教廷 16 世纪为了控制新教徒而设置的圣部。

护——甚至以假设性或争辩性话语进行辩护也不行。1633年，这份文件极具重要性，因为文件宣称将不许伽利略发表有关哥白尼学说的论著，如果该文件确实存在的话。然而这份文件最特别之处在于，在贝拉明发出警告时，该文件都没提到过伽利略的抗辩意见。这肯定会让1633年研读这份文件的官员们深受打击，他们没法对事情进行澄清。贝拉明死了，塞吉兹也死了。

19世纪60年代，宗教裁判所处理伽利略的材料公之于众，这份文件成了人们激烈辩论的对象。有人说这是伪造的，1633年时被夹入了档案里，目的是能轻易地给伽利略定罪；但是现代学者几乎都同意这份文件是真的，因此伽利略在会见贝拉明时，贝拉明向他宣读了这份文件。[80]然后似乎存在三种可能性：（a）伽利略没有提出异议，塞吉兹越过了给他的指示（毕竟他是多明我会士，多明我会士从一开始就批评谴责伽利略，而贝拉明则是一位耶稣会士，人们普遍相信耶稣会士同情伽利略）：这份文件不应该向伽利略宣读——这就是贝拉明不再提及它的原因；（b）伽利略确实提出异议了，这种情况下贝拉明的报告存在一些误导；（c）存在某种含混不清的情况——伽利略可能张嘴说话了，但一句话也没说出来——这样说来，伽利略是否提出了异议就说不清楚了，在这种情况下塞吉兹的做法操之过急了。[81]无论如何，伽利略从来没有得到过这份警告信。[82]看过贝拉明的证明书后，他有权假定正式警告信 153
只是重复书目管理部公开法令的条文，这些条文印刷品可以在几天后看到。随着岁月的流逝，他要不就忘记了，要不就假装忘记了在诉讼过程中塞吉兹曾经扮演过重要角色。

我们可能永远不会知道，1616年2月26日贝拉明的房间里到底发生了什么。十七年后，伽利略（那时七十岁的老人记忆力逐渐衰退）被问起这些事时，他可能也不清楚究竟发生了什么，多年来他花费大量精力来重建事情先后的确切顺序，这样他就能多少有些诚恳地说，他对正式警告信一无所知。[83]即使我们能够阅读1633年伽利略的思想，那么我们也不一定知道到底发生了什么。但有两件事可能值得注意，宗教裁判所的诉讼是秘密进行的。贝拉明没有义务在他给伽利略的证明书中充分说明宗教裁判所的决定。1615 年 3 月 7 日，他庄重地向皮埃罗·迪尼保证，他从来没有听到过针对伽利略的指控的任何信息。然而他出席过诉讼，还在 2 月 25 日主持过诉讼会议，当时宗教法庭已经讨论过洛里尼针对伽利略的指控。[84] 他甚至也没有义务在几天后的见面会上向圣部全面介绍 1616 年 2 月 26 日的事件。准确的记录存在档案里，可以说，这些档案很重要。其次，我们可能注意到，在批判哥白尼学说后的几年里，伽利略非常谨慎地避免在其发表的论著里提及哥白尼学说，这说明他很清楚他被禁止讨论哥白尼学说，至少在公开场合里不能提及。他寄出了一些有关潮汐的论文抄本，但这些抄本被送到了各国的首脑和培根大法官（Lord Chancellor）那里，而不是送交给其他科学家，这些抄本被人们很谨慎地贴上了历史文献的标签，而不被人认为具有科学价值。（有一份抄本还被送给了萨格雷多，他是值得信任的人。）[85]

值得一提的是，我猜测，当被告知要放弃哥白尼学说时，伽利略实际上是提出了异议的。我这么想，是因为我完全沉浸在里面了。如圭恰尔迪尼所说：“他对他的观点感到兴奋，他非常热情地向他们保证，当他知道能握有这些观点时，他没有显示出什么强势而是有点谨慎：所以，特别是事情就发生在眼前时，对他来说处在罗马就变得很危险……他把自己置于险境，那些支持他的人或者被他说服要支持他的人也都处于危险中。”[86] 圭恰尔迪尼很仔细地观察过这个人，这个人不会老老实实地接受善意的建议，即使是贝拉明的建议。当他不久前遇到过卡西尼时，他没法忍住，并且发了脾气。他和贝拉明面对面：他一路来到罗马，就是为了说服伽利略他是错的。这是他第一次也是最后一次有机会这么做。我们真的能想象在这种情况下伽利略可以保持沉默？

154 伽利略去罗马对结果有影响吗？可能没有。不管怎么样，哥白尼、福斯卡里尼和迭戈·德·尊尼加都会受到批判和谴责，针对伽利略的指控也会被撤销。如果他待在托斯卡纳等待着，有一件事所产生的影响肯定是不一样的。那些事件的结果在塞吉兹的档案中就没有相关的记录，而这将会大大改善他在 1633 年受审时的处境，并因此而产生一个相对温和的判决。后见之明总是很美妙，而我们可以在事后说，伽利略

1615—1616 年去罗马是弊大于利的。

伽利略对罗马的六次访问（1587 年，毛遂自荐去见克拉维乌斯；1611 年，去展示他的望远镜；1615—1616 年，去为哥白尼学说辩护；1624 年，去庆贺巴贝里尼当选教皇；1630 年，去为其《对话》的出版铺路；1633 年，因受审而去），1615—1616 年的那次是时间最长的，这给了我们观察他展现其奉承才能的宝贵机会，虽然他确实是在非常不利的条件下做事的。马里奥・比亚吉奥里（Mario Biagioli）*在一本重要著作中，将伽利略描绘成一个把自己塑造为在专制主义法庭文化里脱颖而出的人。奇怪的是，比亚吉奥里对在罗马的关键六个月没有说什么，在此期间伽利略的表现被一位经验丰富的奉承皮埃罗・圭恰尔迪尼看在眼里。[87] 圭恰尔迪尼对伽利略的奉承行为的评价非常尖刻：伽利略根本不懂游戏规则，他对学习规则也不感兴趣。他只按自己的想法行事，而不听朋友的建议。他不明白，不管你个人信仰是什么，你得把自己的公开见解表述得符合统治者的要求——在极度保守的保罗五世统治的情况下，伽利略不仅自己身处险境，和他有联系的人都有危险。[88]

圭恰尔迪尼在罗马所做的实地评价与他的佛罗伦萨的主人们的评价有点不一样。他要伽利略赶紧走开；3 月 5 日的法令公布之后，伽利略还要坚持下去，一直坚持了三个月，直到 6 月 4 日。对他来说，这是一个挽回面子的问题：他需要把自己置身于公众关注之中，以表明宗教裁判所已经澄清了对他的指控，而他仍然享受着大公的保护和支持。通过这种方式表明，有经验的观察者可以毫无困难地进行解释：例如，当伽利略要返回佛罗伦萨时，提供一副大公所用的坐架（litter）把他送回家。[89]（文艺复兴时期，坐架是一种能够容纳两个人的舱间，由一前一后的两匹驴子或马拉动，而驾驭者在一旁鞭策驴马。[90] 这肯定不是一个令人舒服的经历：因为马匹的行走不会相互保持一致，乘客则被挤来推去，非常颠簸。如果能骑马，没人会乘坐架旅行。）

此外，在哥白尼学说遭到批判谴责前的几天，大公的秘书告诉伽利

* 马里奥・比亚吉奥里，意大利人，当代伽利略研究专家。

155 略，为了庆贺新当选的红衣主教卡洛·德·美第奇（Carlo de' Medici）的到来，大公希望他待在罗马。伽利略的名望地位（伽利略当然是一位名人）会为这位21岁的红衣主教的晚宴增加几分光彩和期待。显然这是大公的想法。[91] 伽利略自然就告诉所有人，他是有相当地位的，他坚持认为，在红衣主教到来前离开的话就会很没面子。[92]

3月11日，他成功地得到了教皇的长时间接见，他向教皇抱怨自己遭到敌人的攻击。教皇向他做了保证，告诉他（根据伽利略的描述）"只要他还活着我就是安全的"。[93]5月23日，如我们所知，他拿到了贝拉明给的一份非常宝贵的证明书。他可以不慌不忙地回去了。

无论如何，圭恰尔迪尼现在打算要把伽利略赶走了。他通过查看美第奇别墅的管理者安尼贝尔·普利米（Annibale Primi）的账目来为此事做准备。显然伽利略已经为他的家付出了很多：他已经积欠了巨额费用，普利米因为准许欠费很快就被解雇了。驻罗马的大使向佛罗伦萨抱怨，"奇怪和可耻的事情……发生了"；伽利略的生活变得"有些蛮横"。圭恰尔迪尼也抱怨，他看起来要下定决心去"阉"掉那些反对他的修道士。[94] 大公秘书通过邮驿给伽利略寄来了一封信。他要回佛罗伦萨。信中没有提及他积欠的钱款，但告诉伽利略待在罗马会有危险，因为有人担心他正在用棍子把熟睡的狗给捅醒了。[95] 年轻的红衣主教视察了美第奇别墅并接见了伽利略。可能他还邀请伽利略共进晚餐：如果这样，伽利略就接到了严格的指令，要他避免提及哥白尼学说。[96] 至于大公的坐架，红衣主教礼貌而坚定地告诉他，谁也不能用了。[97] 我们可以很肯定地假设，他离开罗马，也是像来的时候那样，步行离开（因为那匹驴子，在美第奇花园中已经长胖了，完全足以担起他的衣物、书籍和文件）。

伽利略在罗马待了六个月得到的一个教训是，法庭是个危险的地方。离开罗马前，他与西班牙外交官开始讨论确定经度的方法。他说，他会很高兴去到西班牙，向人们展示他如何将自己的建议付诸实践，但有一个条件——要保证他会受到善待："在法庭上经常发生这样的事，某人发现自己被不理解其所做事情的人判决，根据我的经验，这是最令人痛苦的事，这种事通常发生在那些相信上帝答应过给予他们不同寻常的东西，将他们的能力提升到超越普通人的地步的人身上。”[98]

伽利略对法院一直很不信任。[99]他下一次到罗马是在1624年，这年他到罗马后发现自己总忙于拜访潜在的赞助人，他写道：“这些事情也完全让我意识到，我老了，做奉承者（*il corteggiare*）是年轻人的事，
因为他们身体强壮，靠着自己的抱负为生，能努力从事这些事。我缺乏 156
这些条件，想要回归宁静淡泊，只要可能我就会践行这种想法。”[100]伽利略曾经是个奉承者，但那种日子早已过去了。[101]

在近代早期，每个有点地位的人都处在赞助关系网中，在这个网络中，他向那些地位高的赞助人寻求资助，那些地位低于他的人向他寻求赞助。伽利略从宫廷生活退出，本身也表明了对这种关系所代表的机会和责任明显不关心。1617年，他在佛罗伦萨郊外租了一栋别墅，他在那儿度过了几乎所有的时光。尽管他在宫廷的地位是建立在先给科斯莫然后给费迪南多讲学授课的基础上，但他还是把教授王子的任务转给了卡斯特里。[102]有一次，我们发现他因没有回信而向人道歉，因为他都两个月没有到佛罗伦萨去取邮件了。[103]1621年，他当选为佛罗伦萨学会（the Florentine Academy）（1588年他曾在这个机构听过两场有关但丁的地狱的地形的讲座）的理事，这是一个有机会与对他尊敬有加的人接近的有威望的职位。但他还是留在了别墅里，什么也不做，最后他还是任命了一位副手帮他。[104]

伽利略只是对大多数的基本社会义务漠不关心。他真心关注过一位叫博纳文图拉·卡瓦列里（Bonaventura Cavalieri）的年轻数学家，这位年轻人自称是伽利略学说的支持者；实际上他认为伽利略会被历史证明是一位伟大的数学家。有一次，卡瓦列里写信给伽利略，询问他是否可以代他向教皇的侄子鲍格才（Borghese）红衣主教说一句话，这样他就能在教皇国（Papal States）找到赞助来源。卡瓦列里没有收到回复。后来他遇到了鲍格才，鲍似乎对他特别友好。难道是因为伽利略替他讲过话了？他说不出来。像每个急于成功的年轻人一样，卡瓦列里渴望生活在这样一个世界里：不停地提出获取帮助的请求，随时都能得到应承和

满足。他希望得到回应时，对方应承诺给予帮助。而这一切都应通过不停地表达感激之情和进一步的承诺来满足。大家都知道这些交易背后的支配规则。现在卡瓦列里茫然不知所措。如果他不知道伽利略是否替他说了话，他怎么能感谢伽利略呢？如果伽利略确实是他的赞助人，他怎么能不感谢伽利略呢？卡瓦列里向伽利略写信讲述了他的困境：他试图遵守规则，但伽利略没有按规则行事。[105] 后来他把他的一些数学证明寄给了伽利略。虽然多次询问，他还是没法了解到伽利略对他的证明的看法。他想知道，沉默是否就是回应？沉默是否意味着他的研究工作不够好，不值得评论？[106] 无论是作为奉承者、赞助者，还是合作者，伽利略都已处在对前途很迷茫的边缘地带了。[107] 他与其他人的关系正逐一被切断，他已经不存在于社会生活中了——他正在消失。

157

23

彗星

1617 年，伽利略最后试图找出让人无可置疑的证据证明哥白尼学说：他一次又一次地试图测量恒星的视差，看看恒星的相对位置是否随着时间的推移而变化。[1] 但他没能得出超越前人的结果。他还专门制定了通过参考木星的卫星食（eclipses）的方法来确定经度的计划。接着在 1618 年 8 月至 11 月之间，有三颗彗星出现在天空。人们用肉眼都能看到这三颗彗星。其中最后一颗看起来"是如此的明亮，以至于所有人马上都盯着它，关注它。大批的人群聚集到山上和平地的高处，为了看彗星甚至都忘了睡觉，忘记了凛冽的寒风。突然间，人们对天空的观察超过了对其他事物的关心"。[2] 我们从文献上得知，即便是最爱睡懒觉的人，也准备放弃晚上的睡眠去观看如此吸引人的景象。[3]

朋友们写信给伽利略，告诉了他这些非同寻常的事件。[4] 当然他们也征询了他对此的看法。维尔吉尼奥 · 切萨里尼（Virginio Cesarini）*很谨慎地多说了一句，如果他的观点不适于写在纸上，那么他可以通过钱波里来传话：他认为伽利略可能会对彗星和哥白尼学说要讲些什么。[5]

---

* 维尔吉尼奥 · 切萨里尼，17 世纪初意大利诗人。

伽利略也同样这么想，他要确保他的著作在巴黎的印刷由他来掌控——有人告诉他，那儿的印刷厂商做得更好。[6] 如果提及法国没有宗教裁判所这个事实，那将是不明智的，甚至是危险的。虽然在长达四个月的时间里，任何想看彗星的人都盯着星空，但是意大利还是有一位（可能就一位）数学家从来没有把眼睛转向天空，而令人感到惊讶的是，这个人就是伽利略。[7] 显然这段时间他生病了，虽然病人也可以走出户外看到这样一个如此不同寻常的场景——伽利略当然没有病到无法会见访客［其中就有奥地利的利奥波德大公（Grand Duke Leopold）］，并与他们讨论天文学。他病了，以至于没法写东西，但根据他的说法，尽管他再次生病，病情还没到无法回信的地步，至少能对收到的来信作答。[8] 伽利略的病情确实是真的，但他得的是一种社交病。他失去了“战斗力”，没有义务去对彗星可能告知我们宇宙的结构发表什么看法。

158 根据传统天文学理论，天是不可能变的，彗星肯定是地面现象——它们位于大气上层的某个地方。而根据新天文学理论，新星和彗星位于星空中：在发现太阳黑子之前，它们是支持天空在变化观点的重要证据（这个证据很容易遭到人们的忽视，因为它们只在很长的时间间隔才出现）。对这两种现象的最重要的研究是由第谷完成的，他于 1572 年出版了关于新星的著作，1577 年出版了关于彗星的著作。[9] 在这两个现象事例中，主要的观点都是从视差得出的：如果新星或彗星接近地球，观察者从地球表面不同位置观看它们时，应该看到它们所在的恒星背景是不一样的。（伽利略在 1604 年论述与新星有关的现象时就准确地运用了这个观点。）如果你在眼前举起一只手指，并先用一只眼睛再用另一只眼睛看着手指，你就能看到：手指看起来不管背景是什么都会在你眼前移动。手指离你越近，运动越大。这种测量也可以利用月球来计算月球到地球的距离。由于新星和彗星无法测量视差，它们肯定是离我们太远了。

因此，1618 年的彗星对天文学家来说是很重要的事件。对天主教来说，这些彗星就特别重要，因为在哥白尼学说遭受批判后，这些彗星就紧跟着姗姗而来。如果伽利略所持的哥白尼学说是错的，那么就有两种选择，而这两种选择都把地球放置在了大小固定的宇宙的中心：亚里士多德—托勒密天文学否认天有变化的可能，并认为所有的天体都围绕着地球旋转；而第谷天文学承认天变的存在，并认为行星围绕太阳转而太阳围绕地球转。伽利略的每一个天文上的发现——这是他唯一公开发表的发现——都与亚里士多德的教义不一致，这些发现都能与第谷天文学相容。[10] 罗马的耶稣会科学家密切关注伽利略的研究发现，还用望远镜进行观察。对他们来说，结论很简单：托勒密是错的。他们公认的领袖克拉维乌斯在 1612 年去世前，曾在出版物中表示，旧的宇宙学将被新的取代。但现在哥白尼被禁，因此，经过时间的淘洗，第谷肯定是正确的。这个推理是如此简单，以至于耶稣会的科学家们都相信，即使是伽利略也会接受这个推论。

正是在这种情况下，罗马的耶稣会科学家奥拉齐奥·格拉西于 1619 年出版了一本名为《论 1618 年的三颗彗星》(*On the Three Comets of the Year 1618*) 的小书。正如伽利略后来指出的，格拉西的“主要目标是攻击亚里士多德的彗星观点”，他的核心观点是，彗星处在星空中：在格拉西的脑海里，这肯定是在意大利发表的对托勒密天文学的第三次重大攻击，前两次是伽利略的《星际使者》和《论太阳黑子的信件》。[11] 从格拉西的角度来看，他和伽利略参与了一项共同的事业。因此书的第二段概括了伽利略的发现（很明显没有提到伽利略的名字，尽管伽利略没有被点出来，但在这本书里一个科学家的名字都没有被提到），而第三段开始就讲，“因此，只有那些彗星远远地避开了山猫之眼”——这个“山猫之眼”(lynx eyes) 伽利略是看得懂的，他签名时总是署名“Lynceus”。[12] 格拉西肯定已经预料到，伽利略会获准阅读他这本书。[13] 159

同一年，伽利略的一位朋友兼学生马里奥·圭度奇（Mario Guiducci）* 在佛罗伦萨学会发表了题为“关于彗星的对话”的演讲，格拉西对此不应感到惊奇——格拉西马上就怀疑这个演讲仅仅是伽利略观点的汇报，而现在我知道这个演讲实际上是伽利略共同参与撰写的

* 马里奥·圭度奇，和伽利略同时代的意大利天文学家和法学家。

（因此我将讲座的作者称为“GG”）。这本小册子由彼得罗·切孔塞里（Pietro Cecconcelli）在佛罗伦萨印制，切孔塞里在伽利略发现了美第奇星后给他的印制作品取了个书名。然而，GG 演讲的内容让格拉西感到惊讶，因为小册子相当于为亚里士多德把彗星当作地球物体的论述进行辩护！他对此毫无思想准备。

对于哥白尼学说，一直存在一个主要的反对意见，就是该学说需要有个过于庞大的宇宙——它大到，从某个星球上观看宇宙，太阳会比星星还小。然而 GG 对格拉西的书的第一个反对意见是，如果彗星位于星空，那么宇宙比任何人能想象得到的都大。1618 年的那颗彗星的持续长度最长为 90 天内穿过了四分之一的星空，但（由于 1577 年以来没有出现过类似的彗星）其飞行的长度肯定是沿着轨道一周，相当于至少四十个地球年：“当这颗彗星运行轨道所占空间的四百分之一都超过了我们这个宇宙的一半时，那么到底要多少个世界多少个宇宙才能有足够的空间给它进行公转呢？”[14] 至少可以这么说，这个说法是很奇怪的，因为我们知道，伽利略正打算考虑无限宇宙的可能性。

对哥白尼学说及伽利略的新发现的另一个反对意见是，它们暗示上帝创造的宇宙中，其大部分的目的是不可想象的。例如，月球上的山脉，或者木星的卫星到底是什么？[15]GG 完全反对这样的观点，即每颗彗星都可能有自己的轨道：“这种空间领域的多样性……我无法赞同这种极端的整齐性质，大自然通过排除多余和空置的因素将这种性质贯彻在它的其他各种杰作中。”[16] 当我们发现伽利略依赖于对手的观点时，奇怪的事情就发生了。

GG 并不是简单地为亚里士多德辩护，而是提出了一个相当新的理论：正如亚里士多德所声称的那样，彗星位于大气的上层，但它们不是如亚里士多德假设的那样在燃烧（当人们试图准确地探究出到底是什
160 么在燃烧时，问题就陷入困境了），而是视觉扭曲，如彩虹、三重太阳，或者月球周围的光环。它们属于“其存在依赖于观察者的视野，只有它们运动时位置才会变化，而且我也相信如果观察者的视野改变了它们将会完全消失，这些星空物体只显露外观，会反射光线、影像和漫布于星

空的拟像”[17]的范围。它们所要展现的外观应该是某种被扭曲的物质。就如彩虹需要雨滴，因此彗星也需要某种能延伸到大气上层的蒸汽。这个理论有个很大的优势：人们无法通过测量视差来衡量彩虹的距离，因此第谷和格拉西所依靠的核心观点遭到了破坏。但这个理论也有一个显而易见的致命缺点（对于聪明的旁观者来说，这是很容易看得出来的）：当观察者变换观测位置时，彗星并没有改变位置。像彩虹这个例子，当我们移动时，彩虹的位置就会改变。逻辑缺陷是如此明显，以至于我们必须要问问，我们是否真的应该认真对待这个缺点。[18]精明的读者判断出我们是不会认真对待的，并认为伽利略只是在挑衅。[19]显然，尽管伽利略从来没有公开表示过退缩，但是后来他还是放弃了这一论点。令人惊讶的是，他的朋友们认为他对作为一种戏剧表演形式（“questo theatro literario”*）的辩论会是有贡献的。[20]他们并没有用同样的话来评论伽利略的其他论著。

GG 有一个反驳格拉西的强有力的证据。格拉西说，望远镜放大远处的东西要比放大近处的东西小，这就是为什么通过望远镜观察时，恒星看起来还是像一个个的光点。由于通过望远镜观看彗星还是很小，它们肯定离我们很远。伽利略对这个观点做了一点研究，当时人们普遍接受这个观点，他努力解释为什么光亮四散的光源（蜡烛、恒星）看起来比用肉眼观察到的要大（他把这种效果归因于眼睛表面的反射，而我们则用衍射来解释）。[21]

思想史家总是不大情愿去解决阐释中存在的难点，这样做也对。他们宣称，作者并不熟悉他所说的东西，但是就这点来说我们很想知道伽利略做了什么。有一件事是绝对清楚的：他已经正确地认识到，格拉西对彗星的论述是基于第谷的看法的，在批驳格拉西时他也试图驳倒第谷的观点。他的策略无疑是这样的：要防止有人声称第谷的宇宙学是唯一可行的说法。对伽利略来说，这个策略比怎么解释彗星的问题还要重要（特别要提到的是，伽利略自己就把思想争辩比作战争）。伽利略知

* questo theatro literario，拉丁文“戏剧文学”之意。

道，第谷，接着是耶稣会，都希望彗星会为反驳哥白尼学说提供证据。[22] 如果他们后来声称找到那样的证据，拒绝他们的基本观点——彗星位于星空中——就是一种有用的预防措施。值得一提的是，伽利略喜欢修
161 订他对手的观点——在这里我们发现，他采纳了那些被用来反对他的论据，并用来反对格拉西。在伽利略看来，格拉西是耶稣会的代表，而那些 1616 年他反对多明我会时替他辩护的耶稣会士已经背叛了他。伽利略要让他们尝尝自作自受的滋味。这么做是相当愚蠢的（就如钱波里当时指出的）——他曾明确表示，他的敌意不仅是针对格拉西的，也是针对整个罗马学院的——耶稣会马上就注意到这个事实。[23] 事实上，伽利略的行为让我们想起他自己的一个故事，尽管这个故事他是用来反对格拉西的："他让我想到我在帕多瓦大学时的一位哲学老师，这位老师一直对一位同事有气（对同事生气的事经常发生），他说过这个同事如果不改变看法，他会派人到课堂上暗中监听他的观点，并且一直和他对着干。"[24]

战斗开始了。格拉西还是在 1619 年发表了一本名为《天文平衡》（*The Astronomical Balance*）的著作作答。这本书用了双重假名罗萨里奥·萨尔西·西根撒尼（Lothario Sarsi Sigensani），这是奥拉齐奥·格拉西·萨沃嫩西（Orazio Grassi Savonensi）的变形词，还假装成自己的一个学生。圭度奇给萨尔西的答复在一封写给塔尔奎尼奥·加鲁兹（Tarquinio Galluzzi）的信中，这封信于 1620 年公开发表。麻烦可能已经出现了。两边都发表了论著，圭度奇的著作是最后发布的。但是，伽利略受到林琴学会会员的怂恿，在一本内容充实的名为《试金者》（*The Assayer*，1623）的书中给萨尔西做了回答。像《论太阳黑子的信件》一样，该书由林琴学会于罗马出版。伽利略和圭度奇对格拉西完全正确的说法很生气，格拉西说圭度奇只是伽利略的传声筒。在这点上伽利略支持教皇，因此格拉西的最后回应《重量的计算》（*The Reckoning of Weights*）只能于 1626 年在巴黎出版。没有必要死盯着辩论的每个节点，或（在辩论者所说的比喻中）验证每个证据。格拉西对彗星的评论并不是在第谷的基础上做出的重大进展。伽利略对彗星的论说没人相信。他

的论说是否让伽利略自己信服了才是令人感兴趣的。

争论之所以重要，有两个理由。首先，因为争论告诉了我们关于伽利略的一些重要信息。其次，因为争论激发了他出版《试金者》，他在这本书里对科学方法论做了最为广泛的讨论。让我们从争论所告知我们的有关伽利略的内容开始。我们看到在格拉西的《天文平衡》中没有出现人们所预料的攻击伽利略的东西——格拉西可能希望伽利略会差不多全盘赞同他书中的看法。萨尔西首先坚持，伽利略“知道我的老师以极大的仁慈之心对待他，在私下谈话和公开讨论中都给予他极高的赞赏”。[25] 格拉西一直和伽利略保持联系：“我的导师承认，通过朋友告诉他，在言谈和论著中对他的思想基本上没有损害；尽管伽利略向已经获知上述信息的人表明，他心境平和，也接受他们的话，但是他后来还是宁可失去朋友也不愿意输掉辩论。”[26] 是伽利略而不是格拉西挑起了敌意，是格拉西而不是伽利略想做个和事佬。然而伽利略改写了他们之间 162 的关系史，他坚持认为，是格拉西像以前那样，挑起了争论；而他是无辜的，他只是试图追求知识的进步。[27] 他的朋友接受了关于事件的这个说法：格拉西首先“发起了攻击，像一条疯狗一样拒绝接受真理”。[28]

我们有大量证据表明格拉西试图恢复与伽利略的良好关系。1623 年［马费奥·巴贝里尼当选为教皇乌尔班八世（Urban Ⅷ）之后］，据说他曾希望，如果伽利略来罗马，他要与伽利略建立“亲密的友谊”。[29] 格拉西在罗马选择的对话者马里奥·圭度奇在 1624 年秋季时认为，格拉西确实有可能会全盘接受伽利略的观点，包括哥白尼学说在内。[30] 当然，他进行过仔细的研究：他读过贝拉明写给福斯卡里尼的信以及伽利略关于潮汐的论述，也和一位伽利略曾经的学生交谈过，这个人向他解释了伽利略如何理解在移动的地球上垂直下落。1626 年 2 月，据说格拉西曾讲过，去年他曾想与伽利略和平相处，但伽利略并不愿意。[31] 显然这事是真的。格拉西一次次地接近伽利略——但伽利略从来没有报以鼓励性的答复，继续像以往一样以论著的形式猛烈抨击他。实际上，我们知道他坦率地拒绝了任何和解，除非格拉西放弃答辩的权利。[32]

这不只是一个伽利略和格拉西的关系的故事，也足以窥见他的故意刁难。我们知道，当伽利略迁居到佛罗伦萨时，他的主要目标是——赢取耶稣会支持新天文学。现在耶稣会士在反亚里士多德的新天文学行动中让他发挥核心作用，很明确的是这个新天文学是建立在第谷·布拉赫的基础之上的，而这个新天文学可能隐隐约约倾向于哥白尼学说，并与这个学说兼容。这个联盟的代价应该是，伽利略要做一个有团队精神的人。伽利略完全明白这点，他坚持认为自己对联盟没兴趣，他感兴趣的只是真理和谎言。[33] 耶稣会士认为他们和伽利略是平等联盟，而他则认为他们只是在奴役他，并认为他们在命令他不得反对他们。[34] 伽利略对依照耶稣会的条件与他们合作不感兴趣；由于他不再公开支持哥白尼学说，他再也没有兴趣寻求他们支持自己。

每个耶稣会士都知道伽利略展现出来的敌意，在讨论太阳黑子时他首先展现了对谢纳的敌意，现在又向格拉西表达了敌意，而当伽利略自己于 1633 年受审时，他的敌意又转向了那些积极反对他的耶稣会士——特别是谢纳。[35] 克里斯托弗·格林伯格后来说，如果伽利略没有和耶稣会士争吵，他就可以自由地就他选择的主题进行研究写作——包括哥白尼学说。[36] 他在 1611 年所采取的策略是明智的。1618 年之后他几次傲慢地拒绝了格拉西的提议的做法是愚蠢的，是一种自我毁灭的行
163 为。因为他这么做毫无益处，把自己放在了危险的境地。其实，维维亚尼将伽利略与格拉西的争论归咎于伽利略后来遇到的困难。[37] 对哥白尼的谴责让伽利略非常愤怒，这很容易理解。而格拉西看来肯定也很让他生气，因为他表现得好像什么事也没发生过，好像真理没有被压制。

如果我们转到《试金者》，我们会发现，伽利略在其中给我们展示了一幅自画像，旨在为这种自己不干事也阻止别人干事的行为辩护：

> 萨尔西或许认为，所有优秀哲学家东道主可能都被关在某种墙壁之内。萨尔西，我相信，他们在飞，像老鹰一样孤独地飞，而不是像椋鸟那样。确实，因为老鹰很稀少，所以人们很少见到和听到它们，而成群飞的鸟在它们栖息的地方叫喊着飞翔在天空，弄脏了它们身下的地面。但如果真正的哲学家像老鹰一样，而不是像凤凰

那样，萨尔西先生（Sig.），那么啥也不懂的群盲们就真是数也数不清了。[38]

伽利略认为自己是一只凤凰，离群索居。当然，大多数人不可能持有他这种观点。他认为，大众哲学家必然（像经院哲学家那样）宣称，所有答案都是已知的；真正的哲学是以承认我们的知识的局限性开始的。如果一只老鹰发现自己被椋鸟包围，它肯定会认为自己遭到围攻了，然后飞离那里。这就是伽利略回复格拉西的提议的方式。格拉西的这个提议开始是在《论三颗彗星》（*On the Three Comets*）中对伽利略进行了有利的引用。

某种程度上，这种态度源自伽利略的数学家背景：一位好的数学家必定会发现，他的那些能力较差的同事是跟不上他的步伐的。对伽利略来说，数学证明有某种征服的意味，而征服者必定不同于其他人："人们必须且只能用几句话就能解决问题，在第一次进攻时就要像凯撒一样勇猛，要不然啥也别做。"[39]他说，推理不是"像背负着负担那样，少数几匹马所携带的粮食数量要比单独一匹马背的多……推理就像跑步，而不像携带重物，一匹阿拉伯骏马超过一百匹驮马"。[40]但这个观点与伽利略的平等主义思想（他对社会等级制抱有敌意）、他坚持用意大利文写作的做法（当然了，格拉西是用拉丁文的）有些不相容。很难想象，他写的东西只给另一只凤凰阅读！实际上，伽利略宣称，他用意大利文写作是因为他相信有许多聪明人被剥夺了接受正规教育的权利，但完全能接受他的观点——这些人的支持正是他所希望的，而大学里的哲学家不是他期待的。[41]（当然，意大利语在佛罗伦萨以外地区，甚至也是受过教育者使用的语言。而未受教育者说的是切科·迪·龙奇蒂写作时用的一种方言，这种方言在各地差异很大。）他自认是一只遭受椋鸟围攻的老鹰。这恰恰告诉我们，他是多么在意对哥白尼学说的攻击。首先是亚里士多德学派的支持者，接着是教会，试图将他关起来，但他决心自由飞翔，即使独自一个人飞也在所不惜；他决心跑到驮马的前头，164
即使有一天驮马会到达正确的目的地也要这么做。[42]

伽利略的《试金者》属于一种现在已经消失了（幸亏）的文学体裁：该书逐段逐行地反驳萨尔西的《天文平衡》。其实伽利略在反驳时还把萨尔西的每句话都重印出来。当然，伽利略的书因此缺乏自身的结构。实际上，该书几乎是随机生成的一系列主题的微型论文集。这些论文中有三篇非常重要（我们后面将会提到第四篇，该篇对确定伽利略与有关当局的关系有决定性作用）。

首先，《试金者》最清楚地阐释了伽利略对事实在科学论证中的作用（尽管他在关键段落中没有用到“事实”这个词）的理解。格拉西相信，当物体飞过空中时就会变热，因此金属炮弹在到达目标时经常会融化。在 GG 的压力下，格拉西的笔下出现了很多文学和学术权威，包括诗人［“我以诗人而开始，对那些被人认为很有权威的人以及他们在很多严肃问题上的通常表现感到满意，因为他们在有关自然现象的知识方面训练有素。奥维德（Ovid）*，不仅在诗歌方面而且在数学和哲学方面技艺娴熟，他证明，不仅仅是箭头，从巴利阿里抛石机（Balearic slings）投出的铅球在飞行过程中也会激起亮光”］和历史学家［苏达斯（Suidas）†报告说，巴比伦人通过把鸡蛋放在抛石机上旋转来进行烹煮］。[43] 圭度奇回答道：“试图通过证据来证明大自然产生的影响似乎是一件相当不合理和不明智的事情。”[44] 伽利略用了十页来论述这点。他坚称，证据只适用于那些不适合重复发生的事件。人们能重复一遍把鸡蛋放在抛石机上旋转来烹煮的过程吗？格拉西的回答是，只有在特殊条件下才能这么做，条件是如此的特殊少见以至于做成这个事就是个奇迹。伽利略一直声称他不是在嘲笑格拉西，而是：

> 如果我们没有达到前人曾经取得的效果，那么，在我们的行动中必定是缺少了某种能够影响成功的东西，如果我们缺少了这唯一的一样东西，那么这就是原因。现在我们不缺鸡蛋，不缺抛石机，

* 奥维德，公元前后的罗马诗人。

† 苏达斯，古希腊历史学家。

> 不缺把鸡蛋旋转起来的壮汉；而鸡蛋还熟不了，鸡蛋如果热的话会很快冷却下来。对我们来说，啥也不缺少，除了巴比伦人，那么巴比伦人就是鸡蛋变硬的原因了……萨尔西骑在马上能没有观察到空气的持续变化给他的脸带来的冷感吗？[45]

我想我们很容易错过这种交流带来的影响，因为我们都生活在一个
事实被认作是“硬”的世界里，在这个世界中我们都处在某种石头剪刀 165
布的游戏里，总能击败证据和权威，而这两者是脆弱而软弱的。但伽利略并不生活在这样的世界里。几个世纪来，很多权威人士——格拉西就得到很多权威的支持——被认为已经足以证明真相。伽利略批驳了权威们的看法，反而根据自己的骑马经历，坚持认为，除非格拉西声称确实通过把鸡蛋放在抛石机上旋转来烹熟（显然伽利略从来没有雇过壮汉，并给他提供鸡蛋和抛石机——在他看来，这只是个思想实验），否则就不会理睬他。伽利略正在重新定义我们现在所称的证据的本质。

应该强调一下，格拉西不是一位保守的思想家。他怀着很大的热忱接受了伽利略通过望远镜所取得的新发现。他和伽利略正在进行一场关于实验证据的热烈讨论：如果你在一个半球体中旋转水和空气，空气和水会随着球体转动，并被球体所带起来吗？或者球体滑过时水和空气会静止不动吗？他非常乐意用实验来检测这个问题。[46] 那么他为什么没有意识到，抛石弹射烹煮也是一个实验问题呢？我认为答案是，望远镜是新的，因此人们能承认它代表了一个新阶段的开始。关于旋转球体的问题也是如此——这个问题不能通过权威来解决，因为权威们从来没有谈论过。在其浮体研究中，伽利略可能已经揭示，亚里士多德学派无法就浮悬（flotation）给出一个连贯性的描述，而他则被迫承认，在某些情况下，比水重的物体可以浮起来——亚里士多德的理论可能是不对的，但他所提出的事实可能是正确的。因此，在数学科学中，事实（the facts）在公平斗争中从来没有击败过权威。

格拉西生活在一个有共识基础的文化世界中。作为一名耶稣会士，他接受了神学和哲学可以和谐地融合，教会的教义历经几个时代都不变

的观念。因此他只是没有认识到，伽利略的方法根本没有给权威的看法留下任何空间。他处于伽利略在《对话》里所描述的亚里士多德学派哲学家的位置上，这种哲学家不能接受这样的观点：在解剖实践中，用自己眼睛所看到的东西要比亚里士多德书本上讲的东西重要。

《试金者》还包含了伽利略对两本著作主题的第三次改写的内容。我们看到，他首先用这个比喻对比自然之书与亚里士多德的著作；然后对比自然之书和《圣经》。现在他认为，哲学并不是像《伊利亚特》(*The Iliad*)[*]或《疯狂的罗兰》(*Orlando Furioso*)[†]那样的虚构作品，某些东西是被建构出来的(就如我们现在所说的那样)。以下是我们通过阅读自然之书发现的：

> 哲学被写在这本非常大的书上，这本书一直公开地展现在我们眼前(我的意思是指宇宙)，除非人们首先学会理解它所用的语言并认识写这本书所用的符号，否则人们无法读懂它。它是用数学语
> 166 言书写的，其符号是三角形、圆形和其他几何图形；没有这些，人们连一个词都读不懂；没有这些，人们只能在黑暗的迷宫中胡乱地涂写。[47]

这可能是伽利略著作中最有名的段落。这段话代表了对现实主义知识论的坚定承诺，也清楚地表明了伽利略的观点：数学是科学的语言。可能让我们疑惑的是，伽利略把数学等同于几何学，但这没什么好疑惑的：在伽利略临终前不久代数才被人们普遍使用，伽利略的学生们为微积分奠定了基础。对伽利略来说，几何学是数学家所使用的最有力的工具。但是，我认为，这段话的力量源自系统性的一语双关，这种双关性贯穿于书(自然)中。伽利略所谓的“书”“符号”和“书写”指的是什么？他开头提及了《伊利亚特》和《疯狂的罗兰》。对于一位十六世

* 《伊利亚特》，古希腊著名的荷马史诗中的一部。

† 《疯狂的罗兰》，16世纪意大利著名诗人阿里奥斯托的诗作。

纪的读者来说，这些当然就是已经印制出版的书籍了。因此，这本书就是印制的书籍，而符号［“符号”（character）这个词通常意味着印刻的字母］就是活字印刷的字母。如果是这样，那么宇宙就像一本印制的书籍，是一个可以大规模生产的物体，是一个内部统一的物体，因为每个“a”和其他“a”都一样，每个“b”和其他“b”也都一样。这本书易于阅读，很大程度上是因为它的内部的一致性。我认为这肯定是伽利略的部分意思：对他来说，每个落体都和其他落体一样，遵循着同样的定律，而每个抛射物也是沿着同样的线路行进——总是一条抛物线（抛物线肯定是他没有说出来的最有可能的“其他几何图形”）。无论你去到宇宙哪个地方，你都会看到同样的特性，给你的感受也是一样的。其背后隐藏的意思就是，每一个事物的运动都是相互一样的重复。在这样一本大书中，我们就像在迷宫中那样，不能迷失自我：我们有目录和索引，不论我们去到哪里我们都会遇到经常重复出现的经典文本。当然了，这是一本每个人都能读的书，在这本书中，到处都有复本。

另一方面，伽利略说这是一本被书写出来的书。《伊利亚特》是用希腊文书写的，还是一本印制的书，但如果字符是书写的，那么这就是一本手稿了，就是一份以上帝为作者的独一无二的手稿了。那么字符就不是印刷厂里的铅字字母了，是字母表中的字母了，而这本书所用的字母表是由圆、三角形和抛物线构成的。这个宇宙不是大规模生产出来的；它是上帝亲手描绘的。如果我们能阅读它，那是因为我们聚集在这本独一无二的大书的周围。这仍然是中世纪的“自然之书”——一本有图解的，隐含着美与不可替代性的手稿。

伽利略论著的力量源自这样一个事实：在两种意思之间，在独一无二的物体和大规模生产的物体之间，在手稿和印制书籍之间，在古代技术和近代技术之间，闪烁着这个力量，因此它所包含的意义比实际所说的更多——即便措辞明白无误，背后的含义也比这更多，这种力量把伽 167
利略归纳为一种或者另一种意思。它宣称在伽利略和毕达哥拉斯或柏拉图对世界的理解之间，既存在着延续性，也存在着某种断裂——只有现在，这个大规模生产的时代，我们才能想象自然是“不可阻挡的和不可改变的”，只有现在我们才能思考自然的统一性。伽利略的论著产生了一种格式塔转换的图像*，就如维特根斯坦（Wittgenstein）†所描述的鸭子/兔子‡。

当然，具有讽刺意味的是，在伽利略坚持认为对那些能理解宇宙的人来说宇宙的意义是很明确的时候，他的传达却依靠着模棱两可的话语。[48] 他告诉我们，我们可以逃出迷宫，但他所告诉我们的这个文本，其本身就是个迷宫。难怪这段话不断地被引用，因为它让我们把宇宙视为一件艺术品，也是一张蓝图，一张可以一遍又一遍复制的，并且人们没法在感觉上（触觉、气味、颜色）把它和一份精美的手稿联系在一起的技术绘图。伽利略正在描述一个人们对其不再抱有幻想的宇宙（disenchanted universe）（用马克斯·韦伯的话来说），但他在描述时用的是一种自身很让人着迷的语言。

在《试金者》最后几页里，伽利略借此机会给我们描述了我们可能称之为人们不再抱有幻想的东西：他认为，这东西由微小的、不可分割的小微粒构成，小微粒的唯一特性就是它们具有一定形状。通过触摸，我们感觉到形状，因此感知到真实（通常在伽利略这里，触觉优先于视觉）。我们的其他感觉并没有告诉我们世界究竟是怎么样的，但告知了我们世界是如何对我们产生影响的。根据这个理论，气味只是进入鼻子的有特定形状的微粒。气味不在微粒中，而是在我们的鼻子里。（伽利略通过挠痒的例子让人形象地理解这种区别：如果某人用羽毛挠我，那痒痒就在我身上，而不是在羽毛上。）声音是我们解释空间某种运动的方式。颜色是我们的眼睛体会到世界的某种东西——如果没有眼睛，就没有颜色。热和冷（伽利略起初关注的主题）是我们的皮肤对影响我们的微粒进行解释的方式。如果真实是由各种形状构成，那么它就是由数量构成，而数量是可以测出来的：这是伽利略消除亚里士多德思考自然

* 格式塔是20世纪出现的一种心理学理论。

† 维特根斯坦，20世纪最有影响力的西方哲学家之一，英国籍奥地利犹太人。

‡ 维特根斯坦在其《哲学研究》里引用了一幅鸭兔图，图正面看是鸭子，侧面看是兔子，意指言语的不确定性。

的方法。这种方法依赖于“定性”所来的论据（而所有关于本质的论据最终都是定性的论据）。伽利略认为，定量知识是客观的，而定性知识是主观的。

这个论点现在被当作第一性质（primary qualities）和第二性质（secondary qualities）之间的区别，并成为近代早期（the early modern period）[*]哲学绝对中心性的论争问题——例如在笛卡尔、霍布斯和洛克（Locke）[†]的论著中。这个论点在近代是由伽利略首先明确阐述的。在伽利略的所有看法中，这是对后世哲学争论影响最大的观点。伽利略关于知识是什么的表述在17世纪成为标准的哲学表述——至少对非亚里士多德学派的哲学家来说是如此，当然了因为这个世纪绝大多数的哲学家 168
（特别是大学里的哲学家）都是亚里士多德学说的支持者。

《试金者》的原子论激起了人们对异端邪说的怀疑。新教和天主教之间的关键分歧点之一曾经是，现在仍然是，对于这个教义的看法：天主教认为，在弥撒期间，面包和葡萄酒基本上会转变为基督的肉和血，即便在例外里（在外表上）它们仍然还是面包和葡萄酒。伽利略通过对本质性的否定，似乎认为圣餐变体论（transubstantiation）[‡]是不可能的。于是宗教裁判所对这本书进行了谴责，而格拉西在答复中也认为这段话是异端邪说。[49]

在伽利略看来，肯定存在一个与原子论密不可分的学科领域（这两个领域在宗教裁判所1616年的调查中已经被联系起来了）：真空问题。正如伽利略所了解的，古典时期的希腊和罗马的原子论者都相信虚空（void）。一段来自德谟克利特话语的古代文献宣称，第一性质和第二性质之间有区别，并声称有虚空的存在：“按照人们的习惯，味道有甜、苦，冷、热，也有色彩；但实际上，那是原子和虚空。”形成一种否定虚空存在的原子论是可能的——笛卡尔和霍布斯都试图这么做。但这样

* 近代早期一般指15—18世纪。

† 洛克，17世纪英国著名哲学家、思想家，经验主义的开创人。

‡ 圣餐变体论，天主教的一种教义，认为尽管圣餐面包和葡萄酒的外表没有变化但已经变成了耶稣的身体和血。

的理论最终没有形成，因为原子如果有确定的形状，那么它们相互移动时就会形成微小的虚空。伽利略要在《两门新科学的对话》里证明，无限小的真空在逻辑上是必要的。

在《两门新科学的对话》中，关于真空的证据是伽利略对物质强度描述的核心内容。伽利略报告说，如果你把两块光滑的大理石放在一起，它们会相互黏合在一起，你可以给其中一块增加重量，而它不会从中脱出来。三十年后，罗伯特·波义耳（Robert Boyle）[*]用这个做了个实验，验证用真空泵是否能创造出真空：如果他能产生出一个空间，在这个空间中一块抛光的大理石会与另一块脱离开来，那么他就是造出了一个真空。伽利略认为，如果对形成真空的阻力能产生很牢固的连接力，那么大部分的物质强度来自这个看不见的力。

伽利略的《论运动》包含了对亚里士多德反对真空可能存在的一个论点的反驳。他现在知道产生真空并不难。萨格雷多向他指出，温度计的顶端一定有真空，并报告说，他做了一个初步实验，看看真空是否能传递声音。伽利略设计了一个系统用来称量压在我们身上的空气。这个测量假定超越于大气之上的是空无一物的空间。1630 年，巴里亚尼找到他，因为巴里亚尼在用虹吸系统吸水时遇到了困难。[50] 伽利略回答
169 道，用虹吸管能吸水多远是有严格限定的；如果人们试图要越过这个限定，那么虹吸管就会产生真空。[51] 巴里亚尼感到惊讶：他没有想到如此轻易就能产生真空。[52]

只要伽利略对哥白尼学说感兴趣，他就会对真空感兴趣。他的第一个重要研究和最后的研究就是探究真空。真空代表了亚里士多德自然哲学一个至关重要的弱点：如果他要去破坏经院哲学，这就是一个很好的攻击点。对于下一代人来说，这也成了那些相信演绎科学的人（霍布斯、笛卡尔）和相信实验科学的人［帕斯卡（Pascal）[†]、波义耳］之间的重要战场。而无论人们怎么看待原子论，没人说过相信有真空存在是异

---

* 罗伯特·波义耳，17 世纪英国著名化学家，近代化学的开创者。

† 帕斯卡，17 世纪法国著名数学家、物理学家。

端邪说——这恰恰是伽利略的学生们，例如托里拆利（Torricelli）*，后来从研究天文学转向真空实验的原因，也是伽利略去世几年后在罗马街道出现户外真空实验的原因。正如伽利略在1608年后可以随时公布落体运动的论述一样，他也可以随时转向真空研究。

当伽利略被禁止撰写有关哥白尼学说的文章时，为什么他坚持撰写关于彗星的文章（这是一个对他没有什么帮助的研究主题），而不是转去研究抛射物和真空？答案是，他太过于投入于哥白尼学说，以至于不能从这场争斗中摆脱出来。他的投入部分来自他的对抗性格：他被禁止讨论哥白尼学说的事实肯定让他更加渴望参与讨论。但他的投入也源自其他的因素。抛射物和真空的研究是至关重要的，但并没有改变我们对我们在宇宙中的位置的理解。人们无法想象，弥尔顿（Milton）†的亚当满怀焦虑地怀疑拉斐尔（Raphael）‡的落体定律。哥白尼学说不一样：他用人类所迷失的世界取代了那个人类所居住的宇宙——就像伽利略的一位同时代的人所抱怨的那样，我们就像一群待在足球上的蚂蚁，而这只足球正飞行在空气中。如果伽利略坚持把哥白尼学说作为他写作的重要议题，那是因为他被那种人类看起来似乎微不足道的想法所吸引。他当然没有预见到，这会使他与教会发生冲突——起初他想象过他能与神学家们建立联盟，共同反对亚里士多德学说。但即使他与教会产生了冲突，他还是过分执迷于哥白尼学说，没有想到放弃，就像当他发现海洋每天有两次潮汐时，他也是过于依赖能证明地球移动的证据而不能最终舍弃。哥白尼学说对伽利略来说很重要，其原因不仅仅是出于科学考虑。

后来在1622年，将《试金者》手稿寄送到罗马付印后，伽利略开始修订他关于潮汐的论述：他似乎准备重新开启对哥白尼学说问题的探讨，尽管他被禁止那么做。[53] 是什么让他认为情况发生了变化呢？贝拉

---

* 托里拆利，伽利略的学生，17世纪意大利著名物理学家、数学家。

† 弥尔顿，17世纪英国诗人、政论家，其代表作《失乐园》描写人类始祖亚当、夏娃被逐出伊甸园的故事。

‡ 拉斐尔，15—16世纪意大利著名画家。

明于一年前去世了：可能伽利略认为贝拉明的去世，人们对 1616 年禁令的记忆也随他而去。

170 即便如此，伽利略肯定知道，在当时的情形下，在意大利是不可能出版或流传有关为哥白尼学说辩护的手稿的。那么，他改变对潮汐的论述有什么意义呢？对此我们有些迷惑，肯定有某个地方有缺失。幸运的是，找到一篇合适的，并使我们能够理解伽利略行为的文献并不难。1633 年，里昂·阿拉契（Leone Allacci）* 出版了一本名为《都市蜜蜂》（*The Urban Bees*）的论述罗马知识分子生活的书。问题是在罗马用了"urbs"这个字眼，而这个书名也是指代教皇乌尔班八世的双关语，蜜蜂是巴贝里尼家族的象征。在书中我们发现了以下段落：

> 法国人对伽利略有如此高的评价，以至于有些人到意大利来只为了与他见面。实际上，我已从一个可靠的消息来源得知，一位名叫迪奥达蒂（Diodati）的人，出身贵族，以其科学上的成就和美德而出名，就为了这个理由急匆匆地从法国来到佛罗伦萨，并花了整整 13 天和伽利略谈论各种自然奥秘，以满足他思想上的好奇心。他判断，就他来说，他在伽利略那所见的意大利就是他想要看到的整个意大利。他回到法国，放弃了其他的事业，开始了长时间的旅行。[54]

迪奥达蒂于 1620 年写信给伽利略，询问他是否有出版计划，并愿意帮助他解决"地方障碍"——批判哥白尼学说的消息这时才在法国知识分子中流传开来。[55] 伽利略回信，解释说他已被禁止出版著作了。[56] 存留至今的通信表明，五年间伽利略似乎与迪奥达蒂没有再进一步联系，但事情好像不大可能就此终结。阿拉契的报道正是人们所期待的：迪奥达蒂的半秘密来访，为的是探讨国外出版的可能性。如果他于 1622 年秋天来到这里，他可能会带来一本康帕内拉于 1616 年写的《伽利略

---

* 里昂·阿拉契，16—17 世纪意大利的希腊裔神学家、希腊语学者。

的辩护》，此前伽利略已经遭受了批判，而该书 1622 年春出版于法兰克福，书本附有一个恰到好处的封面故事，使康帕内拉免受他人追责。[57]这将为伽利略的出版计划提供可供仿效的模式：他所要做的就是给迪奥达蒂提供一份关于潮汐的论述文字的修订版本，该文字稿在 1616 年之前就已经完成了。迪奥达蒂可以完成其他的相关事项（就如他 1636 年出版伽利略 1615 年写给克里斯蒂娜的通信那样）。伽利略显然打算实施这样的计划，但突然发生了意外。在以后的几年里，和这个计划相关的任何证据都被人小心翼翼地给销毁了，如果这个人不是伽利略和迪奥达蒂，那么就是维维亚尼。因为证据如此明显，可以表明伽利略从来就没有打算服从对哥白尼的批判，或遵从 1616 年的禁令。

171 24

詹弗朗切斯科·萨格雷多之死

1621 年或 1622 年的某个时段，伽利略花了 13 天与迪奥达蒂会谈。他和这样一位外国人、新教徒畅所欲言，就像当初他在威尼斯和萨尔皮及萨格雷多会谈那样。简而言之，在他佛罗伦萨别墅的花园里，伽利略重温了在帕多瓦经历过的那段自由时光。在朋友萨尔维亚蒂于 1614 年去世和 1616 年哥白尼学说遭受批判后，现在伽利略越来越孤立。他不仅对所写的东西要细心认真，对他所谈话的对象和所说的话也很小心谨慎。最重要的是，他失去了最好的朋友詹弗朗切斯科·萨格雷多的陪伴。[1] 自从萨格雷多 1608 年离开威尼斯去就任威尼斯驻阿勒颇（Aleppo）* 领事之后，他们两个人就再也没有见过面；萨格雷多回来时，伽利略却在佛罗伦萨。但八年来萨格雷多几乎每周都给伽利略写信，共有三四百封信，其中 79 封存留至今。不幸的是，我们连一封伽利略写给萨格雷多的信都没看到过，因此想要了解他们之间的关系就有点像只听到一半的电话对话。即使我们拥有所有萨格雷多写给伽利略的信件，以及所有伽利略给他的回信，还是无法解决我们的难题。实际上，麻烦

* 阿勒颇，位于今叙利亚，当时地中海东部重要商贸城市。

才开始，因为我们想要了解的是他们之间的关系，要依据我们所了解的这两个人的性格和动机对他们进行评判。

老实说，正如萨格雷多自己承认的那样，有关他本人的重要事实是，他是一个失败者。他的家族是威尼斯最有权势的家族之一，这个家族一直致力于追求政治权力。1615 年他的父亲当选为总督。[2] 但萨格雷多只获得了几个小的管理机构的职位——这些职位本可以给那些自我奋斗成功的人增加荣光但在他的情况下，这相当于受到其他贵族的冷落。他知道，他们不喜欢他所做的一些事情。他似乎明白自己想的是什么，尽管他没有把这些写出来：他可能认为伽利略应该不难明白这些未曾写出的东西。他当然是个傲慢的人，但是在一个世袭的统治阶层里，例如在威尼斯，傲慢并不一定是不好的事情。或许更重要的是，他觉得自己对同胞几乎没有什么可隐瞒的敌意。他告诉伽利略，如果人们彼此之间诚实相对，人们连一天也活不下去——如果你让人们知道你对他们的真实想法，他们会杀了你。这让我们了解到许多萨格雷多对同胞的感情。 172
显然他是要控制住那种凶残的想法和情感，我们其他人都能成功地抑制住那种想法和情感，以至于我们大多数时间都没有意识到自己内心有这种想法。

我们从 1618 年的一封信件里得到了这个人的一张画像。[3] 他曾与画家莱安德罗·巴萨诺（Leandro Bassano）* 度过了一个假日，陪伴他们的是他们的情妇和其他一两个人。第一天，马车在前行时翻车了，巴萨诺被抛了出去，受了伤。萨格雷多和他的同伴们假装误解了他的哭声和手势。他们假装认为他在模仿受了伤。他们越笑，巴萨诺越愤怒；他越愤怒，他们就越笑。第二天，萨格雷多成了摔倒的人。他手里拿着一幅巴萨诺画的小幅画作（巴萨诺经常进行勾画和绘画）。当他摔倒时，他故意扭伤了身体，这样这幅画作就很清楚了：他把自己比作凯撒，正在游泳逃脱敌人的追捕，他在自己的《评论》（*Commentaries*）中对浪花做了解释。巴萨诺前一天还在恨他，现在却显得很高兴，因为萨格雷多将

* 莱安德罗·巴萨诺，伽利略同时代的威尼斯著名画家。

他的画作评得比他本人还有价值。

萨格雷多是一位艺术鉴赏家，当然他很看重巴萨诺的画。但他借用凯撒的轶事告诉我们，他认为画作不是巴萨诺的，而是他自己的。萨格雷多不仅喜欢收藏艺术品，也喜欢收集生物——他把自己和情妇待的快乐屋（the ‘casino’）比作诺亚方舟（Noah’s ark）[*]，挤满了各种动物，包括一只四处奔跑，然后像只猫一样蜷缩在火堆旁的受过驯养的狼。[4]但这是一艘永远到达不了陆地的方舟。这些生物，包括情妇，都是他要收留或抛弃的。我们有一封长信，在信中他讲述了他要抛弃他的——完全是随意的——情妇。他写给伽利略的信件充满了对难以获得善良而忠诚的仆人的抱怨；伽利略给他提供了两个仆人，当然最终这两个人也被证明是完全不能让人满意的。萨格雷多被剥夺了在国家机构中的权力，甚至他的家族不让他在他们庞大的商贸事业中发挥重要作用。萨格雷多试图创建一个他自己的小世界，他在其中是一位绝对的，有时是残暴的独裁者，统治着这个世界。

萨格雷多有空闲时间，这些时间他都用来从事科学研究。他是最早明白我们现在所称的国际日期变更线悖论的人：他指出，在任何时刻，地球上总会有某个人要么处在明天要么就处在昨天，而实际上地球表面上肯定有两个相邻点会相隔 24 小时。作为一位反教会权力者，他喜欢由此产生的悖论，也就是不存在一个对每个人来说都是圣诞节和复活节的时刻。[5]他改进了温度计，这个温度计最初是伽利略发明的：才华横溢的他认识到温度计管的顶部有一个真空部分，而声音是无法穿过真空
173 的。（萨格雷多的温度计相当大，因此管部顶端的空间也相当大）。[6]他研究光学：和伽利略不同，他认识到外部世界的影像必须投射到视网膜上，并传递到大脑中；和伽利略不同，他认识到，除了光之外没有东西能进入眼睛，就像除了振动之外没有东西能进入耳朵一样。[7]令人震惊的是，我们发现他告诉伽利略（他的光学知识显然是有限的），开普勒

---

* 诺亚方舟，《圣经》中的故事，讲述诺亚造了一艘船，在世界遭受水灾淹没时，收留了各种动物。

是一个应该被好好理解的人。[8]（人们不停地告诉伽利略，要去读开普勒的著作，但伽利略则断言开普勒几乎是无法读的。）[9]他尽力研究，为的就是做出上好的望远镜镜头，不断地提供给伽利略（伽利略时常要回应他人向他要一架真正的伽利略望远镜的要求）。[10]他的家族看不起这些手工劳作（尽管很多艰苦工作都是由他所雇用的熟练工匠完成的）。

萨格雷多在 1620 年 3 月 5 日的一场小病之后去世。他完全不相信医生，而他的兄弟扎卡里亚（Zaccaria）认为他的死是因为没能听取专家的意见。[11]扎卡里亚立刻清理了他的工作室（詹弗朗切斯科把他的实验工具放在这个房间里），并说他不希望自己的孩子像他们的叔伯那样。（正如许多威尼斯贵族家族那样，只有一个兄弟为了保持家产完整才结婚。）[12]大概是因为这点，伽利略写给萨格雷多的信，大概有几百封，都被扔了。当伽利略想索要几件詹弗朗切斯科的工具时——这些工具代表了他们曾经的思想活动——他被告知一件也没有了。他想要一两张图画，但寄送给他的都是没有用的——画家的名字都没有署上。他很快明白（正如伽利略写在扎卡里亚来信的信封背面的那样），要获得最好朋友的纪念品比这还麻烦（“利率过高的借贷”）。詹弗朗切斯科拥有一幅精美的伽利略画作，但这幅画不久就连同伽利略的信件一起不见了。实际上，这个家族根本就没有保留对詹弗朗切斯科的记忆。其家族史中没有发现他的名字。

萨格雷多拥有优秀科学家的素质，但他无意发表自己的论著，而且他时常建议伽利略放弃自己的野心，只把科学当作一种爱好和消遣。[13]萨格雷多坚持，如果他要发表论著，就发表实证的过程，而不是讲义——当伽利略将萨格雷多设定为其对话中的人物时，他忽略掉了这个建议。

那么他们的关系的基础是什么？伽利略曾教过比他小 8 岁的萨格雷多。当伽利略在帕多瓦教书时，萨格雷多尽力为他增加薪水——尽管他很自然地感觉到，这意味着他实际上掌控了伽利略，因为他曾立即要求伽利略陪他度假。他似乎很早就认识到伽利略是一个真正伟大的人，一个受他个人保护的伟人——他收留了他，成为他门下的门客，就像他后来收留了巴萨诺一样。

当伽利略发明望远镜，发表了《星际使者》，迁居到佛罗伦萨时，
174 萨格雷多已不在威尼斯。1611 年他回来，发现他们的许多老朋友都和伽利略没有什么联系了，把伽利略的离开看作是背叛。奇怪的是，萨格雷多并不这么看。他花了好长时间说服他父亲保留伽利略在帕多瓦的教职，不让人取代，以便万一伽利略决定回来。然而在支持和反对天主教宗教改革的两派人的冲突中，萨格雷多像其他人一样坚定地站在反对教会权力的一边。在教会封锁期间，耶稣会被驱逐出威尼斯后，他假装成一位富有的虔诚贵妇，与著名的耶稣会士通信，因此名声稍有受损：他设法从这位轻易就上当的对话者嘴里摘录出对教皇当局的轻率评论和对遗产的非分想法。因此，在伽利略与教会当局的关系出现麻烦后，萨格雷多在 1610 年也应该会放弃伽利略，并像其他威尼斯人一样再重新和他联系。

为什么萨格雷多与伽利略的友谊会在 1610 年断裂后又恢复并延续下去了？伽利略不再是他的受保护者，也不再是他的同伴了。伽利略也不太擅长遵守不成文的友谊规则，这些规则在 17 世纪时比现在更容易被人们理解。例如，萨格雷多把镜片寄送给伽利略，要他回送一瓶托斯卡纳葡萄酒作为回报。在葡萄酒寄送来之前他要不停地问。[14] 他要伽利略向他解释光学原理，但伽利略那时有更重要的事要做（他可能知道自己的知识是有限的）。在他们通信交流期间两人关系一直较为紧张。萨格雷多要求伽利略让当时佛罗伦萨最好的画家之一给伽利略画一幅肖像画——他建议的画家是布朗齐诺（Bronzino）*——并把画寄送给他。他在通信中给的并不是一幅由巴萨诺画的他本人的肖像画，而是由巴萨诺的一位不太在行的兄弟画的，由著名画家润色过的副本——这是一场不平等的交换，正如他自己所承认的。[15] 伽利略现在出名了，而他用自己的名声从萨格雷多和其他威尼斯贵族那里赢得了独立，这些人曾占用了

* 布朗齐诺，16 世纪意大利佛罗伦萨风格主义画家，卒于 1572 年，显然萨格雷多的建议是没法实现的。

他太多的时间和精力。

答案的一部分是，萨格雷多实际上是一位鉴赏家。他已经认识到，伽利略是一位伟大的科学家，没什么东西能让他放弃这个判定。在他所做的所有判断中，这是最聪明的一个。由于他与伽利略的友谊，保证了他四百年后都被人记住，而比他成功得多的亲属们则消失在了威尼斯政治史中，变成了默默无闻的一群人。历史的判断却与他的家族相反，他的家族只记住了扎卡里亚而忘了詹弗朗切斯科。通过伽利略，他找到了一系列的研究领域，这些领域填补了他因没能给城市或家族留下印象而造成的空虚时光。如果不是对其他人，而是对伽利略来说，那么他可以把自己展现为一位如何生活的典范。例如，当他和耶稣会士谢纳（Scheiner）发生争论时，他对谢纳的蔑视（正如他所说，给他“不加肥皂的洗发剂”）就是伽利略应该仿效的例子。至于伽利略，他也生活在他的世界的边缘，从1613年起，他实际上已经放弃了佛罗伦萨和 175
宫廷生活，逃离到别墅，过起了隐居生活。关于他的谣言正在流传，说他已经被文明的、信仰虔诚的社会所抛弃。两个孤独的男人，没法在他们所爱的世界里找到一块地方，也找不到他们渴望的赞赏，为了安慰和友谊，相互靠在了一起。伽利略转而崇拜萨格雷多，完全不让人觉得惊奇——“偶像”这个词是他的——萨格雷多是自由的，自由到甚至能摆脱掉伽利略永远都无法摆脱的那种野心。[16] 即使这是一种令人不大舒服的友谊，但却是真实的友谊。

此外，从萨格雷多的角度看，这个友谊一直维持得很好。当伽利略放弃威尼斯并寻求和罗马建立密切关系时，他还是维持与伽利略的友谊；1620年，伽利略与耶稣会士发生了纠纷，他没有和他们进行严肃的辩论，而是用贵族式的玩笑和蔑视来对待他们的论点。1610年，伽利略的首选对话者是克拉维乌斯；而1620年末，他和日内瓦的新教徒迪奥达蒂接触，而迪奥达蒂长期以来是保罗·萨尔皮的亲密盟友。伽利略安全地返回了，或者说萨格雷多似乎也是这样，反教会权力者和不信教者陪伴着他。伽利略回到了他归属的地方。

176

25
乌尔班八世

正当伽利略感到孤立无助的时候，佛罗伦萨人马费奥·巴贝里尼于 1623 年 8 月 6 日当选为教皇，被冠名为乌尔班八世。他和伽利略自 1611 年以来一直保持着友好关系，那时巴贝里尼在辩论中支持伽利略，辩论发生在大公的餐桌上，争论的是关于物体为什么浮沉。他在 1620 年写的一首诗中赞扬了伽利略，他把这首诗的抄本连同签有“你的兄弟”的信件一起送给了伽利略。他一当选，就提拔了伽利略的两位朋友，林琴学会和佛罗伦萨学会的会员，维尔吉尼奥·切萨里尼（他生病了，没能活多长时间）和乔瓦尼·钱波里担任管理层的关键职位；不久他把伽利略最密切的合作者卡斯特里带到罗马，到教皇大学（the papal university）任教。[1] 作为回报，林琴学会立刻选举教皇最喜欢的侄子弗朗西斯科（Francesco）* 进入学会，不久他就担任红衣主教。[2]10 月份，伽利略的《试金者》出版了——是由林琴学会出版的。书被献给了教皇，教皇的徽章在卷首插画里显得很突出。格拉西买到了在出售的第一版的抄本（这个抄本被送到检查员那儿，然后作为二手书被出售）：当

* 弗朗西斯科·巴贝里尼，红衣主教，教皇乌尔班八世的侄子。

他打开书，看到教皇的徽章时，脸都变白了。书一被印出来，钱波里就在用餐时读给教皇听。[3]就如伽利略所意识到的那样，这是一个“奇妙情形的组合”，是一个必须抓住的时刻。[4]要充分利用这个机会，他必须出现在罗马。

然而伽利略推迟了行程，[5]天气很糟糕。他病倒在床上。他不得不安排他那成了孤儿的侄子进入修道院。我们可以想象，有了 1616 年的经历之后，他很不情愿地回顾了他失败的情景。当他最终于 1624 年 4 月初出发时，由于和朋友兼赞助人费德里科·切西在阿夸斯帕塔（Acquasparta）*待了两周，因此到达罗马延期了。在这次访问期间，伽利略做了唯一的一次有目击者记录的实验（或者更确切地说是证明）。他被林琴学会会员弗朗西斯科·斯泰卢蒂（Francesco Stelluti）†带往别地路高湖（Lake Piediluco）‡做了一次短途旅行。他们乘坐一艘由 6 名壮汉划桨的船只，快速地穿行在平静的水面上，伽利略坐在船的一边，斯泰卢蒂坐在另一边。伽利略显然是很随意地问起斯泰卢蒂，他的口袋里是否有什么重物。斯泰卢蒂确实有——他房间的钥匙（对于 17 世纪的锁来说，这种钥匙是个很笨重的物体）。伽利略拿起钥匙，将它狠狠地扔 177
向上空。斯泰卢蒂立刻就认为钥匙不见了：它掉到了水上移动的船的后面，再也找不到了。令他惊讶的是，尽管钥匙处在空中时船向前移动了 6 米或 7 米，它还是落在了他俩中间，于是这就证明了这样一个原理：即便钥匙不再附着在船上，它带着来自船的移动得来的动量维持着向前的运动。[6]

这个故事只是驳斥了过去普遍存在的一个观点——伽利略从来没有做过任何实验。但真正让人震惊的是，斯泰卢蒂对亚里士多德物理学的真实性深信不疑，以至于他无法将钥匙扔向空中而不让钥匙落入水中。因为如果让他来扔钥匙，他会错误地扔向前面船头上空，以防止钥匙掉落到船的后面。但是，九年后，看过这个实验演示的他就容易信伽利略

---

* 阿夸斯帕塔，意大利中部的一个城镇。

† 弗朗西斯科·斯泰卢蒂，伽利略同时代的意大利博学家，长于数学、天文学和文学。

‡ 别地路高湖，位于意大利中部。

《对话》中对地球旋转的证明，而地球上的任何人都无法察觉到这种旋转——当地球旋转时，鸟儿不会在空中落到后面去，而向上直射的箭也不会掉到西边。

伽利略终于在 1624 年 4 月 21 日到达罗马（他在那儿和一位朋友住在一起——他不再依赖佛罗伦萨政府的钱过活）。时间过去了八个月。他到达一周后，却急切地想离开：他断定自己太老了，没法再过侍臣的生活了。他也缺少了那份向上爬的野心，以前他就是因为有这份野心，所以能容忍之前的侍臣生活。[7] 伽利略对且只对一件事感兴趣：说服教皇允许他重新研究关于哥白尼学说的问题。在伽利略与教皇的六次会见中，如果他们曾经讨论过哥白尼学说，我们没有直接证据来了解他们说了什么。我们知道，一位红衣主教代表伽利略提了这个问题：乌尔班回答说，哥白尼学说并没有被当作异端邪说来批判，而不管怎么样，证明该学说是真理并没有什么危险。[8] 当 6 月 16 日伽利略离开罗马时，他有足够的证据表明教皇对他是怀有善意的。[9]

但是，从后来发生的事情看，教皇在和他的会谈中主张，要出版评论哥白尼学说的论著有两个条件。首先，要有好的支持或反对的证据才能提出讨论这个问题；哥白尼学说可以作为有用的假说来为之辩护，但不能宣称它是无可争辩的真理。其次，伽利略必须表达这样的论点，即当人类的知识进入科学探讨中时，是有极大的局限性的。我们可能认为，热产生的原因明显就是燃烧，但简单的真相是，上帝是万能的，因此热的产生是有各种方式的，但多数方式对我们来说都是难以想象的，上帝以这些方式给我们带来了热（例如摩擦）。在要求伽利略表达这样的看法时，乌尔班强调一个观点，他自己相信这个观点在神学上具有根本性和重要性，尽管这让当时的大多数哲学家深感疑惑，他们乐观地认
178 为，他们知道产生热，或光，或声的唯一真正的原因。乌尔班因此试图和伽利略结成联盟，以构建一种新的、更适当的自然哲学。

在计划建立这个新联盟时，乌尔班肯定认为他提的要求是完全合理的。伽利略经常宣称，他与对手的不同在于他愿意承认，世上存在着很多他不知道的事。他以一则让教皇高兴的寓言作为《试金者》的结束

语。[10] 这则寓言讲的是一位牧童试图理解声音的性质。每当他认为自己已经解决了问题时，他就发现声音产生的新原因（人的发声、提琴声、风笛声等），并认识到他先前的理解是不完全和不充分的。故事的结尾是，他试图了解蝉发出的噪声来自何处——在试图解答这个问题时杀掉了这些无害的昆虫。

乌尔班想从伽利略那里得到的只是一本书，重复他在《试金者》中的实验操作。还有什么要求比这更合理的？伽利略显然觉得，他能满足这些条件，因此他想试试。那年夏天，他退隐到别墅里，给弗朗西斯科・英戈利写了一封五十页的回信。英戈利八年前曾写信给他反对哥白尼学说，而此前不久哥白尼学说遭到正式的批判，现在他成了信仰宣传部（the Congregation for the Propagation of the Faith）的秘书。[11] 伽利略的借口是，他要捍卫天主教会，反对那种让异教徒特别高兴的指控——他说教会在批判哥白尼学说时并不知道自己在做什么。伽利略声称，通过展示支持哥白尼学说的论据的说服力，他也可以证明“人们依赖的人类的理性和人类的智慧有多小，那么他们所欠缺的高层次科学就有多大（即神学）；他们是唯一一群能消除我们心智上的盲目性并教给我们那些我们永远无法从自己的经验和推理中学到东西的人”。[12]

写给英戈利的信就是伽利略的伟大作品《对话》的一次彩排。在信中，伽利略试图摧毁英戈利的所有论据，这些论据旨在证明地球是静止的（例如，从塔上落下的物体在地球转动时会掉落到后面去），以及如果地球不位于宇宙的中心，我们从天空中看到的东西就会有所不同（举例来说，因为我们能看到由于地球围绕太阳旋转而产生的恒星视差）。

伽利略还采取了一种让现代读者感到困惑的策略。与《对话》一样，写给英戈利的信是关于两个宇宙体系——托勒密体系和哥白尼体系的。正如我们所看到的那样，当时有三个宇宙体系——托勒密的、第谷的和哥白尼的——读者通常会对此感到困惑，伽利略显然很大程度上忽略了第谷。但是，伽利略的假设是，金星蚀相（phrases）的发现，金星和水星的大小随着时间的推移而发生的明显变化，以及相对来说其他行星的变化程度较小的情况，都给行星围绕太阳旋转提供了决定性证据。

179 因此他假设，聪明的亚里士多德学说的支持者都转向了第谷体系。实际上早在1601年，开普勒就写道："今天几乎没有人怀疑，哥白尼学说和第谷学说的假设的共同点是，太阳是五个行星运动的中心。"[13]伽利略认为，第谷体系是对托勒密体系的改编，因为和托勒密体系一样，第谷体系支持地球静止的原则。因此第谷为亚里士多德物理学辩护，而同时采用了哥白尼天文学的计算方法。伽利略的论证是直接反对这种妥协的。当时他写道：

> 亚里士多德绝对清楚，他把宇宙的中心当作了行星体的中心，而他把地球放置在了行星体的中心位置。现在，在我们这个时代，太阳，而不是地球，是位于这样一个中心位置，这种认识就如太阳本身一样清晰明白；实际上我相信你［英戈利］明白这点……如果世界上的任何地方［也就是宇宙］被称为中心，这就是天体革命的核心；对这个学科领域熟悉的人都知道，人们发现太阳而非地球是这个中心。[14]

他并不是说，每个有才能的人都是哥白尼学说的支持者；他说的是，每个有才能的人要么是第谷要么是哥白尼的支持者。对传统的托勒密观点不再存在任何辩护的余地。托勒密认为行星围绕地球旋转。[15]然后，关键问题是，移动的是什么——太阳还是地球？伽利略声称，地球移动的可能性远远大于太阳。因为像其他行星一样，地球被反射光照射。所有其他被反射光照射的天体都围绕另一个天体运行。另一方面，太阳似乎没法与其他恒星区别开来，恒星都是静止的。

但是，如果伽利略真的反对第谷体系而不是托勒密体系，那么他为什么不简单地说出来呢？他与格拉西的通信交流表明他很愤怒，因为第谷似乎最终成了他的天文发现的受益者。伽利略决定不承认他暗示过自己的观点是处在第谷支持者和哥白尼支持者之间。他决定把争论双方的观点尽可能明晰，迫使第谷方的哲学家要么承认他们是真正的亚里士多德学说支持者，要么承认他们不反对哥白尼的观点。此外，他并不是唯一试图以这种方式使争论明晰化的人。1611 年，耶稣会的数学家们似乎渴望接受伽利略的新发现，耶稣会的会长却下令会士们必须尽可能避免在思想上有什么创新举动。因此，如果说自哥白尼被批判以来，耶稣会士大都是第谷的支持者，那么他们此时都不愿意多说——而是急于坚称他们是正统的亚里士多德学说支持者。伽利略几乎不用担心他们会抗议他给第谷留下的解释空间不足。但正如我们将看到的，可能还有一个更 180
急迫的理由让第谷退出辩论。

一方面，写给英戈利的信比伽利略准备在《对话》中表达的意思更深入。和同时代的大多数人一样，英戈利认为哥白尼体系需要宇宙大得令人难以置信。伽利略根本没有被这个问题困扰住：实际上，他打算说，没有办法去区分宇宙是有限的还是无限的。[16] 这是个危险的领域。布鲁诺认为宇宙是无限的，不仅恒星都是太阳，而且它们都被无数的有人居住的星球（这意味着存在着无数的基督，每个世界都有其救世主）所环绕。而且，很难让人明白的是，无限宇宙怎么会是造物主的作品：一个无限宇宙肯定是永恒存在的（如亚里士多德所宣称的）。

当伽利略给英戈利写信时，多梅尼科・克雷斯皮・达・帕西尼亚诺（Domenico Crespi da Passignano）[*]给他画了一幅肖像画，他早先与伽利略通信讨论过太阳黑子。这幅绘画的委托来自罗马的艺术家和建筑师马塞洛・萨切蒂和马蒂亚・萨切蒂（Marcello and Mattia Sacchetti）兄弟。当画作到达罗马时，同时送达的还有给英戈利的回信，伽利略的亲密朋友马里奥・圭度奇说，这是一幅很好的肖像画，除了伽利略的胡子有些太白——圭度奇总结说，自从他去过罗马后，肯定在四个月内变老了。[17] 这幅画描绘了伽利略 60 岁的样子。他穿着一件教授长袍。他那简单的亚麻领子是由他女儿玛利亚・塞莱斯特给他缝制的。在贝罗斯瓜尔多（Bellosguardo）[†]山上的别墅花园里工作几个小时后，他饱经风霜的脸庞晒得更黑了。眼睛里闪烁着焦虑，眉毛皱起，嘴角微闭。这是一位既不

---

* 多梅尼科・克雷斯皮・达・帕西尼亚诺，伽利略同时代的意大利画家。

† 贝罗斯瓜尔多，意大利西南部的一座小城。

高兴也不自信的男人。

伽利略写给英戈利的答复信件于10月份被寄送到了他在罗马的朋友们那里，并且不久后在他们中流传开来。[18] 英戈利听说后，自然就要求看看答复的抄本。[19] 伽利略的意图就是要亲自到罗马来：写给英戈利的信被用作了对教皇的试金石。[20] 但接着情况发生了变化，切西强烈建议现在还不是来罗马的时候。伽利略在罗马的朋友们了解到，《试金者》在宗教裁判所遭到了批判：他们猜测伽利略被指控宣扬哥白尼学说，尽管我们现在知道他被控的罪名是对第一性质和第二性质做出了区分，而这与对圣餐变体论的信仰相矛盾。这项指控被驳回了，但还是有人担心写给英戈利的信会挑起有关异端邪说的新指控。[21] 此外，瓦尔特里尼（Valtelline）[*]爆发了战争，瓦尔特里尼是控制穿越阿尔卑斯进入意大利的重要关口。西班牙军队参与了战争，法国似乎可能投入部队以驱赶西班牙人。相比于哲学家们的争辩，教皇对战争更为关切。因此写给英戈利的信被收了回来，不再被传阅，英戈利本人未被准许阅读信件的抄本。

181 伽利略已经在重新研究他的潮汐理论——这是支持哥白尼学说的关键论据，这些论据在写给英戈利的信里被忽略掉了。现在他定居下来，撰写了自1610年就应承要写的重要著作，关于两个世界体系——托勒密体系和哥白尼体系的研究。他的研究进展很慢：他说，当事情进展得很顺利时，他就能一天写一个小时。[22] 他很容易分心，浪费了几个月时间通过给磁铁镀铁的方式来改进吉尔伯特的提高磁力的方法。[23] 他发现很难读懂——不仅是亚里士多德学派的著作，还有诸如开普勒等支持哥白尼学说的作品。[24] 写作上甚至更糟。[25] 多年过去后，几乎没有什么变化——这段时间也就是，或至少看起来是，伽利略漫长的思想生活中最平静的一段岁月。[26] 这段时间里，他肯定写了一些论述神迹的论文，这些论文短时间内在他的密友之间流传，很快他的朋友们判定他过于鲁莽，有所退缩。如果这篇文章流传至今的话，我们可能会看到他这段时间内的思想活动的另一面。或者因此伽利略声称，《对话》到1624

---

* 瓦尔特里尼，位于意大利北方伦巴第的一个山谷，与瑞士接壤处。

年 12 月接近完成，[27] 但随着时间的推移，他似乎是在倒退而不是在进步。到了 1628 年秋，随着写给英戈利的信和论述神迹的信被撤回，而且《对话》还没有完成，他已经完全陷入了停顿。据说他的大计划已经被废弃，再也没能完成。[28] 他在思想上和政治上遇到了很大的麻烦，这些麻烦足以解释他研究工作停滞不前的状态。但在这些年里，他与家人的关系越来越有问题。实际上，家人成了他焦虑的根源。在再次回顾伽利略的思想活动经历前，让我们集中关注一下这些关系。

182

26 家庭关系

在专业历史学家眼中，传记不是一种在思想上受到尊重的史学类型。这是因为关于传记的用途存在很多混淆不清之处——如果我们勇于承认的话——就如历史学的用途也存在很多含混不清的地方。当我们转而仔细研究伽利略的私人生活时，我们需要理清其中的一些混乱。

我这本书的主要目的是给世界上最伟大的科学家之一写一部思想传记——重构他的思想随着时间迁移而发生的变化。对这项做法的一个明显反对意见就是，人们并不是孤立地进行思考：他们通过与他人交谈，通过分享想法，通过参与共同的事业，来进行思考。这种反对意见总是合理的，但相比于其他重要的知识分子，这种反对意见对于伽利略来说几乎没有什么意义。伽利略确实单独思考过。他有机会和诸如第谷·布拉赫及开普勒等进行合作，但他还是躲开了他们。最后一个对伽利略的科学思想产生影响的重要知识分子是威廉·吉尔伯特。伽利略在自己最重要的论著发表的三十年前就已经读过吉尔伯特的书。他有一群关系密切的朋友，分享着他的想法——私人科学（private science），在概念上与私人语言（private language）一样都是有问题的——他们的作用主要是确认他的研究工作的重要性，而不是进行批评和发展他的研究。人们因此可以写一本关于伽利略的思想传记，只关注伽利略一个人，并把（例如）林琴学会当作背景。

然而，就伽利略而言，重要的不仅仅是他的想法。1616 年对哥白尼学说的批判以及 1633 年他的受审是理解近代早期的科学的文化地位的重要事件。对这些事件的令人满意的描述不应该以伽利略为叙述起点，而是应该以对待传统、权威和反教会改革的创新的态度作为起点；其论述重点应该把耶稣会科学家和伽利略放在一样的位置。尽管如此，在 1616 年和 1633 年，伽利略仍然起着重要作用。理解这个作用就要认识到他的方法是对抗性的。他并没有避开哥白尼学说转而钻研其他研究主题，例如抛射物运动。他并没有用谨慎的、假设性的术语来介绍哥白尼学说。在面对对手时他什么事都要跟人赌一把，赌自己能赢他们——要么就大赢一场要么就彻底输光。显然，我们无法回避有关伽利略的性 183
格以及他所许下的个人承诺的问题。他为什么离开威尼斯？在那儿他免受宗教裁判所的迫害。他为什么花费三十年时间来撰写他的世界体系著作？为什么他无缘无故地和耶稣会就 1618 年的彗星发生冲突？为什么他不在国外出版著作？这些问题的答案与对伽利略的性格的评价分不开。在这里，传记——被理解为对一个人的习惯性反应和反射活动的研究成果——成了科学进步和文化变革研究的密不可分的一部分。如果历史学家不能为传记找到其确切的定位，那么他们的史学在这方面就显得很薄弱。

传记上使用性格分析方法证明，较之过去的研究，这种做法更能近距离地研究伽利略的私生活。但我承认，有两个更深层次的动机奠定了我接下来的讨论基础。首先，像其他传记作家一样，我对人的生平故事感兴趣，人际关系肯定是这类型故事的中心。作为一种专业，历史学经常回避讲故事，因为这样做似乎缺少知识的准确性，在历史研究的过程中，保留对历史的兴趣和感觉的作用被低估了。伽利略与亚历山德拉·布奥纳米奇（Alessandra Buonamici）之间的情人关系本身就是一个值得讲述的故事——一个真爱的故事。

而这给我们研究伽利略个人生活带来了第三点，也是最复杂的一点。这是一本关于伽利略的书，因为伽利略是一位伟大的科学家；然而，没人满足于历史学只描写伟大的方面。我们需要为伽利略的弟弟和儿子，甚至他从未承认过的女儿找到叙述的空间，这不是因为他们重要，而是因为他们每个人及我们每个人都有权受到尊重。有名的例子是爱德华·汤普森（Edward Thompson）[*]试图从历史学的纡尊降贵中拯救手摇纺织机；我的意图（可以肯定，恰当的意图）是拯救那些和伽利略关系密切的人，这些人每当未能发挥他们应有的作用时，他们的故事就会被写出来——这些作用包括女儿的孝顺、学生的崇拜、朋友的忠诚。伽利略与他的女儿玛利亚·塞莱斯特的关系象征着他的私生活。有两个理由，这个关系可以替代他私生活的其他方面。首先——这是一个很好的理由——玛利亚·塞莱斯特像一个天使一样写作。其次——在我看来，这似乎是个很糟糕的理由——她尽心孝敬父亲，崇拜和忠诚于父亲，而他对她一直很慷慨。因此，在把伽利略当作世俗圣人的描述中她起着核心作用。但伽利略不是圣徒，如果他是圣徒，他的一生就会完全不一样。如果我们要了解他更多的优点和缺点，我们就需要对他的个人生活的其他方面进行探究——顺便，重新对他与玛利亚·塞莱斯特的关系进行考证。

1627年的某个时候，伽利略鼓励外甥温琴佐·兰度齐（Vincenzo Landucci），娶安娜·迪·科西莫·迭希亚尤蒂（Anna di Cosimo Dieciaiuti），尽管本人的父亲本内德托·兰度齐反对，而伽利略和本内德托的关系一直就没好过。[1]我们没有关于当时婚姻状况的报告：我们只是由于对当时因婚姻而产生的冲突和争执的了解才知道了当时的婚姻
184 是怎么样的。本内德托立刻表态拒绝支持儿子。（温琴佐后来因赡养问题和父亲打官司，但是败诉了。）[2]实际上这是一桩奇特的婚姻。伽利略一直为安娜在女修道院的成长支付费用。他现在还出钱给她买结婚衣服，婚礼在他家举行。他可能给了她800达克特的嫁妆，因为他似乎给新人夫妇支付了剩下的所有费用。当然，他答应温琴佐一年给他100

* 爱德华·汤普森，20世纪英国马克思主义历史学家，以研究英国工人阶级而著称。

达克特，并支付16达克特的租金，并为这对夫妇找到了居住的地方。1630年，他们只以握手的方式达成了协议，协议的限制条款是，一旦伽利略为温琴佐找到了好的工作，他就可以停止支付钱款。这些安排自然引起了人们的议论纷纷，让伽利略的儿子（名字也叫温琴佐）和弟弟米开兰基罗感到羞辱和愤怒。大家都问，安娜·迪·科西莫·迭希亚尤蒂到底是伽利略的什么人？以至于他要为她安排一场隆重的婚礼，并为她付出全部费用，好像她就是他的女儿一样。[3]

这个婚姻诞生了两个孩子——一个小男孩，叫本内德托，1631年2月出生；一个小女孩玛利亚·维吉尼亚（Maria Virginia）。[4]本内德托出生前的几个月，伽利略违背了自己的协议义务，没给外甥支付费用。1631年5月，两人相互起诉对方。[5]我们不清楚案件的关键细节，因为法庭不公开地听取了他们提交的诉状，而我们知道温琴佐已经沦落到出卖除了床以外的家具的地步，还被迫去一所为瘟疫受害者所开设的传染病医院打工。而伽利略则声称他现在有义务支持他已故弟弟的家人。法庭的判决对温琴佐有利：只要伽利略还活着，他就必须每年给温琴佐支付折合72达克特的钱款，即使温琴佐有了固定收入他也要支付。但是他不用再为温琴佐支付租金。法庭驳回了伽利略的主张，他说温琴佐售卖家具欠了他的钱。

1633年7月，安娜死于瘟疫。伽利略从锡耶纳（Siena）*写信询问玛利亚·塞莱斯特，温琴佐情况怎么样。玛利亚回复："我没法知道兰度齐对妻子的离世有多哀伤，我知道的是朱塞佩（Giuseppe）（伽利略的仆人）告诉我，他去那儿的那天，是和龙迪内利先生（Signor Rondinelli）一起，带给他6达克特（一个月的津贴），那天是这个月的18日。他们把钱留在了门口台阶那儿，看到了温琴佐在远处的房子里，他看起来很痛苦，面如死灰，带着两个婴儿，一男一女，为了这两个孩子他才活了下来。"[6]

从罗马受审的法庭回到阿尔切特里（Arcetri）后不久，伽利略就停

---

* 锡耶纳，位于佛罗伦萨以南50公里的城市。

止给温琴佐付款，他说给钱只是为了补贴他们的婚姻，但法庭还是恢复了协议的效力，尽管他们正式允许伽利略以安娜死亡责任就终止为理由
185 提起诉讼，要求取消那份协议。1638 年 9 月，伽利略和兰度齐达成了新协议：伽利略不再给兰度齐付钱，而是资助维吉尼亚进入女修道院。[7] 1639 年 12 月伽利略到女修道院探访了维吉尼亚，同时他急切地想在政府储蓄计划“嫁妆基金”（the Monte di Pietà）[*] 里给她留出 700 达克特的份额——这个举动需要得到大公的许可，伽利略的代表曾口头上向大公解释过采取这个行动的理由。[8] 在信件中伽利略只是很隐晦地说，他并不想这么做，但这么做没有违背自己的意愿。几乎在同时，他也向伏尔根齐奥·米坎齐奥解释为什么他认为自己是支持安娜的家人的，米坎齐奥发觉他的解释过于高深莫测以至于他没法理解。[9] 不久大公（大概是根据自己在 12 月份听到的口头解释）开始用自己的钱来补贴维吉尼亚，1640 年 8 月伽利略为维吉尼亚向“嫁妆基金”存入了 400 达克特，这笔钱是女修道院在她 12 月宣誓之后退回来的钱款。[10] 维吉尼亚存留下来的只有一封短笺，这份短笺于 1639 年寄出，她在里面感谢了伽利略为她所做的一切。[11]

我们最后再看看维吉尼亚。1641 年，亚历山德拉·波契内里·布奥纳米奇（伽利略儿媳的妹妹）在普拉托（Prato）[†] 偶然遇到了一个人，这个人是伽利略的小亲戚，她称伽利略为“父辈”（parentina），虽然亚历山德拉后来才发现这个人到底是谁。如果她当时就知道了，她就会告诉伽利略，在和那个人谈话时就会表达对伽利略的敬意。事实上，她至少见过这个人一次，分别时对她的清晰印象是“美丽而诙谐”（molto bellina e spiritosa）[‡][12] 正如玛利亚·塞莱斯特为伽利略认真地画了两个失去了母亲的婴儿本内德托和玛利亚·维吉尼亚的画像那样，人们也觉得这里传递的信息比传言中的要多。据了解，这位小亲戚和伽利略关

* 嫁妆基金，佛罗伦萨政府设立的一种特殊储蓄制度，家里如果生了女儿，必须购买一定数量的该基金；等到女儿结婚这些基金就可以本息一起兑换为现金，当作嫁妆。

† 普拉托，意大利中部城市。

‡ molto bellina e spiritosa，意大利语。

系较近，也是一位很关心伽利略的人。至于她的兄弟本内德托，维维亚尼遇到他时他已人到中年。看起来他长得和伽利略一模一样（il vero ritratto）*。[13]

因此——伽利略为安娜安排了这桩婚姻，好像她就是他的女儿。他对安娜的女儿也担负了同样的责任，就像对自己的女儿那样。表面上看，伽利略的付出是出于对外甥温琴佐·兰度齐的善意，而玛利亚·维吉尼亚只是他的甥孙女。但是，我们可以肯定，这表面之后隐藏着什么秘密：温琴佐·伽利略和本内德托·兰度齐的愤怒，1631 年的审判中提交给法庭的秘密证据，1639 年向大公传达的口头解释，以及当他们向米坎齐奥陈述事实时他对这些事实的困惑反应——每一份证据都揭示，只有某个隐藏的动机才能解释这份与温琴佐·兰度齐签署的协议，这份伽利略承担责任的协议会因安娜的死而被取消。只有一种解释符合所有的证据：安娜是伽利略的女儿，而本内德托和维吉尼亚是他的孙子孙女。伽利略有三个孩子，是和玛丽娜·加姆巴所生，但他还有第四个孩子安娜，安娜母亲的名字叫卡珊德拉（Cassandra）。[14] 安娜肯定是在 186
伽利略 1610 年从帕多瓦迁移到佛罗伦萨后不久出生的，并在 20 岁出头时就去世了。考虑到伽利略为她安排这桩婚姻所花的费用，以及为她的女儿而承担责任的意愿，人们很难否定伽利略很喜欢她，甚至当她去世时他都希望听到兰度齐是真的爱过她的。伽利略与她母亲卡珊德拉的关系，并没有留下更多的信息。

米开兰基罗·伽利雷的回归

伽利略的弟弟米开兰基罗，比伽利略年轻近 12 岁，也是一个让人失望的人。1593 年，他作为一名音乐家从帕多瓦去往波兰赚钱；有段时间他回来了，但 1600 年时他再度去波兰，而伽利略花了 60 达克特将他赶了出去。而米开兰基罗没能偿还这笔借款（虽然他一年赚 300 斯库多，

---

* il vero ritratto，意大利语“一模一样”。

而且他的雇主还给他提供了一位仆人、一辆马车和四匹马），他也没能为出嫁的姐妹提供嫁妆。1606 年他回到帕多瓦，但 1608 年他又到了慕尼黑，在那儿有四位大使参加了他与安娜 · 奇亚拉 · 班迪内利（Anna Chiara Bandinelli）（以“奇亚拉”之名为人所知）的婚礼。这时，兄弟两个为是否花钱办婚宴而不把钱给利维亚置办嫁妆而发生争吵。[15] 米开兰基罗在其他方面很奢侈——例如，他坚持喝进口的葡萄酒而不是当地的啤酒。[16] 岁月流逝，伽利略很少见到他的弟弟（1615 年曾短暂见过），但两人偶尔也互通音信，表达亲情。伽利略剥夺了米开兰基罗的继承权，将权利转给自己的儿子，这事似乎也没有引起他们兄弟俩产生分歧。

然后到了 1627 年 1 月，来到慕尼黑二十年后，米开兰基罗宣布将带着他的妻子、小姨子以及他的七个孩子（他的妻子即将生下第八个孩子）回家。他已经没有钱了，打算重新开始。伽利略这时视力衰减，正急于找人来照顾自己——他已经知道他要盲了——他转而向米开兰基罗寻求帮助。到了 5 月份，计划发生了变化：米开兰基罗现在打算派他的妻子和几个孩子回去，他则和其他人留在慕尼黑。他向伽利略保证，让一个女人来照顾他，陪伴他，对伽利略有好处。他和其他人稍后可能会接着回来。但到了 8 月份，他们又改回了原计划：全家和一位仆人一起回来（虽然最后有一个女儿留下了由修女照顾）。[17] 伽利略要他弟弟在启程前卖掉慕尼黑所有的东西，米开兰基罗不愿意断了后路。他错算了他哥哥给他的旅费。[18] 他们大概是 9 月份到达的。1628 年 2 月，米开兰
187 基罗回到了慕尼黑，把家人留给了伽利略（除了温琴佐，我们知道他正在罗马上学）。他象征性地把伽利略房子的钥匙装在了自己的口袋里离开了。[19] 事实是，伽利略在佛罗伦萨是可以养得起全家的，而他确实也是在供养全家；但米开兰基罗无法忍受失业和依附哥哥的状态，也不愿迁移到城里住（城里可能有父母的房子）。[20] 他明确表示，他的意图就是，如果他能对家族有所帮助他就再也不会回到佛罗伦萨了。

看起来兄弟俩想法完全不一样。米开兰基罗梦想与哥哥住在一个幸福的大家庭里。但伽利略希望他去住他们母亲的房子，他不愿意回想与母亲的往事。这个要求太过分了。

于是，伽利略就与奇亚拉及五个 12 岁以下的孩子一起生活。[21]1628 年 3 月他病倒了，他自己一个人住到城里一个朋友家里，才享受了点平静时光，因为在家里他总是被无法忍受的喧嚣所围绕。[22] 但他对奇亚拉很满意，并答应她，会在遗嘱中对她有所照顾。如果他的话是可信的，那他肯定是打算剥夺儿子温琴佐的继承权，温琴佐最近遇到了麻烦。[23]1628 年之后的某一天，米开兰基罗回到了佛罗伦萨，带走了他的妻子和孩子。他和伽利略关系破裂：米开兰基罗病了，贫困潦倒，伽利略可能告诉过他，他的孩子最好留在佛罗伦萨，他也应该留在那儿。

米开兰基罗·伽利雷于 1631 年 1 月 3 日去世，他在心理上出了毛病后身体也生病了：三年来他一直忍受着心理上的忧郁，只是在这段时间里他才感到身体不适，在无依无靠的状况下离开了自己的妻儿。[24] 伽利略并没有急于帮助他们，他在答应这么做时受到了不小的压力：我们所知道他付出的唯一一笔帮助款项是 50 斯库多，而不久之后他又被催促着给他们更多的资助。[25] 祸不单行的是，1632 年慕尼黑落入了瑞典人手里，这家仅有的财产遭到了毁坏，1636 年时只有三个孩子温琴佐、阿尔贝托（Alberto）和科西莫幸存了下来，奇亚拉则弃他们而去了。[26] 伽利略一直在打探他们的消息，当听到他们的悲惨遭遇时不禁哭了。他立即决定给他们寄去 100 斯库多，并邀阿尔贝托来自己家里。[27] 阿尔贝托最终获准在 1637 年秋天来到他那里，并与伯父一起住了一年时光。伽利略费了很大劲给他弄了一把精美的小提琴，并安排他去了一趟罗马。[28] 在他 1633 年和 1638 年的遗嘱中，把 1000 斯库多分给米开兰基罗活下来的几个儿子。但在一份日期标注为 1638 年 11 月 19 日的遗嘱附加条款中，他又把他们的名字删除了。阿尔贝托在六七周前就离去了。除了给尚在世的女儿阿坎格拉（Arcangela）（利维亚入女修道院后的名字）留了一笔养老金之外，伽利略把自己所有的财产留给了儿子温琴佐，不过他还是尽一切努力保护自己的资产以便留给后世子孙。[29] 临 188
终时，米开兰基罗给哥哥捎去了一封信，恳请他照顾自己的妻儿。但慕尼黑太远了。而当阿尔贝托 1638 年离开佛罗伦萨时，伽利略就没有想过会再见到他。

尽管所写的信没有得到回复，阿尔贝托还是继续老老实实地给伽利略写了一段时间的信。1639 年 11 月，在完全没有意识到自己被剥夺了继承权的情形之下，他甚至正式写信请求伽利略同意他的婚事——因为，就如他有理有据讲述的那样，伽利略是他在世上唯一的庇护者。[30] 伽利略当然收到那封信了，但当他知道他的老朋友伏尔根齐奥·米坎齐奥发现了他不管阿尔贝托的死活的事实时，他才因为感到羞愧而迟迟回了信。[31] 伽利略为他的妹妹们置办嫁妆而做出了相当大的牺牲，他接纳了弟弟及其家人，并尽力照料他们。他对自己的非婚生子女也很照顾。他肯定觉得自己做得足够好了，但他很明白自己的行为经不起朋友和邻居的目光的审视。

但伽利略为什么对阿尔贝托铁石心肠还有另外一个理由。十多年来，随着年龄的增长他一直担心谁会来照看他；十多年来，他也知道自己在渐渐地失明。在他住的别墅里有两位仆人——一个男人和一个女人——但他肯定担心，一旦他瞎了，他就没法掌控家事，更没法进行思考研究。可能就是这种担忧促使他鼓动米开兰基罗回到佛罗伦萨，甚至竭尽所能地让奇亚拉留在他身边。在阿尔贝托到来之前不久，大公听到有人传来消息说伽利略希望再也不会用他的望远镜了，他去探望了伽利略，并答应（我们可以推测到的是），无论如何，都会好好照顾他的生活——这是他必须坚守的承诺。[32] 但是阿尔贝托前来探访他的那年，伽利略最终丧失了视力，他不得不学习如何在盲的状态下生活。这是情况很不确定的几个月，如果伽利略和他侄子的关系很密切，在侄子前来探视的期间他肯定非常依赖阿尔贝托。对于一位盲人来说，有一位技巧娴熟的音乐家为他演奏，那必定是一件令人极度愉悦的事。我们不知道，他们是否讨论过阿尔贝托留下来的可能性——他有工作要回去做，而且没有证据表明他在数学上有什么能力，而这种能力对任何一个陪伴伽利略的人来说是必不可少的先决条件。但是，不管合不合理，伽利略肯定觉得他的离去是对他的遗弃。

米开兰基罗的儿子温琴佐

1628年6月3日，距米开兰基罗回慕尼黑后几个月，本内德托·卡斯特里从罗马写信给佛罗伦萨的伽利略。卡斯特里一直在照顾伽利略的小侄子温琴佐，也就是米开兰基罗的儿子，他被送到了罗马学习音乐。[33] 不幸的是，温琴佐一直惹麻烦。他抱怨在四旬斋（Lent）期间的无休止的布道声中要一直坐着——他说，这些布道的话左耳进右耳出。他拒绝做祈祷，甚至把复活节忏悔拖延到最后一刻。他彻夜不归，与外国人厮混在一起。他生活奢侈——他曾试图买一枚钻戒。在受到告诫时，他冲着卡斯特里喊道："只是因为我父亲和伯父想要摆脱我，我才到这儿来的。"[34] 卡斯特里认为这话太接近事实了，因为有人曾提到温琴佐打他母亲。温琴佐这样的反应太令人震惊了。[35] 卡斯特里告诉温琴佐，他差点就想用手打他，像打疯子一样打他。 189

事情够糟的了。但温琴佐甚至和房东吵起来了："我可不是白痴，像你那样对着一小块彩绘的墙都能崇拜的白痴。"卡斯特里这时向伽利略报告："房东非常认真地答复他，确信他并不是那个意思，如果他真的说的是那个意思，那他就会去宗教法庭告发他，接着就会被烧死在鲜花广场（the Campo de' Fiori）。"卡斯特里建议，伽利略必须把温琴佐带回佛罗伦萨，不必告诉他等待着他的是什么，而伽利略必须亲自向宗教裁判所报告，否则伽利略就会被怀疑为异端者的帮凶。[36]

温琴佐确实很快就从罗马回来了，但伽利略并没有告发他，也没有像后来卡斯特里建议的那样以不服从为由将他关到牢里。卡斯特里似乎毫不怀疑，只要伽利略一句话，佛罗伦萨的监狱就会为一个不听话的年轻人找到空间。但伽利略反而把温琴佐送去了波兰，他父亲在那儿还有些关系，能确保他不会被送到宗教裁判所。[37] 我们不知道他后来怎么样了：甚至他的家人最后也不知道他去哪儿了。[38]

卡斯特里写道，当他被告知，温琴佐曾说他感觉自己被打断了手——他可能一直在想象意大利当局在审讯期间所使用的标准式酷刑，即各种残酷刑具。温琴佐所说的话立刻就能勾起人们对异端被烧时的景象和气味的想象；有这样一个人的出现，就意味着这个人会遭受酷刑，甚至更惨。

伽利略太熟悉这种感觉了。他明白，卡斯特里是在发警告，是对他也是对其他朋友的警告。1628 年，伽利略五次被人告发到宗教裁判所：首先在佛罗伦萨，接着在帕多瓦，接着又在佛罗伦萨及罗马，最近的一次是在罗马。有人说，他从来没有因异端罪被审判过的唯一原因是他的保护者很有权势。[39] 但就如伽利略不能保护温琴佐一样，如果卡斯特里去宗教裁判所告发这个年轻人，那么有一点可以肯定的是，甚至那些
190 保护伽利略的人都会对此无能为力。关键是，每个人都很谨慎地选择他们所相信的话。[40] 卡斯特里为了自保，向伽利略提了好些建议，建议他把自己的侄子告发到宗教裁判所，还把温琴佐的疯子样很仔细地描述出来。此后他尽可能少与温琴佐待在一起，担心他会在别人在场的时候说些什么，这样他就别无选择只能去当局告发他。

温琴佐在德国出生、长大，那儿没有宗教裁判所，新教徒和天主教徒自由自在地生活在一起。卡斯特里说，如果他生长在日内瓦（Geneva），情况会更好。他的信仰可能被视为恶魔，但至少他可能知道有些底线人们是绝对不能越过的。在研究伽利略时，我们也发现了自己身处异国他乡，就像温琴佐感觉的那样。我们不理解那些伽利略、他的亲戚、他的朋友、他的保护者和他的敌人都认为理所当然的规则。需要有局外人或者疯子，或者某个不能也不会遵守规则的人的出现，否则这些规则还是没人说出来或写出来。为了理解伽利略，我们需要了解那些温琴佐顽固地拒绝接受的教训。

伽利略了解也遵守这些规则。因为他遭到了宗教裁判所的审判，受到了酷刑的威胁，还被判了软禁，所以很容易把他看作叛逆者。但叛逆者（以及那些误解规则的人）的结局与伽利略很不一样。伽利略的朋友，多明我会僧侣托马索·康帕内拉就遭到了残酷拷打，在法国的监狱中度过了二十七年的时光，最终死于流放中。[41] 伽利略的批评者弗朗西

斯科·西济（Francesco Sizzi）*去了法国，他在那儿出版了一本小册子，站到法国政治斗争的一方中。他被判坐在轮子上受刑罚折磨——也就是说，他被绑在轮子上，行刑者用棍棒对着他进行击打，将他的骨头一根根地打断，直至气绝而亡。[42] 伽利略行事态度比自己的侄子、朋友和批评者都要谨慎。他不仅是老病而死，还是在家中去世的。温琴佐的侥幸逃脱警醒了伽利略？我对此表示怀疑。他绝不会说一些像温琴佐对房东（一个不可信赖的人）说的那样的鲁莽话。

* 弗朗西斯科·西济，17 世纪意大利天文学家。

191

27
出版许可

1629年3月，伽利略生了重病，直接和死神面对面了。他决定，无论如何，最终要完成《对话》的写作。[1]他的朋友们对此很高兴。其中一个朋友写信给他，说他这个时候不再顽固不化，不再浪费自己的智力天赋了，他承认自己要对子孙后代负责。[2]几个星期后，他病情好转，都可以到花园干活了，但还是没有准备好提笔写作。

最后在1629年10月他宣布，在中断三年之后他再次开始写作——这三年里，米开兰基罗和他的家人回来了，又怀着怨恨离开了，他与儿子的关系出现了危机（其中的细节我们无从得知），更重要的是，还给那未被承认的女儿办了婚事。[3]多明我会士尼克洛·里卡迪（Niccolò Riccardi）*被选为圣殿大师（Master of the Sacred Palace）†的消息刺激了他。作为教皇实际上的私人神学家，大师有权阻止任何书籍的出版；相反，得到他的支持或多或少能保证出版顺利。西班牙国王菲利普三世（Philip Ⅲ）给他取了个绰号“怪物神父”（Father Monster），因为他体

---

* 尼克洛·里卡迪，伽利略同时代的意大利多明我会神学家、作家和教士。

† 圣殿大师，罗马教廷授给多明我会士的一项头衔，有此头衔可以被称为教皇的神学家。

型比较大。里卡迪受命去审批《试金者》的出版。他不但批准了该书的出版，还给伽利略写了些好话。他毫不犹豫地说，他完全是为伽利略服务的。[4]

伽利略希望春天完成该书的出版。他的朋友们都不知道怎么形容他们对此的轻松心情。他们对这部书稿的期待，就像期待天降吗哪（manna）*。[5]研究工作的进展甚至比伽利略的期待还快。1630年1月初，他完成一本1597年之前就开始写作的书稿。[6]其中一些章节被读给了一位受人尊敬的读者（大公）听。大公很高兴地了解到，这项伟大的研究终于完成了——尽管其他人在他面前对此书评论得比较尖锐，他们可能担心这本书是异端邪说。[7]

1629年春天他一度病危，几乎丧命。而里卡迪获得提拔的好消息，米开兰基罗和他的家人的离开加快了他的研究的进展。他早就知道自己的视力在衰退：双眼出现了白内障。不久他连朋友的相貌都看不清 192
了。[8]他知道，他最重要的一些科学发现还没发表。如果他要完成这些科学论著就得加快进度，此时他知道还有很多东西要写。

11月，伽利略写信给托斯卡纳驻西班牙大使，打探有关信风和洋流（ocean currents）的信息。[9]乔万弗朗西斯科·布奥纳米奇（Giovanfrancesco Buonamici）的回信包含了伽利略意想不到的信息。自1616年以来，他的潮汐理论非常明确地认为，每天的潮汐通常有两次高潮和两次低潮，但是他的理论显然暗示高低潮各只有一次。伽利略的解释是，第二次潮汐是第一次的反应或回应。但布奥纳米奇告诉他，有报道（伽利略本人拒绝相信）说，在东大洋（the Eastern Ocean）† 一天只有一次潮汐。似乎有决定性的经验证据最终证明伽利略的理论是对的。[10]

1630年2月，伽利略决定去罗马，并在“怪物神父”的安排下出版他的著作。直到4月底他实际上并没离开（他腿疼以至于无法旅行），

---

* 吗哪，《圣经》中的一种天降食物，是上帝赐给古代以色列人的神奇食物。

† 东大洋，早期欧洲人对印度洋的称呼。

这时他安排了一次坐着大公的坐架进行的旅行。[11] 同时，他的旅行得到了官方的同意，这意味着他将可以和佛罗伦萨驻罗马大使待在一起。科西莫二世·德·美第奇 1609 年上台执政，次年带着他的数学导师伽利略去到了佛罗伦萨。1621 年科西莫去世；他的继承者费迪南多二世到 1630 年时才 20 岁，他自 1628 年成年后一直是佛罗伦萨名义上的统治者，而他的母亲仍执掌着大权。他要证明自己是伽利略忠实的支持者，就像他父亲那样。实际上他的支持程度受到了考验。因为费迪南多刚成年，就有人试图剥夺伽利略的薪金收入，理由是他的收入来自对神职人员的征税，这些神职人员被认为是服务于比萨大学的，而实际上伽利略并没有在比萨大学开课。在征询了教会法律师的意见后，伽利略的薪金被保留了下来。部分原因是他完成了三部伟大著作，这些著作完全证明了花在他身上的钱是物有所值的。[12]

伽利略于 1630 年 5 月 3 日到达罗马，6 月 29 日离开。在那儿他遇到了老朋友们，其中就有康帕内拉，伽利略与他进行了一场热烈的辩论，伽利略还有钱波里和其他几个人［包括苏格兰人乔治·康恩（George Conn），他后来作为教皇的代表被派去和查理一世*谈判对天主教徒的宽容问题］为原子论进行了辩护，而康帕内拉对此进行批驳——然而在另一场对话中，伽利略所讲的话比起他在论著上的话更加自由。[13] 他到那去执行一项任务。他带着已经完成的《对话》手稿前来，离开时觐见了教皇，还得到了“怪物神父”的承诺，要获得出版许可，需要对手稿做少量改动。在夏天最热的月份，每个有能耐的人都离开了
193 罗马，而伽利略可能觉得他在罗马的事还没办完。他把手稿留了下来，但切西王子的健康状况出了问题。[14] 他希望秋天时把一份略加修改的手稿（不管怎么样他还要写上一篇序言，编制一份索引）寄回罗马。切西将会获得正式的出版许可，然后经过出版机构看到该书。[15] 如果有必要，伽利略将亲自返回罗马。书将被呈奉给教皇本人或他的红衣主教侄子，否则就有可能被献给王子。

---

* 查理一世，17 世纪的英格兰国王。

为了获得出版许可，伽利略需要说服三个人。第一个人是教皇的侄子红衣主教弗朗西斯科·巴贝里尼。1630年2月，巴贝里尼与卡斯特里进行了一次长时间的私下谈话，卡斯特里概述了伽利略的潮汐理论，认为潮汐是由（纯粹假设的）地球运动所引起的。巴贝里尼表示反对：地球移动了，这不就意味着它是一颗星星（star）吗？而这不是在神学上不可接受的吗？卡斯特里向他保证：伽利略肯定会证明地球不是一颗星星。[16]

这次讨论至关重要。因为这是我们了解弗朗西斯科·巴贝里尼想法的最好指南。我们首先需要了解他们说了什么。在古典天文学中有两种星星（star）：恒定的和移动的。一个移动的地球应该是一颗移动的星星——换句话说，就是一颗行星。当卡斯特里向弗朗西斯科·巴贝里尼保证时，他把“星星”这个词的两种含义说得很含糊：伽利略当然可以证明地球不是一颗恒定的星星，但恰恰是在给英戈利的信中他认为地球和行星之间没有明显的差异。但是，卡斯特里认为，很容易看出没有两颗行星是相似的。伽利略当然可以证明，地球不同于火星或金星。从这个意义上讲，不存在这样一个典型意义的移动星星。

对巴贝里尼来说，这些都是他关心的问题，他肯定对此有过相当多的思考。此前一年，他的兄弟塔代奥委托给巴贝里尼宫（the Palazzo Barberini）的整个天花板画了一幅巨大的壁画。在这幅画中，地球悬挂在太空中，这个大球上大陆清晰可见。在画的中心是正午的太阳，其光芒如此闪耀，令人眼花缭乱，以至于太阳本身都让人看不清是圆盘状了。地球和太阳之间的是神圣智慧之神（Divine Wisdom），像智慧之神通常所做的那样，拿着一面镜子，向德尔菲神谕（Delphic oracle）* “了解你自己”（Know thyself）致敬。[17]

这幅壁画是理解巴贝里尼家族天文思想的最佳指南，通常也被人误解，我们需要在此解释一下。这幅画通常被认为体现了哥白尼的宇宙体

---

* 德尔菲神谕，在希腊古都德尔菲，由女祭司从太阳神阿波罗那传递信息，这些信息是晦涩或模棱两可的。

系，但实际上该画与三个宇宙体系——托勒密、第谷和哥白尼——的关系完全是含混不清的，因为我们无法从画中看出宇宙中心在哪里，或者看出地球或太阳是不是静止的。这种模糊性肯定是故意所为。例如，我
194 们能清晰地看出晨昏线的事实并不意味着地球在旋转，因为托勒密的理论认为地球以完全相同的方式显示日与夜。但有一件事是清楚的：照亮地球的太阳与画上的从头顶上照射到每个进入房间的人的那个太阳是不一样的，因为太阳不会照亮面向观察者的地球的那一面。很显然，尽管这幅画在描绘地球时具有自然主义的精确性，但它并不是为了表现天体的真正形态——这是一则寓言，并不是宇宙学。

关于这幅画暗含了哥白尼学说的说法取决于另一个看法：这个寓言并不是由绘制这幅画的安德烈亚·萨基（Andrea Sacchi）* 所构建的，而是由康帕内拉所创作的。我们知道，乌尔班八世害怕天食，因为天食与他的出生星盘中的太阳的位置有关系，他相信天食可能预兆着他的死亡。我们还知道，他请康帕内拉施展占星法术，以便避开与天食相关的邪魔（这种做法引起了人们的议论）。[18] 对这幅画中的太阳的强调实际上反映了乌尔班自己对日心图像的关注，以及他认为太阳对理解他的出生和当选教皇的占星术含义有重要意义的信念。但这幅画所提供的占星术方面的信息非常有限，没有什么迹象表明，画与天食有关，也没有直接的证据证明康帕内拉在画稿的设计中发挥了作用。

1592 年康帕内拉遇到了萨尔皮和伽利略：在那次会见中，他们向他讲述了原子论。不久之后康帕内拉自己被宗教裁判所逮捕（他只是经过了威尼斯领地，因此威尼斯政权并未打算要保护他），对原子论的指控就是众多针对他的罪名之一。他被关在了一个修道院五年。释放后不久，他于 1599 年领导了一场反抗西班牙在那不勒斯的统治的运动。结果他被关到了西班牙人的监狱里，饱受了二十七年的折磨。1626 年，在教皇的安排下，他从西班牙人手中获释，并转到了罗马宗教裁判所的一所监狱里。1629 年，他获得了自由。

---

* 安德烈亚·萨基，17 世纪的意大利画家。

康帕内拉向伽利略表示，他是个值得信赖的哥白尼学说支持者，但我们知道他并没有向巴贝里尼家族做同样的表述。[19] 早在 1616 年，他在监狱里为伽利略写了一份辩护词，目的是影响有关是否禁止哥白尼学说的辩论的结果。这份辩护词于 1622 年在新教城市法兰克福出版。康帕内拉后来对伽利略说，该辩护词是用密码写成的——也就是说，在研究的中立立场的背后，辩护词掩盖着康帕内拉对哥白尼学说的支持。[20] 表面上看，康帕内拉只是认为，支持哥白尼学说并不是什么非法行为；他从来没有说过哥白尼那些观点是对的。有些人相信他是个比伽利略更加激进的哥白尼学说支持者——（就像布鲁诺一样）他认为其他行星可能有人居住。[21] 其他人认为，他从未倾向于哥白尼学说，他肯定向乌尔班八世保证过他不是一个哥白尼学说的支持者。[22] 在罗马，作为教皇的顾问，他鼓励教皇把自己当作太阳，然而 1634 年他被迫流亡 195
到了法国（西班牙人指责他继续密谋反对他们，教皇和法国大使帮助他出逃）。他带来了“太阳王”的思想，很快被路易十四（Louis XIV）* 所采纳。他从巴黎给伽利略回信，说他所需要的完美幸福就是与快乐相伴。[23]

委托萨基画壁画的塔代奥·巴贝里尼不太可能比他的兄弟更会接受地球只是一个行星的观点：神学理论需要这样的看法，宇宙被创造出来是为了给人类提供一个家园，也是为了尽救赎之事。如果有许多行星适合居住，那么《圣经》不再是上帝意旨的唯一记录，而基督也不再是圣父与被创造出来的宇宙之间的唯一中介。神圣智慧之神的寓言的要点并不是要揭示地球只是个行星：要揭示这一点，就需要把其他行星和地球一起绘画出来。相反，要揭示的是，神圣智慧之神统治着全世界——这离宣称教皇作为神圣智慧的化身的权威应该得到全世界的承认仅一小步之遥。

1624 年，弗朗西斯科·巴贝里尼曾为他最近当选为教皇的叔叔设计了一辆御用马车。他打算在马车车顶中心位置画一个太阳，周围伴有

---

* 路易十四，17 世纪和 18 世纪初的法国国王，自称太阳王。

十二个星座。[24]伽利略的朋友们对教皇坐着车顶画有表现哥白尼宇宙观的画的马车四处旅行的想法感到好笑——因为就如哥白尼曾经宣称的，这幅画不是意味着太阳是宇宙的中心？1633 年，为了给伽利略定罪，弗朗西斯科·巴贝里尼移走了放置在他的图书馆里的天文钟（armillary spheres），这个天文钟描绘了哥白尼体系。[25]他肯定对哥白尼学说感兴趣，而根据他与卡斯特里的谈话，我们有理由怀疑他也是一位哥白尼学说支持者。

幸运的是，对任何一位寻求一致性的人来说，巴贝里尼宫的壁画和教皇马车上打算要装的装饰物还可以有另一种解释。在第谷·布拉赫的体系里，太阳是各个天体的中心，但地球是静止的，且与其他星球不一样。如果我们再看一下巴贝里尼宫的壁画，我们就会看到，地球并不会像星星那样发光，因为伽利略说，如果有人能从遥远的太空看地球，地球就是如此无法发光的。地球甚至也不会像月亮那样发光，就如他所说的，如果有人能从月亮看地球，地球就是那个样子。这表明，巴贝里尼更倾向于第谷·布拉赫而不是哥白尼——这可能是伽利略决定在他的《对话》里把托勒密而不是第谷当作攻击对象的重要因素。我们当然知道里卡迪喜欢第谷体系。[26]然而，伽利略与弗朗西斯科·巴贝里尼共进晚餐时，显然巴贝里尼很满意他的书没有出现严重问题。

伽利略要说服的第二个人是拉法埃洛·维斯孔蒂（Raffaello
196 Visconti）。里卡迪已再三向伽利略保证没有任何问题，但在实践中还有些问题需要讨论，他指派他的同事维斯孔蒂审阅这篇文稿，并告诉他要善待这篇文稿，说佛罗伦萨的大公已宣称很有兴趣看到文稿获准出版。伽利略和维斯孔蒂见了面，并讨论了相关事宜。维斯孔蒂答应会尽力说服教皇，伽利略的潮汐理论并不会引起异议。[27]

最后是教皇本人。他也很有同情心。康帕内拉三月份时曾去见过教皇，并告诉教皇，当一些德国新教徒发现他们不得不放弃支持哥白尼学说时，他正在将这些人转化为天主教徒。教皇回答说："这绝不是我们的意图，如果我们的决定是这样的，那么我绝不会发布这种法令。"[28]

1629 年，阿戈斯蒂诺·奥列基（Agostino Oreggi）[*] 出版了一本书，在书中他讲述了乌尔班在当选为教皇之前和一位有学问的朋友之间的对话——我们很肯定地断定这个人就是伽利略。这位朋友概述了哥白尼的宇宙模型。乌尔班的回应是问他：这是不是唯一可行的模型。他说，在你回答之前，记住，你需要向人揭示其他模型存在逻辑上的矛盾，因为上帝做的任何事情是不违反逻辑规则的。[29] 乌尔班和他的中间人一次又一次地向伽利略表明，这就是他的立场。伽利略不可以声称哥白尼学说是唯一能够解释这些现象的理论；他必须承认，上帝能够设计出超出我们理解和想象的做事方式。伽利略因此认为，哥白尼体系是合理的，并认为这个体系是有证据证明的，但他不能声称这个体系是真的。这正是伽利略在写给英戈利的信中所用的方法：在信中，由于他勇敢地支持哥白尼的观点，他坚定地宣布了乌尔班所提的原则——有些东西我们绝不可能从经验和推理中学到。钱波里给乌尔班朗读了这封信长长的摘要，乌尔班对此很满意。[30]

伽利略带去罗马的这本书的卷头插图非常用心地体现了其核心理念，这个插图是伽利略请斯蒂凡诺·德拉·贝拉（Stefano della Bella）[†] 所画。画上有亚里士多德，被画成一位虚弱的老人；有托勒密，因为来自埃及，所以戴着头巾；还有哥白尼，穿着波兰神父的服饰，站在佛罗伦萨的利沃诺港岸边，正和别人讨论天文学和物理学问题。但这个哥白尼并不像其他资料所显示的哥白尼的形象，那些资料把他画成一位年轻且刮干净了胡须的人。事实上，伯内格（Bernegger）[‡] 的拉丁文翻译不久修正了这个“错误”，他在《对话》第二版的插图中给出了一幅更为精确的肖像。伽利略和德拉·贝拉似乎不可能弄到哥白尼的肖像；相反，他们把他画成了伽利略的样子。三位哲学家的头顶上悬挂的很可能是在 197

* 阿戈斯蒂诺·奥列基，伽利略同时代的神学家和红衣主教，是乌尔班八世的私人神学家。

† 斯蒂凡诺·德拉·贝拉，17 世纪意大利的绘画师和版画匠，因给许多重大主题做蚀刻画而出名。

‡ 伯内格，16—17 世纪德国的语文学家、天文学家和拉丁文作家。

戏剧表演的开场升起来的幕布——这个装置实际上被德拉·贝拉用作表演的开端。读者马上就知道，亚里士多德、托勒密和哥白尼只能在一个虚构的空间中相会；而佛罗伦萨的读者很熟悉伽利略的样子，他们明白，在这本书中，伽利略扮演的是哥白尼的角色。实际上，伽利略的代言人萨尔维亚蒂在《对话》中解释说，他决定扮演哥白尼的角色，甚至将自己伪装成哥白尼（佩戴着哥白尼的面具），但这并不意味着他真的是哥白尼。他保留着脱下戏服的权利，当他离开舞台时他显得和别人很不一样。[31] 但我们从来没有看到幕布落下——我们从来没有看到萨尔维亚蒂离开舞台。

此外，虽然这本书表面上是三个人（萨尔维亚蒂，是信心十足的哥白尼；萨格雷多，是一位公正的知识分子；辛普利西奥，是一位思想顽固的亚里士多德学说的支持者）之间的讨论谈话，他们没有一个人认同伽利略的观点（因此这使他拒绝承认萨尔维亚蒂的哥白尼学说），在书边的指导读者阅读的摘要里出现了第四个声音。这第四个声音，是个匿名的评论者，无疑就是一位哥白尼学说的支持者，他只能是伽利略。[32] 毫不奇怪，替宗教法庭（Holy Office）阅读《对话》的神学家们引用这些旁注来反对伽利略。[33] 这些页边的评注出现在伽利略带到罗马的书中？还是这些评注是后来加进来的？我们无法确定。1632 年，《对话》的手稿从佛罗伦萨送到了罗马，作为审判伽利略的证据。手稿根本没有送达，而是在邮寄中丢失了。[34]

但是，我们可以肯定的是，伽利略 1630 年带到罗马的文稿实质上与最终出版的书是相同的，因此伽利略应该知道，他并没有真正遵守教皇所提的条件。潮汐是由地球运动所引起的整个观点是要证明哥白尼学说是对天体结构唯一可能的解释。无论是谁所证明，证明就是一种证据；无论是伽利略本人，还是萨尔维亚蒂，他们在对话中扮演的哥白尼的角色，他们所说的话都没有什么区别。尽管如此，在他离开罗马时，维斯孔蒂和里卡迪读到了这本书，他们决定不阻拦他回去。[35] 至于教皇，他答应给伽利略提供膳食住宿费用。[36] 他很幸运，逃脱了惩罚。

伽利略的好运没有相伴到底。8 月 1 日，切西王子去世。他的去世使伽利略失去了庇护，他曾希望王子能确保自己的著作得以出版。[37] 8月24日，卡斯特里来信给他提出了以下建议："我不想在这里把各种理由都写出来，除了已经上了天堂的我们所相信的切西王子，我认为让这本书在佛罗伦萨尽快印出来是明智的做法。我问过维斯孔蒂神父，这会不会有问题，他回答说，根本不会有问题，他很想看到你的作品能 198
出版。"[38]

在伽利略6月29日从罗马离开到8月24日卡斯特里来信之间到底发生了什么？幸运的是，我们可以做出一个很合理的推测。我们知道，伽利略打算在1624年把这封信寄送给英戈利，但因瓦尔特里尼的战事而没有寄达。现在法国、西班牙及其代理人在意大利北方边疆又发生战争了，这次是因曼托瓦公爵领地（the dukedom of Mantua）的继承问题而战。7月16日，曼托瓦落入西班牙之手，法国陷入防御之战中。[39]10天前，信仰新教的瑞典国王古斯塔夫斯·阿道弗斯（Gustavus Adolphus）入侵德国。六个月后他正式成为法国的盟友。

乌尔班的地位并不令人羡慕。他曾作为教皇驻法国代表在那儿度过了对他影响深远的几年，他在法国结交的人对他的思想产生了很大影响。此外法国也是唯一可以抗衡西班牙的大国，如果西班牙获得了对意大利半岛无可争议的控制权，教皇将失去一切行动自由。因此乌尔班本能地支持法国。但1618年三十年战争（the Thirty Years War）* 爆发，1630年6月瑞典受法国鼓动，参与了反哈布斯堡王朝的战争。如果教皇是法国的盟友，那么他也是新教的盟友，也就是天主教的敌人了。这种处境对教皇来说很尴尬。对伽利略来说这也不是一个好消息。像教皇一样，佛罗伦萨努力避免在双方之间进行选择。如果教皇本能地一直倾向法国，那么当他们下注时，托斯卡纳大公将成为西班牙的同盟；实际上，1632年时美第奇家族的两个王子弗朗西斯科和马蒂亚斯（Mattias）正在德国与新教徒作战。[40]1624年的时候，乌尔班还自豪于自己的佛罗伦萨出身，并与佛罗伦萨同胞相守于一起。现在他开始担心他们的忠心

* 三十年战争，17世纪爆发的新教与天主教之间的战争。

有变，1630 年还有谣言说他与秘书钱波里发生了争执，钱波里负责处理他的所有外交信函。[41] 伽利略和乌尔班很可能走向了对立。钱波里了解教皇的所有外交事务，他建议伽利略以私人身份而不是靠着佛罗伦萨政府的支持来罗马。[42] 与佛罗伦萨政府的密切关系已不再是一种财富，反而成了一种负担。[43]

1630 年，法国和西班牙的支持者在罗马发生了激烈的争端，双方在街头大打出手。西班牙人通过各种手段向教皇施压。1630 年初，他们成功地——至少是一段时间内——说服了乌尔班和弗朗西斯科·巴贝里尼停止接见西班牙的敌人康帕内拉。当伽利略到达罗马时，有传言说他和当时最伟大的天文学家康帕内拉（对外行来说，天文学和占星术没有区别）预言教皇将会在当年的夏天死去。据说西班牙红衣主教已经启
199 程，开始了从西班牙到罗马的长途旅程，以便及时赶上选举下一任教皇的秘密会议。西班牙人的表现显得好像教皇已经死了。至于法国人，他们的红衣主教也觉得要启程去罗马，他们担心新教皇会在他们缺席的情况下被选出来。笃信占星术的乌尔班对此非常震惊。他忧心得无法入睡。他把教皇花园里的鸟都杀了，因为清晨的鸟鸣把他从断断续续的睡眠状态中吵醒了。

占星预测出自哪里？弗朗西斯科·巴贝里尼向伽利略的朋友们保证，伽利略与此毫无关系：康帕内拉毕竟是教皇的占星家，而不是西班牙的朋友，因此这个故事显然是错的。[44]7 月 13 日，教皇很满意他追踪到了预测的源头：圣普拉赛德教堂（Santa Prassede）[*]的住持奥拉齐奥·莫兰迪（Orazio Morandi）[†]被捕了。8 月 26 日对一名重要证人的严刑拷问终于收获了一份关键证据。然后在 11 月 6 日，莫兰迪被发现死于监狱牢房里——有人说他中了毒。[45]

在 8 月 24 日的信中，卡斯特里转而立刻建议伽利略赶紧声明，说没人知道莫兰迪案出了什么事。有人说危险巨大，其他人则说一切都

---

* 圣普拉赛德教堂，位于罗马的一座古老教堂。

† 奥拉齐奥·莫兰迪，瓦隆布罗萨修会（本笃会的一个分支）的修士。

会好的。唯一可以确定的是（卡斯特里意识到他的信可能会落入坏人之手）“我们的主人们一如既往地友善”。伽利略已经很焦急地询问起莫兰迪的命运来；事情很微妙，他的回信不会提及莫兰迪的名字。[46] 因为伽利略和莫兰迪关系过于密切。[47]1611 年起他们就认识了。在伽利略的论文里，有一份来自莫兰迪的便笺，建议他参加圣普拉赛德教堂的弥撒，因为维斯孔蒂和佛罗伦萨前首席审判官会来出席弥撒。莫兰迪显然在用他广泛的影响力帮助伽利略的书稿通过审查——他之所以有很大的影响力，是因为他拥有一座很有价值的禁书（含哲学和情色书籍）图书馆，还经营着一所修道院。人们在他这所修道院内可以品尝放荡的乐趣，包括同性恋和异性恋。他还沉迷于占星术和魔法，他有篇文章就是给伽利略的出生画了一幅星象图。[48] 我们知道，因为伽利略把计算他的星座所需的信息对外人保密，可以很肯定莫兰迪对伽利略有相当大的影响。

然而，伽利略和莫兰迪之间的关系非常密切，太过于密切了。康帕内拉向当局告发了莫兰迪。莫兰迪需要采取行动保护自己。但是，受命批准伽利略的书籍出版的维斯孔蒂也是莫兰迪圈子内的人。当莫兰迪通过占星术预测到教皇之死时，维斯孔蒂对此提出异议，他提出的预测是，教皇会很长寿。[49] 但他没有告发莫兰迪，所以他也因他俩的连带关系而有负罪感。11 月，卡斯特里报告说，他在处理一些占星术作品和其他书籍时遇到了麻烦；1631 年 3 月有消息称，维斯孔蒂很不体面地被 200
派去了维特尔博（Viterbo）*。里卡迪失去了一位同事，而伽利略也失去了一位顺乎自己心意的审查官。但这还不是最糟糕的。伽利略面对着一个闻所未闻的指控：他知道莫兰迪的预测，但没有采取措施加以反驳。难怪卡斯特里认为伽利略应该到远离罗马的地方尽快出版他的书。

伽利略显然同意了；实际上，在收到切西王子去世的消息之前的 8 月 6 日他已经开始寻找其他地方出版他的书，而此事肯定发生在他知道莫兰迪被捕的消息之后。[50] 他不大愿意在佛罗伦萨出版，因为当地印刷厂商的印制质量很差。他考虑过威尼斯——他甚至向人打听过——但

---

* 维特尔博，位于意大利中部拉齐奥的一座古城。

这么做要冒一定的风险，因为威尼斯和佛罗伦萨会在战争中最终走向对立。[51] 他还在热那亚问过出版的事。[52] 而同时，从曼托瓦的围困中撤出的士兵把鼠疫（bubonic plague）传染到了整个意大利。各地建立了隔离区，打乱了各地正常的通信。[53] 很显然，如果伽利略要尽快出版他的书，他只能选择在佛罗伦萨出。9 月 11 日，他很顺利地获得了佛罗伦萨教会当局的出版许可——有一种解释说，里卡迪会在书出版前把书毁掉。伽利略肯定很敏锐地意识到，如果他不尽快出版这本书，他可能就永远出版不了：不仅他与罗马的关系会恶化，而且在 10 月份鼠疫还夺走了他的园丁的性命，接下来的几个月佛罗伦萨的死亡人数急速增加。伽利略现在很忙——他已经为下一本书在做研究工作了。[54]

28 亚历山德拉·布奥纳米奇

201

1630 年，当伽利略在罗马寻求《对话》的出版许可时，他听说他的儿媳塞斯蒂莉亚·波契内里（Sestilia Bocchineri）的妹妹亚历山德拉·布奥纳米奇意外出现在佛罗伦萨。1623 年，那时亚历山德拉将近 30 岁，守寡，受雇担任维也纳宫廷皇后的宫女，第三次结婚。她的新丈夫，佛罗伦萨人，乔万弗朗西斯科·布奥纳米奇不久受命离开她，前往西班牙。现在他回到了佛罗伦萨，才过了 18 天，她就从维也纳旅行来到了佛罗伦萨，尽管当时还处在战争和鼠疫的威胁中。在这种形势下，伽利略就算得到帮助也绝不会去任何地方，当他听到这个不寻常的女人的大胆行为时肯定感到很惊奇。

伽利略在回到佛罗伦萨的几天里，他肯定见过亚历山德拉。7 月 28 日，她写信给他，形容自己很“affezionata”*，并告诉他，她丈夫在接下来的几天会离开。[1] 显然，这封信花了 11 天（和 11 夜，伽利略说）才走了 10 英里，当信寄达伽利略那儿时，亚历山德拉的丈夫肯定已经回来了。亚历山德拉可能相信她自己会被抛弃，伽利略对这种想法感到害

* affezionata，意大利语“充满爱的”之意。

怕。他也害怕没机会加深两人之间的关系。他很高兴地宣称，他已经从罗马赶回来见她，接着坚称他的最大愿望就是更好地了解她。[2]

当然了，这两封信是用很优雅的代码书写的，乍一看似乎纯粹是双方之间的相互问候交流。但收信的双方并未因此而对信件产生误解。十年后，我们发现，当时已经失明的伽利略口述了一封信给她，说他买了30码布料，是用来做裙子的，因为布料经销商向他保证这匹布料是从她那来的——他说，我买这块布料，就是为了拥有你的东西，但这不是因为我有可能忘记多年前你从德国回来时我们之间的谈话。他告诉她，你无法想象，遇到一位像你一样谈吐给人以良好感觉的女人是多么的难得。（我们后来了解到，他们待在一起不到两个小时，显然他们是一见钟情。）[3] 当时他强烈地渴望当她的丈夫（就如后来的表现那样）。[4]

202 亚历山德拉很快地回复了这封信。但她的这封回信从来没有寄达伽利略那儿，一年后他又写了一封信给她，得知她因为没有得到他的回信而感到沮丧。她马上回信，指责她的亲戚拦截了她的信件，信中表示，如果有什么办法而且又不会引发丑闻，她很想和他相伴一天。她偶尔提起，她的丈夫正卧床不起。她向伽利略保证，她与他的分离是她一生中最糟糕的经历之一。她能为他派一辆马车来吗，他会前来跟她待上几天吗？[5]

当然，1641年的时候伽利略正被软禁，他回信说，他没法去她那儿，但她可以来找他。为什么不（当然了，和她丈夫一起）来他这儿待上4天？他向她保证，没必要担心人们可能会说什么。[6] 我们可以肯定，亚历山德拉认为这么做太过了，此后他们似乎再也没有见过面。但在奄奄一息，快要走向生命终结的时候，伽利略口述了最后一封信，是写给心爱的人（我觉得，用这个词还不是太强烈）的，感谢她卖给了他布料，也谢谢她能记住自己喜欢的东西。这时，他们都知道以后再也见不到对方了。

29 203

洪水

1630 年，伽利略已经在为下一本书做研究工作了。但他的研究也受到了些小干扰。12 月，他身为大公的数学家，受邀在一个辩论会上发表了意见，在这次辩论中佛罗伦萨当局内部发生了分歧。引发的问题有关于比森齐奥河（the river Bisenzio），这条河从佛罗伦萨蜿蜒穿过，伸向西北的平原。上一年秋天，比森齐奥河洪水泛滥。由于佛罗伦萨许多富裕家族拥有沿岸的土地，也由于当地的地主花钱修建了防洪工程阻止洪水进一步泛滥，这条河的洪水问题引起了相当大的关注。当佛罗伦萨著名的水利专家亚历山德罗·巴尔托罗蒂（Alessandro Bartolotti）建议，把河流最后 5 英里长的河道开挖成一条新的直道的河道时，引发了关注者们的愤怒。新河流的坡度更陡，因此水流得更快，在洪水发生前水就流走了。工程造价昂贵，巴尔托罗蒂建议河西岸的土地拥有者应为工程出资。对这些土地拥有者来说，似乎情况很清楚：河东岸的地主试图将麻烦引向他们的土地，危及他们的庄稼，加重他们的损失，工程的成本不是由从工程获益者来承担，而是由那些因此遭受损失的人来承受（如果工程最终被证明是不成功的话）。巴尔托罗蒂计划的反对者认为，蜿蜒曲折的河流不存在问题：需要做的是在河流各处进行疏浚，加固防洪堤，砍掉河岸之间的灌木。这些小规模的干预措施会改善水流，也是防止洪水发生的必要措施。

水利学已经成了伽利略朋友们最关注的问题，1628年卡斯特里出版了一本论述这个学科的书《论流水的测量》（*On the Measure of Running Waters*）。卡斯特里的主要贡献是，他认为将水流视为静态的是错误的。不仅要测量河流的宽度和深度，还需要测量水流的流速，因为水流速度每增加一点，都会有效地扩大流水的横截面积。正在罗马的卡斯特里被巴尔托罗蒂计划的反对者们召来，在他们的鼓动下，伽利略也受邀对正反方的建议进行对比，就此写出了正式报告。[1]

204 伽利略的报告让人大开眼界，报告告诉我们他身为科学家的许多优缺点。对于伽利略来说，这个问题绝对是很简单的：向下流动的河流只是物体沿着斜坡向下滑动的一个特殊例子而已。伽利略在17世纪初就做过一个实验，检验如果没有摩擦力减速的话，一个球沿着斜坡往下滚动会有多快。他设法让理论能和实验相一致：决定最终速度的因素是球下降的总高度，而不是斜坡的斜度。在没有摩擦的情况下，一只从两米高度沿着任何长度的斜坡下滑的球在下滑末端的速度与从两米高的地方落下的球的末端速度完全一样。

在明确地提及他对落体的研究时（显然关于这个研究的手稿抄本在被人传阅着），伽利略坚持认为，这个结论可以直接转用到比森齐奥河上。拉直河流会增加坡度，但不会加快水流的速度。根据伽利略的分析，当一条河流从山上流入大海时，唯一可以阻止河流达到每小时数百英里速度的，就是有新的、流速较慢的支流有规律地流入从上流流下来的流速较快的河水中。他认为，如果说有什么不同的话，拉直比森齐奥河将会降低河流的效力，因为河流不仅可以带走水，还可以当作集水箱，让水不留在田地里，也不会让水全流到河流的终点亚诺河（Arno）。较小的河流相当于一个较小的水箱。因此，他坚定地站在巴尔托罗蒂的反对者一边：人们所要做的就是清挖淤泥、削砍河道灌木，这是影响水流的两个主要障碍。

伽利略的观点建立在这种看法之上：河水在河道内流动，就相当于一个非常圆溜溜的球沿着无摩擦的斜坡下滑。他认为，水在没有任何阻力或摩擦力的情况下滑动。河水流经的河道可能不是平滑的，但是一旦河水水位上升到淹没岩石的程度，那么河水就可以很平滑地流过岩石，因为实际上河水是在水上流动的。比森齐奥河蜿蜒曲折，但河流的弯道和尖角还不一样：它是由一条水流的一系列切线相切而形成的曲线。这些无限小的偏转对水流的速度没有影响（就如钟摆并不因其摆弦而变慢）。但伽利略犯了一个简单的错误：他否定了湍流（turbulence）的可能性。

伽利略的理论分析很精彩但有缺陷。他犯的错误本该可以避免。一年后，曾和伽利略一起学习物理学（这是我们得到的伽利略在这些年从事教学的唯一证据）的佛罗伦萨贵族堂兄弟安德烈亚和尼克洛·阿里盖蒂（Andrea and Niccolò Arrighetti）就比森齐奥河是否应该改道发生了激烈的辩论。他们不知道伽利略在这个问题上已经表明了态度，还呼吁他在他们两人之间的辩论中进行裁定。他们之间的分歧清楚地表明，当将伽利略的落体定律应用于河流时，你能很轻易地得出不同的结论。[2] 因 205
此伽利略的朋友巴里亚尼也曾想把他的落体定律应用于河流——接着他就意识到缺乏所需的概念工具来分析水的运行状况。[3]

最重要的是，伽利略对他的分析很有信心，没想过他的分析是否符合实际。他没有到比森齐奥河去实地查看过，也没有要求对河流的线路进行调查。他没有对流经他的别墅花园的河流流量进行测量，也没有对水流通过直道和弯道时的速度是否一样快进行过检测。[4] 经验调查是不必要的，因为他已经知道了答案，或者说因为他认为这个问题会让他分心——他有书籍要出版，没有多余时间去研究这个问题。

决定巴尔托罗蒂工程项目的委员会由伽利略的密友安德烈亚·奇奥里（Andrea Cioli）主持，他是大公的第一任国务秘书。和伽利略一样，委员会坚定地支持巴尔托罗蒂的反对者。虽然委员会收到了伽利略的技术分析报告，但完全没有提及这份报告。似乎委员会在理智上完全不相信伽利略的抽象理论。呼吁向伽利略寻求建议的人们告诉我们，他是一位在美第奇宫廷中受尊敬的人；他的贡献没有提及表明了他的判断被视为奇怪和不可靠的。伽利略是对的——河流最好还是自己寻找往下流的路径——但他的正确是因为错误的理由。他评论拉直比森齐奥河的建议的报告是一个体现他思想傲慢的科学研究上的小例证，也体现了他对经验推理的演绎有根深蒂固的偏好。

30 206

出版发表

伽利略当然有更重要的事情需要他担心。佛罗伦萨驻罗马大使的妻子——她是伽利略的好朋友，可以不被看作是佛罗伦萨政府的代表——代表伽利略和“怪物神父”进行谈判。起初，里卡迪要求，书的最终文本必须寄送给他，但接着他表示，在两个条件下他同意这部书的出版：他必须看到书的开头和结尾，全书必须由佛罗伦萨的审查官审查。他很高兴对伽利略提出这些建议，因为伽利略就是他要审查的人。可能大使夫人卡特琳娜·尼科里尼（Caterina Niccolini）迷住了里卡迪。无疑她能利用里卡迪是她表弟的关系，因为他给予的让步太多了（显然他也相信，教皇也赞成这部书出版），卡特琳娜肯定会收到伽利略答应给她的礼物——望远镜。[1]

如果这部书要在佛罗伦萨出版，那么应该转由佛罗伦萨的审查官负责审查，而伽利略应该没法影响审查官的选择。伽利略选的审查官是一位多明我会士贾钦托·斯特凡尼（Giacinto Stefani）。他很会选：根据伽利略的说法，斯特凡尼在阅读手稿时都哭了，他因伽利略服从教会的要求而深受感动。[2] 另一方面，里卡迪却开始临阵退缩了。他认为，斯特凡尼做审查官是个错误人选。当被要求批准书的开头和结尾的出版时，他一直拖延着不表态，显然他对向卡特琳娜·尼科里尼所做的让步有些后悔了。[3]1631年3月，伽利略请求大公介入此事，让大使亲自代表他去活动活动。伽利略抱怨道，他的生命时光正在流逝，他坦承，他正处在一种急性焦虑的状态中，不得不卧病在床。[4]他既不能吃也不能睡。[5]他觉得自己好像迷失在大洋中，没有任何登陆的希望。当然，伽利略从来没有见过大洋，但在这一点上他的恐惧非常真实，他害怕自己毕生的事业再也无法见到天日。[6]更糟糕的是，他确信自己的思维能力在逐渐丧失。[7]于是大公指示大使亲自去帮助伽利略，里卡迪同意给佛罗伦萨的审查官写一份备忘录解释教皇的要求。[8]在返回的报告里，大
207 使弗朗西斯科·尼科里尼（Francesco Niccolini）解释说，根本问题是伽利略的观点不受那些负责官员的欢迎（可能是巴贝里尼等人）。[9]他可能宁愿说伽利略本人不受欢迎：官方对伽利略态度的转变是他遭遇困难的根本原因，而这个转变卡斯特里在上一年的8月就预测到了。而且这个时候对罗马施加影响对美第奇家族来说是一个糟糕的时刻。1625年至1631年，乌尔班通过一系列措施把乌尔比诺公国（the duchy of Urbino）*并入教皇国。该国的最后一位大公死于1631年4月23日，他的继承人是维多利亚·德拉·罗威尔（Vittoria della Rovere），她与费迪南多二世订了婚。在兼并乌尔比诺时，乌尔班显示出了完全无视佛罗伦萨政府意愿的态度。伽利略向佛罗伦萨政府（在一封对事实充满了令人震惊的歪曲的信里）保证他的书并不是对哥白尼学说的辩护，在书中哥白尼学说只是被处理成一个梦想，一个妄想，还被当作一个逻辑上的矛盾对立物，是一个无用之物。他还说，他的观点不受当局欢迎是没有道理的，因为被视作他的观点的东西并不是他的观点，他自己的观点实际上与圣·奥古斯丁（St Augustine）和圣·托马斯（St Thomas）的看法是一样的。[10]

* 乌尔比诺公国，13—17世纪位于意大利北部的一个主权国家。

尼科里尼继续对里卡迪施压。正如尼科里尼所说，在里卡迪受到些许强迫后，在大公威望的全面影响下（里卡迪自己毕竟也是个托斯卡纳人），最终，在7月19日，尼科里尼从他那里摘录了写给读者的序言的一篇修正版文字。[11] 同时书稿也开始印刷了（像以往一样，最后往书中添加了各种序言）。里卡迪没有机会改变主意了。[12]

208

31
《对话》

伽利略的《对话》有一个新的关于太阳黑子领域的重要观点。当这本书于 1632 年 2 月面世时，伽利略的耶稣会对手谢纳确信，这部分内容所依据的材料是抄袭了他的《奥尔西尼的玫瑰》[*Orsini's Rose*，1630，为纪念谢纳的赞助人保罗·焦尔达诺·奥尔西尼（Paulo Giordano Orsini）[*]而命名]，而且没有得到他的同意。虽然我们知道（而谢纳是不可能知道的），直到谢纳的书通过印刷发表后伽利略才看到他的书。[1] 人们竭尽全力在谢纳和伽利略的各种论述细节之间寻找一个不偏不倚的解释。例如，有人提出，在 1629 年（那时伽利略对太阳黑子还没有什么新说法）和 1630 年（这时他的书获准出版）之间的某个时刻，伽利略很突然、神秘地得到了一封来自老对手西济在 1613 年写的很重要的信——这封信本来是提醒他在做调查研究时有个很重要的方法，但是显然他第一次读信时没有看到。[2]

不幸的是，证据是很明确的：伽利略的论证效仿谢纳，程度如此相似，必定是在写这部分的时候，案桌上放了一本谢纳的书的抄本——谢

* 奥尔西尼是意大利最古老的显赫家族之一。

纳在读到《对话》后马上就明白怎么回事了。[3] 由于伽利略直到1631年9月才收到谢纳书的抄本，也就是《对话》获得出版许可后的一年及该书开印后的三个月，此时这部分已经被添加进来了，因此人们为伽利略做了第二层的辩护：据说伽利略不想承认他欠了谢纳的债，因为他不想让人注意到这样的事实——在他的书获得出版许可后他对书中文本进行了变更。但这种说法也不是很有道理：首先伽利略并没有刻意隐瞒在最后一刻还有另外一部分文字被添加到书中的事实（“我刚看到一篇令我惊奇的论文”）；而且，谢纳的书已经在1630年6月出版，因此没有一位教会官员在1630年9月11日会对一本获得出版许可的书曾讨论过的内容有所怀疑（尽管当谢纳在1631年9月9日给伽利略送了一本他的书时，谢纳的出版商会有些疑惑）。[4] 因此伽利略对太阳黑子的讨论故意没有提及谢纳。更糟糕的是，伽利略声称他发现了重要的新材料，而这 209
些材料是多年前从谢纳那里获得的，但是他说这些材料是在自己的观察中论证得来的；因此他不仅抄袭了谢纳，还声称他的发现先于谢纳。[5] 当然你可能会说，《对话》是一部虚构作品，不应被视为对事实的陈述，但如果存在一个任何《对话》的读者都要遵守的惯例，那就是所提到的“那位大学教师”实际指的是关于伽利略的真实陈述。伽利略特意把谢纳从历史记录中抹去，并否认欠他什么。

为这种行为找借口是不可能的。当然了，伽利略和谢纳长期以来就参与一系列的辩论，在为彗星问题争辩后他们的辩论更加激烈，《奥尔西尼的玫瑰》对他展开了持久的、猛烈的攻击。在这些辩论中，伽利略一直是正确的一方；但他现在把自己放到了完全错误的一方去了。为什么？我只想到一个理由。像其他耶稣会士一样，谢纳很友好地向伽利略提出建议。1625年圣诞节前后，他找到在罗马的林琴学会的会员乔瓦尼·法伯尔（Giovanni Faber）[*]，告诉他，他赞同伽利略对世界体系的论述——换句话说，他是一位哥白尼学说的支持者。至少有一个人有能力知道，这个人就是耶稣会士阿萨纳西亚斯·基歇尔（Athanasias

* 乔瓦尼·法伯尔，伽利略同时代的德国人，教皇的医生、植物学家。

Kircher）*，他宣称情况就是如此。[6]然而谢纳受耶稣会之命，写了一本大部头著作，有八百页，该书从头到尾都是对哥白尼学说的攻击。伽利略本来有理由得出结论，认为和他辩论是没有意义的——但这并没能让他承认，他所知道的关于穿越太阳表面的太阳黑子角度路径的一切都是来自谢纳。

在较早时关于太阳黑子的研究中，伽利略很自信地断言，当黑子围绕太阳旋转时，它们走的是一条与黄道平行的路径——这条线就是黑子在穿过天空时在太阳表面的轨道上留下的痕迹。西济（以及他之后的其他人）注意到，只有在一年中的某些时候这条线才是真的；在其他时候，太阳黑子似乎走的是一条曲线。西济推断，这证明了太阳的轴线与黄道形成一个斜角（地球轴线也是如此，也是季节形成的原因）。谢纳不仅对这个现象进行了详细描述，还试图重建产生这一天文效果的天体运动理论——他认为地心系统的理论是理所当然的。

伽利略在《对话》中断言，任何地心模型（他很清楚面前的这个谢纳的模型的细节）不可能很复杂，而哥白尼体系中对所涉及的运动的解释是非常直截了当的：太阳黑子围绕太阳旋转的运动路径看起来很不一样，这取决于我们观看黑子时太阳轴线和我们视线的倾斜角度，或左或右，以及在一年的时间里人们观看黑子时的可能角度。有时候黑子看
210 起来是一条直线，有时候是一条曲线，有时候向上弯曲，有时候向下弯曲。但是，假设托勒密和第谷是对的，而且地球是静止在宇宙的中心，而太阳的轨道是围绕地球转，那么太阳的哪一种运动会产生黑子运动所需要的路径？答案是，太阳应该像一个慢速的陀螺一样摆动，太阳轴线与黄道的角度会不断变化。而且，这个摆动必须是定时的，这样才能每年完成一次摆动。在伽利略看来，这个运动似乎不可能很复杂，而且也根本令人难以置信。

用肉眼观察，在观看效果上托勒密、第谷和哥白尼体系能看到的效果是一样的。金星的相位已经为否定托勒密体系提供了决定性的望远镜

* 阿萨纳西亚斯·基歇尔，17世纪德国耶稣会士，哲学家和历史学家。

观测证据，但这个证据还不能否定第谷体系。伽利略现在相信，由太阳黑子在太阳圆形表面运动所形成的路径首先被看作是与第谷体系不相容的——第谷从来没有设想过太阳在周期性运动期间是围着自身的轴线摆动的。严格来说，伽利略并不是在证明哥白尼学说是真理；他只是揭示，第谷体系是有问题的、令人难以置信的。如果他因为哥白尼学说转而提出新的观点，而不是坚持他从潮汐中得出的旧观点，那么就没有人会抱怨他用证明取代了教皇要求他做的假设性论证。[7]当然即使他提出这样的策略，那也是来不及了：关于潮汐的观点已经出现在获准出版的那本书的核心部分了，他现在也不可能从书中的观点后退了。

也许他所写的最后一段是献给大公的。正如我们所知，伽利略在这里认为，宇宙学是所有学科中最伟大的，因此托勒密和哥白尼是所有哲学家中最重要的两位。但他向柏拉图表达了敬意："他看得越高，越受人尊敬，而翻阅自然这本大书（这恰恰是哲学的研究对象）就是提升人们见识的方法。虽然我们在这本大书中所读到的都是万能的大匠（the omnipotent Craftsman）的创造，而且这一创造物被创造得恰如其分，然而这一创造物是最适合和最有价值的，在我们看来，它使大匠的创造和技艺显得更加明显。"当时任何一个受过教育的人都会把大匠认作是柏拉图的《蒂迈欧篇》（*Timaeus*）* 中的造物者。

伽利略有两个动机。首先他要向他的读者建议，和柏拉图的思想一样，他的哲学相比亚里士多德的思想更加容易与基督教相融合。对于那些宣称其哲学与真正的信仰相符的人来说，柏拉图哲学就是个合理的选择。[8]但此外还有其他问题。文艺复兴时期所知的柏拉图的重要手稿都归属托斯卡纳大公。因此，在使用柏拉图著作时，伽利略恭维了他的赞助人，在文化上表达出了一种基本的爱国精神。[9]但在序言中引用柏拉图的话给人以错误的印象，也即实际上是柏拉图给了他灵感。他后来提 211
及柏拉图时要谨慎得多，甚至还有些含蓄的批评味道。如果伽利略在罗马而不是在佛罗伦萨出版他的书，那么很可能不会提到万能的大匠。而

* 《蒂迈欧篇》，柏拉图晚期著作。

本书其他部分则带有罗马出版物的标志，因为伽利略仍把自己称为“林琴学者”。在一本获得切西王子赞助出版的书中，就如伽利略最初想要的那样，该书成了林琴学会指定参考书；现在，随着切西的去世和林琴学会实际上遭到了解散，在书中和标题页上标示林琴参考书就相当于一种令人伤感的姿态；此外，为了反驳那些声称他拿了比萨大学的薪水啥事也没有做的人，他在书的标题页上第一次也是最后一次把自己描述为“matematico sopraordinario dello studio di Pisa”*。

当然，在宇宙学研究证明了宇宙是“非常均衡”的论点中，这种奉献明显具有误导性。也许《对话》中最激进的观点就是直接针对这些天命论者（providentialist）†的假设。伽利略坚持认为，宇宙的存在是因我们的目的，还是出于其他完全不同的目的，或者宇宙的存在大部分是毫无目的的，我们无从得知。[10] 我们无法判断宇宙是否可以被认作是大的还是小的——就如宇宙可能是无限的，我们可以假设它不是无限大的。[11] 更加值得注意的是，伽利略是通过思考非地球生命在理论上的可能性来进行论证的。萨格雷多认为，月球上可能有生命，虽然我们可以确定，如果有的话，其生命形态和地球上的是不一样的：

> 我确信，一个人出生在大森林中，和野生鸟兽一起生长，对水元素一无所知，他永远也想象不出和他所在的世界性质不一样的另一个世界是怎么样的，这个世界充满了各种不用脚或快速扇动翅膀就能旅行的动物，它们不是像地球上的动物那样只在月球表面行走，而是能在月球深处到处行走；它们不仅能到处运动，还能在它们想停的地方静止不动，这是连鸟在空中都做不到的事。而人也生活在那儿，他们建造了宫殿和城市，他们可以轻松地旅行，他们可以毫无疲倦地带着家人和整个城市去往远方的国家。正如我所说的，现在我确信，甚至是最有想象力的人都没法把自己想象成鱼、

* matematico sopraordinario dello studio di Pisa，意大利语“比萨从事研究的杰出数学家”。

† 天命论，基督教中的一种信仰，把历史、世界理解为神的意志的显现。

海洋、船只、船队和舰队。[12]

确实，这是萨格雷多说的，但是萨尔维亚蒂在指出了地球和月球之间的所有差异之后，很谨慎地同意了萨格雷多的看法。伽利略坚持认为，我们的理解力受限于我们的直接经验——甚至我们想象力的发挥也只能依赖于之前经验所提供的材料。[13] 因此，我们可能无法判断宇宙运行的目的是什么。有些人接受了星相学家的观点，认为星星的存在对地球上的生命产生了影响，接着就认为哥白尼宇宙对他们来说过于庞大， 212
以至于没法实现这个宇宙的目的。但我们对天体的目的了解多少呢？"对我们这些地球人来说，想要成为它们所在地的资源配置者和与它们规模匹配的裁判者，是一种极大的愚蠢行为。我们对当地的事务和利益完全一无所知。"[14]

在宇宙中心有人类的地方，宇宙被创造出来就是服务人类的，这个宇宙被设计出来就是让拯救人类成为可能。而伽利略提供了一个神秘的宇宙，其目的是未知的，其大小是不可思议的，这个宇宙可能包含了不同于我们的其他存在者。我们现在只是处在"noi Terreni"*，我们是地球人。月球可能是无人居住的，但你不必强求有文献会记载在月球上找到布鲁诺的异端言论：在其他星星周围，可能存在其他行星，这些世界可能也错误地以为他们处在万物的中心地位，而他们的经历就是对现实的真正度量。

* noi Terreni，意大利语"我们的土地"。

第四部分 213

宗教裁判所的囚徒

我在伦敦的第一笔生意就是寻找伽利略的对话；我认为这是一笔不错的买卖，当阁下与我道别时，我为您买下这本书，但如果阁下对我的买卖有所限制，那就有点不好办了，因为用钱是很难买到它的；起初很少有人买，而那些买这种书的人，和那些不要这种书的人不一样。我听说这是一本在意大利被称作对他们的宗教有害的书，对路德宗和加尔文宗也有害。他们认为这是一个处在宗教和自然理性之间的反对者。

霍布斯给纽卡斯尔（Newcastle）的信

［1634 年 1 月 26 日（2 月 5 日）］[1]

这个需要英雄的不幸福的国度。

贝尔托·布莱希特（Bertolt Brecht）*，

《伽利略传》（*Life of Galileo*，1938）

* 贝尔托·布莱希特，20 世纪德国戏剧家、诗人。

215

32

玛利亚·塞莱斯特和阿尔切特里

1631 年秋天，随着他的书最终出版，伽利略搬了家。从 1617 年起，伽利略就住在佛罗伦萨以西几英里以外的一所叫贝罗斯瓜尔多（Bellosguardo）的别墅里。但现在他年纪大了，还失明了，他需要考虑考虑，现在他再也不能随便地到处旅行了。最让他担心的是，他将会与他的女儿们隔离开来，这些女儿住在离他一个小时步行路程的阿尔切特里的修道院里。他尽可能地去靠近她们。他放弃了他的别墅，租了一套较为合适的叫伊尔·左伊埃罗（Il Gioiello）的房子——租金是以前房租的三分之一。[2] 他留下了他之前种下的树，但他仍拥有一个很好的花园，他可以继续去看他的女儿们。

他的大女儿玛利亚·塞莱斯特在 1623 年至 1633 年期间写给伽利略的信中，有 124 封存留至今，第 1 封是吊唁他的妹妹维吉尼亚的。[3] 信件的往来在 1631 年夏天时终止了，这时伽利略搬到了附近，但是当他 1632 年至 1633 年离开，到达罗马和锡耶纳时，通信又恢复了。在伽利略多达 9 卷的令人沉闷的信件中，这些信却让人眼前一亮，简直就是一颗颗的珠宝。玛利亚·塞莱斯特的信件让人惊奇——与她父亲的信不一样——是因为她有一种描述平凡和特殊事物的非凡能力，能让这些事物看起来非常真实。这种能力更令人惊奇，因为她经常写她从来没有看过的事物。当伽利略在罗马受审时，她不断地向他通报别墅的情况。她写到了一头骡子，它老是拧着来，很挑食；写到了柠檬，那些位于树枝下部的柠檬怎样被掠夺者抢夺；写到了那些被猎鹰攻击的鸽舍里的肥胖鸽子。认识到玛利亚·塞莱斯特处在一个封闭的环境里，让人很震惊。她从来没有离开过修女院。她从来没有见过伽利略的别墅，从来没有见过骡子，从来没有听到过鸽舍里的鸽子的咕咕叫。首先她依据从仆人和朋友那里收到的报告，想象出了这一切；接着她写了下来，写得如此准确和认真，以至于没有东西能比她所写的东西更真实。

她的孝敬之心真诚而深切。1632 年至 1633 年的冬季，她想从罗马得到的两件礼物是两张小幅的圣母和基督被钉在十字架上的画像，她可
216 以随身携带这两幅画。但祷告不是她心中唯一想做的事。尽管方济各会（the Franciscans）[*]誓言安贫乐道，但圣·马蒂奥（San Matteo）修道院的修女们并不依靠施舍为生。每位修女进入修道院都带着嫁妆来，用以资助修道院的运行，修女们也获得了亲戚们提供的少量资助，但修道院依然贫穷而缺少资金，因此修女们努力地从事商业活动，以便为修道院增加收入。玛利亚·塞莱斯特在一个她称之为“bottega”[†]或者工坊的地方担当药剂师。她告诉我们，那些花费很长时间进行祷告的修女们仍然要经常在午夜时分辛苦干活。[3]

她们相互之间还从事金融交易：玛利亚·塞莱斯特付了 30 斯库多给一位修女，得到了她所拥有的小房间，向修道院院长支付了 80 斯库多（相当于一套普通房子五年的租金），可以搬进更多的舒适房间居住。[4]她们用这种方式轮流地占用着修道院的各个办公室，当办公室的拥有者欠了债时，她们就只能从其他修女那里借钱了。因此修道院本身并不是一个自成一体、远离尘世的庇护所。而玛利亚·塞莱斯特也证明她自己在与外面的世界打交道方面有很强的能力，在伽利略离开的那一

* 方济各会，成立于 13 世纪的天主教托钵修会。

† bottega，意大利语“店铺”之意。

年还管理着他的事务，还为她的兄弟购买房子提供建议。

当然修女们也积极从事家务活动，玛利亚·塞莱斯特为伽利略缝补拆洗衣服（还为她的兄弟温琴佐做这些事，直到他结婚为止）；在准备肖像画时，伽利略所穿的亚麻领子将由她缝制。她一直给他提供烤梨、香橼皮蜜饯等糖果。（香橼皮蜜饯是一种更大、更甜的柠檬，香橼更加美味可口，因为它不是当地所产而是从南方引进的。）作为回报，一旦她缺钱时，伽利略便给她提供帮助。由于我们缺少他给她的信件，我们只能猜测他给了她支持和鼓励。

必须承认，她的信件，是能供给弗洛伊德学派分析的内容丰富的材料（Freudian feast）。她承认，她对父亲的感情，不仅仅是孝顺；而伽利略说，他对她的感情，也不仅仅是父爱。[5] 她渴望父亲对她的爱能超越其他兄弟姐妹。[6] 当他抱怨没有收到她的信件时，她感到高兴。[7] 她要给父亲做所有东西——每一个蜜饯和果子馅饼——都要做得非常讲究。[8] 对他来说，没什么比这更好的了。她渴望离开人世，这样她能上天堂为他祈祷，她乐于放弃自己的生命以便能让他活下去。[9] 伽利略受到了惩戒，每周都要背诵一次忏悔诗，而她甚至愿意替父亲接受这样的惩戒——仿佛他的祈祷就和她的祈祷是一样的。[10]

最后一点，尤其重要的是，她对伽利略的科学研究很有兴趣：她阅读了《试金者》并借了一副望远镜，这样她可以亲眼看到他的科学发现。这对伽利略来说很重要，他在锡耶纳向他的朋友大声地宣读她写给他的信，其中一些内容显然涉及他在《对话》中讨论过的话题。[不可否认，他也很乐于和朋友们一起分享她的看法，并对她的小失误感到好笑：当得知马苏里拉奶酪（mozzarella cheeses）被称作“水牛蛋” 217
（buffalo eggs），而她真的认为这些奶酪是水牛下的蛋，并打算把这些蛋做成一个大煎蛋时，他们都笑了。][11] 的确，他甚至有点开玩笑地考虑过把他写给她的信公开发表——或者写一本书，把那些好像是写给她的信收罗到其中。[12]

很明显，伽利略和玛利亚·塞莱斯特关系密切。没有迹象表明，他与同住一个修道院的她的姐妹阿坎格拉的关系可以与此相提并论。阿坎格拉常常心情压抑，而玛利亚·塞莱斯特不得不出面干预，确保不让她轮到去做酒窖管理人，担心她会在酒窖里喝酒。没有迹象显示阿坎格拉曾给伽利略写过信，也没有迹象表明他们关系密切。

33 218

审判

1632年2月21日，伽利略的书终于出版了。但为防止鼠疫扩散而采取的措施意味着，在5月底前，只有两本书能到达罗马，其中一本在卡斯特里的手里（虽然这一本是献给弗朗西斯科·巴贝里尼的），而另一本可能在里卡迪那里。[1] 直到7月份，才有七本来到罗马，其中三本被送给了伽利略的密友和支持者。几天之内，当局试图把罗马出现的这些书都收缴，还把书提交给一个神学家特别委员会，他们将决定是否把书送交宗教裁判所。罗马传出来的说法是，反对者来自两个方面：耶稣会（有一本书确实被送给了一位耶稣会士），以及教皇本人。[2] 教皇抱怨，伽利略没有在书的最后加上他所坚持的观点：由于上帝的力量是如此的强大，他可以通过不同的方式产生出任何自然现象，其中许多方式超越了我们的理解力，因此人们无法证明哥白尼学说的真理性。伽利略只是匆匆地提到了这个观点，他把书送给了辛普利西奥（他在《对话》中总是错误的一方），以示对教皇的嘲笑。[3] 序言用斜体印刷出来，从而与书的其他部分区分开来，这也是一种批评的表示。[4]

教皇也很愤怒，因为在没有收到他的任何预先警告的情况下这本书就出版了。[5] 他指责钱波里，把整件事描述为一颗“钱波里土豆”

（ciampolata）。[6] 钱波里曾是给里卡迪下指示的人，而钱波里曾向里卡迪保证，教皇想看到该书的出版。钱波里受到了批评，因为他已经失宠[7]：据说他对教皇的诗不大感兴趣（教皇受到康帕内拉的鼓励，认为自己是一位重要的诗人），并与西班牙人进行秘密交易，而西班牙人为了破坏教皇与法国的关系给教皇施加了巨大的压力。由于法国人在三十年战争中支持新教徒，也由于乌尔班未能全力支持哈布斯堡王朝，很容易被人
219 说他支持异教徒。[8] 钱波里已经陷入了困境；他没有被剥夺职务，但不得见教皇。他未能提醒教皇，伽利略的书即将出版。事后证明这是压倒他的最后一根稻草：他不久后被流放意大利偏远地方，被任命为马尔凯（Marche）* 的蒙塔尔托（Montalto）地方的总督。他来来去去待的都是浑浊不堪的地方，最终在 1643 年去世，这一年宗教裁判所收缴了他所有的论文。[9] 有充分的证据表明，像许多与伽利略关系密切的人一样，钱波里是原子论者和唯物主义者卢克莱修（Lucretius）† 的崇拜者。[10]

佛罗伦萨政府立即跳出来为伽利略辩护：伽利略受雇于政府，这本书是献给大公的，当然大公也受到了牵连，他为该书的出版尽了力。[11] 但是从一开始就很明显，教皇并不满足于禁止此书。教皇要看到伽利略因异端而受审。与教皇讨论这个案子被认为是不明智的，因为他是伽利略最难和解的对手。[12] 实际上，无论什么时候提出这个事情，教皇都会非常生气。[13]

9 月初，如果这本书撤回并进行修改，这件事还是有希望解决的。尽管那时（佛罗伦萨）驻罗马的大使已经感受到教皇的满腔愤怒，并预言会有灾难发生。[14] 但如果我们回顾一下宗教裁判所在 1616 年有关哥白尼学说的批判记录时，就知道事情变糟了，而且人们也发现伽利略已被禁止参与讨论哥白尼学说；还发现伽利略被指控曾（可能一直在）在佛罗伦萨向学生传播异端邪说；此外，神学家委员会已经裁定，这本书相当于是在为哥白尼学说辩护。[15] 就此，已经达成了一致看法——就如

* 马尔凯，位于意大利中东部。

† 卢克莱修，公元前 1 世纪的古罗马哲学家及诗人。

弗朗西斯科·巴贝里尼所指出的，伽利略自己说得如此精彩，以至于他觉得他得要用尽自己的话语才能替自己辩护。[16] 特别委员会在 9 月中旬提交了报告，决定传召伽利略到罗马接受审判。[17]

伽利略别无选择，只得在 10 月份写信给弗朗西斯科·巴贝里尼，鉴于他年老体弱，恳求免除前往罗马的长途旅行，并声称他对教会的感情是“purissimo, zelantissimo e santissimo”* 的。他坚持认为，没有哪个圣徒有这么虔诚。[18] 大使也提出了类似的请求，他强调，伽利略到达教皇国（the Papal States）边界所遭受的隔离检疫（隔离检疫期已在缩短，已从一般的 40 天减少到 20 天，这已经是个例外的优惠了）会给他的健康带来风险。但教皇坚持：伽利略必须到罗马来。不允许推迟到天气转暖和鼠疫预防措施结束。[19] 在佛罗伦萨，有人担心，伽利略（他已经卧床不起了）处在如此严重焦虑的状态，他的健康会恶化，在路途中就可能会死去，或者还没出发就死掉了。教会做了让步，可以推迟一个月，但不能再给更多的时间了。[20]

伽利略于 1633 年 1 月 20 日离开佛罗伦萨，25 天后到达罗马，所 220
花的时间比他预期待在隔离区的日子要长。[21] 旅途中他坐在公爵用的坐架里，至于他是否为此付了费就不得而知了，如果付了会是多少呢？[22] 有人告知他，他的食宿由佛罗伦萨大使负担，但只付一个月。[23] 当他到达罗马时，有人指示他不要外出和会客（几天后他为缺少锻炼而烦恼），但给予了其他的自由；他半开玩笑地说，没有迹象表明他受到了锁链、牢房和刑具的威胁。[24] 威胁当然存在：尼科里尼大使要求不要把伽利略监禁起来，但是罗马方面对此没有做出承诺，而教皇坚持认为，给伽利略自由只是为了给大公面子。[25] 但伽利略身体状况非常不好，腿部忍受着剧痛，一直无法入睡。[26] 实际上他就不是一位客客气气的住客，连续两个晚上又哭又叫，让整条街的人都不得安宁。[27] 鉴于他的心理状况，尼科里尼一直没有告诉他事情的进展。他觉得，伽利略对情况知道得越

---

* purissimo, zelantissimo e santissimo，意大利语“纯洁的，最热心的，最神圣的”之意。

多就越惊慌。[28] 当 4 月 8 日伽利略终于被告知，他要搬进宗教裁判所的房子里去（尽管裁判所承诺，会给他安排舒适的房间，房门不会上锁）时，他一下子崩溃了。尼科里尼不禁担心他能否活下去。[29]

伽利略于 4 月 12 日向宗教裁判所做了报告，并被留在那儿直到 4 月 30 日才被释放出来。他完全被孤立起来，感到非常孤独，晚上他痛得哭喊了起来。[30] 起初他坚持认为，尽管他在《对话》里讨论了哥白尼学说，但他并没有为之辩护——宗教裁判所认为这明显不是事实。此外，他还否认知道塞吉兹于 1616 年对他的著作所下的禁令，但这对审判官不起作用，审判官手里正拿着这份文件。[31] 因此 4 月 27 日，裁判所总代理主教兼检察官温琴佐 · 马库拉诺（Vincenzo Maculano）和伽利略进行了非正式会面，讨论事情的处理。[32] 我们知道，马库拉诺威胁要在诉讼过程中以“更为严厉的”手段来对待他，他关注的是要达成一项协议，可能是为了不破坏罗马和佛罗伦萨之间的关系。显然他为此制定了一项策略，给负责此事的红衣主教留下了深刻印象，这项策略并不仅仅依赖于与伽利略之间的辩论。[33] 但他的策略到底是什么呢？

他肯定会向伽利略解释，如果他继续否认指控，他可能会遭到拷打。这是标准的诉讼程序，在案子中，确认嫌疑人的个人观点是很重要的。他可能向伽利略建议，如果合作的话，就能免于受酷刑折磨（这个酷刑是在定罪之前就施行的），也能免受裁判所的地牢之苦。他可能激
221 起了伽利略心中的一点期望，即使他的书被禁，他也不必遭受惩罚——确实伽利略一直保持着这种期望。

据推测，伽利略坚持认为，他的书是得到了审查官的批准的，有佛罗伦萨政府的支持。他指出，他所受的特殊待遇足以证明裁判所没有怀疑他有任何严重的异端邪说。争来争去，他还是坚持自己是无辜的，而检察官强调继续坚持这个立场的后果。最终伽利略让步了。

马库拉诺所能提出的明显论据都是伽利略已经想到的，这恰恰是当马库拉诺提议允许他与伽利略非正式会见时，红衣主教最初持怀疑态度的原因。对此只能有一个解释：马库拉诺肯定威胁要增加对他的指控罪名。但指控什么呢？当有关伽利略的档案被翻出来时，人们发现旧的指

控罪名是说他鼓励学生把上帝视为物质，否认神迹的存在，但现在这个罪名已经过时了，已经不可能再继续这些罪名了。

这里我们有个疑问，但幸运的是，这个疑问我们可以在其他有关伽利略的梵蒂冈文件中找到答案。在梵蒂冈的书目管理部，有一份不具名的、未注明日期的报告，报告调查了伽利略犯了在《试金者》中否认圣餐变体论的罪的证据——这份报告于 2001 年首次公开。[34] 从笔迹中我们可以看出，这份报告的作者是耶稣会士梅尔基奥 · 因楚发（Melchior Inchofer）[*]，他于 1632 年 7 月被任命为审查伽利略《对话》的特别委员会成员。他也是向宗教法庭报告以下内容的神学家之一：这些报告似乎是在 1633 年 4 月 22 日之前提交的。伽利略被定罪之后，因楚发发表了一部半官方的攻击哥白尼学说的书《简论》（*The Summary Treatise*, 1633），该书标题页显示，巴贝里尼家族的蜜蜂形象[†]被牢牢地印在上面。该书在 1633 年 7 月前就已经在做出版的准备了。因此，该书的相关工作在伽利略受审时就已经开始了。

因楚发于 1629 年从墨西拿（Messina）[‡]来到罗马：他之所以来是因为他所写的一本书遭到了书目管理部的责难，但事情最终在 1630 年 12 月得到了解决。我们可以确信，在此前他没有受雇担任神学顾问。大致上，他对《试金者》的批评可以追溯到 1631 年初至 1633 年 6 月伽利略案结案之间。[35] 似乎在 1632 年 7 月至 1633 年 4 月期间因楚发就参与了一项针对伽利略的调查。他不仅非常仔细地阅读了《对话》，还读了《写给大公夫人克里斯蒂娜的信》（*Letter to the Grand Duchess Christina*）（一份以手稿形式秘密流传的文本）和一本对哥白尼学说持赞扬和辩护态度的"很久以前出版的小书"——该书肯定提到了《星际使者》。没 222
有证据表明他在 1629 年之前对科学感兴趣，显然他所读过的这些书他并不拥有，也没有长期地借阅，因为如果他案台上有一本《星际使者》，他应该会记下书名。他可能得到了耶稣会会友克里斯托弗 · 谢纳很好的

* 梅尔基奥 · 因楚发，17 世纪匈牙利籍的耶稣会士。

† 蜜蜂为该家族的纹章。

‡ 墨西拿，位于意大利南部西西里岛东北部。

指导，他参考了谢纳的著作。[36]其他神学家没有谁觉得有什么必要去阅读和他们学科有关的材料——他们坚持只阅读摆在他们面前的东西。自然地，因为因楚发的阅读对象转到了《试金者》，在阅读过程中，像他的耶稣会会友那样，他尤其应该清楚，这本书有异端邪说的嫌疑。我相信，这是书目管理部（他们的工作就是审查书籍）档案中的那份不具名文件的来源。[37]同样值得注意的是，有些同情哥白尼学说的耶稣会士（例如格拉西和谢纳）可能认为，继续反对伽利略的原子论要好过反对他所说的哥白尼学说——与其反对《对话》，还不如反对《试金者》。[38]

因楚发的关于《试金者》的论文（我认为写于1632年7月至1633年4月）的最后一句话要求把事情交给宗教裁判所进一步调查。然而在宗教裁判所的有关档案中，并没有对伽利略提出新的指控。如何解释在针对伽利略的任何怀疑都会被严肃对待的时期内，当局没能提出一系列严厉指控？我认为答案很简单。马库拉诺在4月27日与伽利略非正式会面时提到了因楚发的揭发。他告诉伽利略，如果他拒绝合作，他们会按因楚发的揭发而起诉他。这至少意味着，会展开进一步的调查，对他的监禁会延长，对他的审判也将是长期的。这很可能会导致对他的指控被定为严重罪行，没人敢于质疑，因为圣餐变体论是天主教区别于新教的最根本的教义。于是伽利略和马库拉诺达成了协议：伽利略将和法庭合作，而因楚发对《试金者》的揭发会被留在书目管理部的档案中。[39]

他们达成的协议对伽利略非常有利，对《试金者》的指控过程本来就很不顺利：该书的出版获得了许可，甚至得到了里卡迪的称赞，该书书名页也让教廷各部门头疼，同时该书也被大声朗读给进餐的教皇听。为了让马库拉诺放弃这项指控，伽利略不必做出过多的让步。他只同意，任何读过他的《对话》的人都可以得出这样的印象：该书是为哥白尼学说做辩护而写的——他不承认这是他的真实意图。实际上他同意认罪，不再替哥白尼学说辩护，是为了减轻受到类似的指控。

伽利略现在承认，他至少犯有粗心大意的罪过，他准备向法庭承认这一点；他只是想要一点时间研究如何最好地构思他的忏悔，以便尽可能减轻他的罪过。马库拉诺已经实现了他预定的目标：他对伽利略要接

受的惩罚没有做出有约束力的承诺，但他已经准备好，在法庭权威不受 223
破坏的情况下将伽利略释放，这是他的上级，（教皇的）红衣主教侄子，弗朗西斯科·巴贝里尼所期望的结果。[40] 此后，剩下的就是手续了。三天后，马库拉诺草拟了一份伽利略供认的正式记录，在记录中伽利略没有提到他们的非正式会面，但他讲道，他重读了《对话》，并对在里面看到的东西感到震惊。他被迫总结道，他因骄傲而误入歧途——换句话说，是因思想上的野心。结果，他使较弱的观点看上去更有力。[41]

我提供的是一种推测性解释，这个解释能最好地利用留存至今的证据。我们永远也无法确切地知道伽利略和马库拉诺在非正式会面中达成了什么交易。但有一份很少的材料能支持我的论述。7 月 13 日，玛利亚·塞莱斯特写信给伽利略，向他表达了自己心中的疑惑。他早就听说过伽利略和他的书遭受过批评，并对此深感沮丧。现在她收到了伽利略的来信，信中说最终的结果对他以及他的对手来说都是一个胜利。她想知道这意味着什么？在什么意义上，伽利略可以说结果是对他有利的？[42] 唯一的解释是，伽利略知道了事情本来会变得更糟，但更多的指责已经被撤销，他对此颇感安慰。通过坚持他至少还能讨价还价。

让我们回到 4 月 30 日。那天，伽利略被释放，送回给佛罗伦萨大使照看（大使自掏腰包给他租房子住），近两个月来他一直被关在牢里。[43] 5 月 10 日他再次出现在宗教裁判部（the Congregation），递交了正式的辩护词。此后就等着最终裁决的下达了。尼科里尼从与教皇的谈话中得知，最终的裁决不仅会谴责伽利略的书，也会谴责伽利略本人。尼科里尼担心这会引起伽利略的不安，对他隐瞒了这个消息。[44] 伽利略的性格显然与另一位被关押在宗教裁判所的佛罗伦萨人非常不同。马里亚诺·阿里多西（Mariano Alidosi）被单独监禁，伽利略在远处就能看到他愉快地弹着西班牙吉他，唱着歌，似乎他在这里度假。[45] 伽利略一直受到各方关注，他从监牢里的“半死”状态中摆脱了出来。[46] 尼科里尼得出的结论是，大智不如若愚。伽利略现在实际上是大使住所里的一名囚徒——但罗马的知识界首领们可以自由地去看望他。[47]

最后在 6 月 21 日星期二，伽利略被要求向宗教裁判所报告。在那儿他再次遭到审问。[48]他否认曾经主张过哥白尼学说，尽管他说了在1616年之前他曾认为哥白尼和托勒密可能只有一个人是对的。他坚持，他的书不应被解读为是对哥白尼学说的支持。他受到了酷刑的威胁，并
224 且通宵受审。次日，他穿着悔罪者的白色长袍，出现在密涅瓦圣母堂修道院（the monastery of Santa Maria sopra Minerva）的宗教裁判部门前。在那儿官员宣布，有理由让人极其怀疑他支持哥白尼的教义，并因此犯有异端罪。在文艺复兴时期的法律中，“有理由让人极其怀疑”是一个很普通的指控罪名，在缺少决定性证据的情形下都会用上这个罪名。在这个案件中，伽利略承认，他不是一位哥白尼学说的支持者，而只是在不够谨慎的情形下对哥白尼的学说表达了支持性的观点。宣判者向他宣读了判决，并要求他放弃哥白尼学说。他的一本遭到禁止的书被当着他的面烧毁了。[49]他被判关入教皇的宗教裁判所的监牢里，但星期五他又被转到了美第奇别墅，这个地方他曾于1616年待过，也曾多次来此运动健身过。尼科里尼在旅途中陪着他，发现他神情沮丧——他预感到他的书会被禁，但没预料到会遭受禁书之外的惩罚。两周之后他仍对此感到震惊和沮丧。[50]

伽利略的沮丧似乎令人惊讶。从他与马库拉诺达成协议的那一刻起，他不知道他会被定罪吗？答案是，4月27日至6月22日之间，他的地位在两个方面恶化了。首先，宗教裁判部决定不理会他的声明，即他不知道有关不准以任何方式传授哥白尼学说的禁令。其次，也许是更令人震惊的是，教皇6月16日颁布命令，要伽利略公开放弃暴力（*de vehementi*），这样做显然是很随意地把伽利略归类为异端。这是以前未曾有过的。事实上教皇此前曾在1616年宣称反对把哥白尼学说看作异端。但是现在，对哥白尼学说是异端的辩护已经委托出版了，很快就会面世——梅尔基奥·因楚发的《简论》。[51]因此，只是伽利略与马库拉诺达成协议的信件保留下来了，而不是协议的实质。

有一则故事最早在1757年被人讲述过，根据这则故事，伽利略在

读完他的忏悔词后，喃咕道："E pur si muove"[*]——然而它（地球）确实在动。[52] 这个故事恰好出现在天主教会开始承认进一步反对哥白尼学说是徒劳的时候。但我们可以肯定，伽利略从来没有说过任何类似的话。在审判中，绝对没有讨论过哥白尼学说是不是真的，原因很简单，伽利略承认这个学说是错的，并声称在 1616 年的时候就放弃了这个学说。另一方面，当时有一份报告说，伽利略在阅读他放弃哥白尼学说的声明之前，坚持声称他是一名天主教徒，他很真诚地与教会的审查官打交道，为的是获得出版《对话》的许可，这些可能都是真的。[53] 这份报告完全符合他在受审期间的立场。而这个立场可能就是，他特别坚持自己是一位天主教徒，他打算不论生死都坚守天主教信仰——这种坚持显然是为了羞辱他的敌人——这体现在他对在《试金者》中否认圣餐变体 225 论这一指控的公开回应中，这一指控暗示他不是天主教徒，而是一位新教徒。

意大利各大学所在城镇的审查官受命把当地的哲学和数学教授召集起来，向他们宣读了对伽利略的批判。这样，哥白尼学说无疑成了异端邪说，伽利略的书也成了禁书。教廷驻海外的各大使接到指示，要把这个消息散播出去。[54] 佛罗伦萨的宗教裁判官和"怪物神父"因为批准伽利略的书出版负有部分责任而遭到了谴责。[55] 回顾 9 月，耶稣会数学家奥拉齐奥・格拉西说，在伽利略被带到罗马受审前，他曾为伽利略辩护过，也在他的书中为伽利略的观点做过辩解。但他觉得，伽利略的不幸源于他过分爱惜自己的观点而忽视了别人的观点。[56] 看起来这个说法很精确地描述了事情发生的经过。而格拉西被剥夺了耶稣会中的所有职位，并被流放到了他的家乡萨沃纳（Savona）[†]，乌尔班在世期间他一直遭受着这种羞辱。为什么？唯一合理的解释是，就如他自己宣称的那样，他因为替伽利略辩护而遭到了惩罚。[57]

6 月 30 日，教皇同意，伽利略可以前往锡耶纳（位于佛罗伦萨所

---

* E pur si muove，意大利语"但它会移动"之意。

† 萨沃纳，意大利西北部港口城市。

控制的领土之内），由他的朋友，当地大主教加以软禁。伽利略 7 月 9 日到达那儿。[58] 根据一份报告的记述，他晚上无法入睡，并大声喊叫，自言自语，因此人们担心他的精神状态有问题。[59] 但是，康帕内拉前来看望了他，康帕内拉曾遭到了在罗马的西班牙人的敌视，不久之后他流亡到了法国。这两位哲学家，都曾遭到宗教裁判所控制，在大主教的宫殿里一起相处了几天，坐在挂着上好的锦缎的房间里，品尝着大主教提供的精美食物，喝着上好的葡萄酒。[60] 毫不奇怪，伽利略的体重有所增加了。[61]

几个月后，罗马的宗教裁判所收到了一封匿名举报大主教的告发信。显然他是在告诉世人，伽利略是这个时代最伟大的人，对伽利略的定罪是不公正的，宗教裁判所不应在科学问题上做出裁决，而后人将证明伽利略在《对话》中提出的观点是正确的。[62] 对大主教的指控都被保留在了档案中——这是对大主教判断力的永久性纪念。

伽利略一直在锡耶纳等着，直到佛罗伦萨的严重瘟疫消退，他才可以安全地回到佛罗伦萨。最终在 12 月 1 日，教皇允许他返回佛罗伦萨郊外阿尔切特里的别墅，他在这儿的行动仍然受到了限制。他每次能见到的人不能超过两位。[63] 他于 1633 年 12 月 17 日回到了家。回来后大公几乎马上就会见了他，这等于正式向外界展示他们的密切关系。他在这又生活了八年，几乎没有再离开过家。

226 最终，伽利略获准前往佛罗伦萨去看医生。有一次，他被传召去见大公。另有一次，他获准去见了法国派往罗马的大使。[64] 可能他偶尔也会离家外出——有一次，裁判所的一位官员来访，发现他家中没有人。[65] 显然他有办法避开一次不能会见两位以上的客人的限制。1636 年，当地一位牧师邀请他参加施洗者圣约翰日（12 月 27 日）的庆祝宴会活动。他说，庆祝活动一般只限于在教堂举办，但如果伽利略参加，他们将在他的住宅举行活动——他确信参加活动的每一个人都会无比高兴。似乎伽利略受邀参加聚会让大家备感荣幸。[66] 直到临终，他仍然是“裁判所的正式囚徒”（弥尔顿的表述是很准确的：伽利略不是被裁判所控制，而是法律上的囚犯，随时都会被弄回监狱）。

因此伽利略的社会地位也变得模糊不清。他所有的朋友，包括住在罗马并向巴贝里尼负责的卡斯特里，一直和他保持着朋友情谊，但其中有些人很坦率地表达了自己的看法，说伽利略不应该受到批判，而其他人则不敢把对裁判所的看法写下来。[67] 伽利略的朋友和学生博纳文图拉·卡瓦列里，是教皇所辖城市博洛尼亚的一位教士，于 1633 年 12 月 17 日写信给他。一年前，卡瓦列里在听到他被召到罗马的消息后立即恢复了和他中断了的通信。卡瓦列里希望伽利略能够理解（而伽利略显然并不理解），在他处在被调查和被看护的情况下是不可能与他进行联系的。[68]

从伽利略 1633 年动身前往罗马的那一刻起，直到他去世，他和他的朋友一直认为他们之间的通信遭到了拦截。[69] 信件一般是人工递送的，或者被放入外交邮包中，或者附上一个外加的地址寄送给一位安全的中间人［通常是大公的秘书或者伽利略的亲戚杰里·波契内里（Geri Bocchineri），或者，如果信件是来自法国的，接收的人就是伽利略在里昂的亲戚罗贝托·伽利雷（Roberto Galilei）］。像迪奥达蒂这样做事谨慎的通信者，会确保伽利略的姓名不出现在信件里，并用化名签名。[70]

对信件拦截的害怕影响到了伽利略写信的意愿。1636 年，他正在安排将自己的全部作品翻译成拉丁文并在荷兰出版，此外，他还为自己被禁的《对话》写信给威尼斯的伏尔根齐奥·米坎齐奥——荷兰出版商爱思唯尔（Elsevier）的中间代理人。“我把你的信读给了爱思唯尔听，”米坎齐奥回信说道，“我们很高兴。出版你的作品不把《对话》包括在内是没有什么意义的。”[71] 米坎齐奥受到威尼斯政府的保护，因此他觉
得检查人员读他的信的做法相当有趣。[72] 伽利略希望他们真正理解自己 227
的处境，而不是只觉得好笑，因为他再也不能确保，如果他继续从事为哥白尼学说辩护的工作被发现，他不会被送回裁判所的监狱。1638 年，伽利略被正式告知，如果他和任何人讨论哥白尼学说，他将会在铁窗内度过余生。[73] 没能认识到他在纸面上表达自己时的小心翼翼，导致人们错误地认为，在他的余生里，他放弃了潮汐理论，而这个理论被他长久以来认为是地球运动的关键证据。[74]

当然，伽利略和他的朋友对自己说的话以及对别人说的话都很谨慎。1634年3月，他的朋友让-雅克·布沙尔（Jean-Jacques Bouchard）* 写信给他，对伽利略再也不能自由地说话表示遗憾——尽管他确信，还是有像他这样的人可以让伽利略感到非常放心。[75] 但人们怎么能看得出哪个人可以信任？人们都知道法米亚诺·米凯利尼（Famiano Michelini）† 很受伽利略信任，1636年他来到了罗马，伽利略的朋友自然都来向他打听消息。其中的一位叫拉法埃洛·马吉奥蒂（Raffaello Magiotti）的，写信给伽利略，要求他写信给米凯利尼：

> 我希望你说服他，让他不要那么守口如瓶，当涉及你的事情时，请他不必过于谨慎。我等他来这里等了两年了。而现在我终于能和他说上话了，但发现他却噤若寒蝉。他什么也不会说，只是说他从来没有那么大胆地问过你，他看到过的东西很少，他已经没有机会了，他什么也没有记录，根本就记不起任何东西。我站在这里，张开着嘴巴，而他则向我呼着热气。我这么说是因为我希望他认识到，我不是一个天真的人，而是一个可以信任的人。[76]

米凯利尼的谨慎是合乎情理的：总而言之，马吉奥蒂和耶稣会关系太密切了，卡斯特里也对他产生了怀疑。除了告密者还有谁会写这样一封信？除了告密者还有谁曾试图说服伽利略相信，梅森（Mersenne）‡ 是他的敌人？也没人会在信中用代号提及伽利略以证明他们的判断是对的。当然，伽利略并没告诉米凯利尼更多将要发生的事情，六个月后马吉奥蒂还在愤愤不平地抱怨伽利略和米凯利尼扣留他的文章，这些文章正广为流传。[77] 米凯利尼几乎掩饰不住自己的敌意，肆无忌惮地嘲笑他身为数学家的自负。但他们继续捉弄他：只要他们什么也不告诉他，他就不能伤害他们，而总有一天他们可能要把一些错误的信息传给他。

---

* 让-雅克·布沙尔，17世纪法国作家。

† 法米亚诺·米凯利尼，17世纪意大利数学家。

‡ 梅森，与伽利略同时代的法国著名数学家。

伽利略有些东西要保密，不让外人知道，而他的这些秘密保守得相当成功。

事实证明，他们对马吉奥蒂的估计是错误的。他成了托里拆利的密友，并在托里拆利 1644 年的真空试验中发挥了至关重要的作用。当梅森在那年年底到达罗马时，马吉奥蒂成了（尽管他早前对其怀有敌意） 228
梅森的朋友和合作者；而梅森在返回法国时，把托里拆利的科学发现传播开来，而不久后皮埃尔·佩蒂特（Pierre Petit）和帕斯卡也重复了这个试验。最终马吉奥蒂在反对亚里士多德物理学的运动中比米凯利尼发挥的作用更为重要。[78]

229

34

《两门新科学的对话》

来到锡耶纳的几周时间里，伽利略就开始了将《对话》翻译为拉丁文的工作，该书最终在 1635 年于斯特拉斯堡（Strasbourg）* 出版。这项翻译工作由法国新教徒埃利·迪奥达蒂发起，他长期以来都是伽利略的好朋友。他招募了一位德国新教徒马提亚·伯内格，伯内格曾把伽利略论函数尺的书翻译成拉丁文。伯内格一再声称他受伽利略本人邀请来做翻译工作，曾经有人认为伽利略一到锡耶纳就联系迪奥达蒂，要求他确保翻译的书能出版——对这些事实的解释暗示了伽利略很快就公然违背了他的承诺：绝不做可能会被人认为支持哥白尼学说的事情。

看起来这个故事——尽管很吸引人——肯定是错的，因为迪奥达蒂在得知伽利略被定罪前就已经开始组织翻译工作了。但伯内格深信他是按伽利略的要求做事的，我们必须假设迪奥达蒂有点误导了他——就如他没能提前警告他，他要翻译的书不是一本小册子而是一本大部头著作。但无论是否伽利略要求迪奥达蒂安排翻译事宜，无论他是否特地要求伯内格具体从事翻译工作，他肯定会参与这项翻译工作，因为他是拉

* 斯特拉斯堡，法国东北部城市。

丁文版中出现的一处修正的唯一可能来源，我们知道这处修正也是他所需要的，后来各种版本中都出现了这个修正。伽利略也很感谢这些新教合作者所做的工作。他多少有些违背了自己当初的悔罪言辞，这么说似乎也算公正。[1]

我们可以肯定的是，伽利略一到锡耶纳，就重新开始那本书的研究工作。这本书是1609年以来他一直应承要写的《两门新科学的对话》（莱登，1638）。虽然书中没有提到哥白尼学说，两门新科学中的第二门，即局部运动（local motion）科学，是《对话》里驳斥反哥白尼学说的标准论据的核心。伽利略起初希望在威尼斯出版（米坎齐奥发现，在威尼斯，伽利略的任何出版物，不论是什么题材，统统都被罗马禁止了），然后在维也纳（这里是天主教的世界，也是美第奇的外交领域），接着在巴黎出版。[2] 当各种努力尝试都失败了，他才转向了荷兰的出版机构爱思唯尔，该机构最近印制了《对话》的拉丁文翻译本，还第一次 230
在斯特拉斯堡出版了《写给大公夫人克里斯蒂娜的信》的双语版（意大利文和拉丁文）（这本书之所以能成功出版，是因为在伽利略的安排下，这些书信文本被偷偷送出了佛罗伦萨，寄给了迪奥达蒂；然后他收到了迪奥达蒂寄来的序言，他同意这篇序言）。[3] 米坎齐奥扮演了中间人的角色。尽管视力衰退，伽利略还在亲自抄写手稿——他连一位自己信任的抄写员都没有——但不久大公给他安排了一位能干的数学家迪诺·佩里（Dino Peri）做他的助手。[4] 后来伽利略得到了马可·安布罗格蒂（Marco Ambrogetti）的帮助，接着法米亚诺·米凯利尼、克莱门特·塞蒂米（Clemente Settimi）、亚历山德罗·宁奇（Alessandro Ninci）也给予了他帮助，最后，特别是在塞蒂米走后，塞蒂米的前学生维维亚尼和卡斯特里的前学生托里拆利都来帮过他。

这本书被赠给了法国驻罗马大使弗朗索瓦·德·诺阿耶（François de Noailles），他是伽利略在帕多瓦过自由日子时的一位学生。在赠言中，伽利略宣称，他是在诺阿耶从罗马赶回巴黎途中举行的一次会议上把手稿给了诺阿耶；伽利略还说，他现在知道了是诺阿耶安排爱思唯尔出版了这本书——他将此描述为“令人意外和震惊的消息”。诺阿耶实际上没有收到这本书的抄本——伽利略视力在衰退，没有抄写助手帮他多抄一份抄本——尽管维维亚尼出于维护伽利略的这个故事的目的，在后来打算伪造一封迪奥达蒂的信，说收到了。[5]诺阿耶跟书的出版并没有关系，虽然他允许伽利略使用他的名字。但伽利略很高兴把他与诺阿耶的会面当作一则封面故事，以解释他的手稿最终是如何落入了新教出版商的手里，因为诺阿耶会见伽利略是获得了教皇本人的许可的。[6]毫无疑问，伽利略对乌尔班的态度是蔑视的。

我们知道，伽利略第一个伟大的思想创新是想象一个球在一块完全光滑的冰面上永远滑行；依据这个概念模型，他得出的结论是，在没有任何外在力的情况下，运动将无限持续下去。大约从1590年起，他一直致力于他的新运动科学的研究，这项研究最终在1638年发表。这门新学科涉及的是落体的加速度、钟摆的等时性、抛射物的抛物线轨迹。所有这些发现，构建起了近代物理学的基础，它们既有实验和理论的成分，也有演绎推理的成分；在已发表的论著里，理论尽可能地主导着实验。它们还涉及模型的构建——既有理论模型，还有研究模型——这些模型的构建是完全理想化的，与他的第一个无阻力运动模型的建构方式是一样的。这种理想化的模型概念是来自对机械力学的研究，但伽利略从对人造物体（滑轮、杠杆、天平、钟表）的研究中得出了这个想法，并将其运用到自然物体中。这是他的第一项伟大创新——将自然视为一个人工物体。

231 你如何研究运动？你构建的研究模型中摩擦力是最小的，比如，这个模型里金属球沿着衬有羊皮纸的陡坡道下滑。你构建的理论模型里，空气阻力是被排除在外的。你想象有一个完全光滑的表面，或者在一个真空里有一个落体。当伽利略说，自然之书是用数学语言书写的，意思就是真正的自然体现的原则是来自理想化的自然。

伽利略坚持认为，这种理想化的过程并不意味着伪造。令人注目的是，伽利略将这个过程与商人所做的复式记账进行了比较：

> 在具体事物中所发生了的，……同样地在抽象事物中也发生

> 了。如果用抽象数字表示的计算和比率与之后的具体金银及商品不相对应，那就很新奇了。就如用算术方法来处理糖、丝和羊毛的计算者必须估算出箱盒、包捆和其他包装。因此数学家（*filosofo geometra*）在具体事物中要确认他在抽象思维中已经证明了的效果，必须去除物质材料上的有关障碍；而如果他能够这么做，我保证这些事物和通过算术运算得出的结果是一样的。因此，错误不在于抽象性或具体性，也不在于是几何学上的还是物理学上的，而在于不知道如何进行真正计算的计算者。[7]

伽利略所研究的运动是理论化宇宙中的一种理想化的运动。通过建构这个理论化宇宙，他将现实世界完美化，消除了摩擦力和阻力，发现了数学的纯粹性。用另一种方式来描述他的伟大创新，即他把月下世界当作月外世界来对待。上天（heavens）总是一直被理解为一个体现纯粹数学原理的世界，但伽利略恰恰是在之前所有科学家都坚持认为不可能找得到的地方——地球——找到了这种纯粹性。[8]

通过这个大反转，伽利略的看法有了转变（有证据表明，他在通过望远镜探索到新发现之前，就已经开始这么做了），他发现了天体中的各种变化、各种不完美性，天体是粗糙而不是平滑的：月球上的山脉、太阳黑子和各种新星证明，变化和不完美是存在的，而以前的科学家只看到永恒性和完美性。伽利略非常清楚这种双重运动：《星际使者》令人非常震惊的一个观点是宣称地球是个上天的天体，上天包括了地球（尘世性的天体）。

是时候回到伽利略传记的起点了。伽利略开始走在一条通向医学实践的道路上。但他选择了数学。文艺复兴时期的医学关注的是充满矛盾性的体液和体液排放的学说——这种医学是一种暂时性的、不完善的、
非包容性的学说。医学是各种科学中最具实证性的学科。伽利略放弃了 232
这个学科，因为他更喜欢数学的抽象性、完美性和理论特性。他于是做出另一个根本性的选择，这个选择伴随了他的一生，并且在《两门新科学的对话》中他阐述了这个选择。

他本可以放弃这个选择，成为一位实验科学家，对例如真空进行研究。伽利略在刚有了一台工作用的望远镜的时候，也得到了一台工作用的显微镜，但直到1624年他都没有用显微镜做过什么研究。他从来没有发表过有关看不见的世界（the invisible world）的论著——在这个世界里，看起来平滑的东西原来是粗糙不平的，看起来是精细的东西原来是粗糙的，看起来是简单的东西原来是复杂的。[9]这个世界不存在于伽利略所想象的世界里。伽利略的同事乔瓦尼·巴蒂斯塔·巴里亚尼曾经根据实验证据而非理论推理建立了一门叫落体学的学科。伽利略写信给他，非常直截了当地强调他们在方法上的不同。伽利略坚持，他研究工作的价值取决于其研究成果在理论上的连贯性，因此如果事实证明他的理论在预测现实世界中的实际物体的运行状况时毫无用处，他对此也无所谓。[10]

很容易想象，作为一位科学家和数学家，伽利略在某种程度上肯定是新物理学的奠基人。情形本就如此。他成为新物理学的奠基人是因为特殊的思维方式让他感到满足；而他成为新天文学的创始人是因为在某种意义上，反向的思维方式也让他感到愉快。平滑的他使之粗糙，粗糙的他使之平滑。人生是不可能没有冲突的，伽利略的母亲在争吵中过了大半辈子，也从争吵中得到了快乐。这可能就是为什么伽利略很高兴地把他周围的世界想象成一个平滑的、打磨过的、没有摩擦的世界，而另一个世界则很遥远，存在着变化和冲突，但变化和冲突对他没有影响。

这看起来似乎很牵强，但是看看他的弟弟的情形吧。米开兰基罗·伽利雷出版了一本关于琉特琴音乐的小书。这本书用意大利语写成，在德国出版，需要配上一把法国琉特琴——自然很少有人来买这本书了。不管怎么样这种音乐是很前卫的一种东西（如果这本书在最终发表时算不上前卫，至少在它写成的时候是很前卫的）。米开兰基罗提醒读者，“因为这本书中有很多尖锐和不和谐的声音，不要认为这些是印刷错误，而这些声音就是我要表达的意图。放心，我已经多次仔细检查了这本书，确信书是绝对正确的”。[11]米开兰基罗也试图把和谐与不和谐发展成一种新型的关系，就像他的兄弟试图改变不完美的现实世界与完美的数学世界的关系那样。

伽利略也喜欢探讨格列佛的世界（Gulliver's worlds）*规模大小的问题（这个世界在没有望远镜的情况下是很难想象的）。望远镜和显微镜是改变世界规模大小的机器，斜面是延长下落的工具。伽利略新科学的 233
第一种就是关于规模比例大小问题的。最根本的问题是扩展延伸问题。在横梁因其自身重量而断裂之前，你能把一条横梁伸展多远？一条绳子在因其自身重量而断裂前会向前伸展多长？如果你把横梁或绳子做得更粗更重，横梁或绳子的断裂点会是更长或是更短？在横梁的横截面和水平截面中，什么样形状轮廓的横梁会因最轻的重量而具有最大的强度？在提出这些问题时（我们已经看到，他在1592年就提出了这些问题），伽利略想到了机器的问题，他把所依据的论证线路反转了过来。他的机器很完美；他的建筑结构很不完善，甚至都处在了崩塌的边缘。

伽利略在发明一种新型的、关于材料的抽象学科。在伽利略的世界里，真正的横梁（beam）是木制的或大理石制的——它们有裂缝和裂隙，材质是有瑕疵的、不完美的。但伽利略的横梁是想象中的横梁，是完全均匀如一的。[12] 伽利略思考的核心问题是，重量随着体积的增加而增加，阻力随着表面积的扩大而增加。一个在每个方向上都有2倍大的物体，在穿过空气下落时产生4倍的摩擦力，但重量是其8倍。结果是，落体有了更高的终极速度。

一匹马从三到四个手臂长的高度落下会摔断骨头，而一只狗从相同的高度落下，或一只猫从八或十个手臂长的，甚至更高的高度落下，却毫发无损。这样的道理谁会不明白呢？因此一只蟋蟀从一座塔上落下可能不会受伤，或者一只蚂蚁从月球落下也可能不会受伤。小孩跌倒不容易受伤，而他们的长辈则会跌破头、摔伤腿脚。正如较小的动物在比例上相比较大的动物更强壮，因此较小的植物能更好地存活下去。我想你们都知道，如果一棵橡树有200英尺高，它就无法支撑与橡树平均大小相当的枝叶。只有发生奇迹，大自然才能产生出一匹有二十匹普通马那

* 格列佛的世界，指小说《格列佛游记》中的大人国和小人国。

么大的马，或创造出一个是普通人的10倍大的巨人——除非自然将人或动物的比例大幅度地改变，特别是骨骼的比例，让骨头的粗度远远超过其一般的对称性。[13]

伽利略提供了一幅插图。他取了一块小骨头，想象将其长度增加3倍。但为了支撑一个重量为其原初体重27倍的生物，这块骨头现在要有多粗？伽利略的答案见插图25。

如果说这么讲有些不合适，我们还是可以简单地概括出这两门新科学中的第一门复杂而微妙的观点：格列佛的世界是不可能的。小人国（Lilliputians）和巨人国（Brobdingnagians）是不可能存在的。这是一项了不起的科学突破，对机器和建筑的设计非常重要，同时对人们理解生物形态至关重要。这是在落体定律（the law of fall）的发现中非同一般
234 的突破。伽利略发明了两门新的物理科学和一门新的宇宙学。这三项有变革意义的发现相互之间几乎没有什么共同之处。

伽利略是一位伟大的科学家，因为它能在几个明显没有联系的领域进行创新。把这几个领域连接起来的不是真实世界的某些特征，而是伽利略心理上的某种特征——对反抗力的关注，使他一方面对断裂着迷，另一方面对顺滑的运动着迷。伽利略对反抗力的关注源自哪里？其源头和米开兰基罗对和谐的局限的关注是一样的——来自童年时的矛盾冲突。

35 235

伽利略的儿子温琴佐

温琴佐·伽利雷（Vincenzo Galilei）生于1606年8月21日。伽利略在他4岁时搬到了佛罗伦萨。自然地，他就留下来和母亲玛丽娜·加姆巴待在一起。当她于1612年去世时，伽利略临时安排人来照顾他，并把他带到了佛罗伦萨。[1]1619年6月，在他的安排下，温琴佐正式获得了成人的权利（尽管还没完全享有公民的权利），这打通了他在比萨大学接受教育的道路：他于1628年毕业并获得了法学博士学位。[2]不幸的是，人们普遍认为，比萨的博士学位只能供人一笑。

1623年的某天，温琴佐做了一件他父亲认为是不可原谅的事——我们完全不知道是什么事，而当时负责照看在比萨大学学习的温琴佐的卡斯特里，最终相信温琴佐的无罪申辩可能是真的。[3]在接下来的几年里，伽利略似乎真的断绝了与儿子的关系，只靠着卡斯特里在其中担当中间人维持着联系。[4]1627年伽利略为他从教皇那里弄来了一笔津贴，但温琴佐拒绝接受，显然是出于对教会当局的敌意。伽利略不得不把津贴转给了更不适合的温琴佐·米开兰基罗·伽利雷（Vincenzo Michelangelo Galilei），但他在能接收这笔钱之前就已经逃离罗马了。[5]1628年，温琴佐又遇到麻烦了。在情况变得更糟之前，他急匆匆地从比萨回到了佛罗伦萨。卡斯特里认为他的情况并不比他的堂兄弟更好。[6]

1629年1月，新获学位的温琴佐令人吃惊地娶了普拉托的塞斯蒂莉亚·波契内里（Sestilia Bocchineri of Prato），她带来了700斯库多的嫁妆，她父亲还同意每年给温琴佐100斯库多。[7]但温琴佐仍然期待得到他父亲的支持，伽利略在佛罗伦萨给他买了一套小房子供他居住。（这套房子实际上比表面看起来的要小，因为其中一间房间直接建在垃圾坑上，以至于房间根本没法住人。）1630年12月，温琴佐和父亲之间的通信交流让他感到痛苦，温琴佐非常生气地抱怨伽利略没能给他找到工作，把钱浪费在别人的子孙身上，在他有需要的时候没能给他帮助。1631年春，玛利亚·塞莱斯特对伽利略和儿子之间没有联系感到很难
236 受，尽管伽利略一直在照顾孙子伽利略（Galileo）（1629年12月生），那时温琴佐和塞斯蒂莉亚已经逃到普拉托躲避瘟疫了。[8]

实际上，伽利略——他在没有父亲的帮助之下通过自己的努力取得了成就，他刻意避免参与佛罗伦萨的政治，尽力避免与赞助人联系——尽力地帮助儿子。1628年他取得了完全的公民权（这让他有资格纳税），从而有了当选公职的资格。然后他儿子也拥有了公民权，他支持儿子竞选公职，支持他在1629年和1630年期间短暂地参与佛罗伦萨政治。[9]最终，两年后，这项策略成功了，1631年11月，温琴佐成了佛罗伦萨30英里以外的小镇波皮（Poppi）的负责财政的官员，不久之后他抱怨这个职位工作量太大，薪资太低。几个月间，他因为工作不够勤勉而遇到了麻烦。1633年秋，伽利略在锡耶纳被软禁时了解到，他的儿子因未充分履职而要被解职。[10]

经过不断地游说，1634年春，伽利略和他的朋友把温琴佐安排到了另外一个叫圣乔瓦尼·瓦尔达诺（San Giovanni Valdarno）的小镇（这个小镇位于佛罗伦萨至罗马的主干道上）。温琴佐的行为有所改善，或者说伽利略对他的影响是有作用的，因为在1635年6月，温琴佐又被安排回到佛罗伦萨，管理一个商人行会的财务，他担任这个职位一直到1649年去世。[11]同时，1633年的夏秋，在妹夫杰里·波契内里和玛利亚·塞莱斯特不断施压下，伽利略同意把他1629年买给温琴佐房子旁

边的另一所房子买下来，这样可以给他在佛罗伦萨的市中心附近提供体面的居住条件。[12] 他也同意为他偿还部分债务。[13]

针对温琴佐的关键指控肯定是在 1633 年头四个月提出来的，这时伽利略正在罗马面对法庭的控罪。这段时间温琴佐连一封给予精神支持的信都没有给父亲写过。[14] 他写给伽利略的信于 1633 年 5 月 2 日发出，也就是伽利略被宗教裁判所释放后的两天——尽管这则消息似乎不大可能这么快传到温琴佐这里，因为波皮并不处在主要邮路上。[15] 显然他听到的是，伽利略受到了裁判官的特殊处理，伽利略并没有消失在裁判所的地牢里，由此他得出结论：自己被认作伽利略的儿子是没有什么风险的。可能温琴佐写信是因为玛利亚·塞莱斯特劝他这么做的。在这件事里，他是幸运的：他及时与父亲重新建立了联系，以便利用他的住宅临近佛罗伦萨小镇市场的有利条件[16]，还动员了伽利略的朋友们帮他保住自己的工作。

很难想象，温琴佐的行为会让伽利略喜欢他，他的父亲肯定会继续用怀疑的眼光看待他。但 1634 年 4 月 1 日所有的一切都发生了改变， 237
当天发生了两件可怕的事。那天，伽利略得知，教廷对佛罗伦萨政府不断地要求解除伽利略的软禁的请求感到越来越不耐烦了。罗马传来的消息很明确：如果再要求改善伽利略处境，他将被关到裁判所的监狱里去。伽利略现在知道，直到他死去阿尔切特里都将是他的监牢，佛罗伦萨政府再也没法替他做任何事了。[17] 他是一个聪明的人，对此并没有完全屈服。佛罗伦萨政府允许他通过法国的途径寻求教廷的宽大处理。而正如我们所看到的，伽利略甚至还得到了教皇的允许，会见从罗马返回巴黎途经佛罗伦萨的法国大使弗朗索瓦·德·诺阿耶。[18] 但他的努力没有成功。

在同一天，伽利略得知他将终身被关押在阿尔切特里，他也知道了玛利亚·塞莱斯特已经奄奄一息了——次日她因痢疾去世。[19] 她是他留在阿尔切特里唯一的理由。伽利略指望着有她的陪伴来安度晚年。他现在其实就是一名囚徒了。

4 月 28 日，距玛利亚·塞莱斯特去世不到一个月，伽利略写信给杰里·波契内里，杰里已取代卡斯特里成了他与温琴佐联系的中间人。伽利略担心自己的健康状况。他的疝气症状加重了，脉搏很不规则，有心悸的症状。他心里非常压抑，吃不下饭，睡不着觉，想要随所爱的玛利亚·塞莱斯特而去。这时温琴佐正要因公差而离开。杰里必须和他谈谈，并说服他，让他理解父亲需要他在身边。[20]

伽利略很快视力就不行了，现在转而需要温琴佐的支持。他们之间似乎没有再发生过冲突。他们一起做事，相安无事，例如，他们根据伽利略的设计试图建造一座摆钟。温琴佐的妻子塞斯蒂莉亚甚至与伽利略未得到承认的孙女维吉尼亚关系好起来了。但即使父亲与儿子和解了，他们之间的关系也不密切。假如伽利略被允许暂时到佛罗伦萨接受治疗，一位佛罗伦萨的审判官对温琴佐的房子是否适合伽利略居住进行了评估，他报告说，人们可以确信温琴佐会照顾好他父亲的：毕竟，他每年有 1000 斯库多来维持生活。在伽利略看来，他儿子的房子（在法律上这个房子属于伽利略，但他从来没有在这住过）现在成了他的家，他之前就不曾被这个家接纳过。[21]。当伽利略被准许来到佛罗伦萨时，他可能期望搬来和儿子一起住，但他的每次到来似乎都很短暂。

在伽利略完全失明后不久，我们看到了佛罗伦萨审判官在 1638 年 2 月所写的一份报告，当时正在讨论是否允许伽利略去佛罗伦萨治疗。审判官带着一位医生前来探望了他，不仅对他的病情，还对他的日常活动及态度进行了评估：

238 我发现他根本看不见东西，完全失明了……他有严重的疝气，内脏持续疼痛，老是失眠。根据他自己的说法以及他身边人的报告，他 24 小时内都睡不到一个小时；其他方面，他身体瘦弱到让他看起来更像是一具尸体而不是一个活人……他的研究工作因失明而停止了，虽然他有时候还让人读些东西给他听。来探望他的人很少，因为处在如此不佳的健康状况下，他一般跟来访的人谈论的都是他糟糕的病痛及他所忍受的其他痛苦。[22]

当然，在这种场合向人显示自己的病痛，获取别人的同情是对伽利略有利的，但我们猜想这种描述基本上是准确的，因为我们看到很多伽利略抱怨自己抑郁、失眠和身体不适的材料，他很害怕他可能会失去对现实的把握能力：他担心自己会陷入妄想的世界里去。[23]

然而另一方面，伽利略夸大了自己丧失能力无所作为的状况，他欺骗了宗教裁判所，因为他事实上仍在思考自己的研究工作。在审判官来访一周后，伽利略还就月球的天平动问题口述了一封长信，在那些焦虑和失眠的夜晚中，这个问题一直是他思考的主题，他在 1637 年夏天就对此进行研究了，那时他挣扎着，最后一次用越来越弱的视力（他视力更好的右眼，最终在 7 月份失明了）进行天文学观察。[24]

月球与地球的关系中，月球的一面是固定对着地球的。因此我们总是看到月球的一个表面。或者说人们一直假定情形是这样的。正如伽利略所认识到的那样，如果我们从地球的中心对着月球的中心连线往东或往西（当地球转动时这种情况每天都发生），我们就可以看到月亮一边的情况，先是这一边，然后是另一边——这就是视差的例子。此外，月球在每天晚上不会在天空中沿着相同的路径运行，而是在一年中会稍有上升和下降。因此我们有时能稍微看到月亮的顶部和底部。这就是伽利略所说的月球的天平动——月球似乎在天空中摇动，就像天平（scales，拉丁语为“libra”）在平衡处摇摆——他在《对话》中进行了一定程度的讨论。[25]

但现在伽利略已经认识到，还存在着其他的事物。他可以算出一天的和一年的天平动，但似乎存在着一个更大的摆动运动，这个运动的发生周期是一个月一次。根据开普勒所发现的行星轨道是椭圆不是圆形的现象，我们可以解释伽利略看到的是：月球围绕着自身的轴线平稳地转动，它面向地球的半个球面在一个月内有轻微的变化。伽利略认为这个现象显示，地球不在月球轨道的中心。但想要准确地知道他是怎么想的
是不可能的，因为他不会冒险把哥白尼的观点写在论文上。但是，很明 239
显，他认为他看到的东西很重要，他要记录这个事实，即他是第一个看到这些东西的人。

他在 1637 年研究这个问题时，在 1637 年末和 1638 年初的通信中描述这个问题时，在他不得不放弃他的观测之后，他要寻找的是什么呢？一些可见的微小的变化可能会产生重大的影响，就像他从太阳表面的黑子运行轨迹中发现了其中的重大影响一样？在给米坎齐奥的一封信中伽利略给出了一个线索，他在信中指出，月亮和潮汐在每天的和月度的、年度的变化是相似的。[26] 由于他将潮汐的变化和哥白尼学说联系起来，米坎齐奥认为他已经找到了或至少在寻找支持哥白尼学说的新证据。[27] 他确实是对的。伽利略认为，由于当地球自转和公转时地球表面也在运动，其速度的变化导致了潮汐在每天、每月和每年的变化。他可能认为，类似的效果导致了月球的摆动——每月的天平动是由引发地球潮汐的同一种力引起的，但这个摆动作用在旋转物体上要慢得多［月亮要花一个太阴月（lunar month）的时间完成一次自转］。

伽利略对月球的天平动进行了全新的描述，目的是将这篇文字流传出去，甚至可能会公开出版；因此他甚至不能提及这篇文字与哥白尼或开普勒理论存在相关性。他甚至不敢提到之前在《对话》中对此主题的讨论。因此他留下的东西让人搞不清楚新观测和旧观测之间的关系。然而，他相信后世的天文学家会找到他在寻找的东西，他要给他们留下明确的记录。伽利略现在已经适应了失明的状态，他继续做更多的新的研究：他对振动进行了分析，并在《两门新科学的对话》通过审查付印时将分析添加到《对话》中。[28]

36 240

伽利略的（无）信仰

奇怪的是，尽管她［华伦夫人（Mme de Warens）］不相信地狱，却相信炼狱……这是另一个奇怪之处。她的体系显然破坏了原罪和救赎的整个教义，动摇了整个基督教的共同基础。天主教的教义无论如何都不能维持下去了。然而，夫人是个好的天主教徒，或者声称过是好教徒。显然她的这个声称是出于善意。在她看来，《圣经》要逐字逐句地读，对其意义的解释要严格……简单地说，她太过于忠实于她的信仰了，并真诚地接受了全部教义。但当谈到每篇文章时，事实证明她的信仰和教会的完全不一样，尽管她也服从教会的权威。

卢梭（Rousseau），《忏悔录》（*Confessions*，1766），
科恩（J. M. Cohen）英译

本章对伽利略的宗教观点做出了全新的描述，并对此前在第 16 章和第 22 章的有关论述进一步论证。我首先要说明，我认为不可能以直截了当的方式回答伽利略是不是一位信仰天主教的教徒。纵观他一生，他都声称他是一位好的天主教徒，但如果他不这么宣称，后果就是非常

严重的。华伦夫人的例子很有启发性：因为她从新教徒转为天主教徒，获得了养老金；她只要一直有收入就是个好的天主教徒，因此她一直是个好的天主教徒。

这点是显而易见的；比较不清楚的是，是否可以说她是怀着诚心这么做的，并保持着良好的信仰。你怎么看待这个问题将取决于你是否能相信某种事物，而同时对它有所怀疑。当然，每个信仰者群体内部实际上都包含着比其领袖们所宣扬的应该有的信条要多得多的教义，或者说比你期待的教义更多，如果你只考虑到官方宣传的话。信徒们在表面上赞成那些需要向他们自己的宗教信仰群体宣扬的教义的同时，也在构建他们自己特有的宗教信仰。谁会期待找到这样一个人，他否定整个原罪和救赎教义，并宣称自己是个好的天主教徒？华伦夫人肯定不是唯一一个决定同时坚持两个互不相容的主张的人。

241 如果归属一个群体很重要，那么伽利略和华伦夫人都属于好的天主教徒，毕竟他们确实是天主教群体的成员。如果赞同教会的基本教义是很重要的，那么伽利略和华伦夫人根本不是天主教徒。但是，在这些问题上，应该允许（正如卢梭所暗示的那样）人们有相当大的自由对宗教教义的语言文字意义采取坚守原意、扩大解释和转变意义的做法，如果他们愿意这么做的话。如果华伦夫人要视自己为天主教徒，那么我们务必要尊重她这个愿望。这里我想要讨论的是，伽利略和天主教的关系与华伦夫人的情况很类似。我们对此达成的一致可能会比具体描述这样的（无）宗教信仰更为容易。

在提出这个观点时，我利用了几种不同类型的证据。我从几件伽利略所说的事来论证；从他没有说过的事来论证；从他的学生的对话来论证，这些对话相当于给我们的报告。我认为，这三类证据构建起一个说服力很强的推论，即伽利略不是一个基督徒；尽管如此，这些并不是决定性的证据。

另一方面，卢梭对华伦夫人的信仰的论述是毋庸置疑的：他很了解她，希望对她的描述是对她最有利的，在他们长久而亲密的关系中，她应该有很多机会纠正他可能对她产生的误解。卢梭的描述可能让我们对如何最好地述说华伦夫人的（无）信仰感到不确定，但这却使这种（无）信仰的基本特征更加清晰。他的叙述实际上比我们可能从华伦夫人本人那里得到的任何陈述更加可靠。因为卢梭的论述概括了她的观点，而这些观点是他在很长一段时期内在不同场合内听她讲述过的。通过这种方式，一位拥有便利条件的、有同情心的证人可能比第一人称的叙述更可靠，而第一人称的叙述肯定是很有趣的，但也是存在偏见、不客观、需要修改的。

我们将会看到，伽利略的档案中有一份同样毋庸置疑的文献：我坚持认为，否定这份文献是徒劳的，就像否定卢梭对华伦夫人的宗教信仰的叙述也是没用的。但即使是在最有利的情况下，对这些问题的本质很难达成一致看法：如果存在关于华伦夫人的学术文献，我相信会有人打算强调她信仰基督教的真正特征。在伽利略的事例中，历代的学者，特别是自由主义的天主教学者，希望把他描述成一位无辜的牺牲者，他的真正信仰应该是保护那些被谴责的异端者。现在有很多人在文化思想上很关注他，把他视为一位好的天主教徒。维维亚尼说伽利略恪守对天主教的承诺，这一说法三个多世纪内基本上没有遇到过挑战。维维亚尼在构建这个说法上取得了巨大的成功。我现在的任务是，首次向人们提供一个合适的替代说法：我的观点是，就如诺德（Naudé）评论克雷莫尼尼所说的，“Nihil habebat pietatis, et tamen pius haberi volebat”*。[1]

让我们从伽利略所喜爱的一本书开始：乔瓦尼·纳尔迪（Giovanni 242
Nardi）的《地下之火》（*Of Underground Fire*，1641）。纳尔迪是佛罗伦萨人，是一位医生。他不久后出版了一本论卢克莱修的精装本著作，在书中他赞成疾病细菌理论。[2]毫无疑问，他是一位原子论者。[3]《地下之火》的目的是认为地球的中心是一个大的熔岩（molten lava）湖，火山爆发让我们了解了这个地下世界的本质。伽利略读到这本书可能很高兴，因为该书最终让人们看到了和但丁所见的不一样的地下世界，这个

* Nihil habebat pietatis, et tamen pius haberi volebat，拉丁文“他对什么都不虔诚，但是却被认为很虔诚”之意。

世界的情形在他年轻时给佛罗伦萨学会（the Florentine Academy）的两次讲课中很详细地研究过。[4] 最终这个情形成了一个科学性的描述。他力劝朋友们去读这本书，他肯定也因没能阻止他们对该书的嘲笑而感到失望。他们宣称，在纳尔迪的世界里，就如身处在乐土（the land of Cockayne）之中，人们只需将通心粉在湖水中蘸一下就可以烹煮成食物，而鸟儿会现场烤熟从天上掉下。这在伽利略看来是一个新科学极好的例证，而在他们看来显然是荒谬的。[5] 毕竟他们的切身感受让他们确信地球不是处在火中。伽利略热心于纳尔迪的著作告诉了我们，他非常愿意去质疑自己的日常经历；同时也告诉我们，他乐于放弃那种地球被制造出来是为了供人类居住的想法。但对乐土的嘲笑恰恰与此相反：对纳尔迪的地球的疑惑并不是我们要宰杀和烹煮食物，而是我们自己没有被杀和被烹煮。神学被地质学所取代，一系列的随机因素形成了天意，而这些因素恰好使地球变得适合居住。

这充其量只是关于伽利略的（无）信仰的间接证据。更充分的证据还是存在的。1639 年 4 月至 1641 年 10 月，和伽利略关系最为密切的人中，其中一位是克莱门特·塞蒂米，他获准在阿尔切特里过夜。[6] 玛利亚·塞莱斯特过世后的几年里，孤独感让伽利略遭到了沉重打击；现在他不再孤独了。[7] 塞蒂米是一位教士，也是一位数学家：他给年轻的温琴佐·维维亚尼指导过几何学，并给他教过课；维维亚尼于 1639 年 10 月搬过来陪伴伽利略。1641 年 10 月，塞蒂米被召到罗马，接受宗教裁判所的调查。裁判所指控他阅读了伽利略的《对话》并相信宇宙是没有创造者的。最终他被证明是无罪的（托斯卡纳大使声明他是受大公保护的），但裁判所不准他回到佛罗伦萨，最后他被转到了西西里（Sicily）*。

针对塞蒂米的指控来自马里奥·索齐（Mario Sozzi），他是与塞蒂米同一个宗教团体皮亚尔会（the Piarist fathers）†的成员。他首先向佛罗伦萨的裁判所提出指控，然后在佛罗伦萨没有任何行动时，又向罗马的

---

* 西西里，意大利南部大岛。

† 皮亚尔会，成立于 17 世纪初的从事为贫苦儿童提供免费教育的天主教修会。

宗教裁判所提出控诉。他不仅指控塞蒂米，还指控同会的其他成员。起初他的指控说，他们试图保护大公的一位亲戚加侬·潘多尔弗·里卡索利（Canon Pandolfo Ricasoli）。这个人曾和他的助手法乌斯蒂那·梅纳 243
尔迪（Faustina Mainardi）于1641年因向年幼的孤女宣扬没有插入的性行为就是无罪的思想而被佛罗伦萨裁判所判处终身监禁，但皮亚尔会推翻了这些指控。于是索齐继续攻击他们崇拜伽利略并成了他的学生。他声称，大公提供了奖学金，让他们能向有天赋的年轻人传授伽利略的科学信条，他还声称在他们的学生的身上应该能找到伽利略作品的抄本。[8]

这项指控大体上是对的。我们知道，皮亚尔会的创建者，何塞·德·卡拉桑兹（José de Calasanz）曾安排了一群年轻的神父去往佛罗伦萨，以便能获取伽利略的新科学的基本原理并用来指导他人，显然这件事是得到了大公的支持的。塞蒂米非常了解大公，以至于信任到向他倾吐自己对宗教裁判所的怨恨；而佛罗伦萨皮亚尔会最初的领导人法米亚诺·米凯利尼就曾被派去比萨，向莱奥波尔多（Leopoldo）王子和他的兄弟吉安·卡洛·德·美第奇（Gian Carlo de' Medici）红衣主教传授代数及伽利略的物理学。[9] 塞蒂米的学生温琴佐·维维亚尼实际上是由大公支付了薪酬，并由大公推荐给了伽利略。

据索齐说，米凯利尼是一位原子论者和哥白尼学说支持者。他说，米凯利尼相信伽利略是世界上最重要的人——这个看法与米凯利尼曾表达过的伽利略是当时最伟大的哲学家的观点相差不远。[10] 目前并不清楚米凯利尼是不是一位很有才能的数学家。1629年他写信给伽利略，附上了巴里亚尼的介绍信，巴里亚尼说他水平不一般，用巴里亚尼的话来说就是他受到了高度赞扬。[11] 确实，他是完全忠实于伽利略的（就像卡斯特里说的，"钟爱"）。[12] 据索齐所言，米凯利尼相信，伽利略只是因为把乌尔班八世最喜欢的观点以辛普利西奥的口说出才遭到了审判，他的书才遭到了批判——我们可以确信，他在这里反映了伽利略的看法。皮亚尔会的另外一位成员安布罗吉·安布罗吉奥（Ambrogi Ambrogio）也是一位原子论者，他否认色彩是真实存在的（索齐强调，这个观点与圣餐变体论信仰是不相容的）；伽利略把安布罗吉神父描述成他的非常亲密的朋友，事实确实如此。[13] 索齐得出的结论是，他的这些教友比新教徒更接近无神论，虽然他们曾很明确地告诉过他新科学提供了一种了解上帝的方法。我想知道，如果他了解到米凯利尼是向至高的数学家（the Supreme Mathematician）* 祈祷，他会怎么做呢？[14]

索齐声称，他的指控是以几次谈话为依据的：如果这些谈话有任何一次是有法米亚诺·米凯利尼参与的话，米凯利尼肯定是异乎寻常地话多，因为我们见到过他在罗马时沉默得像一条鱼。他可能感觉在佛罗伦萨更安全，得到了大公的保护。在罗马提起的指控受到了重视，尽管佛
244 罗伦萨大公强烈反对（他禁止索齐踏上佛罗伦萨的领土），索齐还是冒着他所在宗教团体成员和保护人的反对，成了团体的首领。他最终说服罗马当局相信，哥白尼异端邪说已经在皮亚尔会广泛散播开来了，而他在伽利略的学生中发现，学生们不仅有相信哥白尼学说和原子论的，还对基督宗教的真理产生了深深的怀疑。

对指控的标准反应，当然是这样的：这些指控肯定不会受到重视，指控是源于个人恩怨和私人的敌意。然而，索齐的控诉很符合事实，因为我们从其他资料来源知道，这些指控很容易被忽视。事实上乔治·斯皮尼（Giorgio Spini）已经得出结论，至少在这个场合，索齐“讲出了真相”。[15]

索齐也不是我们唯一的证人。正如我们知道的，温琴佐·维维亚尼先受教于皮亚尔会，然后成了伽利略的学生。1646 年，一位法国科学家巴尔塔萨·德·蒙柯尼斯（Balthasar de Monconys）访问了佛罗伦萨。他在那儿会见了伽利略的朋友和学生，当然包括维维亚尼了。他获得了伽利略几乎所有著作，因为他没有提到为这些书付钱，似乎他已经加入了伽利略的朋友圈子了。这意味着他不仅获得了伽利略著作的文本，还得知了文本背后的思想。11 月 6 日，德·蒙柯尼斯和维维亚尼一起散步，维维亚尼说他相信太阳是一颗恒星，所有事物的发生都有必然性，世上没有魔鬼（“la nullité du mal”），万物都有普遍灵魂（the *anima*

* 至高的数学家，指上帝。

mundi）参与起作用，宇宙可能永远延续下去（“la conservation de toutes choses”）。[16]

德·蒙柯尼斯关于他和维维亚尼谈话的报告在语法上含混不清：他可能是告诉我们有关维维亚尼的思想，或者是维维亚尼所宣称的伽利略的思想。页边的注释表明，这些是维维亚尼的观点，但这份报告是在他去世后才出版的，而页边注释几乎可以肯定是他的第一位编辑而非德·蒙柯尼斯所写。由于维维亚尼对自己成为伽利略的忠实门徒而感到自豪，所以可能伽利略和维维亚尼对这些问题的看法是一致的。德·蒙柯尼斯的含混不清是有道理的，因为他只是假设，维维亚尼是为自己也是为伽利略而谈这些问题的。这确实是我的看法——德·蒙柯尼斯被引入伽利略的深刻思想里。要注意，德·蒙柯尼斯没有兴趣伪造谈话，这点很重要：这是私人日记中的一个条目，由一位崇拜伽利略者所写，并没有打算拿来出版。

让我们先来讨论一下维维亚尼的宗教信仰问题。有其他的证据表明，这个问题和传统看法有很大不同。1691 年 6 月 9 日，马加洛蒂就维维亚尼提议出版的一本书写信给维维亚尼，在这本书中他将为基督教真理提供几何学的证据（这个出版事宜让我们想起了米凯利尼向至高的数学家祈祷）。[17] 马加洛蒂非常虔诚，每周参加一次朝拜圣体（the Blessed Sacrament）。在写给罗伯特·波义耳的一封长信中，有充足的证据表明 245
马加洛蒂很虔诚地敦促波义耳皈依天主教，同时也证明他在 1691 年曾短暂地加入过圣菲利普·内利的祈祷会（the Oratory of St Philip Neri）*。（实际上，他在写这封信的时候，就是这个祈祷会的成员。）[18] 但马加洛蒂劝人们对维维亚尼保持谨慎态度：维维亚尼所提议的书名是《证词》（*Testimonies*）（支持基督教），而马加洛蒂担心，用了这个书名可能被人认为暗示基督教需要几何学的支持，还会被人认为如果几何学不能为基督教说话，那么宗教信仰就会被人抛弃。换句话说，他怀疑维维亚尼打算承认基督教是一个基于历史事实的启示性宗教。

* 圣菲利普·内利的祈祷会，成员通过慈善而聚集起来的一个从属于教廷的修士团体。

维维亚尼答复说，他承认有这个问题，并把书名修改为《论道德几何学》（*Essay on Moral Geometry*）。[19] 他告诉马加洛蒂，他的意图是把书献给一位耶稣会士朋友朱塞佩·费洛尼（Giuseppe Ferroni），此人是伽利略的崇拜者。维维亚尼现在还透露，他正在编写一本篇幅更大的拉丁文著作，名为《道德几何学》（*Moral Geometry*），他希望把这本书献给马加洛蒂本人。这两部书都已经排版好了——然而都还没出版发行。我们只能假定，费洛尼和马加洛蒂说服了他不要继续这个特殊的出版项目。

当然了，我们几乎不可能猜到维维亚尼这两本关于道德几何学的书的目录。但我们猜想马加洛蒂的温和性警告是很有针对性的，并且维维亚尼确实认为几何学（或科学）是真理的最终裁决者。维维亚尼本人坚持认为，这些著作并没有触及任何宗教的“神秘性”，在这种情形下，很难理解他怎么能把这些看作是检验基督教真理的证据。就如对皮亚尔会一样，我们在此看到，这些东西暗示了一种深奥的宗教，它建立在哲学和科学的基础之上，这种宗教在表面上还要对正统天主教有所承诺，因此其存在的状态让人觉得很不舒服。

维维亚尼、塞蒂米、米凯利尼和安布罗吉奥——这些人都是伽利略晚年关系最亲密的弟子。他们在谈话中的大部分内容与我们所知的伽利略的想法完全一致——原子论、太阳是个恒星、教皇在伽利略被定罪中的作用。当然了，不能由此推断伽利略相信宇宙没有创造者以及可能是没有尽头的，或者断定宇宙灵魂（the *Anima Mundi*）遍及万物，或者认为不存在魔鬼这样的东西。但猜想他们的其他信条都是来自伽利略，这似乎很奇怪。而事实上并非都是来自伽利略。

我认为，在公共场合，像华伦夫人一样，伽利略是一位好的天主教徒，而在私下里，在他与弟子们的谈话中，他质疑天主教的每一个基本真理，就如华伦夫人在和卢梭谈话时那样。我有什么证据来支持这个观点呢？1616 年卡西尼和洛里尼的证词，1641 年索齐的证词，1646 年德·蒙柯尼斯的证词，伽利略的一些页边标注，伽利略对所有关于救世和救赎问题的令人奇怪的沉默。对于猜测史学（conjectural history）来说，可能某项证词就够了。

但还有更多证据。在维维亚尼和德·蒙柯尼斯的谈话中，最令人奇怪的是他提到了世界灵魂（the world soul，也即 the *anima mundi*）。伽利略确实没有时间探讨这个概念。我们通常会把这个概念和新柏拉图主义（neo-Platonism）*的半魔法式信仰联系起来吗？但他确实做了这样的联系。有一封伽利略的信件，其中的内容与他所写过的其他东西很不一样。信件于 1615 年 3 月 23 日被寄送给了皮埃罗·迪尼，当时迪尼正在形势越来越严峻的批判哥白尼学说的危机中担任伽利略的罗马联络人。在这封需要完整阅读的特别信件里，伽利略从为哥白尼学说辩护和为写给卡斯特里的信辩护的立场转向为对《圣经》中关于造物描述的重新解释。[20] 他宣称，相比于“大众哲学”，哥白尼学说更易于与《圣经》调和相容。他特别感兴趣的是对《圣经》上有关神的灵（spirit）在水面上运行的描述（《圣经·创世纪》1.2），以及对光在第 1 天被创造出来和太阳在第 4 天才被创造出来的事实很感兴趣： 246

> 因此我应该说，在我看来，自然界中似乎存在一种非常活泼的、脆弱的、快速的物质，它遍及整个宇宙，毫不费劲地穿透到万物中，这种物质逐渐温暖，产生了生命，并滋润各种有生之物。在我看来，至今为止，感官自身似乎也在向我们展示，太阳是这种灵（spirit）的主要容纳者。……人们可能很理性地相信，这是某种和光很不相同的东西，因为它穿透和遍布于所有的有形物质，即使是很浓密的……在我看来，我们可以从《圣经》中很明显地看出，就如我说过的，太阳本身是个容纳者，可以说是这种灵和光的储存器，它从别处接收灵和光。

换句话说，伽利略相信宇宙灵魂，他要表达的是，这种信仰是与

* 新柏拉图主义，流行于 2—5 世纪，与亚里士多德学说有重要联系，对中世纪基督教产生重大影响的学说。

《圣经》相容的。他这个论述的主要资料来源，除了柏拉图的《蒂迈欧篇》，就是菲奇诺（Ficino）*的《论太阳》（*On the Sun*，1494）。[21]

有一种奇怪的虔诚贯穿于这封信，在伽利略的其他信件中不存在这样的虔诚："人们不应该怀疑，圣爱（Divine Love）有时候会用其无穷智慧的一丝光亮来点燃人们鄙陋的思想，特别是他们充满了真诚与神圣的热情时"；《圣经》经文"对上帝的见证是真诚的，这些见证给予小孩的是智慧"，"让我期望上帝的无限之爱以一小束恩惠之光直接指向我的纯洁心灵，通过这束光我可以理解隐藏在他的话语背后的意思"。正是这种独特的、柏拉图式的，与正统虔诚非常不一样的东西，我们发现这些东西在维维亚尼和德·蒙柯尼斯的对话及他对几何学信仰的提议中都有所体现。

虽然我不认为伽利略的认识论是柏拉图式的，但如果我们承认他的宇宙起源论源自柏拉图的《蒂迈欧篇》，那么许多难题就迎刃而解。这给了他一种无形的圣爱，能够激发人类的思想；这种圣爱是一位无形的造物者，一位柏拉图式的造物主，也是一群没那么物质化的神，人类的创造者，更是一个给整个世界安排秩序并使之生机勃勃的宇宙灵魂。[22]以这种方式理解，伽利略的思想探索与罗伯特·波义耳的正相反。波义
247 耳在他的《自由探究》（*Free Enquiry*，1686）中认为，传统的自然观念是多余的，人类需要的是一位创造出无意识宇宙的全能神，伽利略没有说出来的核心主张是，如果人们有正确的自然观念，那么就可以放弃基督教全能的按天意行事的神的概念，在这个概念里该神创造了宇宙，裁决人的灵魂。一方面，他用柏拉图的神作为至高的数学家来取代前面所说的神，这个至高的数学家，对人类的事务毫不关心；另一方面，他用自然作为宇宙灵魂来取代前面所说的神。这封给迪尼的信是伽利略在通信中唯一一个表述他的深奥宗教教义的情景，当然了这封信还附带一个迫切的要求："我恳求你不要让这封信落到那些会使用野兽的坚硬而锋

* 菲奇诺，15世纪著名学者、教士，意大利文艺复兴早期最有影响的人文主义哲学家之一。

利的牙齿的人的手中……这样信件就会彻底被撕碎。”这期间（从这时到伽利略去世为止），这些观点只在伽利略的少数几个学生中流传。

因此我们可以不断地猜想。但现在是时候拿出一份关键性的文献来了——我们仅有的一份关键性文献。1639年6月7日，伽利略的老朋友、前学生和思想上的长期伙伴，本内德托·卡斯特里从罗马写信给他。[23]他们彼此相识至少已经有三十五年了。他们关系密切，以至于1620年时卡瓦列里甚至认为，给他们两人的任何一方写信，另一方都会知晓信的内容。[24]这两个人都有理由完全信任对方。在有关伽利略的宗教问题上，我们可以相信卡斯特里，就如在涉及华伦夫人的宗教问题时我们可以信赖卢梭。

卡斯特里听到了伽利略的消息，高兴得哭了起来，因为他听说伽利略把他的灵魂献给了基督。卡斯特里马上就提到了葡萄园工人的寓言（《马太福音》20.1—16）：即使是那些在白天最后一小时受雇的工人，也获得了一天的工钱。然后，在讨论了伊丽莎白修女的预言（显然他认为现在伽利略还是个信徒，会对这样的事情感兴趣）后，他转而谈到了耶稣的十字架，特别是被钉在基督边上的两个小偷（《路加福音》，23.39—43）。一个人承认耶稣是其救主，并且得救了；另一个人并不承认，还遭到了诅咒。不久，他希望来到佛罗伦萨，他们将能谈论这些事情，这些是唯一可以拯救我们灵魂的东西。

卡斯特里对葡萄园工人及被钉在基督身边的两个小偷的寓言的引用是明白无误的。他相信伽利略最后一刻在走向基督教，为了拯救他的灵魂还为时未晚。一般的看法认为，伽利略终其一生是相信天主教的，这封信并不存在超出上述看法的阐释文字。例如，信件中并不认为伽利略先前是个信仰者，只是在宗教实践中行事不够严格。直到最后一刻，工人们才开始拖延工作：他们直到第十一个小时才受雇，那个被钉在基督 248
身边的小偷一直到基督死去，并不知道基督就是（或者听他自称就是）救世主（Messiah）。就如历代神学家们所承认的，这些文献是有关最后一刻皈依的，并不是关于虚度的生命改过自新的（比如浪子回头的比喻）。

卡斯特里要讨论伽利略的无信仰（unbelief），只是因为他充分地了解到，伽利略终究是个信仰者。像这样的信件没有几封。在这个时候伽利略所写的信件中确实有些话——例如要求为他祈祷——可能暗示他只是暂时性的虔诚。[25] 卡斯特里和他的消息提供者中了别人的计谋，这么说是完全有可能的——伽利略希望通过展现其虔诚来改善自己的状况。卡斯特里的信件无法告知我们，1639 年 5 月伽利略究竟发生了什么事；但我们清楚的是，卡斯特里一直很了解他这位密友：他不是一位信徒。[26] 如果有人能知道伽利略是不是信徒，这个人就是卡斯特里。

1639 年的这封信让我们明白了所拥有的卡斯特里写给伽利略的第一封信。这封写于 1607 年的信很有名，因为它是伽利略明确提出一项重要学说的第一份证据——以相对而非绝对的术语来定义运动，其定义就是物体的位置相对于另一个物体的变化。这封信还提到，伽利略相信一个物体一旦开始运动，将无止境地动下去，直到有某种外力介入使其停止。[27] 但是卡斯特里感兴趣的是，这两个理论如何对支持或反对上帝的存在进行论证。一方面，他坚持认为，亚里士多德试图证明宇宙是一直存在的，但其中有一个逻辑缺陷；基督教的宇宙创造的理念不存在任何不符合逻辑的东西。但他也承认，伽利略的运动观与宇宙永恒的观念是可以相容的，而如果宇宙是永恒的，人们就可以摒弃各种第一起因或原动者（first mover）的观点，摆脱掉上帝，成为一个无神论者（“bestemmia scelerata”——这是亵渎神明的邪恶看法——他赶紧补充道）。

卡斯特里一直是个虔诚的基督徒，甚至他大半生时间里还是一位哥白尼学说支持者和原子论者。到底为什么卡斯特里会有兴趣探究伽利略的观点？而这些观点可能会导致人们放弃对上帝的信仰。如果这被看作是两位虔诚的科学家之间的通信，那这个问题就让人深感迷惑了。但现在很明显的是，卡斯特里知道伽利略是不信仰神的，这封信有了新的意义。卡斯特里对伽利略的运动观念与人们普遍承认的与上帝存在的有关的观点之间的关系进行了探讨，因为他相信伽利略将准备解决这个问题。他告诉伽利略，和他讨论这样的问题是安全的，他准备接受伽利略对运动的定义，即使这个定义让人不再相信原动者，从而破坏了关于存
249 在一个体现天意的神的标准观点。卡斯特里试图为相信的科学家与不相

信的科学家之间建立一个相互理解和尊重的基础。这种相互理解让他与伽利略之间的关系在三十五年的巨大的压力和紧张中一直未受到损害，即使在 1641 年最后一次与伽利略的会面让他感到失望（乌尔班坚持，卡斯特里绝对不准和伽利略讨论哥白尼学说，也不得谈论他遭受惩罚的痛苦）。卡斯特里还发现，如果他确实经历了一场宗教危机，那么其所产生的影响只是暂时性的。

我声明一下，我并不认为，伽利略是个严格意义上的无神论者，或甚至是个不可知论者。他所知道的所有希腊哲学家，甚至如伊壁鸠鲁学派，对神灵都有某种程度上的信仰。[28] 但伽利略在宗教信仰上比伊壁鸠鲁（Epicurus）和卢克莱修更进一步：毕竟自然之书肯定是有一位作者的。把世界看作是数学的，就是（用伽利略的术语来说）把世界看作是理性的，而把世界看作是理性的，就是把世界看作是思想的产物。但伽利略确实相信，大多数旨在揭示宇宙展示了一种天意秩序的观点是错误的。在书中的一页的边上，他嘲笑了那种上帝为了动物的利益而创造了陆地的观念，认为这是一种倒推谬论：如果没有陆地，那么就不会有动物。[29] 由于我们无法区分天意秩序何时不存在，因此我们也不能区分天意何时存在。在这里，他果断地与柏拉图传统分离，该传统坚持认为，宇宙是被设计成符合人类理解能力的状态的。[30] 重要的是，1639 年之前没有证据表明伽利略相信基督之死是为了拯救我们的灵魂免于下地狱。用不合乎当时情形的固有的术语来说，伽利略既不是无神论者也不是有神论者。如果我们非要给他贴一个标签，我们最好称他是自然神论者。

人们可能会说，我所描绘的伽利略画像——他的信仰或不信仰的画像——是不能令人信服的，因为需要我们相信有两个伽利略，公开的是天主教徒，而私下里是怀疑论者。但是，这样的内在分裂在伽利略的世界中是司空见惯的，这种分裂贯穿于整个文艺复兴时期。根据瓦萨里（Vasari）的说法，以宗教绘画为生的画家佩鲁吉诺从来就不相信灵魂的不朽。[31] 伽利略的朋友保罗·萨尔皮，公开的身份是威尼斯的国家神学家，当与天主教打交道时是天主教徒，但同时在与新教打交道时就是新教徒，而在笔记本中他明确表明，他没空袒露自己的宗教信仰。“我被迫戴上了面具，”他写道，“没有面具，可能没谁能在意大利活下来。”[32]让伽利略尊敬的对手安东尼奥·罗科（Antonio Rocco），是一位心存偏见的亚里士多德学派的哲学家，他接受了亚里士多德关于灵魂死亡的说法。教士罗科，也是一本非常著名的色情书《学生时的亚西比德》（*Alcibiades as a Schoolboy*）的作者，这本书至今还被传阅。[33]耶稣会神学家梅尔基奥·因楚发的实例同样具有启发性，如我们所知，在伽利略受审时他曾写过一些重要的神学观点谴责伽利略，并不断地发表论著批
250 评哥白尼学说。在伽利略受审期间和之后，恰恰是因楚发对正统的观念做出了定义。然而，他也是一部针对耶稣会会友进行尖刻讽刺的匿名文学作品《唯我论者的君主国》（*The Monarchy of the Solipsists*）的作者，该作品于1645年在威尼斯出版，并在17世纪和18世纪被多次重印和翻译。[34]在佩鲁吉诺、萨尔皮、罗科和因楚发的世界里，在一个正统的外表下隐藏着无信仰，在一个因循守旧的表象之下隐藏着异议，是很司空见惯的事情。当然，还有像克雷莫尼尼和吉洛拉莫·波罗（当伽利略还是学生时他就已经在比萨教书了）这样的哲学家，他们几乎不愿意隐瞒对正统宗教的反感，但他们只是例外，这些个例不应当被用来显示异议和无信仰的真实状况。[35]

伽利略是不是一位好的天主教徒重要吗？在某种意义上说，根本不重要：他向世界展现他自己是位好的天主教徒，而且恰恰是作为一位好的天主教徒（除了被当作哥白尼学说的支持者）而遭受了宗教裁判所的审判。然而，如果说伽利略确实对宗教主题有深刻的认识，那么对理解17世纪托斯卡纳文化中的新科学的地位就具有一定的重要意义了。

要重新评估伽利略的信仰（或无信仰）的真正重要意义在于其他地方。在回应19世纪科学与信仰之间的冲突的叙述时，最近的很多历史学著作一直致力于探讨科学革命的基督教根源。[36]波义耳和牛顿在这些新历史著述中占据了突出位置，有人认为，他们的基督教信仰和他们的科学研究是不可分割的。重新思考伽利略的信仰（或无信仰）是迈向重新审视当前有关科学革命的思想和文化起源的正统观念的重要一步。

37 251

自我的宇宙结构学

伽利略是第一位近代科学家，我们也可以认为他是一位真正的科学家。他制造出了用于科学的新一代仪器：他发明了温度计、千分尺、第一个精密计时器、摆钟，他还将望远镜和显微镜从玩具转变为探索肉眼看不到的世界的工具。[1]伽利略的志向是成为新一代的阿基米德，但因缘际会，他跨进了一条了解自然的新路，提出了新的实验方法，结果他发明出了我们称之为科学的新东西。在他能够发明出科学之前，他还要设计出一种观念并为之辩护，这种观念在我们看来是非常基础性的，甚至是理所当然的：事实的观念。这些发明使他与那个时代最强有力的思想机构天主教会发生了冲突。

当伽利略开始写作时，在拉丁语和各种现代语言中，“世界”（world）这个词的意思就是“宇宙”（the universe），但到了他去世时，每一个受过教育的人都知道，世界可能只是一个星球，是许多星球中的一个；一些人甚至知道，太阳可能只是一颗星星。曾经是同一个东西的“世界”和“宇宙”，开始被理解成不同的事物。[2]“宇宙结构学”（cosmography），这个词原来的意思是“地理学”（geography）或是对世界的研究，逐渐变成对新的伽利略宇宙进行绘图的意思，是一门与地理学分离开来的学问。新的伽利略宇宙与旧的亚里士多德宇宙之间的竞争诞生出了一个新词：宇宙学（cosmology）。“宇宙”（Cosmos）和“宇宙学”是 17 世纪 50 年代出现在英语中的单词，这是对 1635 年伽利略《对话》拉丁文译本出版时所用的新书名“*Systema cosmicum*”[*]的回应。书名本身是一个后来的想法，因为制作书名页时，本意是要把这本书称为“Systema mundi”，也就是世界体系之意，这样做也与伽利略自己的书名“Sistemi del mondo”[†]相符。[3]

天文学这场革命的背后（以及我们对我们在宇宙中地位的理解）是物理学的革命：建构一个无限空间的概念，这个空间无论是向上还是向下，左或右，中心或边缘，都是没有界限的。在伽利略的新物理学里，运动成了一种相对情况：地球运动，但不是相对我们而言的。大小也变成了相对的：伽利略不能忍受这种观点，说新宇宙过于大了，包含的空
252 白空间太多了。在没有任何比较标准的情况下，宇宙“大”的观念是没有意义的。[4]但是，如果追问下去，他认为最可能的是，宇宙不仅大而且还是无限的。[5]

事实上，作为科学家，伽利略的大部分工作与规模大小和无限性的问题有关。他的落体加速度定律适用任何测量单位。他“两门新科学”中的一门关注的是规模大小的变化如何改变物体的强度。在同一部著作中，他认为，在所有物体里都存在无限小的真空，物体从中获得了自身的强度。如果伽利略是第一个利用望远镜获取新信息的哲学家，那也许是因为他已经考虑过规模大小的变化没有影响的事例（落体）与那些规模大小发生了重大影响的事例（桥梁跨度）之间的区别。伽利略的朋友伏尔根齐奥·米坎齐奥认为，《对话》的中心主题是“无限性和无穷性”，而伟大的法国哲学家伽桑狄（Gassendi）[‡]说，当他阅读伽利略的著作时，他感觉到，“一旦打破了代表宇宙的普遍理论的障碍”，他的思想就是“无拘无束的，自由的，徜徉在无边无际的空间里的”。伽利略

---

* Systema cosmicum，拉丁文“宇宙体系”之意。

† Sistemi del mondo，意大利文“世界体系”之意。

‡ 伽桑狄，17 世纪法国科学家、数学家和哲学家。

自己也说，在《两门新科学的对话》中，允许思想以最佳状态“广泛传播”（diffondersi in immenso）——允许其迷失在无边无际的空间中。[6]

伽利略不仅能容忍无限大和无穷小的观念，他还认为，落体在有限的时间内穿过了无数个速度，从而对芝诺悖论（Zeno’s paradox）（意指没有箭能射中目标，没有一只兔子能超越乌龟）进行了重新修订，并把下落的苹果转化为逻辑上的难题。类似地，他可以把一个圆设想为只具有无数个边的多边形。

这些革命需要丰富而大胆的想象力（伽利略强调，他的新科学关注的是一个被构想出来的世界，这个世界可以被比作一个梦想或幻想），而理解伽利略就意味着理解他的内心世界，而不只是他对周围世界的陈述。[7]这绝非易事，因为内心世界总是层层设防的：伽利略写防御工事方面的书很精彩，这绝非偶然；描写伽利略的最好的书之一，是达瓦·索贝尔（Dava Sobel）[*]的《伽利略的女儿》（*Galileo's Daughter*），该书不是通过他自己的眼睛而是通过他女儿的眼睛来看他，这也不是偶然的。伽利略如果想到他的读者之一托马斯·布朗爵士所说的“自我的宇宙结构学”，他就不会把他的想法写到纸上。就如他要把许多零碎信息构建成他对宇宙的描述一样，就如他能想象的要远超出他能证明的，因此探索他的内心生活，研究他的行为模式和习惯反应，就需要尽最大努力，有时候还需以最大勇气，利用好现有的信息。

伽利略内心生活的基本原则是什么？就是内心冲突的应对准则，在这方面他与其他人也没有什么不同。但伽利略的性格远比大多数人要简
单和直率，而理解他的关键是要认识到他面对有矛盾的原则时有坚持的 253
决心。根本性的冲突就是对知识本质的看法。伽利略新科学的关键要点是认为知识是建立在感觉经验的基础上的——看得到的才是可信的。但几乎同样重要的是，知识是抽象的，而且它还能超越甚至背离感官证据。因此，伽利略称赞哥白尼坚信行星（包括地球）围绕太阳旋转，即使他的感官证据与他的理论直接相悖。[8]

---

* 达瓦·索贝尔，英国当代科普作家。

这两种知识观植根于两个对立的世界：一方面是他父亲的世界，以及他早期作为医学生接受训练的世界，这两者培养起了伽利略的经验主义；而另一方面，是欧几里得和阿基米德的世界，这个世界是他在青春反叛期发现的，培养起他对抽象和演绎推理的热爱。人们可能很理性地认为伽利略应该在两个知识观之间进行选择，他没能这么做意味着他陷入了矛盾和对立中。他试图两者都靠，使他在思想上具有了特殊的灵活性，这也是他在科学探索上如此成功的主要原因之一。

伽利略对知识本质看法的内心冲突，我们最好将其理解为，他拖了很久才解决了与父亲之间的账目问题。他很像他父亲，他也不喜欢父亲。他母亲对他的影响完全不一样。他母亲做事让人震惊，令人觉得可怕；她不懂得做事要有分寸，从来没有认识到她儿子是独立存在的一个人。伽利略试图逃离这个世界，在这个世界里他发现人是微不足道的，而他母亲则显得过于突出了：人类完全不处在那个特别为他们建造的宇宙的中心，只是广袤的非人类的宇宙中微不足道的生物而已。伽利略的朋友伏尔根齐奥·米坎齐奥告诉他，尽管我们对自己的重要性深信不疑，但他在《试金者》中有关原子的讨论迫使米坎齐奥认识到，在每一个细小事物中，在我们的微不足道中，都具有无限性。[9]另一位同时代人抱怨道，如果伽利略是对的，那么世界就是一个被踢到空中很高的足球，而我们则是爬行在足球表面的蚂蚁而已。[10]换句话来说，就像乔纳森·斯威夫特（Jonathan Swift）*一样，伽利略把他周围的人视作小人国的人（Lilliputians）。

如果伽利略把宇宙扩大化使其他的人变小了，那么他就同时体验到他自己也被放大了。从他写给埃利·迪奥达蒂的一封很有名的信件来看，这点就很明显了。这封信写于1638年初，在信中他描述了可能失明的感觉：

唉！一个月前，你亲爱的老朋友和仆人伽利略完全失明了。现

* 乔纳森·斯威夫特，17—18世纪英国作家，《格列佛游记》的作者。

在想象一下，我发现自己失明是多么的痛苦啊，我认为这个天空，这个世界和这个宇宙，凭着我的奇妙观察和清晰的推定所得到的结 254
果，比过去几个世纪以来的所有聪明人平常所看到的扩大了一百，不，一千倍。对我来说，我是那么的渺小和有限，以至于比我这个人所占据的空间都要小。[11]

如果伽利略的失明意味着宇宙现在就只是他身体那么大，那么使用望远镜来观察，他肯定会感到自己大到能充满整个宇宙。

因此，伽利略自然把自己看作是格列佛（Gulliver），人类中的巨人，鸟类中的鹰，几乎就是一个神。在《对话》中，他声称，当我们在理解几何学时，我们的思想与上帝的思想是一样的——这种说法被人们怀疑为异端邪说，虽然很难将其准确地定义是哪种邪说。[12] 伽利略与强横的母亲陷入了无休止的争斗中，同时希望把整个人类视为很渺小的类别，并把自己放大。因此他关注有关规模大小的问题，因此他能在没有经历过帕斯卡式的眩晕（Pascalian vertigo）*的情况下去思考无穷大和无穷小的问题。

伽利略可能没有经历过眩晕，但他曾经患有焦虑症。他的信件几乎没有生动的描述性段落，但有一个引人注目的例外。[13]1608 年 5 月的一个有雾的夜晚，天下着大雨，伽利略在 11 点左右乘坐平底船出发，运送一个极其宝贵的包裹给驻威尼斯的佛罗伦萨大使。为这个包裹，他已得到了一大笔钱，他很担心万一出什么错——他已经迟到了，而且还担心耽搁得太久了。而大使居所靠近的运河很长，并且没法确认他住的房子。在近乎漆黑一片的情况下他挨家挨户地敲门，得到的不是无人回应就是遭到被叫醒的住户们的大声辱骂。伽利略对自己在漫长的运河中迷失在黑夜里的描述仿佛就是在讲述一场噩梦。每次敲门，他都以为他要为自己已经提出的奖赏做辩护，而每次成功都是遥不可及的。就像在那

* 帕斯卡式的眩晕，17 世纪法国著名物理学家帕斯卡体弱多病，在进行科学研究和思考时经常忍受头痛、眩晕。

封信中他所描述的情况那样，伽利略的一生就是那场噩梦的重演。

其实，在这次可怕事件后的一个月，他写信描述了自己的这次经历，因为他发现自己恰好再次感受了完全相同的焦虑。[14] 他收到了两则来自佛罗伦萨的消息。其中一则告知他，大公要求他夏天来继续教授科西莫王子数学。而另一则说，如果他恰好在佛罗伦萨，欢迎他到大公的宫殿来，给王子提供指导。其中一则消息意味着他是个很重要的人——大公需要他来，因为他是不可或缺的。另一则消息意味着他不是个重要的人——如果他不能来，没人会注意到或关心他。尴尬的是，他还写信
255 去问，哪一则消息是准确的：他很重要还是无足轻重？宫殿的门一直向他开着，还是说门被挡着和关着？他敲门得到的会是无人回应吗？或者说更糟糕的，得到的是咒骂？

伽利略一次又一次地想抓住灌木丛中的小鸟，把这只鸟控制在手里。我们一定会想到，就如我们读到他就是否被邀请或者命令去参加大公的聚会而发出的疑问（这个疑问似乎就是想得到否定的答复）一样，成功比失败更让他害怕。没有什么东西能像成功一样可以激怒他母亲（或者更确切地说是他心目中的母亲）；失败产生焦虑、内疚和绝望，但成功的后果（在他的想象中）甚至更糟。伽利略的朋友不禁注意起他的自毁行为来，他决定要确认一下，成功总是不在他的掌控中。

这两种冲突——经验和理性之间的父性冲突，强壮和虚弱之间的母性冲突——塑造了伽利略的内心世界，构成了他的自我宇宙结构学。不提及这些冲突，我们就没办法去了解他所走过的道路，这条路把他带向了与教皇、宗教裁判所的对立冲突。

就像我们一样，伽利略的生活围绕着一系列的选择而建立。其中一些是思想上的选择。他选择不成为一个细心的实验科学家，尽管对紧紧追随他的崇拜者梅森来说，从物理学转为实验科学是轻而易举的事。[15] 他选择不研究真空（除了理论上的研究），尽管对紧随他的学说的学生托里拆利来说，为真空的存在提供实验证据是很简单的事（这样就给亚里士多德物理学造成致命打击）；不久之后波义耳把真空泵当作新实验科学的标志。伽利略不愿意参与任何纯粹的实证调研。他选择用显微镜

做很少的研究：显微镜并没有改变人类和其周围世界的相对大小——放大一只跳蚤也就是放大了它所附着的人类头发的大小，而望远镜可以用来证明宇宙比我们之前所猜想的要大得多。[16]这些是思想上的路径，不是他的选择。而他选择放弃威尼斯，与耶稣会发生争吵，招致乌尔班八世的不满，因为他感到自己遭到了贬低。对他人生的最后四十年，科学史家们一直渴望就此写出一部思想变化的社会史，而不是可以解释伽利略做出重大抉择的社会史。我们需要一部展示内心精神的历史。

这样一种展示内心精神的历史首先要抓住伽利略与众不同的做事意愿。在试图考虑这一点时，我们面对着双重障碍。首先，我们知道，在许多伽利略与同时代人持不同看法的科学论题中，他的看法是对的：我们低估了坚持这种每个人（或者说几乎每个人）都不赞成你的立场所带来的心理压力。因为对问题（例如哥白尼学说）所持的立场恰好是我们要坚持的，而且是毫不犹豫要坚持的，我们低估了在普遍反对的情况下坚持立场的困难。其次，我们生活在一个快速变化的世界里，而且在 256
我们的世界中思想观点的根本性分歧司空见惯。不一致的看法通常会获得胜利。但这不是伽利略的世界。霍布斯说，威廉·哈维（William Harvey）*是第一个提出重要新理论（血液循环）并在其有生之年看到这个理论最终成功的学者。伽利略没有这种经历：哥白尼学说直到 17 世纪 60 年代才被普遍承认。我们低估了在一个像伽利略所处时代那样思想保守的世界中进行创新的难度。

我并不是说，伽利略是孤立无助的。他有很多崇拜他的、关系密切的朋友：萨格雷多、萨尔维亚蒂、卡斯特里。当他去世时，他客厅的墙上挂了 6 幅朋友的画像，他曾准备为这些画像支付一大笔钱。[17]但在 1614 年萨尔维亚蒂去世后，伽利略再也没有想过和哪位年龄与他接近的好友在日常生活上有所接触。在他生命的最后十年中，他被一群年轻的崇拜者包围，这些人认为他是世界上最重要的人。我们看到他们晚上聚在一起喝酒，大声朗读那本被人期待已久的《对话》，他们对这本书

* 威廉·哈维，17 世纪英国医生，血液循环理论的发现者。

太过于期待了，都等不到该书付印就抢先阅读了。[18]

但令大多数人感到震惊的是，他非常愿意一个人独自坚持自己的看法。当他们写信给他时通常都不愿意提到这点。他们至多告诉他，他脾气暴躁，行为令人讨厌。但当一位神职人员因他敢于相信真空而当面斥责他的傲慢时，我们看到了他的这一面。[19] 当伽利略向宗教裁判所承认自己的罪行时，他间接承认了这一点，并说他因过于骄傲而误入歧途：显然这就是他认为的别人解释他的异常行为的方式。我们很清楚别人在暂时性的评论中是怎么看他的：当一位支持者写信给伽利略，说很遗憾他由于被巨大的反对力量压垮而放弃了写作时；或者当一位反对者写了一封安慰信，说他和伽利略的不同之处在于，伽利略打算坚持独立意见，而他更愿意在任何可能的情况下与别人达成一致的看法（当然，这个说法包含着他不赞同伽利略的意思）时。[20]

表面上看，伽利略所走的道路很容易能被看出来。前半生，他是一位令人觉得晦涩难懂的数学家，发表的著作很少，也没有什么很重要的作品。然而在这个时期，他在物理学领域有了重大发现，这些发现他直到临去世前才公开发表。伽利略生平的第二个时期，也是最短的时期，开始于 1609 年，这个时期他将望远镜转向了天空。他发现了新的世界，并改变了天文学；正是这次革命引发了我们的现代信念，科学家所做的就是要去探索新发现。伽利略根据他的新发现，开始说服世人相信，地球飞行于太空中：地球只是众多行星之一，而太阳只是宇宙中的一颗恒星。（多年来他一直私下里坚信哥白尼学说）这些观点在 1616 年遭到了批判，他生平的第二个时期也结束了。

257 然而在接下来的整个时期里，伽利略利用他在望远镜发明出来之前所得到的发现极力为哥白尼学说辩护。他的《关于两大世界体系的对话》是近代科学的第一部伟大著作，获准于 1632 年出版，但在 1633 年遭到宗教裁判所批判：伽利略的余生都处在了软禁中，教廷发布禁令，不准任何天主教国家出版他的著作。1636 年在他的秘密安排下，他的《写给大公夫人克里斯蒂娜的信》在路德宗控制下的斯特拉斯堡出版了，信中提出了思想自由的观点，而 1638 年，在他的安排下，他的《两门新科学的对话》在加尔文宗治下的荷兰出版了，这两门新科学一个是关于抛射物的科学，另一个是关于材料强度的科学。

伽利略对他的作品引发的敌意感到疑惑不解，他提出了一种心理学的解释。他认为，困难不仅仅在于他所坚持的哥白尼学说，这意味着我们无法相信我们的感觉，因为我们周围的世界*似乎是静止不动的，但实际上它在太空以极快的速度旅行。传统的看法认为月下领域†，也就是一个变化的世界，一个存在生死的世界，与月球之上的领域，也就是一个尽善尽美的世界，一个永恒和永生的世界，两者之间是有区别的。他认为，不断地去否定以上两者之间的区别是很难的。就伽利略所关心的而言，地球和月球也是天体，就如其他的天体一样，而其他天体也和地球及月球一样。他发现了月球有不完美之处，太阳不是永恒不变的，他还声称，从远处看，地球也是像星星一样会闪耀发光的。

他强调，并不能说，因为天体是不完美的，所以宇宙就是脆弱的，或者是注定要走向毁灭的。变化并不一定意味着死亡，但他强调，他的读者有这种担心。[21] 如果世界末日（the Fall）来临，死亡就笼罩地球，那么伽利略就是把这种死亡笼罩扩展到了整个上天。伽利略版的哥白尼学说代表了思想上的第二次堕落，人类第二次被逐出伊甸园。有人抱怨，他通过使地球成为天体而把地狱放在了天堂里；还有人抱怨，他声称存在其他无人定居的世界，这使得这个世界存在是因为它是为生命创造出来的这种观念变得毫无意义。[22] 伽利略正踩踏在把上帝和魔鬼、神圣和世俗、凡人和神仙隔离开来的藩篱上。

在近代早期，人们在思想上有一个基本信条，这个信条比亚里士多德或人们对《圣经》的书面理解更深刻地影响着人们。这个信条对那些明确并得到人们公开认可的信念起到了支撑作用。这一信条是一种二元式的思维模式——狂欢节（Carnival）和大斋期（the Lent），期限（time）与永恒，月下的世界与月上的世界，天堂与地狱，弥撒与信魔

* 指地球。

† 指地球。

者的夜半集会（sabbat），上帝与魔鬼。伽利略让人无法在宇宙的地图中
258 找到天堂和地狱，天使和魔鬼，善和恶。实际上他提出了一种宇宙观，即在宇宙中，人类，以及和人类有关的事物——爱与恨，美德与邪恶，死亡与不朽，救赎与诅咒——都是无关紧要的。伽利略的宇宙完全不体现价值观，也不体现什么终极目的，似乎对道德与形而上学问题也漠不关心，甚至对我们自己的存在也毫不在意。[23] 人们很容易同情那些拒绝这个观点的人。伽利略最伟大，同时也是最令人不安的成就，是认识到宇宙不是为了人类而被制造出来的，宇宙并不教给我们任何对或错的东西，也不给我们提供救赎或诅咒。

约翰·弥尔顿，在伽利略年老时，出名时，失明时，以及被软禁时都曾秘密地去会见过他。弥尔顿比任何人都理解伽利略在著作中所提出的基本问题。就像多恩一样，在这里我们又一次看到了一次永远失传的对话的蛛丝马迹。[24]《失乐园》(*Paradise Lost*)* 描述了托勒密宇宙的创造过程，在这个宇宙里地球是处在中心的，对于伽利略可能是错的问题进行了回避，但对于宇宙的规模问题却承认伽利略确实是对的，也承认伽利略这么做的结果是人类失去了在宇宙里拥有优越地位的感觉。下面是亚当所说的话（弥尔顿在心中所构想的伽利略的《对话》），

> 当我看到上天和地球所构成的这个世界，
> 结构巧妙的世界，并计算出其大小，
> 与苍穹相比，这个地球就是一个点，一粒谷物，
> 一个原子。
> 所有这些数得着的星星，似乎都在太空中令人不可思议地滚动着（从这些星星的距离遥远
> 和快速的昼夜转换就可知）
> 这个阴暗的地球，每天每夜准确地旋转着，只是为了供给光亮；

* 《失乐园》，弥尔顿创作的史诗。

但对于其他广大视域，
似乎没有用处；想起来，我时常觉得奇怪：
明智而简朴的自然怎么会
如此不均衡地造出……[25]

要接受伽利略的新科学，有必要放弃自然（至少是从我们的视角来看）是“明智而简朴”的观点。

259 尾声

伽利略、历史与历史学家

伽利略于 1642 年 1 月 8 日悄然去世，终年 77 岁。消息传到罗马，教廷下令不得在教堂内设立墓碑或纪念碑。(维维亚尼不再把他的家门口设为纪念伽利略的私人场所，根据他的遗嘱将他留下的钱购买一座精美的墓地)。1673 年教廷允许设立一块文字表述合适的匾牌，最终在 1737 年同意给他修一座合适的坟墓。(当伽利略的坟墓打开，以便将遗体移葬到新墓时，发现了一具不知名的女人的尸体——可能是 1674 年重新安葬的——和他葬在一起。本书的读者对这件事并不完全惊讶：他生命中有不止一位女人，我们对这些女人一无所知。正是在这时，当他的遗体被移葬时，有三根指骨、一条椎骨、一颗牙齿被拿去做成了世俗性的纪念物。)[1]

伽利略的研究工作标志着科学革命的开始。在这场革命开始前，甚至天主教会最终都有所让步：伽利略《对话》的意大利语原版第一次合法重印是在 1744 年，尽管该书附上了 1633 年法庭的定罪理由以及伽利略的悔过材料。直到 1820 年天主教会才允许讲授哥白尼学说，尽管之前的一个多世纪时间里对其著作的讨论的限制已经慢慢地被打破。[2] 1833 年哥白尼和伽利略的名字最终从禁书名单中移除，1834 年英文单词“scientist”（科学家）首次出现在印刷品中。

因为“科学家”（scientist）这个词出现得太晚了，“科学”（science）这个词是在18世纪才在英语中获得了它的近代意义（指自然科学），因此在提到17世纪的“科学”和“科学家”时，科学史家都觉得有一种“时代错位”的感觉。在这方面意大利语远胜英语。伽利略出版了一本书，叫“*Due nuove scienze*”（1638），即《两门新科学的对话》，它模仿了塔尔塔格利亚的“*La nova scientia*”（1537）(《新科学》)。[3] 一位反对者写信给他，提及“dottori e scienziati”，而支持者写信给他，提到了“universal delli scienziati”和“republica scientiata”。在罗曼语族[*]中，就和现在一样，“科学”一般指知识，而伽利略的反对者所提到的“dottori e scienziati”可能只是指受过教育的人，而伽利略的支持者特地讨论了新自然哲学里的专家。[4] 因此我们应该同意遵循当代意大利语的用法， 260
把伽利略称为科学家。

自1835年以来，一个最重要的问题一直主导着关于伽利略的文献：为什么伽利略遭到了错误的审判定罪？自1877年以来，关键的史料被披露出来了，对这个问题的解答有三个基本答案。第一个答案重申了天主教会在1616年和1633年表述过的看法：近代科学，也就是伽利略的科学，基本上与基督教是不相容的。这种看法在19世纪特别普遍，体现在诸如约翰·德雷伯（John Draper）[†]的《宗教与科学的冲突史》（*History of the Conflict between Religion and Science*，1874），安德鲁·迪克森·怀特（Andrew Dickson White）[‡]的《基督教世界中科学与神学之战的历史》（*History of the Warfare of Science with Theology in Christendom*，1896）中。但德雷伯和怀特是在与想象中的敌人对着干。因为托勒密天文学和亚里士多德物理学没有现代辩护者，所以没有基督徒还坚持认为伽利略的科学与基督教不相容。真正的战斗过去是，现在仍然是，基督教与达尔文生物学之间的斗争。

---

* 罗曼语族，即拉丁语族。

† 约翰·德雷伯，美国19世纪科学史学家。

‡ 安德鲁·迪克森·怀特，美国19世纪教育家，康奈尔大学的第一任校长。

伽利略和教会之间的冲突是不可避免的这个观点在上个世纪已经被两个更加精细的看法所取代，这两个看法试图解释到底出了什么问题。其中一个强调伽利略从未被阻止将哥白尼学说的理论作为一种数学假设使用，他只是被禁止说哥白尼学说是正确的。考虑到当时的知识状态，有人认为，这是个完全合理的限制。这个观点最经典的鼓吹者是伟大的科学史家（也是虔诚的天主教徒）皮埃尔·迪昂（Pierre Duhem）[*]：他的《拯救现象》（*To Save the Appearances*）出版于1906年。亚瑟·库斯勒在其《梦游者》（*The Sleepwalkers*，1959）中也采用了类似的研究方法。库斯勒认为，天文学中真正重要的发现是由约翰尼斯·开普勒取得的。伽利略在《对话》中夸大了自己的成就，从而引起了教会的注意，对他进行批判。这个观点把伽利略看作是一个反应过度的人，在我看来基本上是对的。

另一种观点认为，教会的判断犯了一个根本性错误。伽利略在其《写给大公夫人克里斯蒂娜的信》（写于1615年）中，明确划分了宗教和科学的不同领域。他坚持认为，宗教当局没有必要干涉科学家的探索。许多天主教历史学家和哲学家现在都认为伽利略是对的，而教会最终也接纳了他的立场。例如，安尼贝尔·范托里（Annibale Fantoli）[†]在研究中就表达了这样的观点，还有由耳曼·麦克马林（Ernan McMullin）[‡]主编的论文集《教会与伽利略》（*The Church and Galileo*, 2005）也持这个观点。

自由派的天主教对伽利略的看法有两个问题。首先，它所涉及的问题与1616年对哥白尼学说的批判更相关，而不是1633年对伽利略的审判。可能有人认为，鉴于天主教会在面对传统时的态度，以及在反对新教创新的斗争中所拥有的权威地位，当伽利略在写给克里斯蒂娜的信中
261 声称，科学家必须始终有权不赞同既有的权威时，他知道这是不可能

* 皮埃尔·迪昂，19—20世纪法国著名科学家、科学史家。

† 安尼贝尔·范托里，国际知名的伽利略研究学者，加拿大维多利亚大学的兼职哲学教授。

‡ 耳曼·麦克马林，美国圣母大学教授，著名科学哲学家。

做到的。实际上，在贝拉明所理解的教会立场与伽利略宣称的作为新科学的代表之间是没有妥协余地的。不管是否可能，伽利略为了思想自由而提出的这个问题是对的，而贝拉明否定这个问题是错的。如果说自由派的天主教立场有助于理解 1616 年的事件，那么对于 1633 年的事件的理解就没有什么用了。和贝拉明不一样，乌尔班八世当然愿意面对反亚里士多德的科学取得胜利——他当选教皇后的第一个举动就是把本内德托·卡斯特里带到天主教的大学里给人授课。他就任教皇意味着伽利略在天主教文化中真的有机会为新科学赢得一席之地。他未能充分利用这个机会是他不愿意妥协的结果，也是他无法在别人限定的范围内开展研究工作的结果。

自由派的天主教看法的第二个问题是，他们毫无怀疑地接受了那些代表近代科学的主张。然而在过去的半个多世纪里，科学的本质一直是人们激烈辩论的议题，而伽利略则处在这些辩论的中心位置。近代科学史的奠基人之一，亚历山大·柯瓦雷因将伽利略视为理论数学家和哲学家而不是第一位近代科学家而出名。多位学者［库恩（Kuhn）*、费耶阿本德、比亚吉奥里］试图将使用望远镜发现的新事实的重要性降至最低。与科学史上的这两个主流传统相反的是，有一群力量不容忽视的学者［德雷克（Drake）、塞特尔（Settle）、帕尔蔑里］试图将伽利略视作第一位伟大的实验科学家。对于伽利略究竟是哪一种类型的科学家，自由派的天主教传统并没有提供一个令人满意的描述。而且这肯定是有关伽利略与天主教之间的冲突中的中心议题。

在所有关于伽利略的争论中，核心议题是一个根本问题，即他对待哥白尼学说的态度。以近代科学史的奠基者迪昂、科学革命史家中著作被阅读最多的库斯勒、科学研究学派的创始人库恩和费耶阿本德为一方，对他们来说，伽利略支持的哥白尼学说是一个未经证实的假设。另一方是德雷克和天主教中学问最好的一批人。对他们来说，伽利略为哥白尼学说辩护的决心直接表达了他对科学方法的态度。双方都同意这样

---

* 库恩，20 世纪美国著名科学史家、科学哲学家，《科学革命的结构》的作者。

的假设：伽利略对待哥白尼学说的问题的真正起点是他在 1610 年成为公众人物的时候。结果是，像现存的文献证据一样，有关伽利略的文献基本上都是关于他此后几十年的生平的。

然而伽利略本人在 1597 年就宣称，他多年以来就是哥白尼学说的支持者。对于这个问题，他支持的哥白尼学说是一个未经证实的假设还是一个科学真相？答案必然是他起初对哥白尼学说的认同远远超出现有
262 证据能证明的程度。（在此，我与德雷克的看法相左，他试图为伽利略辩解，驳斥了那些称伽利略是个过分狂热的哥白尼学说的支持者的指控。）我在本书的一个论点是，我们必须对伽利略过早地成为哥白尼学说的支持者进行解释，而这样的解释不能是纯科学性的：必须还有心理学方面的解释。

我们可以无休止地争论在哪个时间节点上接受哥白尼学说才是“理性的”：最早的日期应该在 1540 年，那时第一份哥白尼观点的摘要《最初报告》（*First Report*）出版了；最后的日期应该在 1838 年，这时通过对恒星视差的测量第一次令人信服地证明了地球的运动——也就是说，当从地球每年绕太阳旋转的公转轨道的相反的一侧来观察时，一些恒星会改变其相对位置，通过证明这个现象来证明地球的运动。傅科摆（Foucault pendulum）*让人们直接看到了地球的移动，但却晚到 1851 年才出现。恒星光行差（stellar aberration），是一种由地球运动引起的视觉扭曲现象，人们于 1729 年就发现了。这可能是第一个证明地球是运动的确凿证据。此外，物体从高塔下落时向东偏移，与亚里士多德学派所预测的向西偏离（这个事实是由于物体在塔顶围绕地心旋转时它的运动速度快过它在塔底的运动速度）相反，这个现象在 1792 年就被人观测到了。[5]

伽利略认为哥白尼的《论天体革命》中有很多足够好的证据能让聪明的读者信服。实际上他说过，不赞同他就无法理解哥白尼。1612

---

* 傅科摆，19 世纪法国物理学家傅科做的一次成功的摆动实验，有力地证明了地球的自转。

年，他确信，支持哥白尼学说的论据是压倒性的。[6]他确实宣称过，他于1632年发表的《对话》标志着一个重要时刻，任何明智的人在这时都应该接受哥白尼学说是真理。但是提出这样的主张，他应该是犯了一个非常大的错误。

伽利略并没有什么确定性的天文学证据来展示哥白尼体系优于第谷·布拉赫体系：从太阳黑子穿越太阳表面的运动线路来看，他所持的一个论据是且仍然是具有高度争议性的。他认为他可以回避掉这个根本性的难题。如果天文学方面所提供的证据永远不具有决定性，那么他应该引入一种完全不一样的证据来论证。他相信他能用地球上的基本现象来证明地球是处在运动中的，从而说明托勒密和第谷体系肯定是错的。[7]这个策略原则上是完全正确的：傅科摆确实揭示了地球是运动的。但不幸的是，伽利略没有设计出傅科摆，而是依靠错误的潮汐理论。（有趣的是，没有任何东西能阻止他设计出傅科摆。傅科通过观察而分离出的物理现象，维维亚尼也注意到了，他只是没能掌握到该现象的重要意义。如果伽利略注意到这个现象，他可能会在进一步探究上显得更加聪明些。）[8]

伽利略的潮汐理论，对他和对信仰天主教的欧洲来说，都是一场灾 263
难。因为有了这个理论，他就不需要遵守教会所施加的辩论界限。1624年，如果他遵守某些条件的话，他的朋友、新近当选教皇的乌尔班八世准许他重启对哥白尼学说的辩论。伽利略只是在字面上而不是原则上遵守这些条件，于是给他自己惹来了灾祸。但更重要的是，他再次加剧而不是减少了新科学与天主教会之间的持续冲突。

伽利略错误的潮汐理论并不单纯是思想上的失足，这是他对科学事业理解的自然结果。在那些相信他是个实验主义者的人与那些相信他从事抽象数学研究的人之间的争辩里，很明显双方都是对的。伽利略既从事实验科学研究，也从事抽象的数学科学研究。然而，让人尴尬的是，在将前述两方面进行结合上，他是科学革命的领军人物的代表，这些领军人物有西蒙·斯蒂文[*]、埃万杰利斯塔·托里拆利、布莱士·帕斯卡（Blaise Pascal）、克里斯蒂安·惠更斯和伊萨克·牛顿（Isaac Newton）[†]——实际上，我们现在可以把勒内·笛卡尔（René Descartes）加入这个名单中。[9]但他一直认为，推理性的科学优于实验科学。这样的结果是个有趣的悖论：伽利略是近代科学的奠基者，但他一直不情愿做个实验主义者，因此他从来没有明确地为实验方法做过辩护。更糟糕的是，因为他相信推理性的自然科学的可能性，他准备把所有赌注押在潮汐理论上，即使这个理论被人认为是有严重缺漏的。

但潮汐理论并不仅仅暴露了伽利略对科学理解的缺陷。他坚持认为，他找到了最权威的论据，他这种做法体现了他性格上的缺点。1610年至1616年，伽利略一直在为说服天主教会支持新科学而奋斗。1616年，他的努力最终失败。完全出乎意料的是，接着在1624年，伽利略得到了他一直寻求的来自官方的鼓励。但由于条款不是他定的，由于支持是有条件的，他背叛了既是同盟者又是朋友的教皇。这是一种自我毁灭的行为——如果“自我毁灭”看起来是一个毫无希望的不合时宜的术语，那么这恰恰是伽利略的朋友对他的感受，这些朋友指责他“顽固地、背信弃义地刺杀自己”。[10]

辩论中的各方都同意伽利略声称自己是一位忠实的天主教徒，并且他的基督信仰在受审期间也没有遭到质疑。1983年彼得罗·雷东迪（Pietro Redondi）[‡]出版了《异端伽利略》（*Galileo Heretic*）的意大利语原版，这是第一部摆脱继承自维维亚尼和法瓦罗的思想架构的重要研究著作。雷东迪认为，针对伽利略的未说出口的指控不是哥白尼学说而是原子论。[11]正如伽利略和后来17世纪的科学家和哲学家如笛卡尔、霍
264 布斯和洛克所表述的那样，原子论是建立在反对亚里士多德关于形式或本质的教条基础上的。使事物成为现在这个样子的，不是该事物表达出来的某种非物质因素，而只是它在空间的排列组织方式。因此，对笛卡

* 西蒙·斯蒂文，16—17世纪荷兰数学家、工程师。

† 伊萨克·牛顿，17—18世纪英国著名物理学家、数学家。

‡ 彼得罗·雷东迪，意大利科学史学家，以研究伽利略而出名。

尔来说，一只动物只是一台机器——其中是没有生命，没有外形，没有智慧，没有灵魂的。形状、运动和阻力是机器构件的三个关键特征，而这些也是物质的基本性质或基本特征；不同的物质由微小的看不见的构件组成，这些构件就是原子，它们拼接在一起，形成具有不同运动能力的不同形状——例如固体和流体，还具有不同程度的阻力——硬的和软的，刚性的和弹性的。亚里士多德学说的支持者们同样视作“真实”的（颜色、味道和声音）其他特征，纯粹是主观性的：颜色、味道和声音不在客体本身中，而（如同被搔痒的感觉一样）在于人类的感官知觉中。例如，声音只是振动，从一个原子传递到另一个原子的运动。没有耳朵用来听，就不存在声音这种东西。17 世纪没有哪个哲学家问这样的问题：如果一棵树倒在树林里，而且没有人听到，树发出声音了吗？但原子论者会很肯定正确答案是否。

一般来说，原子论对宗教来说是一种威胁，因为原子论并不认为，世界是一种被设计的或有目的的理性表达——它是反目的论的，因此它可能是无神论的——尽管人们确实可以创造出一个基督教形式的原子论。但原子论和天主教之间存在着特殊的、根本性的紧张关系。天主教徒相信，在弥撒中，也就是最后的晚餐（the Last Supper）礼仪的重演中，面包和葡萄酒仍然具有面包和葡萄酒的外观，但在本质上是被转化为了基督的肉体和血。这就是圣餐变体论的教义，所有的新教徒对其有不同的看法。当人们的谈话用到第一性质和第二性质的术语时，为圣餐变体论做辩护似乎是不可能的，因此当时的一些人坚持认为伽利略的原子论暗示对圣餐变体论的否定。[12] 因此雷东迪的论文（遭到了猛烈的批判）根本上就是一种全新的论证方法，论文认为伽利略和天主教会之间存在着难以避免的分歧。

雷东迪对审判的描述并不是确凿无疑的。我认为，存在两个而不是一个针对伽利略的指控：否定圣餐变体论和否定上帝的万能。但是，这也让人深感疑惑，因为审判聚焦在伽利略涉嫌犯有重大异端罪（只是因为他受益于教皇的保护而逃脱了严重的惩罚），却从未讨论过他对基督教的态度。在后来的研究工作中，雷东迪已经明确表示，他同意伽利略是相信基督教的普遍看法，即使他信的基督教不是正统的基督教。在我看来，这种看法是完全错误的。

265 乌尔班八世认为《对话》的观点不仅是不忠诚，也是不虔诚的体现。和在别处的看法一样，他在这里的判断是对的。伽利略一直是承认教会的权威的，并总是宣称自己是虔诚的天主教徒。[13] 但需要对他的正式立场和私人信念加以区分。在他的 20 卷作品中，令人惊异的是，没有证据表明他的个人虔诚是怎样的。阅读他的信件，都没有发现过他做祈祷、听布道，或者阅读圣经和教会神父的著作的迹象——或者说几乎没有过。[14] 没有证据表明他相信罪、忏悔和救赎等观念。他避免提及耶稣。伽利略不是基督徒：我们非常清楚，在他的公众形象背后，肯定是一个非基督徒的面貌，我们拥有卡斯特里很确凿的证词。伽利略所主张的哥白尼学说、他的科学方法和他的非信仰实际上是相互支撑的：这三者都反对传统观点所认为的世界是为人而造的，也不同意人是按上帝的形象造出来的。更确切地说，伽利略认为，我们需要认识到，世界是非常不完美的，我们只能认识到世界的若干片段，人类的出现与世界的目的无关，我们假定世界是没有任何目的的。伽利略试图接受这种看法，即我们不知道宇宙是为了什么而存在，尽管宇宙的某些方面表明它是有目的地被设计出来的。[15]

我在本书中对伽利略的叙述在三个重要方面具有创新性：我强调了他早期支持哥白尼学说，他本人很不情愿的经验主义和他私下里的非宗教性。我也强调了他非同一般的思想上的雄心壮志，他巨大的虚荣心以及他自毁的能力：伽利略不是一个世俗的圣人，尽管他可以假装是。我相信，这些新见解让我们更接近于看到伽利略对自己的看法，这些见解也清楚表明，库斯勒（他在许多事情上的看法是错的）把伽利略描绘成因自己而倒塌的建筑师是对的。

伽利略故事的结局不是一个而是两个：以教会的批判定罪结束和以哥白尼学说在思想上的胜利而结束。对他生平的记述重点由始至终落在其中一个或另一个结局上是很容易的——现在我们知道，哥白尼学说和对其异端的指控可以追溯到其生平更早的阶段，这个时间点比通常所认为的要早。

然而，传记作者有一项义务就是要将传主的人生视为一种鲜活和开放的生活。从一开始，伽利略的人生目标就是致力于成为一位优秀的数学家和科学家。但成功来得晚，他的前两个研究课题没有完成就放弃了。他很谨慎地坚守着哥白尼学说。1608 年他如果被问到，他就会说他要通过对落体运动的新描述来在社会上出名——这个实验性的技术项目为他赢得了一些读者。他成名的趋势日渐明朗时年龄已经 45 岁了，多年来他一直没有摆脱潜藏于内心的对失败的恐惧。实际上，他的雄心 266
越大内心的恐惧就越厉害。最终，就如经常发生的情况那样，他最担心的灾祸发生了：因为在公开场合为哥白尼学说辩护，他遭到了人们的鄙视。

在理解伽利略遭受教会批判时，后见之明很容易误导我们。人们很容易将此描述成从一开始在原则上就对立的两方之间不可避免的冲突。但冲突并非完全不可避免，结果尚难确定。1616 年哥白尼学说遭到批判后，伽利略只能把注意力转向其他方面。毕竟他已经为《两门新科学的对话》准备好相关材料了。接着，乌尔班八世当选教皇后，教会有可能会对哥白尼学说有所让步。冲突并不是在不受感情影响的机构，即普世性的教会与具有奉献精神的科学家之间的冲突。相反，这是朋友间的关系破裂，是一种背叛，是一种正义的惩罚。伽利略实际上是个异端者；但更糟糕的是（因为他的异端言行比历史学家知道的要多得多），他对宗教是不忠的，也无感恩之心。在反宗教改革（Counter Reformation）的世界里，意大利的异端言行经常不受惩罚；但另一方面，人们历来是不能接受对宗教的不忠和无感恩之心的。

一百多年来，已经有了关于伽利略研究的严肃的学术著作。但他遭到了很多误解。论述过他的最伟大和最有影响的历史学家和哲学家——迪昂、库斯勒、费耶阿本德、比亚吉奥里——都对他的优缺点做出了误判。例如，比亚吉奥里描写伽利略所具有的弄臣技能，他说，伽利略所有的成功都归功于这个技能。[16] 但伽利略本人告诉我们，他对宫廷生活没有兴趣，现在应该很明显地看出，恰恰是他做不好弄臣，导致了他受审和被定罪。

幸运的是，对伽利略生平最出名的描述是布莱希特的精彩剧本《伽利略传》(*Life of Galileo*，1938，1945 年至 1947 年第二版，1956 年第三版)，这个剧本值得人们很认真地把它当作一种历史解释来看待。[17] 像布莱希特的所有戏剧主角一样，他的伽利略不是一位英雄，而是一位平凡的主角(anti-hero)。[对他的呈现，是按着布莱希特的政治标准，因为哥白尼和伽利略被路德维希·比伯巴赫(Ludwig Bieberbach)* 等纳粹宣传家描绘成英雄。] 在剧本的第二版中，伽利略的变节为科学和权力之间的可怕合作铺垫了道路，布莱希特相信，这种合作把人们引向了灾难。然而，在第一版中，伽利略的变节——伽利略既没有被驱逐流放也没有为了他的原则而死去——结果证明是最好的，因为这使他的《两门新科学的对话》得以出版。布莱希特 1933 年被驱逐出纳粹德国以来，他非常不喜欢这个结论，这个结论显然在宽恕那些在纳粹统治下“内心已经迁移出国外”的人。在他开始修订剧本前，1944 年他对这个版本的剧本重新进行了思考，他在日记中写道：“正是因为我试图遵从历
267 史，对个人道德没有兴趣，所以一种道德感出现了，而我对剧本不太满意。”[18]

被驱逐到柏林的启蒙时期的哲学家拉美特利(La Mettrie)† 写道：“为成功而不顾一切的人是快乐的。对他们来说，没有什么东西比思想自由更重要；对他们来说，真正的祖国就是可以自由地说出自己想法的地方。”(拉美特利本人并不快乐；据伏尔泰说，他非常想念法国，哭得像个孩子。)[19] 伽利略非常在乎成功；他热爱佛罗伦萨，视之为自己真正的家；尽管有些尴尬和不情愿，但他已经准备好在表达自由方面做出让步。如果他准备勇敢地面对死亡，我们应该更加敬重他，就像布鲁诺那样，布鲁诺曾对定罪的法官说，他们比他更害怕。如果他流亡在外，就如大多数意大利新教徒打算做的那样，我们会更加赞赏他。但要求他

---

* 路德维希·比伯巴赫，20 世纪德国数学家、纳粹分子。

† 拉美特利，法国 18 世纪启蒙思想家。

更大胆或更勇敢是不大合理的，因为就如布莱希特不得不承认的那样，伽利略足够勇敢且足够大胆在去世前完成一项早在半个世纪前就开始的伟大的研究项目。

因为对伽利略来说，知识是不够的。他还需要坚持传播这些知识。让以下的话成为他的墓志铭：

> 如果一个人能升上天堂，并清楚地观看宇宙的自然秩序和天体的美景，那么美妙的奇景不会给他带来什么乐趣。不过，如果他能向一个人描述他所看到的景象，那么就再没有什么比这更令人愉快的了。
>
> 塔伦特姆的阿契塔（Archytas of Tarentum，公元前 428—347 年）*，
>
> 据西塞罗的《论友谊》（*On Friendship*，公元前 44 年）

* 塔伦特姆的阿契塔，古希腊数学家。

268 # 缩写与注释说明

缩写：

A&C Antonio Favaro, *Amici e corrispondenti di Galileo*

C&G Ernan McMullin, ed., *The Church and Galileo*

Comets Stillman Drake and Charles Donald O'Malley, eds, *The Controversy on the Comets of 1618*

Dialogue Galileo Galilei, *Dialogue Concerning the Two Chief World Systems*

DV Sergio Pagano, ed., *I documenti vaticani del processo di Galileo Galilei (1611–1741)*

EDG Stéphane Garcia, *Élie Diodati et Galilée*

GA Maurice A. Finocchiaro, *The Galileo Affair*

GC Mario Biagioli, *Galileo Courtier*

GH Pietro Redondi, *Galileo Heretic*

GIC Mario Biagioli, *Galileo's Instruments of Credit*

LCF José Montesinos and Carlos Solís, eds, *Largo campo di filosofare*

MC Galileo Galilei, *Sidereus nuncius: Le messager céleste*, ed. Isabelle Pantin

MM Galileo Galilei, *'On Motion', and 'On Mechanics'*

OG Galileo Galilei, *Le opere di Galileo Galilei*

SHPS Studies in History and Philosophy of Science

SN^1 Galileo Galilei, *Sidereus nuncius* (Venice: Thomas Baglioni, 1610)

缩写与注释说明

SN^{e} Galileo Galilei, *Sidereus nuncius*, ed. and trans. Albert van Helden

TNS Galileo Galilei, *Two New Sciences*

只要可能，我就会以*OG* [volume no.] [page no.]的形式引用法瓦罗（Favaro）版的伽利略的*Opere*，例如*OG* x 57。第一版（1890—1909）可在www.gallica.fr在线获取（其中大部分，可以通过搜索获取，可以访问www.liberliber.it），但我使用的是1968年的重印版，该版重新印上了1929—1939年版增加上去的附录。第一版还包括对第19卷和第20卷的补充。如果有方便的英文翻译，我会给出相应的参考文献（除了我直接引用英文翻译，在这种情况下，我会首先提及这个参考文献）；否则，英文翻译都是我自己做的。

本书随附一个网站：www.watcheroftheskies.org。在这个网站上，你可以找到其他网站的链接，以及互联网上一系列可用的文献。

导论　推测史学引言

1. 引自Alistair C. Crombie, ed., *Scientific Change* (London: Heinemann, 1963), 847–848。我把这归于 Pietro Redondi: cf. *GH* ix。
2. *A&C* 1015–1019.
3. 对伽利略手稿故事的完整叙述见 Antonio Favaro, 'Documenti inediti per la storia dei manoscritti galileiani', *Bullettino di bibliografia e di storia delle scienze matematiche e fisiche 18* (1885), 1–112。 269
4. 关于法瓦罗，见Giuseppe Castagnetti and Michele Camerota, 'Antonio Favaro and the Edizione Nazionale of Galileo's Works', *Science in Context 13* (2000), 357–362。A new supplement to Favaro is under preparation: *Galilæana 4* (2007), v. 有关伽利略审判的新文献证据的考证，见 Francesco Beretta, 'The Documents of Galileo's Trial: Recent Hypotheses and Historical Criticism', in *C&G* 191–212。
5. 由于伽利略失明后不得不依赖于抄写员，因此有可能收到伽利略信件的人对信中的观点是否真的是伽利略本人的意思还是有些怀疑的：*OG* xviii 202–203。
6. Paolo Galluzzi, 'I sepolcri di Galileo', in Roberto Lunardi and Oretta Sabbatini, eds, *Una casa per memoria* (Florence: Edizioni Polistampa, 2009), 203–255, at 208–213; Pietro Redondi, 'La nave di Bruno e la pallottola di Galileo: Uno studio di iconografia della fisica', in Adriano Prosperi, ed., *Piacere del testo* (Rome: Bulzoni, 2001), 285–363, at 343–348.
7. Redondi, 'La nave di Bruno', 345–347.
8. Paolo Galluzzi and Maurizio Torrini, eds, *Le opere dei discepoli di Galileo Galilei: Carteggio* (2 vols, Florence: Giunti-Barbèra, 1975–1984), ii, 305–306.
9. 见下文，p. 230。
10. Favaro, 'Documenti inediti', 51.

11. *EDG* 231–239.
12. Antonio Favaro, 'Sulla pubblicazione della sentenza contro Galileo, e sopra alcuni tentativi del Viviani per far rivocare la condanna dei Dialoghi galileiani', in Favaro, *Miscellanea galileiana inedita* (Venice: Giuseppe Antonelli, 1887), 97–156, at 115–116.
13. *OG* xix 309–310.
14. 'I began with the desire to speak with the dead': Stephen Greenblatt, *Shakespearean Negotiations* (Berkeley: University of California Press, 1988), 1.
15. The element of fire: John Donne, *The Epithalamions, Anniversaries and Epicedes*, ed. W. Milgate (Oxford: Clarendon Press, 1978), 140; the phoenix: *OG* vi 237; *Comets* 189.
16. R. C. Bald, *John Donne: A Life* (Oxford: Clarendon Press, 1970), 148–152. 多恩去世时还拥有萨尔皮及密友 Fulgenzio Micanzio 的肖像画。
17. 关于乔治·鲁克（George Rooke），见 Antonio Favaro, *Galileo Galilei a Padova* (Padua: Antenore, 1968), 277–278；关于约翰·韦德伯恩（John Wedderburn），见 Giorgio Spini, 'Un difensore scozzese del Sidereus nuncius', in Spini, *Galileo, Campanella, e il* '*Divinus poeta*' (Bologna: Il Mulino, 1996), 79–90; and Antonio Favaro, *Scampoli galileiani, ed. Lucia Rossetti and Maria Laura Soppelsa* (2 vols, Trieste: Lint, 1992), ii, 702；关于理查德·威洛比（Richard Willoughby），见 *A&C* 1001–1005；而关于托马斯·瑟盖特 (Thomas Seget)，见 *A&C* 937–974 and Favaro, *Scampoli galileiani,* ii, 665–666, 700–701。
18. Mary Laven, *Virgins of Venice* (London: Penguin Books, 2003), 149.

第一部分　内心之眼

1. 粗译自 Lodovico delle Colombe, *Risposte piacevoli* (Florence: Giovanni Antonio Caneo, 1608), f. 111r。

1　父亲的儿子

2. 关于伽利略的生日，见 David Wootton, 'Accuracy and Galileo: A Case Study in Quantification and the Scientific Revolution', *Journal of the Historical Society* 10 (2010), 43–55 at 44–47。
3. *OG* xix 22, 26–29.
4. Maria Luisa Righini Bonelli and William Shea, *Galileo's Florentine Residences* (Florence: Istituto e Museo di Storia della Scienza, 1979), 8–9.
5. *OG* vi 160.
6. 关于伽利略的艺术才能，见 Horst Bredekamp, 'Gazing Hands and Blind Spots:

Galileo as Draftsman’, *Science in Context* 13 (2000), 423–462。

7. 关于伽利略的镜头的质量，见 Vincenzo Greco, Giuseppe Molesini and Franco Quercioli, ‘Optical Tests of Galileo’s Lenses’, *Nature* 358 (1992), 101。
8. *OG* xiv 73, 91–92, 106–107, 117–118, 120, 123, 140, 145–148, 150, 165–166.
9. A. Schiavo, ‘Notizie riguardanti la Badia di Passignano estratte dai fondi 270
dell’Archivio di Stato di Firenze’, *Benedictina* 4 (1955), 31–92, at 44.
10. *OG* xix 422–423.
11. *OG* xix 527.
12. Vincenzo Galilei, *Dialogue on Ancient and Modern Music*, ed. Claude V. Palisca (New Haven, Conn.: Yale University Press, 2003).
13. *OG* xix 170.
14. Daniel Chua, ‘Vincenzo Galilei, Modernity and the Division of Nature’, in Suzanna Clark and Alexander Rehding, eds, *Music Theory and Natural Order from the Renaissance to the Early Twentieth Century* (Cambridge: Cambridge University Press, 2006), 17–29.
15. 瓦萨里（Vasari）对艺术发展的分析，见Paul Feyerabend, ‘Progress in Philosophy, the Sciences and the Arts’, in Feyerabend, *Farewell to Reason* (London: Verso, 1987), 143–161。
16. 法瓦罗不熟悉这部著作（其第 1 卷极其少见），因此他在“*OG* xvi 310”上的参考文献是错的。
17. *OG* xvi 305；与 xviii 356 和 Campanella, xiv 367 比较。
18. *OG* xvii 65, 80. 威廉·哈维（William Harvey）几个月前访问了罗马，因此对血液循环突然产生了兴趣：见 Charles Schmitt and Charles Webster, ‘Harvey and M. A。Severino’, *Bulletin of the History of Medicine* 45 (1971), 49–75, at 55. 我把“rivolgere”这个词翻译为“革命”——完全颠倒。伽利略的朋友乔瓦尼·钱波里（Giovanni Ciampoli）的著作中有一个明显的进步观念：见 Federica Favino, ‘Scetticismo ed empirismo: Ciampoli Linceo’, in Andrea Battistini, Gilberto de Angelis and Giuseppe Olmi, eds, All’origine della scienza moderna: *Federico Cesi e l’Accademia dei Lincei* (Bologna: Il Mulino, 2007), 175–202。

2 佛罗伦萨

1. 但是在 1590 年，他只被授予了比“*cittadino*”（公民）更低的头衔：*OG* xix 47。
2. *OG* xix 32.
3. *OG* xiii 458.
4. *OG* xix 311.
5. *OG* xix 61. 根据詹姆斯·赖斯顿（James Reston）的著作，*Galileo: A Life*

(London: Cassell, 1994), 27，在获得第一个大学教职前，伽利略的心情处在绝望中："他与佛罗伦萨的一位年轻朋友里卡索利·巴罗尼（Ricasoli Baroni）一起，开始关注远方的海岸，关注中东和更远的地方。可能在那儿，在那些异教徒的土耳其人中，他能得到科学家的地位。"这似乎是个误解。乔万姆巴蒂斯塔·里卡索利（Giovambatista Ricasoli）相信他是在逃避佛罗伦萨的司法处罚（见下文，pp. 30–32），他告诉伽利略美第奇的长手会抓住他（里卡索利），除非他跑到开罗或英格兰那么远的地方（*OG* xix 55）。没证据表明伽利略想过和他一起走。

6. *OG* xii 237, 260.
7. *OG* xii 278.
8. *OG* xii 258.
9. *OG* v 311.
10. *OG* xii 294.
11. *OG* ix 32.
12. *OG* x 327.
13. *OG* xi 458, 482, v 190.
14. *OG* xvi 443, 445. 也见他对出版英文翻译版前景的回应：xvi 355。即使考虑到伽利略在给米坎齐奥的信中表达了自己的谨慎（特别见第 385 页），对他的书会遭人遗忘的担心似乎是真实的：我们已在 1635 年 5 月 12 日他给佩雷斯克（Peiresc）的信中发现了这点。见 Galileo Galilei, *A Long-Lost Letter from Galileo to Peiresc on a Magnetic Clock*, trans。Stillman Drake (Norwalk, Conn.: Burndy Library, 1967).
15. 另一方面，在给一位外国名人的信中，伽利略对得到整个北半球的支持感到自豪：*OG* xvi 474–475。

271 3　伽利略的灯

1. Fulgenzio Micanzio, *OG* xvi 209.
2. *OG* xix 604, 637.
3. Albert O. Hirschman, *Exit, Voice, and Loyalty* (Boston, Mass.: Harvard University Press, 1970).
4. *OG* xix 603.
5. Stillman Drake, 'Renaissance Music and Experimental Science' [1970], in Drake, *Essays on Galileo and the History and Philosophy of Science* (3 vols, Toronto: University of Toronto Press, 1999), iii, 190–207; Claude V. Palisca, 'Vincenzo Galilei, scienziato sperimentale, mentore del figlio Galileo', *Nuncius* 15 (2000), 497–514.
6. Paolo Palmieri, *Reenacting Galileo's Experiments* (Lewiston, N.Y.: Edwin Mellen Press, 2008), 5–9, 221–269. Thomas B. Settle, 'Experimental Sense in Galileo's

Early Works and Its Likely Sources', in *LCF* 831–850, at 834，引用了标准的钢制琵琶弦（'a standard steel lute string'），但没有这样一个东西。所有琉特琴琴弦都是用羊肠线做的。而伽利略从未专门使用钢丝——例子见，*OG* xvii 91。

7. 例如，Simon Schaffer, 'Glass Works: Newton's Prisms and the Uses of Experiment', in David Gooding, Trevor Pinch and Simon Schaffer, eds, *The Uses of Experiment* (Cambridge: Cambridge University Press, 1989), 67–104。

4 找到了！

1. *OG* ii 215.
2. W. Roy Laird, 'Archimedes among the Humanists', *Isis* 82 (1991), 628–638, at 628; *OG* i 300；也见 *OG* xvi 399, xvii 90。伽利略的朋友承认他渴望能像阿基米德一样：例如 x 240–241。对阿基米德及其影响做出重要研究的是 Lucio Russo, *The Forgotten Revolution* (Berlin: Springer, 2004)。
3. 人们一般认为柯瓦雷把伽利略视为柏拉图主义者，而伽利略确实是有这种思想——而这是一个误导：见 Thomas P. McTighe, 'Galileo's "Platonism" : A Reconsideration', in Ernan McMullin, ed., *Galileo, Man of Science* (New York: Basic Books, 1967), 365–387。但柯瓦雷也认为伽利略是阿基米德的追随者——而这是真的：见 Koyré, *Galileo Studies* (Atlantic Highlands: Humanities Press; Hassocks: Harvester Press, 1978), 33–38。柯瓦雷对伽利略的记述比一般认为的更接近真相：见 Corrado Dollo's chapters 'L'uso di Platone in Galilei' [1989] and 'L'egemonia dell'archimedismo in Galilei' [1989], in Dollo, *Galileo Galilei e la cultura della tradizione* (Soveria Mannelli: Rubbettino, 2003), 23–62 and 63–86。法瓦罗在 1915—1916 的论著中写道，他没有时间去解释伽利略是一位柏拉图主义者：Antonio Favaro, *Adversaria galilæiana,* ed. Lucia Rossetti and Maria Laura Soppelsa (Trieste: Lint, 1992), 10–11。
4. *OG* i 209–220；该书部分地被翻译为：Galileo Galilei, 'The Sensitive Balance', in Laura Fermi and Gilberto Bernadini, *Galileo and the Scientific Revolution* (New York: Dover, 1961)。
5. 见 Wootton, 'Accuracy and Galileo'。

5 眼见为实

1. 其中的一位数学家是朱塞佩·莫莱蒂（Giuseppe Moletti）（b. 1531），伽利略后来在帕多瓦所获得的教席就是他的。Laird, 'Archimedes among the Humanists', 637，莱尔德（Laird）认为莫莱蒂从来没有读过阿基米德的书，肯定也对伽利略的著作深感疑惑。
2. 对吉多巴尔多的论述，见 Mary J. Henninger-Voss, 'Working Machines and Noble Mechanics: Guidobaldo Del Monte and the Translation of Knowledge', *Isis*

91 (2000), 233–259。

3. 瓦雷利奥于 1604 年出版了他的第一本著作，但他与伽利略在 1590 年就认识，因此伽利略可能发现了他在那些年月里所做的研究的内容，然后接着转向另外一个研究课题。
4. *OG* i 187–190; *TNS* 261–263. 对克拉维乌斯的论述，见 James M. Lattis, *Between Copernicus and Galileo* (Chicago: University of Chicago Press, 1994)。
5. 272 *OG* x 24, 34. 见 Paolo Palmieri, 'Mental Models in Galileo's Early Mathematization of Nature', *SHPS* 34 (2003), 229–264。
6. *OG* x 27–29.
7. *OG* x 37.
8. *OG* x 29, 35: 'due volte mi ha replicato che *petit principium*'. 也见涉及 Pietro Francesco Malaspina 的部分：xii 314–315。
9. 对这个谜团的新解答已经由罗尔夫·威拉赫（Rolf Willach）提出，*The Long Route to the Invention of the Telescope* (Philadelphia: American Philosophical Society, 2008)，他强调透镜质量的改善进展缓慢，缩小物镜光圈的装置发明还没有出现。第一个说法是真的，但第二个说法肯定是被夸大了。伽利略的望远镜已经有了光圈（参见 *OG* x 278, 501），人们可以在波尔塔（Porta）1609 年 8 月的绘图中看到光圈（x 252）；但似乎桑迪尼（Santini）的望远镜还没有 (x 485)；开普勒所造的第一个望远镜也没有（x 414）。
10. Vasco Ronchi, 'The Influence of the Early Development of Optics on Science and Philosophy', in McMullin, ed., *Galileo, Man of Science,* 195–206, at 197. 龙奇（Ronchi）的观点已经受到强烈批评，见 David C. Lindberg and Nicholas H. Steneck, 'The Sense of Vision and the Origins of Modern Science', in Alan G. Debus, ed., *Science, Medicine and Society in the Renaissance* (2 vols, London: Heinemann, 1972), i, 29–45，也没有得到斯图亚特·克拉克（Stuart Clark）的支持，*Vanities of the Eye: Vision in Early Modern European Culture* (Oxford: Oxford University Press, 2007)。但我坚持认为那是对的：见 Lucien Febvre, *The Problem of Unbelief in the Sixteenth Century* [1942] (Cambridge, Mass.: Harvard University Press, 1982), 423–437; Catherine Wilson, *The Invisible World: Early Modern Philosophy and the Invention of the Microscope* (Princeton N.J.: Princeton University Press, 1995), 215–218; Robert Jütte, *A History of the Senses* (Cambridge: Polity, 2005), 61–71；伽利略的讲课笔记见 *OG* i 157–158, translated in Galileo Galilei, *Galileo's Early Notebooks: The Physical Questions*, trans. William A. Wallace (Notre Dame: University of Notre Dame Press, 1977), 226–227。
11. *OG* xii 294. 见 John Wedderburn, iii 172。
12. 对导致这样一种不可避免的互相不理解的时刻的知识结构的论述，见 Ugo Baldini, 'The Development of Jesuit "Physics" in Italy, 1550–1700: A Structural Approach', in Constance Blackwell and Sachiko Kusukawa, eds, *Philosophy in*

the Sixteenth and Seventeenth Centuries: Conversations with Aristotle (Farnham: Ashgate, 1999), 248–279, at 256–260。

13. 1615 年，切西坚持认为林琴学会的会员并非都是哥白尼学说的支持者，但他们都始终贯彻“在自然中进行自由的哲学思考”（libertà di filosofare *in naturalibus*）的原则：*OG* xii 150。例外的是约翰内斯·范·希克（Johannes van Heeck），他为亚里士多德的宇宙学进行辩护：Saverio Ricci, ‘I Lincei e le novità celesti prima del *Nuncius sidereus*’, in Massimo Bucciantini and Maurizio Torrini, eds, *La diffusione del copernicanesimo in Italia (1543–1610)* (Florence: Olschki, 1997), 221–236；由于林琴学会的会员们支持哥白尼学说，卢卡·瓦雷利奥于 1616 年退会。费德里科·切西对他们的原则做了重要的阐释：“渴望了解自然”（Del natural desiderio di sapere），in M. L. Altieri Biagi and B. Basile, eds, *Scienziati del Seicento* (Milan: Rizzoli Editore, 1969), 53–92。关于 *libertas philosophandi*， 见 *EDG* 247, 348–353; Robert B. Sutton, ‘The Phrase “Libertas philosophandi” ’, *Journal of the History of Ideas* 14 (1953), 310–316; and below, ch.23 n.42。
14. *OG* xix 204.
15. *OG* xvi 420.
16. *Dialogue* 107–108.
17. *OG* vii 133–134; Galileo Galilei, *Dialogo sopra i due massimi sistemi del mondo, tolemaico e copernicano,* ed. O. Besomi and M. Helbing (Padua: Antenore, 1998), ii, 347–348.
18. *OG* vii 355, 362–363, 367; *Dialogue* 328, 334–335, 339.
19. Paolo Palmieri, ‘A New Look at Galileo’s Search for Mathematical Proofs’, *Archive for History of the Exact Sciences* 60 (2006), 285–317.
20. *OG* xix 638
21. *OG* xi 168.
22. 见有关第一性和第二性的讨论：*OG* vi 350; *Comets* 311–312。
23. Plutarch, ‘Life of Marcellus,’ in *Lives* (London: Loeb, 1917), v, 487. 273
24. *OG* x 35–36.

6 需要帮助的朋友

1. *OG* xix 44–108.
2. William A. Wallace, ‘Galileo’s Pisan Studies in Science and Philosophy’, in Peter K. Machamer, ed., *The Cambridge Companion to Galileo* (Cambridge: Cambridge University Press, 1998), 27–52, at 29，华莱士（Wallace）说伽利略在 1585—1586 年在锡耶纳授课；1585 年的夏天在瓦隆布罗萨（Vallombrosa）授课；在 1588 年做了一次关于但丁的讲座。其实我们知道他在锡耶纳的授课是在 1588 年 3 月之前，在瓦隆布罗萨的授课是在 1588 年夏天，而关于但丁的讲座是在

1594年的8月，其他的都是猜测。

3. *OG* xix 48.
4. Bernard Weinberg, 'The Accademia degli Alterati and Literary Taste from 1570 to 1600', *Italica* 31 (1954), 207–214.
5. *OG* xix 54.
6. *OG* xix 56.
7. *OG* xix 62.
8. Galileo Galilei, *Controilportar la toga* (Pisa: ETS, 2005), ll. 136–137; *OG* ix 217.

7 初出茅庐

1. Adriano Carugo and Alistair C. Crombie, 'The Jesuits and Galileo's Ideas of Science and Nature', *Annali dell'Istituto e Museo di storia della scienza di Firenze* 8 (1983), 3–68; William A. Wallace, *Galileo and His Sources: The Heritage of the Collegio Romano in Galileo's Science* (Princeton: Princeton University Press, 1984); Crombie and Carugo, review of Wallace, *Times Literary Supplement*, 22 November 1985, 1319–1320. 华莱士的论文一直影响着学界：例如，William E. Carroll, 'Galileo Galilei and the Myth of Heterodoxy', in John Brooke and Ian Maclean, eds, *Heterodoxy in Early Modern Science and Religion* (Oxford: Oxford University Press, 2005), 115–144, at 116–123。
2. *OG* xviii 234, 245, 248–249. 关于伽利略拥有反亚里士多德学派的声望（完全当之无愧的），见 *OG* iv 317。
3. *OG* xi 423. 因此萨尔维亚蒂（Salviati）推荐巴里亚尼（Baliani）给伽利略：'Lui filosofa sopra la natura, si ride di Aristotile et di tutti i Peripatetici' (xi 610)。
4. Galileo, *Galileo's Early Notebooks*; Galileo Galilei, *Galileo's Logical Treatises*, trans. William A. Wallace (Dordrecht: Kluwer Academic Publishers, 1992).
5. Baldini, *Legem impone subactis* (Rome: Bulzoni, 1992), 371.
6. 这些要点见 Corrado Dollo, 'Galilei e la fisica del Collegio Romano' [1992], in Dollo, *Galileo Galilei e la cultura della tradizione*, 87–128。称伽利略的科学方法源自亚里士多德，对此的批判，见 Nicholas Jardine, 'Galileo's Road to Truth and the Demonstrative Regress', *SHPS* 7 (1976), 277–318。
7. Sven Dupré, 'Ausonio's Mirrors and Galileo's Lenses: The Telescope and Sixteenth-Century Practical Optical Knowledge', *Galilæana* 2 (2005), 145–180, at 148–149. 伽利略提到了一本论述落体和抛射物的手稿，早在1631年的时候就流传了：*OG* vi 631。
8. Dupré, 'Ausonio's Mirrors', 149.

8 斜塔

1. *OG* xix 39; Galileo, *Controilportar la toga*, 47. 一般有三种不同的金币：弗罗林，达克特（ducat）和斯库多（scudo）。实际中这三个词似乎可以互换着用。于是，在 1598 年，伽利略的薪水是以弗罗林为单位的，而 1610 年的时候则以达克特为单位；他收到了以达克特为单位的付款，但给出的收据则是以斯库多为单位，而数额是一样的。
2. Frederick Purnell Jr, 'Jacopo Mazzoni and Galileo', *Physis* 14 (1972), 273–294, at 273–274.
3. 见 Michele Camerota, 'Borro, Girolamo' and 'Buonamici, Francesco', in *New* 274
Dictionary of Scientific Biography (New York: Scribner, 2007)。关键性的研究见 Camerota and Mario Helbing, 'Galileo and Pisan Aristotelianism: Galileo's *De motu antiquiora* and the *Quaestiones de motu elementorum* of the Pisan Professors', *Early Science and Medicine* 5 (2000), 319–365。关于宗教，见 Spini, *Galileo, Campanella,* 25, and Michele Camerota, 'Galileo, Lucrezio, e l'atomismo', in M. Beretta and F. Citti, eds, *Lucrezio, la natura e la scienza* (Florence: Olschki, 2008), 141–175, at 143–145。
4. Antonio Favaro, 'La libreria di Galileo Galilei descritta ed illustrata', *Bullettino di bibliografia e di storia delle scienze matematiche e fisiche* 19 (1886), 219–293, at 259.
5. *MM* 88; *OG* i 273; Ernest A. Moody, 'Galileo and Avempace: The Dynamics of the Leaning Tower Experiment', *Journal of the History of Ideas* 12 (1951), 163–193, 375–422, at 418–419 ——但其注释中穆迪（Moody）给出的佩雷拉（和布奥纳米奇）的出版物的首次出版日期是错误的。有关佩雷拉对伽利略的了解，见 Camerota and Helbing, 'Galileo and Pisan Aristotelianism', 347–348, 356–357.
6. 莫里斯·克拉维林（Maurice Clavelin）对亚里士多德物理学有非常好的介绍，见其 *The Natural Philosophy of Galileo* [1968] (Cambridge, Mass.: MIT Press, 1974)。
7. Camerota, 'Borro, Girolamo'.
8. *OG* iv 242.
9. *OG* xix 606.
10. *OG* i 273, 334; MM 37–38, 107. 西蒙·斯蒂文在 1605 年报告说，他"很久之前"做了一个类似的实验：Lane Cooper, *Aristotle, Galileo and the Tower of Pisa* (Ithaca: Cornell University Press, 1935), 14；而莫莱蒂在一份未发表的手稿中报告了类似的实验：W. Roy Laird, 'Giuseppe Moletti's *Dialogue on Mechanics* (1576)', *Renaissance Quarterly* 40 (1987), 209–223。
11. Lane Cooper, *Aristotle, Galileo, and the Tower of Pisa* (Ithaca, NY: Cornell University Press, 1935); Alexandre Koyré, 'Galilée et l'expérience de Pise', *Annales de l'Université de Paris* 12 (1937), 441–453; Carl G. Adler and Byron L.

Coulter, 'Galileo and the Tower of Pisa Experiment', *American Journal of Physics* 46 (1978), 199–201; Byron L. Coulter and Carl G. Adler, 'Can a Body Pass a Body Falling through the Air?' *American Journal of Physics* 47 (1979), 841–846; Herman Erlichson, 'Galileo and High Tower Experiments', *Centaurus* 36 (1993), 33–45.

12. *OG* viii 108–109. 他还预测说，有一面受到空气阻力，乌木球（或木球）和铅球到达地面会相差 4 英寸。但他没有说有实验证实了这点，也没有声称可以计算出实验所涉及的相关因素：对他的主张进行考证的时机已经错过。见 Adler and Coulter, 'Galileo and the Tower of Pisa Experiment', and Erlichson, 'Galileo and High Tower Experiments'。
13. *OG* xviii 305, 310. 类似的实验在 1617 年的罗马也有报道——但这些都不可能是伽利略那样的实验。
14. Erlichson, 'Galileo and High Tower Experiments', 38; *OG* xviii 305–306. 埃利希森（Erlichson）似乎没有意识到，这会破坏他的整个观点的成立，他认为伽利略从来没有做过任何高塔实验。
15. Peter Dear, 'Narratives, Anecdotes, and Experiments: Turning Experiences into Science in the Seventeenth Century', in Dear, ed., *Literary Structure of Scientific Argument* (Philadelphia: University of Pennsylvania Press, 1991), 135–163, at 146–152; also Alexandre Koyré, 'An Experiment in Measurement' [1953], in Koyré, *Metaphysics and Measurement* (London: Chapman Hall, 1968), 89–117.
16. Thomas B. Settle, 'Galileo and Early Experimentation', in Rutherford Aris, H. Ted Davis and Roger H. Stuewer, eds, *The Springs of Scientific Creativity* (Minneapolis: University of Minnesota Press, 1983), 3–20, at 12–14.
17. *OG* i 296–302; MM 63–69.
18. Moody, 'Galileo and Avempace,' 415–418.
19. *OG* i 263; *MM* 27. 可对比伽利略后期著作，他在其中坚持将经验放置于高于理性的位置：*OG* v 139, vii 80, xviii 247。
20. *OG* i 273, 301, 302; *MM* 37–38, 68, 69. 亦见 *OG* i 298–299; *MM* 65。

275

9 惯性

1. *OG* i 299–301; *MM* 65–68, 170–171.
2. 关于推动力理论和外在强迫力理论之间的差异，见 Moody, 'Galileo and Avempace', especially 394–395, 402–410。
3. 可参见 Raymond Fredette, 'Galileo's *De motu antiquiora*: Notes for a Reappraisal', in *LCF* 165–182, at 180； 以 及 Stillman Drake, 'Introduction' in M. Stillman Drake and I. E. Drabkin, eds, *Mechanics in Sixteenth-Century Italy: Selections from Tartaglia, Benedetti, Guido Ubaldo and Galileo* (Madison: University of Wisconsin Press, 1969), 3–60 at 36–38 (a reference missed by Fredette)。

4. Moody, ‘Galileo and Avempace’, 401–402，对 14 世纪时这个概念进行了叙述。华莱士花了些时间进行研究，他认为伽利略可能通过阅读多明哥·德·索托（Domingo de Soto）来了解这些中世纪的思想：William A. Wallace, ‘Domingo de Soto and the Iberian Roots of Galileo’s Science’ [1997], in Wallace, *Domingo de Soto and the Early Galileo* (Aldershot: Ashgate, 2004)。但是，伽利略对所依赖的中世纪材料持怀疑态度，这还没有得到证实，见 Edith Sylla, ‘Galileo and the Oxford *Calculatores*’, in William A. Wallace, ed., Reinterpreting Galileo (Washington, D.C.: Catholic University of America Press, 1986), 53–108。
5. 关于他思想上遇到了困惑的一些不同叙述，见 Camerota and Helbing, ‘Galileo and Pisan Aristotelianism’, 355。
6. 见 Moody, ‘Galileo and Avempace’, 418–419。
7. 例如 Koyré, *Galileo Studies*, 30, 31, 33, 34, 37, 40 n. 24, 69。
8. Koyré, *Galileo Studies*, 74.
9. 柯瓦雷确信，这个思想实验是伽利略从贝内代蒂那里取来的（57 n. 118），然而在一篇自传里伽利略却视为己有：*OG* vii 731–733; Paolo Palmieri, ‘“Spuntar lo scoglio più duro”: Did Galileo Ever Think the Most Beautiful Thought Experiment in the History of Science’, *SHPS* 36 (2005), 223–240。
10. 关于伽利略时代的那个社会信息传播的叙述，见 Filippo de Vivo, *Information and Communication in Venice: Rethinking Early Modern Politics* (Oxford: Oxford University Press, 2007)。
11. Paolo Sarpi, *Pensieri naturali, metafisici e matematici*, ed. Luisa Cozzi and Liberio Sosio (Milan: Riccardo Ricciardi, 1996), 265, 350.

10　裸体

1. *OG* xix 109–110.
2. *OG* x 47.
3. *Pace OG* x 54. Paul F. Grendler, *The Universities of the Italian Renaissance* (Baltimore: Johns Hopkins University Press, 2002), 34, 76.
4. Anne Reynolds, ‘Galileo Galilei’s Poem “Against Wearing the Toga”’, *Italica* 59 (1982), 330–341.
5. 伽利略与平等原则的关系，参见 *OG* xi 327, xii 361。
6. *OG* xi 605.

第二部分　天空的守望者

1. *OG* xi 361.

11 哥白尼学说

2. *OG* xviii 209.
3. Giovanni Bordiga, *Giovanni Battista Benedetti* [1926] (Venice: Istituto Veneto di Scienze, LettereedArti, 1985), 667.
4. 格奥尔格·雷提卡斯在 1543 年之前出版了支持哥白尼学说的论著；其他人，如吉尔伯特（Gilbert），在 1593 年后发表；其他时期的一些人，例如伊拉兹马斯·莱因霍尔德（Erasmus Reinhold），没有专门研究哥白尼学说，但用了哥白尼的表格；另外一些人，如克里斯托夫·罗思曼（Christoph Rothman）和迈克尔·马斯特林（Michael Maestlin），还曾撰文和演讲为哥白尼学说辩护，但论著都没有发表出来。关于迭戈·德·尊尼加，见 Irving A. Kelter,
276 'The Refusal to Accommodate: Jesuit Exegetes and the Copernican System', in *C&G* 38–53, at 38–42。早期哥白尼支持者的长名单，见 Sosio 'Fra Paolo Sarpi e la cosmologia', in Sarpi, *Pensieri*, xciii-xciv, and Robert S. Westman, 'The Copernicans and the Churches', in David C. Lindberg and Ronald L. Numbers, eds, *God and Nature* (Berkeley: University of California Press, 1986), 76–113, at 85。伽利略曾在帕多瓦的讲课中讨论过准哥白尼学说支持者：*OG* ii 223–224。
5. 'In Copernico non ho cosa alcuna che mi apporti un minimo scrupolo': *OG* xii 35. 切西只是在 1612 年 6 月才开始认真考虑哥白尼学说，尽管他与伽利略讨论过这事，很快他就接受了开普勒的说法：xi 332–333; 344–345; 366–367。最后似乎没有得到伽利略的回应，他只是答应说，在为哥白尼学说做辩护的著作中一切都会明白的：370, 403。但在《对话》的第 455 页中，似乎又很含蓄地，甚至可能是同情地，提到了开普勒的著作。
6. Massimo Bucciantini, *Galileo e Keplero* (Turin: Einaudi, 2007), 93–116.
7. 这一观点应归功于伊莎贝尔·潘廷（Isabelle Pantin）。关于布鲁诺对伽利略的影响，见 Redondi, 'La nave di Bruno', 318–320。
8. *OG* x 67–68.
9. *OG* x 68–69.
10. *OG* x 47–50.
11. Aldo Stella, 'Galileo, il circolo culturale di Gian Vincenzo Pinelli e la "patavina libertas" ', in Giovanni Santinello, ed., *Galileo e la cultura padovana* (Padua: CEDAM, 1992), 325–344; Bucciantini, *Galileo e Keplero*, 33–34. 关于皮内利图书馆的命运，见 Anthony Hobson, 'A Sale by Candle in 1608', *The Library* 26 (1971), 215–233。
12. 译自 Annibale Fantoli, *Galileo: For Copernicanism and for the Church* (3rd rev. edn, Vatican City: Vatican Observatory Publications, 2003) 60 (revised)。
13. 对这段文字的解释是，这是一桩发生在法瓦罗和埃米尔·沃尔维尔（Emil Wohlwill）之间的争论的问题：见 Favaro, *Galileo Galilei a Padova*, 267–268。
14. 1630 年伽利略声称他对《对话》的研究已经有三十年了（*OG* xiv 85）——

就我的论述来说不算长，但对传统说法来讲，是够长了。

15. 例如，见 Michael Sharratt, *Galileo: Decisive Innovator* (Cambridge: Cambridge University Press, 1994), 70：“多年来伽利略就是个哥白尼学说支持者，这个说法至少与他声称的他发现了许多只能用地球运动来解释的现象一样，都是令人可疑的。”也见 William R. Shea, ‘Galileo the Copernican’, in *LCF* 41–60，该文既没提到写给开普勒的信，也没提到写给马佐尼的信，该文实际上以和伽利略的望远镜有关的哥白尼学说来开篇。正统的看法见 Stillman Drake, ‘Galileo’s Steps to Full Copernicanism, and Back’ [1987], in Drake, *Essays on Galileo*, i, 351–363, and Maurice Finocchiaro, ‘Galileo’s Copernicanism and the Acceptability of Guiding Assumptions’, in Arthur Donovan, Larry Laudan and Rachel Laudan, eds,*Scrutinizing Science* (Baltimore: Johns Hopkins University Press, 1988), 49–67。菲诺基亚罗（Finocchiaro）怀疑《星际使者》中是否有很明确的哥白尼学说，而伽利略的反对者当然认为有。见 Francesco Sizi (or Sizzi), *Dianoia* (Venice, 1611), in *OG* iii 205–250, at 227。有些著作，如Fantoli, *Galileo: For Copernicanism and for the Church*，在我看来，作者似乎没有抓住这两点：对哥白尼的主要反对意见来自物理学而不是天文学；伽利略一旦能描述出抛射物的路径，他就能战胜那些反对者。和我的观点比较接近的是 Maurice Clavelin, ‘Galilée astronome philosophe’, in *LCF* 19–40, at 20 n. 3; R. H. Naylor, ‘Galileo, Copernicanism and the Origins of the New Science of Motion’, *British Journal for the History of Science* 36 (2003), 151–181; and Winifred L. Wisan, ‘Galileo’s *De systemate mundi* and the New Mechanics’, in Paolo Galluzzi, ed., *Novità celesti e crisi del sapere* (Florence: Giunti-Barbèra, 1984), 41–49。这里所主张的观点在以下论文中已经有所预兆：Jürgen Renn, Peter Damerow and Simone Rieger, ‘Hunting the White Elephant: When and How Did Galileo Discover the Law of Fall?’ *Science in Context* 13 (2000), 299–419, at 352。

16. 和这个日期相关的信息，见 *OG* xiv 386, 395，以及 Renn, Damerow and Rieger, ‘Hunting the White Elephant’，对其研究结果的概括也见 Peter Damerow, Gideon Freudenthal, Peter McLaughlin and Jürgen Renn, ‘Proofs and Paradoxes’, in Damerow, Freudenthal, McLaughlin and Renn, *Exploring the Limits* 277
of Preclassical Mechanics (2nd rev. edn, New York: Springer, 2004), 135–279, at 158–179。

17. *TNS* 142–143; *OG* viii 185–186.

18. *TNS* 143; *OG* viii 186.

19. Renn, Damerow and Rieger, ‘Hunting the White Elepehant[*]’, 92–104, 115.

20. “这个结论……是伽利略力学和天文学的基石”：Winifred L. Wisan, ‘Galileo and the Process of Scientific Creation’, *Isis* 75 (1984), 269–286, at 270。这涉及到对吉多巴尔多方法的突破：见 Drake in note to *MM* 166–167; W. Roy Laird,

---

* Elepehant，应是 Elephant。

'Renaissance Mechanics and the New Science of Motion', in *LCF* 255–267, at 260。

21. Alan Chalmers and Richard Nicholas, 'Galileo on the Dissipative Effect of a Rotating Earth', *SHPS* 14 (1983), 315–340.
22. *OG* xiv 386.
23. Renn, Damerow and Rieger, 'Hunting the White Elephant', 56.
24. *A&C* 136.
25. Bucciantini, *Galileo e Keplero*, 58.
26. 当然这是个手稿抄本，例如，是卡尔卡戈尼诺的抄本；或甚至——这个假设虽然大胆，却让人无法否定——是伽利略已遗失的著作 *Considerazione astronomica* [*de motu terrae*]，这本书是他在吉多巴尔多去世前送给他的。说这是本书，其实它大概是本手稿，而不是印制的书（xx 598）。
27. 这个问题又出现在 *TNS* 119–120; *OG* viii 161–162。
28. "我几乎都放弃了对自然和数学问题的研究"，萨尔皮写于 1609 年：Paolo Sarpi, *Lettere ai gallicani*, ed. Boris Ulianich (Wiesbaden: Franz Steiner Verlag, 1961), 179；译自 Eileen Reeves, *Galileo's Glassworks* (Cambridge, Mass.: Harvard University Press, 2008)。里夫（Reeve）试图对这个表述进行的解释（第 131—132 页）并没有说服我；我也不相信，伽利略在使用望远镜之前有一个用镜子所做的仪器用来观测天空（第 141 页）。对于萨尔皮在 1609—1610 年所关注事物的叙述，见 Corrado Pin, 'Progetti e abbozzi sarpiani sul governo dello stato "in questi nostri tempi turbolenti" ', in Paolo Sarpi, *Della potestà de' prencipi* (Venice: Marsilio, 2006), 89–120。
29. Sarpi, *Pensieri*, 391–405; *OG* x 114. 索西奥（Sosio）认为，萨尔皮是个哥白尼学说支持者，虽然他承认证据不是非常充分：'Fra Paolo Sarpi e la cosmologia', in Sarpi, *Pensieri*, xci–cxciv, especially cxxx–cxxxviii。
30. *OG* viii 116–118; *TNS* 76–77.
31. *Dialogue* 211–218, *OG* vii 237–244; Maurice Finocchiaro, 'Physical-Mathematical Reasoning: Galileo on the Extruding Power of Terrestrial Rotation', *Synthèse* 134 (2003), 217–244.
32. 参见 *OG* xii 35。
33. *OG* xix 616.
34. *OG* x 72.
35. Sarpi, *Pensieri*, 424–427.
36. 关于伽利略对哥白尼第三种运动的否定，见 Galileo Galilei, *Il saggiatore*, ed. Ottavio Besomi and Mario Helbing (Rome: Antenore, 2005), 256 (*OG* vi 326) and note, 594–595。
37. Paolo Palmieri, 'Re-Examining Galileo's Theory of Tides', *Archive for History of Exact Sciences* 53 (1998), 223–375.
38. 托马斯·迪格斯（Thomas Digges）已经检测过这个概念：Francis R. Johnson

and Sanford V. Larkey, 'Thomas Digges, the Copernican System, and the Idea of the Infinity of the Universe in 1576', *Huntington Library Bulletin* 5 (1934), 69–117, at 93, 99；而布鲁诺在 1584 年也做过同样的实验：Daniel Massa, 'Giordano Bruno and the Top-Sail Experiment', *Annals of Science* 30 (1973), 201–211。这个实验先于让·加勒（Jean Gallé）在 1628 年所做的实验，他这个实验证明了托勒密的正确（Massa, 'Giordano Bruno', 208）；1634 年让 - 巴蒂斯特·莫林（Jean-Baptiste Morin）也做了一次实验，他获得了迪格斯所预测的结果，但他们声称哥白尼学说是错误的（Massa, 'Giordano Bruno', 209），Bernard Frénicle de Bessy (Piero Ariotti, 'From the Top to the Foot of the Mast on a Moving Ship', *Annals of Science* 28 (1972), 191–203, at 202) and Mattia Naldi 278
（Favaro, *Scampoli galileiani*, i, 317–322）；1639 年巴里亚尼（Baliani）也做了一次实验（*OG* xviii 103）。如果他们能读到伽利略给英戈利的复信，他们就会知道伽利略已经做过实验了：*OG* vi 545。显然伽利略在更早的时候做过类似的实验：见 Lodovico delle Colombe's 'Controil moto della terra' 的标注（1610–1611，参见 *OG* iii 12），*OG* iii 256–258，以及斯泰卢蒂（Stelluti）1633 年 1 月 8 日的信（见下文，pp. 176–177）。斯泰卢蒂也报告说，安尼巴莱·布兰卡多洛（Annibale Brancadoro）做了许多实验，以验证伽利略所说的从快速运动的马车和船上射出的抛射物的运行状况。见 Pietro Redondi, 'La nave di Bruno'。

39. *SN*^{e} 53, *SN*^{1} *D2r*, *MC* 19, *OG* iii 72.

40. *SN*^{e} 27; *A&C* 659——当瓜尔特罗蒂将亚里士多德与自然之书进行对比时，我们肯定会听到他对与伽利略对话的反应；Henry Stevens, *Thomas Hariot the Mathematician, the Philosopher, and the Scholar* (London: privately printed, 1900), 120。

41. Sarpi, *Pensieri*, 37–38, 363; Eileen Reeves, *Painting the Heavens*: *Art and Science in the Age of Galileo* (Princeton: Princeton University Press, 1997), 32–34, 105–106. 有充分证据表明，在《星际使者》出版的前后，萨尔皮就对伽利略有些敌意了，大概是因为他觉得他对望远镜发明的贡献被抹杀了，因为他不高兴把书献给科西莫二世或者说实际上该书显然是支持哥白尼学说的，也许还因为伽利略不承认他早就解释过地球反射现象了。值得注意的是，萨尔皮在 1610 年 4 月 27 日写给雷夏席耶（Leschassier）的信中就对地球反射做出过解释（*Lettere ai gallicani*, 79）。关于这些紧张关系，见 Reeves, *Painting the Heavens*, 104–107，及 Gaetano Cozzi, 'Galileo Galilei, Paolo Sarpi, e la società veneziana', in Cozzi, *Paolo Sarpitra Venezia e l'Europa* (Turin: Einaudi, 1979), 135–234, at 182,187。尽管他手里有这本书（*Lettere ai gallicani*, 79, 80, 239），但他明确声称没有读过。这只能解释为他与伽利略讨论过这书中的详细内容（就如他所说的），以至于他相信书中每项内容的重要性。正是这些对话可能导致了《星际使者》在付印时文本进行了重大修改——书中引入了关于为什么月亮不像齿轮的讨论（*SN*^{1} C3v–D1r; *MC* 15–17; *OG* iii 69–71; *SN*^{e} 48–51）。

伽利略将此作为对批评的回应。

42. 重要的是，人们不能“看到”月球上的山脉；人们只能推断这些山脉是存在的。正如伽利略说的：“那么，我们怎么能知道月球上到处是山呢？我们知道那有山，不只是通过感官，而是通过将观察结果和感官感觉到的月球外表进行混合和复制而得到的。”[*OG* xi 183，英译文见 Rivka Feldhay, *Galileo and the Church: Political Inquisition or Critical Dialogue?* (Cambridge: Cambridge University Press, 1995), 242。] 1637 年伽利略给他的翻译者伯内格寄送了一副望远镜透镜。伯格内抱怨道，物镜被偷了，被替换为劣质镜片。他的证据是：他没法看到月球上的山脉（*OG* xvii 55）。
43. Galileo Galilei, *Galileo against the Philosophers in His Dialogue of Cecco di Ronchitti (1605) and Considerations of Alimberto Mauri (1606)*，斯蒂尔曼·德雷克英译（Los Angeles: Zeitlin and VerBrugge, 1976）。毛里的《注意事项》（*Considerazioni*）不在 *OG* 里，也不在现代版中，而是引自 verbatim in Lodovico delle Colombe, *Risposte piacevoli* (Florence: Giovanni Antonio Caneo, 1608), ff. 73r–74r。关于肉眼观测，见 Peter Grego, *The Moon and How to Observe It* (London: Springer, 2005), 98–99。
44. *OG* ii 197–202.
45. 关于马佐尼，见 Purnell, ‘Jacopo Mazzoni and Galileo’。
46. 他直到晚年还在处理这个问题：*OG* xiv 417, xviii 314–315。

12 金钱

1. *OG* x 61.
2. *OG* xix 571.
3. *OG* xix 212–213.
4. *OG* x 81–82, 84–85, 193；参见 *OG* xix 201。
279 5. *OG* x 88, 89, 100–101, 103–104, xix 214.
6. *OG* x 142, 145, 202, xix 209–211, 214–217.
7. *OG* xix 111–115, x 159. 关于威尼斯和佛罗伦萨的货币间的兑换率，参见 Richard S. Westfall, ‘Science and Patronage: Galileo and the Telescope’, *Isis* 76 (1985), 11–30, at 12 n. 4; Galileo Galilei, *Operations of the Geometric and Military Compass*，斯蒂尔曼·德雷克英译（Washington, D.C.: Burndy Library, 1978），50；and *OG* xii 454–455。在其账簿中，伽利略所得的 1 个威尼斯达克特值 5 个里拉[*]，而 1 个佛罗伦萨达克特值 7 个里拉，但嫁妆契约规定 6.2 个里拉合 1 个达克特。
8. *OG* xix 115–117.
9. *OG* xix 218–220.

---

* 里拉，欧元之前的意大利货币单位。

10. *OG* xix 131–149, 166–167.
11. *OG* xix 131–149, 166–167. 相比之下，在封锁危机后，1607 年只有一个学生跟随他一起登船，他还提出减少竞赛：x 178–179。Matteo Valleriani, ‘A View on Galileo’s *Ricordi autografi*: Galileo Practitioner in Padua’, in *LCF* 281–291.
12. Claudio Bellinati, ‘Integrazioni e correzioni alle pubblicazioni di Antonio Favaro, studioso di Galileo Galilei’, in Santinello, ed.,*Galileo e la cultura padovana*, 275–290, at 278, 281.
13. *OG* x 350.
14. *Naudœana et Patiniana* (Paris: Florentin et Pierre Delaulne, 1701), n. 45.
15. *OG* xii 167, 191–192, 313, 365–366, 369, 392–393, 447, 480. 很有趣的是，我们发现克雷莫尼尼太过忙于讲课以至于没有时间还账。伽利略通过提前支取两年薪水还清了债务：x 374。
16. *OG* xi 172, 447.
17. *OG* x 91.
18. *OG* x 165，论阿夸彭登泰。
19. *OG* x 165–166.
20. *OG* xix 233, 255, 261–262, 422–423.
21. *OG* xix 507.

13　射程

1. Sharratt, *Galileo*, 66.
2. *OG* xix 126–129.
3. Jürgen Renn and Matteo Valleriani, ‘Galileo and the Challenge of the Arsenal’, *Nuncius* 16 (2001), 481–503.
4. *OG* x 55–60.
5. 就如贝托洛尼・梅里（Bertoloni Meli）所说，伽利略的回应“是不熟悉实际问题的表现”。康塔里尼不该被看作是一个天真的对话者：他早些时候与吉多巴尔多・德尔・蒙特进行了一次重要交流，是有关滑轮平衡的理论结果原则上在实践中是否能得到证实：Domenico Bertoloni Meli, *Thinking with Objects: The Transformation of Mechanics in the Seventeenth Century* (Baltimore: Johns Hopkins University Press, 2006), 32–34, 68。
6. 参见 *OG* xi 392–393, xii 291–295, xiv 202–204, xvi 470–471; *Dialogue* 105; *EDG* 305–313。
7. *OG* ii 363–424; Galileo, *Operations of the Geometric and Military Compass*.
8. 17 世纪 30 年代，对伽利略的函数尺——或者至少对如何使用函数尺的说明书——的需求量还很大：*OG* xvi 445。
9. *OG* x 146.
10. *OG* ii 79–146.

11. *OG* ii 147–191. 现在其标准版是 Galileo Galilei, *Le meccaniche*, ed. Romano Gatto (Florence: Olschki, 2002)。
12. 参见 Mario Otto Helbing, ‘Galileo e le *Questioni meccaniche* attribuite ad Aristotele’, in *LCF* 217–236。
13. *MM* 65; *OG* i 298.

280 14. Koyré, *Galileo Studies*, 37–38; Ernan McMullin, ‘Galilean Idealization’, *SHPS* 16 (1985), 247–273; Peter K. Machamer, ‘Galileo’s Machines, His Mathematics, and His Experiments’, in Machamer, ed., *Cambridge Companion*, 53–79.

14 实验方法

1. 关于“experimentum”，*OG* iii 75, viii 197；关于“esperimento”，*OG* vi 194, 339 (twice), 364, 367；关于“sperimentare”，*OG* xviii 77。显然，伽利略一般避免将“esperimento”这个词作为新词使用；据我所知，他从来没有使用过替代词“cimento”。对于德雷克的英译，需要有个善意的提醒，因为他经常把“esperienza”翻译作“experiment”。词组“sensata esperienza”有时候被误解为“实验”，见 Neal W. Gilbert, *Renaissance Concepts of Method* (New York: Columbia University Press, 1963), 230–231 以及 Gabriele Baroncini, ‘Sulla Galileiana *esperienza sensata*’, *Studi secenteschi* 25 (1984), 147–172。关于“experience”，见 Giorgio Stabile, ‘Il concetto di esperienza in Galileo e nella scuola galileiana’, in *Experientia: X colloquio internazionale* (Florence: Olschki, 2002), 217–241。
2. Charles B. Schmitt, ‘Experience and Experiment: A Comparison of Zabarella’s View with Galileo’s in *De Motu*’, *Studies in the Renaissance* 16 (1969), 80–138, at 115–123.
3. James MacLachlan, ‘A Test of an “Imaginary” Experiment of Galileo’s’, *Isis* 64 (1973), 374–379. 对伽利略实验的经典性重复，是 Thomas B. Settle, ‘An Experiment in the History of Science’, *Science* 133 (1961), 19–23。保罗·帕尔蔑里（2009 年 12 月 8 日的私人通信）现在用一个边缘被擦过的玻璃杯里的水浪重复了这个实验，而沃尔克（Walker）认为这个实验是虚构的：D. P. Walker, ‘Some Aspects of the Musical Theory of Vincenzo Galilei and Galileo Galilei’, *Proceedings of the Royal Musical Association* 100 (1974), 33–47, at 46。
4. *OG* xiv 343. 有个很有用的讨论，见 R. H. Naylor, ‘Galileo’s Experimental Discourse’, in David Gooding, Trevor Pinch and Simon Schaffer, eds, *The Uses of Experiment* (Cambridge: Cambridge University Press, 1989), 117–134。
5. 例如他对这个词在意大利语中的运用，见 Galileo, *Il Saggiatore*, 309, 312; *TNS* 282; *OG* viii 322。
6. 根据约翰·韦德伯恩的研究，伽利略的学生们讨论了海桑对 1609 年望远镜的理解的有关问题：*OG* xiii 175。伽利略在他的西济的《思想》（*Dianoia*,

1611）抄本的旁注中提到了海桑：*OG* iii 239, 244。关于伽利略的光学知识，见 Alistair C. Crombie, *Styles of Scientific Reasoning* (3 vols, London: Duckworth, 1994), 582–584; Dupré, 'Ausonio's Mirrors'。关于海桑影响（至少是在中世纪的影响）的最有力描述，见 David C. Lindberg, 'Alhazen's Theory of Vision and Its Reception in the West', *Isis* 58 (1967), 321–341，尽管我发现，很难弄明白这个观点是如何能被用到伽利略身上的。在伽利略与萨格雷多的一次重要交流中，是萨格雷多而非伽利略向人们揭示了一项已被掌握的最先进的光学知识：见 *OG* xi 350, 356, 371, 379, 398。令人惊讶的是，伽利略的另一位至交毛里则坚持视觉的"发出说"（extramission theory），而他令人讨厌的对手德勒·科隆贝坚持"进入说"（intromission theory）。

7. 但是他确实提出要一本，而 1610 年他收到了这本书：*OG* x 441, 493。
8. *OG* x 91.
9. *Dialogue* 400.
10. *OG* x 101. Antonio Favaro, *Galileo Galilei e lo studio di Padova* [1883] (2 vols, Padua: Antenore, 1966), ii, 78–79. 关于萨尔皮对吉尔伯特的热情，见 Sarpi, *Lettere ai gallicani*, 256 n. 4。
11. 伽利略和他的好友们深感担心的是，他的新运动科学是建立在未经证实的定理之上的。1638 年伽利略最终提出了一个新证据（*OG* xvii 399–400, xviii 95, 126），这个证据出现在他死后出版的《两门新科学的对话》（viii 214 n. 1）中。.
12. *OG* x 97–100.
13. Christiaan Huygens, *Horlogium oscillatorium* [1673]，其英文版出版时的书名为 *The Pendulum Clock* (Ames: Iowa State University Press, 1986)。
14. Palmieri, *Reenacting Galileo's Experiments*, 5–9, 221–269.
15. *OG* x 115–116. 许多年后，伽利略强调，从认识到弹射物的运动路径是抛物 281
线到确定落体定律的过程是多么的艰难和漫长：*OG* xiv 386（这个看法很难和雷恩的观点相容，Damerow and Rieger, 'Hunting' the White Elephant）。
16. *Dialogue* 400–407; *OG* x 222.
17. G. E. L. Owen, ' "Tithenai ta Phainomena" ' [1961], in Jonathan Barnes, Malcolm Schofield and Richard Sorabji, eds, *Articles on Aristotle 1: Science* (London: Duckworth, 1975), 14–34.
18. 参见 1609 年他对两门新科学做的摘要：*OG* x 228:230。
19. *OG* vii 75–76; *Dialogue,* 51.
20. *TNS* 89; *OG* viii 131.
21. 他曾在拉丁文本中使用了"experimentum"这个词：*OG* viii 197。
22. Paula Findlen, 'Fare esperienza', in Findlen, *Possessing Nature: Museums, Collecting, and Scientific Culture in Early Modern Italy* (Berkeley: University of California Press, 1994), 194–240.
23. 'Il padre degli esperimenti e di ogni loro essattezza': *OG* xvi 232–233. 有关卡斯

特里对实验方法的反应，见 *OG* xvii 150–169。

24. W. E. Knowles Middleton, *The Experimenters: A Study of the Accademia del Cimento* (Baltimore: Johns Hopkins University Press, 1971).
25. *Dialogue*, 3–4; *OG* vii 27.
26. René Descartes, *Principia Philosophiae* (1644), III ii–iii; *Les principes de la philosophie* (Paris: Michel Bobin, 1668), 114–115.

15 望远镜

1. *OG* x 134–135；他后来好像对书稿进行了修改（xx 597–598），但他还是没有将其公开出版。
2. 斯蒂尔曼·德雷克认为，切科的对话完全就是伽利略的著作；其他人认为它完全就是斯皮内利的著作；其他学者还相信这个对话就是伽利略和斯皮内利的合作作品：Marisa Milani, 'Galileo Galilei e la letteratura pavana', in Santinello, ed., *Galileo e la cultura padovana*, 193–217; Ludovico Maschietto, 'Girolamo Spinelli e Benedetto Castelli', in ibid., 453–467; Marisa Milani, 'Il "Dialogo in perpuosito de la stella nuova" di Cecco di Ronchitti da Brugine', *Giornale storico della letteratura italiana* 170 (1993), 66–86。
3. 1929—1939 年首次发表的 *OG* (ii 621–622) 重印本中的两幅和新星有关的图表明，伽利略是在哥白尼学说的框架内进行思考的。
4. Bucciantini, *Galileo e Keplero*, 34.
5. *OG* x 176; Galileo, *Galileo against the Philosophers*, 55–71.
6. Galileo, *Galileo against the Philosophers*, 76.
7. Galileo, *Galileo against the Philosophers*, 67；见下文，p. 94。就我自己而言，不想把毛里的书归功于伽利略的主要理由是，德勒·科隆贝在其《愉快的回答》(*Risposte piacevoli*）中就指出，毛里的托斯卡纳散文风格不是很好（e.g. f. 81r–v）。另一方面，伽利略此时在"国外"已经生活了十四年，而德勒·科隆贝会很兴奋地指出，他再也写不出托斯卡纳风格的散文了。
8. 对此的经典性研究是 Albert van Helden, 'The Invention of the Telescope', *Transactions of the American Philosophical Society* 67:4 (1977), 1–67。
9. 关于巴多尔，见 Reeves, *Galileo's Glassworks*, 125–128。
10. *OG* x 250.
11. *OG* x 184–191, 194–195, 197–198, 199–202, 205–213.
12. *OG* x 250–251.
13. *OG* x 251, 255. 伽利略似乎曾经认为，他不受这个契约的约束，因为这个契约还没有生效：373。同样地，他似乎相信，他没有义务放弃在帕多瓦的教职，因为他的这份契约 9 月份才终止。而他在威尼斯时的看法与此是相当不同的：384。
14. *OG* x 307.

15. Favaro, *Galileo Galilei e lo studio di Padova*, ii, 303–304.

16　母亲 282

1. *OG* x 268–269.
2. *OG* x 270.
3. *OG* x 279.
4. *OG* x 313, xii 108.
5. Antonino Poppi, *Cremonini e Galilei inquisiti a Padova nel 1604* (Padua: Antenore, 1992), 58–61.
6. *OG* x 202.
7. *OG* xii 139. 见 Edward Muir, *The Culture Wars of the Late Renaissance* (Boston: Harvard University Press, 2007)，有关这一指控的背景。
8. *OG* xii 494.
9. *OG* xiii 406.
10. *OG* x 43–44.
11. *OG* xix 43.

17　《星际使者》

1. Stevens, *Thomas Hariot*, 116.
2. SN^1 E1r; *MC* 28; *OG* x 277. 马里奥·比亚吉奥里令人信服地提出，1 月 7 日的信件可能从来没有发出：*GIC* 91。我引用了《星际使者》(*Sidereus nuncius*, or SN^1)第一版的签名本。在 www.watcheroftheskies.org 可以找到这个版本的链接。第一版的页码出现在了最好的现代版 *MC* 中。有关伽利略在出版期间的文本修订的详细讨论，见 David Wootton, 'New Light on the Composition and Publication of the *Sidereus nuncius*', *Galilæana* 6 (2009), 61–78。
3. *OG* x 280.
4. *OG* x 298; Amir Alexander, 'Lunar Maps and Coastal Outlines: Thomas Hariot's Mapping of the Moon', *SHPS* 29 (1998), 345–368; *OG* xi 33. 但请注意，哈里奥特的朋友威廉·娄尔说，在阅读《星际使者》时，"我发现月球上到处是奇怪的斑点，但不敢确定大部分可能是阴影"：Stevens,*Thomas Hariot*, 116。
5. *OG* x 280; *MC* 55–56, nn. 28, 29.
6. *OG* iii 35.
7. 这可能是手稿上被许可使用的标题，为了迷惑当局（当局将其解读为"天文学家的公告"），这个标题起得很不寻常：*OG* xix 227–228。关于获批的日期，在 *OG* 上是正确的，见 Antonino Poppi, 'Una implicita ritrattazione di Antonio Favaro sulla licenza di stampa del *Sidereus nuncius*', *Atti e memorie dell'Accademia patavina di scienze, lettere ed arti già Accademia dei Ricovrati:*

Memorie della classe di scienze morali, lettere ed arti, 110 (1998), 99–105。

8. 参见 *OG* xi 179, iv 63, v 192。

9. 关于伽利略的书名的更多讨论，参见 *MC* xxxii–xxxvii。

10. *OG* x 442.

11. *OG* x 499, 504.

12. Lunardi and Sabbatini, eds, *Una casa per memoria*, 36.

13. 关于“事实”（fact）概念起源的经典性研究，见 Pantin’s introduction to Johannes Kepler, *Discussion avec le messager céleste*, ed. Isabelle Pantin (Paris: Les Belles Lettres, 1993), lxix, cx–cxi。开普勒在充分理解其法律上的起源的基础上使用了“factum”这个词，*OG* x 413–417: “Et vero, non problema philosophicum, sed quaestio iuridica facti est, an studio Galilaeus orbem deluserit”（这不是一个哲学问题，而是一个关于事实的法律问题，伽利略是否在故意误导世人）。

14. 据说培根已经在英语中使用具有近代含义的“fact”一词，但显然这个说法是错误的：Barbara J. Shapiro, *A Culture of Fact: England, 1550–1720* (Ithaca: Cornell University Press, 2000), 109, 117；对该词的详细阐述见 Lorraine
283 Daston, ‘Baconian Facts, Academic Civility, and the Prehistory of Objectivity’, in Allan Megill, ed., *Rethinking Objectivity* (Durham, N.C.: Duke University Press, 1994), 37–63, at 45。

15. Leonardo Fioravanti, *Il reggimento della peste* (Venice: heirs of Melchior Sessa, 1571), f. 11v; Giovanni Lorenzo d’Anania,*L’universale fabrica del mondo* (Venice: Aniello San Vito, 1576), 105.

16. *OG* ii 188; v 201, 330 (twice), 310, 333, 338, 343; vi 216, 225, 267; vii 276, 291, 317, 375, 395, 399, 413, 480; viii 44, 125, 208, 309, 511; x 432; xi 8; xviii 164. 短语“la verità del fatto”由那些与伽利略关系密切的人所用：桑蒂尼的，*OG* x 398；切西的，xi 458；而安吉洛·德·菲利斯（Angelo de Filiis）使用该短语的情况见《论太阳黑子的信件》的序言，*Letters on Sunspots*, v 81。

17. *OG* iii 68, x 275. 关于伽利略的插图，见 Ewan A. Whitaker, ‘Galileo’s Lunar Observations and the Dating of the Composition of the *Sidereus nuncius*’, *Journal for the History of Astronomy* 9 (1978), 155–169; Mary G. Winkler and Albert van Helden, ‘Representing the Heavens: Galileo and Visual Astronomy’, *Isis* 83 (1992), 195–217; Owen Gingerich and Albert van Helden, ‘From *Occhiale* to Printed Page: The Making of Galileo’s *Sidereus nuncius*’, *Journal for the History of Astronomy* 34 (2003), 251–267; Owen Gingerich, ‘The Curious Case of the M-L *Sidereus nuncius*’, *Galilæana* 6 (2009), 141–165，该文对霍斯特·布雷德坎普（Horst Bredekamp）的文章进行了评论，*Galileo der Künstler* (Berlin: Akademie Verlag, 2007)。

18. Galileo, *Galileo against the Philosophers*, 104–105.

19. *GIC* 135–217.

20. 对费耶阿本德有关伽利略论述的早期版本的有力反驳，见 Peter K. Machamer, ‘Feyerabend and Galileo: The Interaction of Theories and the Reinterpretation of Experience’, *SHPS* 4 (1973), 1–46。《反对方法》的前两个版本（1975, 1988）包含了一封给麦可默（Machamer）的复信，列在附录 1 中。对费耶阿本德的全面评论（我在此不罗列这些评论）现在应该包含他对 *GC* 的影响的讨论。另一项支持伽利略对手的研究，见 Roger Ariew, ‘The Initial Response to Galileo’s Lunar Observations’, *SHPS* 32 (2001), 571–581 and 749。萨尔皮应该会发现阿柳（Ariew）的观点似是而非：参见他在《给高卢人的信》(*Lettere ai gallicani*）中对相似观点的反驳，*Lettere ai gallicani*, 80–81。
21. Paolo Sarpi, *Lettere ai protestanti*, ed. Mario D. Busnelli (2 vols, Bari: Laterza, 1931), i, 122；亦见安德烈·雷伊（Andrea Rey）所报道的萨尔皮的观点，Philippe Duplessis-Mornay, *Mémoires et correspondance* (12 vols, Paris: Treuttel et Würz, 1824–1825), xi, 260–261。
22. *OG* xi 350.
23. *OG* iii 244, 248–249; xi 107. 也见 Luca Valerio, xi 104。当代对望远镜可靠性的评论，见 Sizi (or Sizzi), *Dianoia*, in *OG* iii 205–250，由克莱利亚·皮哥蒂（Clelia Pighetti）翻译为意大利文（Florence: Barbera, 1964）。
24. Ewan A. Whitaker, ‘Galileo’s Lunar Observations’, *Science* 208 (1980), 446；费耶阿本德的第一次回应：*Science* 209 (1980), 544; Whitaker, ‘Lunar Topography: Galileo’s Drawings’, *Science* 210 (1980), 136；费耶阿本德的第二次回应：*Science* 211 (1981), 876–877。*Against Method*: 2nd edn, 1988; 3rd edn, 1993; 4th edn, 2010.
25. *OG* xix 116–117.
26. *OG* x 281.
27. *OG* x 283.
28. *OG* x 284.
29. *MC* xc.
30. *SN*[1] A3r; *MC* 3; *OG* iii 56. *OG* iii 27; *SN*[1] D4r; *MC* 22; *OG* iii 75. *OG* iii 46; *SN*[1] G4r; *MC* 47; *OG* iii 95. 说伽利略在《星际使者》中并没有宣称“自己是哥白尼的追随者”，在我看来这么说似乎是错的。在一本（或者是部分地）旨在赞美美第奇家族，从而为伽利略获得赞助的书中，这么做应该是很不恰当的，会适得其反的：Albert van Helden, ‘Galileo, Telescopic Astronomy, and the Copernican System’, in René Taton and Curtis Wilson, eds, *Planetary Astronomy from the Renaissance to the Rise of Astrophysics: Part A: Tycho Brahe to Newton* (Cambridge: Cambridge University Press, 1989), 81–105, at 84；由菲诺基亚罗（Finocchiaro）所提出的类似看法，见上文 ch. 11 n. 15。这正是伽利略的不恰当行为，需要对其进行解释。
31. *MC* 53 n. 18; 57–58 n. 8; 76 n. 84; 92–93 n. 164.
32. *OG* iii 17, 36; *SN*[1] B1v, E2r; *MC* 7, 29; *OG* iii 60, 81.

284 33. *OG* x 262.

34. Logan Pearsall Smith, *The Life and Letters of Sir Henry Wotton* (2 vols, Oxford: Clarendon Press, 1907), i, 486.

35. *OG* iii 36, 46; *SN*^{1} E2r, G4r; *MC* 29, 47; *OG* iii 81, 95.

36. *OG* x 68.

37. *OG* x 300.

38. 有三本文献提到了未来的《对话》：*OG* iii 25, 27, 47; *SN*^{1} D3r, D4r, G4v; *MC* 20, 21, 48; *OG* iii 73, 75, 96。这些文字都是我能确定其日期（至 2 月中旬为止的）的。

39. 这份手稿，尽管没有付印，却承认这是一个很重大的难题，这个难题可能在后来使伽利略遭到了打击。*OG* iii 46; *MC* 93 n. 165.

40. 手稿和付印本之间的差异被记录在了 *MC* 93 n. 165 中。

41. *OG* iii 75.

42. *SN*^{e} 57；与 *OG* xi 148 相比。

43. *OG* x 300.

18　佛罗伦萨与浮力

1. *OG* x 350.

2. *OG* xi 171, xiv 62.

3. *OG* xi 165. 也见 xi 230（克雷莫尼尼的回应）。后来，在 1641 年伽利略要问自己同样的问题：xviii 209。

4. *OG* xi 172.

5. Cesare Cremonini, *Le orazioni*, ed. Antonino Poppi (Padua: Antenore, 1998), 53–69; Cozzi, 'Galileo Galilei, Paolo Sarpi', 143–148.

6. 1619 年他给了伽利略一份该通信的抄本，这时伽利略又一次与耶稣会产生了不和：*OG* xii 458。

7. *OG* x 158. 对这份文件的解读，见 Favaro, *Galileo Galilei e lo studio di Padova*, i, 77。尽管如此，我们可能注意到，如果说伽利略与反教会干预者关系密切的话，那么他就是一直与在帕多瓦教书的两位耶稣会士安德烈·尤迪门 - 乔安尼斯（Andreas Eudaemon-Joannes）和朱塞佩·比安卡尼（Giuseppe Biancani）有良好关系：Baldini, *Legem impone subactis*, 371–373。

8. 参见马丁·哈斯戴尔（Martin Hasdale）1609 年 8 月的信（*OG* x 418），该信写于他听说伽利略改变了立场之前；Muir, *Culture Wars*。

9. *OG* x 107.

10. *OG* ii 513–601, x 171–176, 191–192, xix 222–226.

11. *OG* x 147, 149.

12. *OG* x 153–154.

13. *OG* x 214.

14. *OG* x 221–223; *GC* 120–127.
15. *OG* x 232–234.
16. *OG* x 234.
17. *OG* x 301.
18. *OG* x 233.
19. *OG* x 353, 373.
20. *OG* iv 32 n. 3; Galileo Galilei, *Discourse on Bodies in Water*, 斯蒂尔曼·德雷克英译（Urbana: University of Illinois Press, 1960），215。
21. *OG* iv 345.
22. *OG* iv 64–65.
23. *OG* xii 227.
24. *OG* xix 183.
25. *OG* xii 222–223.
26. *OG* xiv 70.
27. *OG* iv 63–141; Galileo, *Discourse on Bodies in Water*.
28. 伽利略习惯让别人代表他出版他的著作，这反映了这样一种观点，即伟人应只和他们的对手进行辩论：参见切西的建议，*OG* xi 409。
29. *OG* iv 21, 112. Steffen Ducheyne, 'Galileo's Interventionist Notion of "Cause"', 285
Journal of the History of Ideas 67 (2006), 443–464.
30. Wootton, 'Accuracy and Galileo', 47.

19 耶稣会士与新天文学

1. *OG* x 439.
2. *OG* x 120.
3. *OG* x 431. 向来不出差错的法瓦罗误解了这封信：*Galileo Galilei e lo studio di Padova*, i, 77。
4. *OG* x 432.
5. Mordechai Feingold, 'Jesuits: Savants', in Feingold, ed., *Jesuit Science and the Republic of Letters* (Cambridge, Mass.: MIT Press, 2003), 1–45, at 18–20; Richard J. Blackwell, *Galileo, Bellarmine, and the Bible* (Notre Dame: University of Notre Dame Press, 1991), 135–164. 阿夸维瓦 1611 年的信和 1613 年语气更强的一封信由理查德·J. 布莱克威尔（Richard J. Blackwell）英译，Richard J. Blackwell,*Behind the Scenes at Galileo's Trial* (Notre Dame: University of Notre Dame Press, 2006), 209–217。参见 *OG* xi 434, xii 76, xv 254, and below, p. 209。
6. *OG* xi 480. 关于格林伯格，见 Mordechai Feingold, 'The Grounds for Conflict: Grienberger, Grassi, Galileo, and Posterity', in Feingold, ed., *The New Science and Jesuit Science: Seventeenth-Century Perspectives* (Dordrecht: Kluwer, 2003), 121–157。

7. 参见 *OG* xv 254。一个经典而又复杂的案例是利奇奥里的，关于此案例见 Alfredo Dinis, 'Giovanni Battista Riccioli and the Science of His Time', in Feingold, ed., *Jesuit Science*, 195–224。也见下文，pp. 225, 245。
8. *OG* x 287, 317.
9. *OG* x 289.
10. *OG* x 297–298.
11. *OG* x 299, 302, 307, xvii 174, 181, 220. 在那时，大公拥有五架伽利略制造的望远镜：*OG* xvii 16。
12. *OG* x 289, 318.
13. *OG* x 298. 9 月份，一架伽利略造的望远镜被送到了法国：*OG* x 430。
14. *OG* x 378; *GIC* 86–87. 据推测，桑蒂尼不具备相应的学术和社会地位来阻止伽利略发表他的成果。8 月 19 日，他列出了一份看到过卫星的人的名单时，他没有向开普勒提到伽利略：*OG* x 422。
15. 参见 *OG* x 430, 442。伽利略写在《星际使者》书名页上的措辞含混不清："perspicilli nuper a se reperti"。但书的正文的描述却非常清晰和准确。
16. *OG* x 423, xi 100, 117, 165, 320, xv 12. 关于克雷莫尼尼和显微镜，见 *OG* iii 164; Spini, *Galileo, Campanella*, 84。尽管韦尔瑟认为他们可能是那类早在 1613 年末就已经灭绝了的物种（xi 609），但其中一些人直到 1620 年还否认望远镜观测所得到的成果（*OG* xiii 16）。
17. *OG* x 364.
18. *OG* iii 97–126; Johannes Kepler, *Kepler's Conversation with Galileo's Sidereal Messenger*, 爱德华·罗森（Edward Rosen）英译（New York: Johnson Reprint Corporation, 1965）。现在最好的版本是双语版，Kepler, *Discussion*。
19. 康帕内拉也马上想到了其他有人居住的世界：*OG* xi 21–22。因为开普勒的《对话》出现在三个版本中，并且它比伽利略的《星际使者》传播得更为广泛，新的发现促进了其他有人定居的世界的观念的发展，这种思想迅速传播开来。威廉·娄尔在阅读《星际使者》时，也马上明白，不可计数的新星的发现，为布鲁诺的观点提供了有力支撑，这个观点认为宇宙是无限的：Stevens, *Thomas Hariot*, 116。开普勒几次提到了布鲁诺，而伽利略不承认布鲁诺的著作是他的研究的材料来源，见 *OG* x 315, 321, 333–334, 338–339; Kepler, *Discussion*, 7, 23–25, 30–31; Kepler, *Kepler's Conversation*, 11, 34–39, 44–45。
20. *OG* x 316.
286 21. 就如他自己所说的：见 'Narratio', *OG* iii 179–190, at 183–184; Kepler, *Discussion*, 34–41, at 35–36。
22. *OG* x 343, 390.
23. *OG* x 358–359, 365, 376, 384, 386–387, 390, 398–401, 408, 411–412, 414, 417–419, 428–429, 436, 440, 446, 450, 457–458.
24. *OG* x 380. 也见 Rey, in Duplessis-Mornay, *Mémoires et correspondance*, xi, 260–

261。

25. 由于伽利略没有提供更多的信息，萨尔皮显然很恼火：*OG* x 290（全文在 Sarpi,*Lettere ai gallicani*, 73–74）。

26. 令人惊讶的是，第一个拥有伽利略望远镜的较有地位的人是保罗·瓜尔多（Paolo Gualdo），他是皮内利的亲密伙伴，也是一位教士，属于威尼斯社会中亲教皇的人员；他也不太可能用这个仪器去做出什么重大发现。关于瓜尔多，见 G. Ronconi, 'Paolo Gualdo e Galileo', in Santinello, ed., *Galileo e la cultura padovana*, 375–388。

27. *OG* x 420, 427.

28. *OG* x 414.

29. *OG* x 435. 实际上，英格兰的哈里奥特和法国的佩雷斯克也看到了木星的卫星，但是伽利略并不知道：*GIC* 88。关于佩雷斯克的天文学研究，见 Jane T. Tobert, 'Peiresc and Censorship: The Inquisition and the New Science, 1610–1637', *Catholic Historical Review* 89 (2003), 24–38; P. N. Miller, 'Description Terminable and Interminable', in Gianna Pomata and Nancy G. Siraisi, eds, *Historia* (Cambridge, Mass.: MIT Press, 2005), 355–397, at 373–380。

30. *OG* x 398, 446.

31. *OG* x 410, 422, 439.

32. *OG* x 451, 435, 437.

33. *OG* iii 185, x 427–428.

34. *OG* x 431, 433.

35. *OG* x 451, 478.

36. *OG* x 480, 484–485, xi 34. 到 11 月中旬罗马有几个人看到了木星的卫星：*OG* x 475。

37. *OG* x 484–485.

38. 他一直在思考格林伯格 1611 年 1 月的来信（*OG* xi 31–35），信中详细叙述了罗马耶稣会对伽利略的发现的认可。

39. *OG* xi 41；也见 45。

40. *OG* xi 127.

41. *OG* xi 87–88.

42. *OG* xi 92–93：12 月时，对于月球表面是粗糙的而非光滑的，他毫无疑问是相信的 (x 485)。

43. *OG* x 410, 426.

44. *OG* x 474, xix 229.

45. *OG* xi 11–12.

46. *OG* x 440–441.

47. *OG* xi 78.

48. Neil Thomason, 'Sherlock Holmes, Galileo, and the Missing History of Science', *PSA* 1994: *Proceedings of the Biennial Meeting of the Philosophy of Science*

Association, i, 323–333.

49. Alan Chalmers, 'Galileo's Telescopic Observations of Venus and Mars', *British Journal for the Philosophy of Science* 36 (1985), 175–184，该文认为这个观点是错的（见上文，p. 53，关于这三个体系的几何等效问题），但这个错误伽利略和他的同时代人并不能看出来。

50. Westfall, 'Science and Patronage'；这个指责是在 19 世纪时由拉法埃洛・卡维尼（Raffaello Caverni，1837—1900）提出的。关于卡维尼，见 Giuseppe Castagnetti and Michele Camerota, 'Raffaello Caverni and His *History of the Experimental Method in Italy*', *Science in Context* 13 (2000), 327–339。讽刺的是，卡维尼自己也被指控伪造了伽利略的文稿：Favaro, *Adversaria galilæiana*, 141–154。关于伽利略确实摘取了他人的思想成果却不承认的两个案例的讨论，见下文，pp. 150, 208。

287 51. Paolo Palmieri, 'Galileo Did Not Steal the Discovery of Venus' Phases: A Counterargument to Westfall', in *LCF* 433–444; and Palmieri, 'Galileo and the Discovery of the Phases of Venus', *Journal for the History of Astronomy* 32 (2001), 109–129.

52. *OG* x 481, 503–504.

53. *OG* xi 24, xii 124; *Comets* 153, 154. 另一方面，相对于康帕内拉，伽利略就是另一个哥伦布；相对于娄尔来说，就是另一个麦哲伦。

54. *OG* x 425.

20 太阳黑子

1. Albert van Helden, 'Galileo and Scheiner on Sunspots: A Case Study in the Visual Language of Astronomy', *Proceedings of the American Philosophical Society* 140 (1996), 358–396, at 360–361.

2. *A&C* 658; Reeves, *Painting the Heavens*, 80.

3. *OG* xi 208–209, 305, 335.

4. 关于谢纳，见 Blackwell, *Behind the Scenes*, 65–91。

5. *OG* xi 537.

6. Jochen Büttner, Peter Damerow and Jürgen Renn, 'Traces of an Invisible Giant: Shared Knowledge in Galileo's Unpublished Treatises', in *LCF* 183–201, at 184; and Matthias Schemmel, 'England's Forgotten Galileo', in *LCF* 269–280.

7. 关于伽利略无法忍受那些声称熟悉哥白尼但其实并不懂的人，见 *OG* xi 153, xiv 66。库斯勒指责伽利略没有仔细地研究哥白尼，这一指责是以他的《论革命》（*On the Revolutions*）中的少量注释为基础的，最近这个指责再度被人提起：Owen Gingerich, *The Book Nobody Read: Chasing the Revolutions of Nicolaus Copernicus* (New York: Penguin Books, 2005), 200。需要记住的是，伽利略拥有两本，只有一本流传下来了：Favaro, 'La libreria di Galileo Galilei',

92, 93。我更喜欢爱德华·罗森的判断，即哥白尼是“伽利略两个多年的伙伴之一”：‘Galileo the Copernican’, in Carlo Maccagni, ed., *Saggi su Galileo Galilei* (Florence: Barbèra, 1967), 181–192。

8. *OG* xiv 299. 但是，请注意，耶稣会士亚当·坦纳（Adam Tanner）（伽利略和法瓦罗都强调过他的重要性）的证词现在被证明是错误的：Massimo Bucciantini, ‘Novità celesti e teologia’, in *LCF* 795–808, at 807–808。关于最新的调查证据，见 Michele Camerota, *Galileo Galilei e la cultura scientifica nell'età della controriforma* (Rome: Salerno Editrice, 2004), 241–245。
9. *OG* xi 480.
10. 参见 *OG* xi 230。
11. *OG* xi 46. 萨尔皮对此保留距离，没有亲自回复，但让米坎齐奥做了答复：*OG* xi 57–58。
12. *OG* x 418.
13. *OG* xi 14, 45, 98–99.
14. 参见 *OG* xi 395。
15. *OG* v 228.
16. *OG* xvi 463–469; xvii 19, 60, 96–105.
17. 参见 *OG* xii 390。早期的望远镜样式是可以夹在身体上的。
18. *OG* vii 197–198; *Dialogue*, 171–172.
19. *OG* xii 361.

21 天主教科学家

1. *OG* v 232.
2. *OG* v 96, x 423, xi 113，还有开普勒对此的论述在 xi 77。
3. 伽利略在《对话》第 421 页中引用了亚里士多德关于奇迹的观点；*OG* vi 447。
4. 参见 *OG* xi 147–148。
5. *OG* xi 354–355, 376.
6. *OG* xi 465. 288
7. *OG* xi 437, 483.
8. *OG* xi 439, 450, 458.
9. *OG* v 258.
10. Stillman Drake and Charles T. Kowal, ‘Galileo’s Sighting of Neptune’ [1980], in Drake, *Essays on Galileo*, i, 430–441.

第三部分 鹰与箭

22 受到谴责的哥白尼

1. *OG* xi 605–606; *GA* 47–48："最后一个星期四。"卡斯特里说。宗教上较早反对伽利略的哥白尼学说的情况，见 *OG* xi 241–242, 427。伽利略对这些早期的攻击付之一笑，其中一些攻击还是来自洛里尼的：*OG* xi 461。
2. 罗多维科·卡尔迪早在 1611 年 12 月就曾警告过伽利略，有神职人员打算对他发起攻击：*OG* xi 241–242。路易吉·圭里尼（Luigi Guerrini）证实，这样的攻击已经发生了：Luigi Guerrini, *Galileo e la polemica anticopernicana a Firenze* (Florence: Edizioni Polistampa, 2009)，虽然，证据出自已被发表出来的布道辞中，而这些布道辞的发表日期很难确认。
3. *OG* xix 275–276, 293, 297–298.
4. *OG* v 291–295 (*GA* 55–58), xii 151.
5. 关于这两个版本，见 *OG* v 281–288 (*GA* 49–54), xix 299–305.
6. *OG* xii 154（法瓦罗在这做的注释在我看来似乎是在变戏法）。
7. *OG* v 291; GA 55.
8. 参见 Mauro Pesce, 'Le redazioni originali della lettera "copernicana" di G. Galilei a B. Castelli', *Filologia e critica* 17 (1992), 394–417，以及佩谢（Pesce）对这份文献 [Galileo Galilei, *Lettera a Cristina di Lorena* (Genoa: Marietti, 2000), 20–21] 做的介绍，尽管佩谢没有注意到卡斯特里 3 月 12 日信件中的关键词语。其他人对此并不信服：Maurice Clavelin, *Galilée copernicien* (Paris: Albin Michel, 2004), 490 n.; Massimo Bucciantini, *Contro Galileo: Alle origini dell' affaire* (Florence: Olschki, 1995), 34–35。
9. *OG* xix 305; *DV* 12; *GA* 135–136.
10. *OG* iv 248, v 190. 他在 *OG* xviii 295 再次说了一次。把在自然进行绘画描摹（*OG* iii 396）以及在攻击亚里士多德学说中该说法的源头视为其书立论的基础（见上文，pp. 27, 132）。关于伽利略的自然之书的形象，见 *GIC* 219–259。
11. *OG* v 283 (GA 50), 316；例如，也参见 xv 24 (GA 224), vi 337; *Comets* 298; Philippe Hamou, ' "La nature est inexorable" : Pour une reconsidération de la contribution de Galilée au problème de la connaissance', *Galilæana* 5 (2008), 149–177; *GIC* 247–252。
12. *OG* v 310–315; *GA* 88–92. See also *OG* v 300 (*GA* 62), xii 184, 230, 244 (*GA* 151), 251.
13. *OG* v 292–293, 295; *GA* 56, 58.
14. *OG* xii 244；亦见 230, 251。
15. *GA* 135; *DV* 13–14; *OG* xix 298.
16. *DV* 21–29, 174–175; *OG* xix 276–277, 307–311; *GA* 136–141.
17. 他们实际上也这么自称：*OG* xiv 387。

18. *OG* xii 173, 174.
19. *DV* 31–33; *OG* xix 313–315.
20. *DV* 36–38; *OG* xix 316–317; *GA* 141–143.
21. *DV* 39–42; *OG* xix 318–320; *GA* 143–146.
22. *OG* xix 277–278.
23. 重要的新证据见 Germana Ernst and Eugenio Canone, 'Una lettera ritrovata: Campanella a Peiresc, 19 giugno 1636', *Rivista di storia della filosofia* 49 (1994), 353–366；对该文献的探讨见 Federica Favino, 'A proposito dell'atomismo di Galileo: Da una lettera di Tommaso Campanella ad uno scritto di Giovanni Ciampoli', *Bruniana e campanelliana* 3 (1997), 265–282；而一般性论述见 Pietro Redondi, 'Vent'anni dopo', in Redondi, *Galileo eretico* (3rd edn, Turin: Einaudi, 2004), 467–485, at 467–473。
24. 例如 *OG* xiv 164–165。
25. *OG* xii 345. 289
26. *OG* xiii 431.
27. *OG* xii 161.
28. *OG* xi 35.
29. *OG* xii 392, xvii 206 [他与洛伦佐·切卡雷利（Lorenzo Ceccarelli）一同前往], xix 424. 1628 年的一次病（*OG* xiii 408）后他又一次谈到了去洛雷托的事, 1634 年似乎又讲到了（xvi 93）。Spini, *Galileo, Campanella,* 39 n. 27. 钱波里似乎是个卢克莱修学说的支持者，而不像是个基督徒，他写诗赞美了圣卡萨（Santa Casa）[*]。
30. Olaf Pedersen, 'Galileo's Religion', in G. V. Coyne, M. Heller and J. Życiński, eds, *The Galileo Affair: A Meeting of Faith and Science* (Vatican City: Specola Vaticana, 1985), 75–102, at 91.
31. *OG* xiii 360, 451–452. 科隆纳显然认为（不论其对还是错），论文包括了《试金者》中对火炉的继续探讨的部分：*OG* vi 366; *Comets* 329–330; postilla no. 190, *OG* vi 174。当然了，人们可以把写给大公夫人克里斯蒂娜的信件当成一篇论述奇迹的论文来读，但是巴里亚尼和科隆纳似乎不大可能十多年前就听说过一篇被写成文字的传言。
32. *OG* xii 478. 亦见伽利略对里卡迪观点的陈述：*OG* xiii 183。
33. *OG* iii 340. 有趣的是，伽利略只在宗教法规独尊的情形下使用"法律"（law）这个词——亦见 *OG* vi 538。与哥白尼相比较，就如简·E. 鲁比（Jane E. Ruby）所描述的一样，Jane E. Ruby, 'The Origins of Scientific "Law" ', *Journal of the History of Ideas* 47 (1986), 341–359，伽利略确实有自然法的概念，但他避免用语言表述。
34. 见上文，p. 138。

---

* 圣卡萨，洛雷托的一座宗教建筑。

35. David Wootton, *Paolo Sarpi: Between Renaissance and Enlightenment* (Cambridge: Cambridge University Press, 1983), 15.
36. *OG* xi 26, xvii 352. 伽利略在写《论运动》时已经向读者暗示他是一位原子论者了：见 Camerota, 'Galileo, Lucrezio', 141–143。
37. *GA* 146; *DV* 42–43; *OG* xix 320–321.
38. *OG* xii 129.
39. *OG* xii 151 (*GA* 58–59), 160.
40. *OG* xii 171–173 (GA 67–69); *OG* xix 339 (*DV* 68–69; *GA* 258–259). 看这封信件对伽利略的重要性，要看这样一个事实，即 1633 年第一次受审时他将该信带在身边。
41. Blackwell, *Galileo, Bellarmine, and the Bible*, 254. 福斯卡里尼小册子的拉丁译文及拉丁文辩护词（这两份都不出现在 *OG* 中）都在附录 6 和 7 中。
42. *GA* 68 (revised).
43. 伽利略的答复暗示他已经很好地掌握了概率论：见 Mario Barra, 'Galileo Galilei e la probabilità', in *LCF* 101–118。这应该让那些追随伊恩·哈金（Ian Hacking）认为概率论和近代证据概念是不可分离的人放心了。
44. *GA* 68.
45. *OG* xii 151; *GA* 59.
46. Baldini, Legem impone subactis, 285–346. 亦见 *OG* xiii 429–430。
47. *OG* v 181, 189–190, xii 173, 181, 190.
48. 他后来给贝拉明写了个更详细的回复：*OG* v 364–370。
49. *OG* v 297–305 (*GA* 60–67), xii 173, 175–176.
50. *OG* xii 183–185.
51. 我们可能会注意到，在卡西尼布道后不久，伽利略病了，而且变得很焦虑：*OG* xii 128。盖伦派医学强调身心的相互作用，因此，虽然"身心失调"和"歇斯底里"这样的术语还没有被用于那个时代，但心灵影响身体的观念则被人们所接受（见 Cavalieri to Galileo, *OG* xvii 243）。见 *OG* xi 248 中，伽利略对疾病使他感受压抑及受压抑的心境让他病情加重的描述。
52. *OG* xii 205, v 395. 不是在大使馆，而是步行去别墅，*GA* 301：这是个明智的决定，因为伽利略和大使之间关系很糟，从 1611 年以来就这样（*OG* xii 207）。大使官邸和美第奇别墅之间的关系也同样很差 [后者相当于说 'palazzo di Sua Altezza, posto alla Trinità de Monti'（殿下的宫殿位于蒙蒂的特里尼塔）]，一些最优秀的学者的著作里对此都有描述（Fantoli, Camerota, 290 Pagano），另见Dan Hofstadter, *The Earth Moves* (New York: Norton, 2009), 151。对此的描述可追溯到维维亚尼所写的传记（*OG* xix 617），但米开朗琪罗·利奇（Michelangelo Ricci）已经向维维亚尼指出过了：Favaro, 'Documenti inediti', 165。
53. *OG* xii 206–207；圭恰尔迪尼从 1611 年起对宗教裁判所的担忧是对的：*OG* xix 275。

54. *OG* xii 242.
55. *OG* xii 209, 229.
56. *OG* xii 212.
57. *OG* xii 229.
58. *OG* xii 220.
59. *OG* x 228.
60. *OG* xii 238, 244, 251. 在得知哥白尼学说遭到批判的两天后，伽利略急忙写下了一篇他和红衣主教穆蒂就其他有人居住的世界的可能性进行探讨的对话：*OG* xii 240–241。
61. *OG* xii 126–127. 关于伽利略是否使用了福斯卡里尼的辩护词的问题，见 Ernan McMullin, 'Galileo's Theological Venture', in *C&G* 88–116, at 105–106。
62. *OG* xi 403, 429.
63. Bernard R. Goldstein, 'Galileo's Account of Astronomical Miracles in the Bible: A Confusion of Sources', *Nuncius* 5 (1990), 3–16.
64. Favaro, 'La libreria di Galileo Galilei', 239–241，列出了伽利略所拥有的神学著作的清单。
65. *OG* xi 355, xii 216.
66. *OG* xii 233.
67. 参见 *OG* xv 251–252。
68. *OG* xii 450. 我认为我没法从这封信中得出结论，说伽利略直接从培根那儿获得了关于潮汐的知识（见下文 n. 69），虽然有人在 1625 年建议选派培根去林琴学会：见 Favino, 'Scetticismo ed empirismo', 185–187。培根提到了伽利略的潮汐观点，见 *Novum Organum* (1620)，伽利略送给他一本自己的论文集（见本书，p. 153）。
69. *OG* xiv 343. 如果他熟悉培根的 *On the Ebb and Flow of the Sea* (*The Philosophical Works of Francis Bacon*, ed. James Spedding, 5 vols, London: Longman, 1861, iii, 47–61)，他就应该已经知道。
70. *GA* 132–133; *OG* v 393–394. 1611 年伽利略就拒绝了这个观点：*OG* iii 271。
71. *OG* xii 215–220.
72. *Dialogue* 440–441; *OG* v 394, vii 466; Galileo, *Dialogo*, ii, 871.
73. *OG* xii 230.
74. *OG* xii 242.
75. *DV* 46–47; *OG* xix 322–323; *GA* 148–150.
76. *DV* 45–46; *OG* xix 321; *GA* 147–148.
77. *DV* 177; *OG* xix 278; *GA* 148.
78. *GA* 153; *DV* 78–79; *OG* xix 348. 关于传言，见 *OG* xii 250, 254, 257, 265。
79. 'successive ac incontenti' 可能只是"不再拖延"的意思，对这个短语的详细分析，见 Thomas F. Mayer, 'The Roman Inquisition's Precept to Galileo (1616)', *British Journal for the History of Science* (online pre-print, 2009), 14–19 (pre-print

pagination)。

80. 注意，威尼斯大使报告说伽利略 'sia stato ammunito rigorosamente': *OG* xx 570。但是卡梅罗塔（Camerota, *Galileo Galilei*, 319）紧随弗朗切斯科·贝雷塔 [Francesco Beretta, 'Le procès de Galilée et les Archives du Saint-Office', *Revue des sciences philosophiques et théologiques* 83 (1999), 441–490, at 476–477] 之后，仍然相信有伪造的可能。对这个观点的有力反驳，见 Mayer, 'The Roman Inquisition's Precept', pre-print 7–11。
81. 见 Annibale Fantoli, 'The Disputed Injunction and Its Role in Galileo's Trial', in *C&G* 117–149，及 Mayer, 'The Roman Inquisition's Precept'。
82. 帕加诺（Pagano）说（*DV* cxxiv, clxvii, clxxxvii, cxcvi），伽利略在 3 月 5 日书目管理部颁布法令之前就收到了贝拉明的书面警告，他在他的论文中发现了这个警告的抄本，是在 1633 年抄的。帕加诺的说法有很大的错误。这是个很大的失误。

291 83. 'Non credo che non mi debba esser prestato fede che io nel corso di 14 o 16 anni ne habbia haver persa ogni memoria'*: *OG* xix 346; *DV* 136.
84. *OG* xii 151; *GA* 58; *DV* 172–173; *OG* xix 275–276.
85. *OG* v 374, xii 287, 391, 450.
86. *OG* xii 242.
87. 这里只有一次提到了圭恰尔迪尼，见 *GC*: on 104 n. 4，我们得到了他在 1624 年的薪水数目。那一年圭恰尔迪尼拥有宫廷中最高的薪水，和伽利略的一样高。
88. *OG* xii 241–243.
89. *OG* xii 251：“对我的声誉影响最关键的绝对是尊贵的殿下展现的爱戴。”
90. *OG* xiv 96–97.
91. *OG* xii 237.
92. *OG* xii 251.
93. 译自 William R. Shea and Mariano Artigas, *Galileo in Rome: The Rise and Fall of a Troublesome Genius* (Oxford: Oxford University Press, 2003), 90; *OG* xii 248; *GA* 152。
94. 译自 Shea and Artigas, *Galileo in Rome*, 92–93; *OG* xii 259。
95. *OG* xii 261.
96. *OG* xviii 421–422.
97. *OG* xviii 421.
98. *OG* xii 260–261; see also 294–295.
99. 此后的生涯中他似乎更喜欢共和政体：*OG* xvii 104–105。
100. *OG* xiii 175 (a passage not quoted in *GC*)；亦见 178–179。
101. 1640年，他把自己描绘为 “homo rozzo e cortigiano poco accorto”（粗暴的人，

* 我不相信我在 14 到 16 年的时间里失去了所有的记忆——意大利语。

不精明的弄臣）：*OG* xviii 233。
102. 在卡斯特里迁去罗马后，我们发现伽利略在1625年又再给大公授课了：*OG* xiii 289, 306。
103. *OG* xiii 64.
104. *OG* xiii 56, 91, xix 444–445.
105. *OG* xiii 61.
106. *OG* xiii 70, 96, 98, 102.
107. 例子可见 *OG* xiii 97–98。

23 彗星

1. Christopher M. Graney, 'But Still, It Moves: Tides, Stellar Parallax, and Galileo's Commitment to the Copernican Theory',*Physics in Perspective* 10 (2008), 258–268.
2. Grassi, 'On the Three Comets of the Year MDCXVIII', in *Comets* 6. 亦见the *Assemblea celeste* (1619), reprinted in Ottavio Besomi and Michele Camerota, *Galileo e il Parnaso Tychonico* (Florence: Olschki, 2000), 160–233, at 179。
3. *OG* xii 422.
4. *OG* xii 421, 422, 424–425, 428, 430.
5. *OG* xii 423.
6. *OG* xii 428；亦见 xiii 48；还有 xiii 67，建议到安特卫普去印。
7. 伽利略暗示（至少就我所读过的他的材料来说；亦见 *GH* 31），他从来没有见过那些彗星；维维亚尼（显然知道，伽利略的叙述有点令人难以置信）说他几乎没有看到过：*OG* xix 615。切西观察彗星的速度很慢，但似乎看到了最后一个彗星。
8. Galileo, *Il saggiatore*, 111; *OG* xii 415, 417, 420, 422. 关于伽利略的病情，见 *OG* xii 421, 435。
9. 第谷关于彗星的书有法文译文：*Sur des phénomènes plus récents du monde éthéré*, Jean Peyroux 法译 (Paris: A. Blanchard, 1984)。
10. 关于第谷反对哥白尼情况的简要介绍，参见 Agucchi's letter, *OG* xi 532–535。开普勒，首先是个天文学家，总是热衷于捍卫第谷的名声，尽管他支持哥白尼学说并且第谷遭人反对（例如 *OG* xiii 299；'Appendix to the Hyperaspistes', in *Comets* 337–355, at 342–343）；对伽利略来说，关键的问题是地球是否会 292
移动，因此第谷体系只是对托勒密体系的微小修正（见下文 p. 179，例如，*Comets* 184）。
11. *Comets* 173. 人们倾向于将格拉西看作是比他实际上更偏向亚里士多德思想的思想家：见沙拉特（Sharratt）的讨论，*Galileo*, 135–136.
12. *Comets* 6.
13. 关于伽利略和格拉西之间的关系最好的研究，是 Feingold, 'The Grounds for Conflict'。

14. *Comets* 27.
15. 例如，*OG* xi 107。
16. *Comets* 49.
17. *Comets* 36–37.
18. 伽利略把彗星当作陆地，他把这些彗星归结为是一种适当的运动形式；在亚里士多德学说支持者看来，就是把它们看作是一种陆地体（terrestrial body），伽利略声称它们是以垂直线的形式向上移动——显然这种说法很难合乎它们穿越天空的路径。伽利略论证的核心问题马上被曾经很机敏的巴里亚尼看出来：*OG* xii 476–478。我们可能会注意到，伽利略在《试金者》中一次次地从他的论证中后退：*Comets*, 231–232, 248, 261–262。
19. *OG* xii 485: 'pur io vedo ultimamente che V. S. vole essercitar l'ingegni speculativi'.
20. 关于他后来的观点，见 *OG* xviii 294–295。关于戏剧文学，见 *OG* xiii 46, 69, 74。现在有大量的文献把伽利略的书看作是夸张的表演而不是逻辑的论证：参见 Jean Dietz Moss, *Novelties in the Heavens* (Chicago: University of Chicago Press, 1993)。在我看来，讨论彗星似乎是一个很好的方法，但用在其他文献时就不那么有说服力了，除非对文献进行过精心处理，例如 Brian Vickers, 'Epideictic Rhetoric in Galileo's *Dialogo*', *Annali dell'Istituto e Museo di storia della scienza di Firenze 8* (1983), 69–102。
21. *Comets* 314–326. 费耶阿本德认为衍射解释不完整。关于对格拉西论证的普遍接受的情况，参见 the letter of Francesco Stelluti, *OG* xiii 430–431。
22. Galileo Galilei, *Discorso delle comete*, ed. Ottavio Besomi and Mario Helbing (Rome: Antenore, 2002), 15 (citing Tycho: Opera omnia, ed. J. L. E. Dreyer (15 vols, Copenhagen: Libraria Gyldendaliana, 1913–1929; repr. Amsterdam: Swets & Zeitlinger, 1972), ii, 293, 295); *OG* xii 443; Bucciantini, *Galileo e Keplero*, 263–264.
23. *OG* xii 466. 钱波里后来建议伽利略和解，不是和格拉西就是和耶稣会和解（*OG* xiii 46）；然而切萨里尼在代表林琴学会写的信里，坚持认为伽利略应该亲自回应《天文平衡》（xiii 68–69；也见 74, 76），于是冲突加剧了。
24. *Comets* 179; *OG* vi 228.
25. *Comets* 70; *OG* vi 115.
26. *Comets* 81; *OG* vi 127. 关于伽利略的反应，见 *OG* vi 257; *Comets* 211。
27. *OG* vi 217–219; *Comets* 168–169.
28. *OG* xiii 314.
29. *OG* xiii 154, 161.
30. *OG* xiii 205–206；伽利略的报告，209；亦见 199, 202–203, 210, 232–233, 236。
31. *OG* xiii 307.
32. *OG* xiii 313.

33. *OG* vi 227; *Comets* 178.
34. *OG* vi 186–187; *Comets* 137.
35. *OG* xiv 367, xv 88, 115, 183, 254. 关于耶稣会在伽利略受审中所发挥的作用的评价，见 Fantoli, *Galileo*, 341–343。
36. *OG* xvi 117.
37. *OG* xix 616.
38. *Comets* 189, *OG* vi 236–237；亦见 postilla no. 25 (*OG* vi 119–120)。
39. *Comets* 252; *OG* vi 296. 293
40. *Comets* 300–301; *OG* vi 340.
41. *OG* xi 327, 335.
42. 在其他地方（OG iv 65）伽利略引用了 2 世纪的柏拉图主义者阿尔喀诺俄斯（Alcinous）的话，称“哲学要自由”。
43. *Comets* 118–119; *OG* vi 163–165.
44. *Comets* 147; *OG* vi 194.
45. *Comets* 301; *OG* vi 340.
46. 亦见 *OG* xviii 423–425。彼得·迪尔（Peter Dear）强调了格拉西运用实验证据的创新性，Peter Dear, ‘Jesuit Mathematical Science and the Reconstitution of Experience in the Early Seventeenth Century’, *SHPS 18* (1987), 133–175, at 169–172。关于格拉西后来对证明真空存在的实验感兴趣，见他与巴里亚尼之间的通信，在 Serge Moscovici, *L’expérience du mouvement: Jean-Baptiste Baliani, disciple et critique de Galilée* (Paris: Hermann, 1967),230–263；1653 年，他被禁止出版一本关于色彩的著作，因为该著作过于创新（253）。
47. Sharratt, *Galileo*, 140；*OG* vi 232（Sharratt 英译）。
48. 比亚吉奥里对伽利略论证的含混不清给出了相当不一样的说法：*GIC* 241–258。
49. *DV* 180–184; *GH* 335–340；亦见 *OG* xiii 186（此处认为该文出现的最可能的时间是 1624 年）和 xiii 393–394（这里里卡迪驳斥了格拉西对伽利略的指控）。
50. *OG* xiv 124–125.
51. *OG* xiv 127–130.
52. *OG* xiv 158.
53. *OG* xiii 104, 107, 116.
54. *EDG* 248. 加西亚（Garcia）认为，迪奥达蒂对意大利的访问肯定是和众所周知的 1626 年的那次是一样的，但是，就如他所承认的那样，两次访问似乎在性质和行程安排上是不一样的。1635 年，迪奥达蒂在出版的论著中提到了十五年前所安排的一次对伽利略的访问：*EDG* 293–294。
55. *OG* xiii 48; *EDG* 243–245.
56. *OG* xiii 53.
57. Tommaso Campanella, *Apologia pro Galileo*, ed. Michel-Pierre Lerner (Pisa:

Scuola Normale Superiore, 2006), ix.

24 詹弗朗切斯科·萨格雷多之死

1. 关于萨格雷多，见Nick Wilding, 'Galileo's Idol: Gianfrancesco Sagredo Unveiled', *Galilæana* 3 (2006), 229–245。
2. *OG* xii 199.
3. *OG* xii 415–417.
4. *OG* xii 200, 446.
5. *OG* xi 522.
6. *OG* xii 168.
7. *OG* xi 356; cf. *OG* xi 363–365.
8. *OG* xi 379.
9. *OG* xix 590; Jean Tarde, *À la rencontre de Galilée: Deux voyages en Italie* (Geneva: Slatkine, 1984), 63，该书报告了一次与伽利略在 1614 年的见面，伽利略否认开普勒对他的研究工作有重要影响：*OG* xvi 163。
10. *OG* xii 257–258.
11. *OG* xiii 27.
12. *OG* xvi 414.
13. *OG* xi 552, xii 51.
14. *OG* xi 448. 关于保罗·瓜尔多也发出了类似的忘恩负义的抱怨（他给伽利略送了瓜子但没有收到对方的感谢），见 *OG* xiii 27–28。

294 15. *OG* xii 418–419.

16. *OG* xvi 414.

25 乌尔班八世

1. *OG* xiii 121.
2. *OG* xiii 133.
3. *OG* xiii 141–148. 格拉西购买《试金者》的故事在阿德里安·约翰斯（Adrian Johns）的书［*The Nature of the Book* (Chicago: University of Chicago Press, 1998), 25–26］中遭到了误解：没有证据表明存在“这样一个计划”；萨尔西没有攻击书商，而伽利略已经去了罗马。“进入书店……改变争论”的看法是错的；改变争论的是教皇的庇护。
4. 翻译自 Shea and Artigas, *Galileo in Rome*, 105; *OG* xiii 135。
5. *OG* xiii 127, 139, 140, 144, 160–161, 164, 165, 166, 168.
6. Francesco Stelluti, letter of 8 January 1633, in Lino Conti, 'Francesco Stelluti, il copernicanesimo dei Lincei e la teoria galileiana delle maree', in Carlo Vinti, ed., *Galileo e Copernico* (Assisi: Porziuncola, 1990), 141–236, at 229–236.

7. *OG* xiii 175, 179, 183.
8. *OG* xiii 182.
9. *OG* xiii 183–184.
10. *OG* xiii 145.
11. *OG* v 397–412 (英戈利的 *Disputatio*), vi 501–561 (伽利略的信), xiii 186–188, 200, 203, 209. 英戈利给开普勒的答复（1618 年）在布钱蒂尼（Bucciantini）印刷出版，*Contro Galileo*, 177–205。
12. *GA* 156; *OG* vi 511–512.
13. Howard Margolis, 'Tycho's System and Galileo's *Dialogue*', *SHPS* 22 (1991), 259–275, at p. 264.
14. *GA* 179; *OG* vi 539.
15. 谢伊（Shea）和阿蒂加斯（Artigas）对此误解了，见 *Galileo in Rome*, 117；见 *Dialogue* 455 的相关段落。亦见 *OG* xvii 292[这一段收信人认为出版前应删除，但米坎齐奥（317, 329）认为可以在威尼斯出版，如果该段明白无误是哥白尼的观点，情况应该不会是这样]；xviii 293–294；以及 xi 11–12，是这段话的最早的表达形式。
16. *OG* vi 529–530; *GA* 171–172. 在《对话》中讨论被简化成一句话：*OG* vii 347; *Dialogue*, 319。
17. *OG* xiii 220–221.
18. *OG* xiii 218–221；12 月，他给博洛尼亚的切萨雷·马尔西利（Cesare Marsili）寄送了一份：xiii 235。
19. *OG* xiii 230, 261.
20. *OG* xiii 267.
21. *OG* xiii 265–266 (*GA* 204–205), 269.
22. *OG* xiii 236, 249, 253, 254, 260, 264.
23. *OG* xiii 328.
24. *OG* xiii 301, 305；他读里切蒂也遇到了困难，见 xiii 93。
25. *OG* xiii 302, 308. 伽利略以极其讽刺的方式写到了佛图尼奥·里切蒂的文字非常流畅，*OG* xviii 107。
26. *OG* xiii 365.
27. *OG* xiii 295.
28. *OG* xiii 400.

26 家庭关系

1. *OG* xiii 405（1628 年 3 月尽管他们再次同意放弃分歧）。
2. *OG* xv 93.
3. *OG* xiv 174–175；亦见 xiii 415。
4. 玛利亚·维吉尼亚似乎不大可能（就如法瓦罗认为的那样）是那个安娜怀着 295

本内德托的时候就和伽利略生活在一起的叫维吉尼亚的小孩。伽利略试图安排这个维吉尼亚到女修道院去，也许是让她远离瘟疫，但我们的维吉尼亚太年幼了，不能送到女修道院。

5. *OG* xix 506–510.
6. *OG* xv 195, 201.
7. *OG* xix 510–514. 伽利略声称，他决定资助维吉尼亚，以履行宗教誓言（*OG* xx 612–613）。这个声明肯定被人看作是一个误导。
8. *OG* xviii 126–127.
9. *OG* xviii 112.
10. *OG* xviii 148, 211, 221, xix 515–519；亦见 xx 631。
11. *OG* xviii 130.
12. *OG* xviii 313.
13. Favaro, *Scampoli galileiani*, ii, 460–465.
14. *OG* xiii 462.
15. *OG* x 157, 192–194.
16. 参见 *OG* xiii 401, 406。一位朋友坚持认为他有经济能力：*OG* xi 473。
17. *OG* xiii 346–348, 353–355, 371–372.
18. *OG* xiii 409, 417, xiv 257.
19. *OG* xiii 394–395.
20. *OG* xiii 409, 416.
21. *OG* xiv 257.
22. *OG* xiii 405, 438.
23. *OG* xiii 415, xiv 258.
24. *OG* xiv 177–179, 209–210.
25. *OG* xiv 257–258, 310, xv 369, xix 475.
26. 她死于佛罗伦萨的说法的提出者是里吉尼·博内利（Righini Bonelli）和威廉·谢伊（William Shea），*Galileo's Florentine Residences*, 50，而洛科维科·吉莫纳特（Locovico Geymonat）也暗示过，见 Galileo Galilei (New York: McGraw Hill, 1965), 123。这种说法可能是基于我对阿尔贝托 1636 年 8 月的一封信的误解 (*OG* xvi 459)，尽管这种说法有利于使伽利略跟教皇说的话显得真实可信。当伽利略 1633 年被定罪后立刻告诉教皇，他期待他的（弟）妹和她八个孩子的到来（xix 362）。似乎更可能的是，伽利略试图唤起乌尔班的慈善之心，因为没有其他证据表明奇亚拉打算回来和她的大伯一起居住：法瓦罗认为这只是一个借口 (Favaro,*Scampoli galileiani,* i, 122)。如果伽利略必须告知阿尔贝托他母亲已死，那么伽利略就已经和他保持联系了。而且伽利略写给米坎齐奥的信（*OG* xvi 476）暗示，在慕尼黑失业期间他已经知道了她的死讯。实际上，阿尔贝托的信暗示她早已死去。法瓦罗的“家谱”将奇亚拉的死亡时间定为 1634 年，理由是这是她领取养老金的最后一年（*Scampoli galileiani*, i, 118）。

27. *OG* xvi 436, 439–440, 441–442, 475–476.
28. *OG* xvii 187, 216, 218, 221, 323, 326–327, 376, 384, 392.
29. *OG* xix 520–535.
30. *OG* xviii 119–120.
31. *OG* xviii 226, 265.
32. *OG* xvii 174, 176, 180–181.
33. *OG* xiii 390–391, 403.
34. *OG* xiii 422–423, 427–428.
35. 对奇亚拉·伽利雷被打的焦虑贯穿于她丈夫的通信中。
36. *OG* xiii 430–435, 437–438, 443–444, 453.
37. *OG* xiv 210.
38. *OG* xviii 266.
39. *OG* xiii 156. 296
40. 那些与伽利略通信的人经常担心他们的信件可能受到监控：*OG* xi 359(可能是一种非理性的担心), xii 430, xiii 11。
41. John M. Headley, *Tommaso Campanella and the Transformation of the World* (Princeton: Princeton University Press, 1997).
42. Stillman Drake, 'Galileo Gleanings III: A Kind Word for Sizzi' [1958], in Drake, *Essays on Galileo*, i, 442–457.

27　出版许可

1. 1628 年病后他下了同样的决心，但接着遇到了兄弟一家的事情：*OG* xiii 419。
2. *OG* xiii 419；亦见 448。
3. *OG* xiv 49.
4. *OG* xiv 77–78.
5. *OG* xiv 59.
6. *OG* xiv 64.
7. *OG* xiv 70.
8. *OG* xiv 60.
9. *OG* xiv 52–55.
10. *OG* xiv 73–76. 这种交流在谢伊和阿蒂加斯的著作中被严重歪曲了，Shea and Artigas, *Galileo in Rome*, 132。
11. *OG* xiv 79, 80, 83, 85.
12. *OG* xix 487–490.
13. Favino, 'A proposito dell'atomismo di Galileo', 267–272.
14. *OG* xiv 130.
15. *OG* xiv 216 (*GA* 207).
16. *OG* xiv 78.

17. George S. Lechner, 'Tommaso Campanella and Andrea Sacchi's Fresco of Divina Sapienza in the Palazzo Barberini', Art Bulletin 58 (1976), 97–108，接着在该刊物的 59 (1977)，莱希纳（Lechner）和安·萨瑟兰·哈里斯（Ann Sutherland Harris）进行了通信讨论；Francesco Grillo, *Tommaso Campanella nell'arte di Andrea Sacchi e Nicola Poussin* (Cosenza: Edizioni Pellegrini, 1979); John Beldon Scott, *Images of Nepotism: The Painted Ceilings of Palazzo Barberini* (Princeton: Princeton University Press, 1991), 38–94; Scott, 'Galileo and Urban VIII: Science and Allegory at Palazzo Barberini', in Lorenza Mochi Onori, Sebastian Schütze and Francesco Solinas, eds, *I Barberini e la cultura Europea del Seicento* (Rome: De Luca Editori, 2007), 127–136。在康帕内拉的影响下，壁画被解释为体现了哥白尼学说，这与康帕内拉向乌尔班坚称自己不是哥白尼学说的支持者的讲法很不相容：*OG* xx 604。
18. 关于乌尔班和康帕内拉，见 D. P. Walker, *Spiritual and Demonic Magic from Ficino to Campanella* (London: Warburg Institute, 1958), 203–236; Headley, *Tommaso Campanella*, 106–114; Germana Ernst's introduction to Tommaso Campanella,*Opuscoli astrologici* (Milan: Rizzoli, 2003).
19. 见康帕内拉 1638 年给费迪南多二世的信：'Vederà in questo libro V. A. che in alcune cose io non accordo con l'ammirabile Galileo' (*OG* xvii 352)。
20. *OG* xiv 415. 康帕内拉的这份《辩护词》的写作日期，学者们讨论得很多：见 Lerner's introduction to Campanella, Apologia pro Galileo, ix–xxx。最新的英文翻译是 Campanella, *A Defense of Galileo*，英译者 Richard J. Blackwell (Notre Dame: University of Notre Dame Press, 1994)。
21. Shea and Artigas, *Galileo in Rome*, 134; see his letter to Galileo, *OG* xi 21–22.
22. *OG* xx 604. Michael H. Shank, 'Setting the Stage: Galileo in Tuscany, the Veneto, and Rome', in *C&G* 57–87, at 85–86.
23. *OG* xvi 182–183.
24. *OG* xiii 174.
25. Ingrid D. Rowland, *The Scarith of Scornello: A Tale of Renaissance Forgery* (Chicago: University of Chicago Press, 2004), 59.

297 26. *OG* xiv 381.
27. *OG* xiv 113.
28. *OG* xiv 88.
29. Francesco Beretta, 'Galileo, Urban VIII, and the Prosecution of Natural Philosophers', in *C&G* 234–261, at 250–251, and Beretta, 'Urbain VIII Barberini protagoniste de la condemnation de Galilée', in *LCF* 549–573, at 558–564; also Luca Bianchi, 'Agostino Oreggi, qualificatore del Dialogo, e i limiti della conoscenza scientifica', in *LCF* 575–584. 在乌尔班的思想中，神灵威力的问题与占星决定论的问题是不可分的：Shank, 'Setting the Stage', 77–79。
30. *OG* xiii 295.

31. *OG* vii 157–158; *Dialogue* 131; Redondi, 'La nave di Bruno', 329–342.
32. Vickers, 'Epideictic Rhetoric', 83–84, 96–97.
33. *DV* 80 (n. 214), 95 (n. 283).
34. *DV* 58.
35. *OG* xiv 120, 121, 216.
36. *OG* xiv 132–133, xix 465–468.
37. *OG* xiv 126–127.
38. *OG* xiv 135. 聚焦于 1632 年而不是 1630 年，David Marshall Miller, 'The Thirty Years War and the Galileo Affair',*History of Science* 46 (2008), 49–74，在我看来似乎没有抓住问题的关键转折点。
39. David Parrott, 'The Mantuan Succession, 1627–1631,' *English Historical Review* 112 (1997), 20–65. 托马斯·萨鲁斯伯里（Thomas Salusbury）很肯定地认为，伽利略的受审与意大利的内战有关：Nick Wilding, 'The Return of Thomas Salusbury's *Life of Galileo* (1664)', *British Journal for the History of Science* 41 (2008), 1–25, at 19。
40. Spini, *Galileo, Campanella*, 71. 威尼斯是亲法国的，而佛罗伦萨是亲西班牙的，对这个传统观点的清晰表述见法国驻罗马大使 1639 年初写给黎塞留（Richelieu）的信，见 *EDG* 312–313。
41. *OG* xiv 90.
42. *OG* xiv 82; cf. 80.
43. 伽利略的受审当然加剧了佛罗伦萨与罗马之间的紧张关系：见 Rowland, *The Scarith of Scornello*, and below, pp. 242–244。
44. *OG* xiv 111.
45. 关于莫兰迪的案件，见 Germana Ernst, 'Astrology, Religion, and Politics in Counter-Reformation Rome', in S. Pumfrey, P. L. Rossi and M. Slawinski, eds, *Science, Culture and Popular Belief in Renaissance Europe* (Manchester: Manchester University Press, 1991) 249–273; Brendan Dooley, *Morandi's Last Prophecy and the End of Renaissance Politics* (Princeton: Princeton University Press, 2002)。*DV*, cxi–cxii 的导言混淆了事件的年次序。
46. *OG* xiv 134.
47. 见莫兰迪 1613 年的信 (*OG* xi 530)，该信对《圣经》中的"迷途的羔羊"的主题几乎是充满了亵渎的态度。
48. *OG* xix 24.
49. 根据康帕内拉的说法，维斯孔蒂实际上是赞同教皇即将死去的预言的：见 Ernst in Campanella,*Opuscoli astrologici*, 20–21。
50. *OG* xiv 130.
51. *OG* xiv 152.
52. *OG* xiv 160.
53. *OG* xiv 134.

54. *OG* xiv 161, 171, 312.

28 亚历山德拉·布奥纳米奇

1. *OG* xiv 126. 我对伽利略与亚历山德罗之间关系的叙述可以与 Geymonat, *Galileo Galilei*, 190–192 的进行比较。伽利略似乎喜欢独立的女人：他还与画家阿特米希娅·津迪勒奇（Artemisia Gentileschi）* 通信：*OG* xvi 318–319；
298 英译见 Mary D. Garrard, *Artemisia Gentileschi* (Princeton: Princeton University Press, 1989), 383–384。
2. *OG* xiv 130–132.
3. *OG* xviii 312.
4. *OG* xviii 194–195.
5. *OG* xviii 312–313.
6. *OG* xviii 319–320.

29 洪水

1. *OG* vi 619–647；对此报告的大量摘录见 Stillman Drake, *Galileo at Work: His Scientific Biography* (Chicago: University of Chicago Press, 1978), 321–329。有关伽利略参与控制洪水，见 Richard S. Westfall, 'Floods along the Bisenzio: Science and Technology in the Age of Galileo', *Technology and Culture* 30 (1989), 879–907。
2. *OG* xiv 176–206.
3. *OG* xiii 348–349.
4. 当时还对这样的实验进行了讨论（Westfall, 'Floods along the Bisenzio', 894–895）；现在并不清楚实验到底做过没有，或者说（看起来很有可能）它只是一个思想上的实验。

30 出版发表

1. *OG* xiv 148, 150–151, 156–157.
2. *OG* xiv 167, 190.
3. *OG* xiv 224, 250.
4. *OG* xiv 217–218 (*GA* 208), 224.
5. *OG* xiv 253, 407.
6. *OG* xiv 259; *GA* 210.

---

* 阿特米希娅·津迪勒奇，意大利 17 世纪女画家。

7. *OG* xiv 242, 340.
8. *OG* xiv 218–219, 254 (*GA* 209).
9. *OG* xiv 251.
10. *OG* xiv 258–260; *GA* 210–211.
11. *OG* xiv 266–267, 284–285.
12. *OG* xiv 281, 289.

31 《对话》

1. *OG* xiv 387–388; Blackwell, *Behind the Scenes*, 220.
2. Drake, 'A Kind Word for Sizzi'.
3. *OG* xv 47; Galileo, *Dialogo*, ii, 40, 720–734.
4. *OG* vii 26, *Dialogue* 2; *OG* xiv, 294–295.
5. *OG* xi 491–493, 530; Drake, 'A Kind Word for Sizzi'. 但是最近学术界支持谢纳的观点，即伽利略在未承认他人成果的情形下声称自己发现了新现象：参见 Camerota, *Galileo Galilei*, 434。
6. *OG* xiii 300, xv 254；亦见佩雷斯克（Peiresc）的观点（xv 254）和笛卡尔的观点（xvi 56）。
7. 最近对伽利略论证过程的有效性的争论做出贡献的是戴维·托普尔（David Topper），'Colluding with Galileo', *Journal for the History of Astronomy* 34 (2003), 75–77，以及欧文·金格里奇（Owen Gingerich），'The Galileo Sunspot Controversy', ibid., 77–78。
8. *OG* xv 279. 于是伏尔根齐奥·米坎齐奥发现，阅读《对话》迫使他沉思宇宙的创造者上帝的伟大：*OG* xvi 162, xvii 15–16。他的结论是，上帝创造了世界，尽管我们没法理解。但是，他的结论可能和伽利略的一样：*OG* xvii 28。
9. 比较一下康帕内拉写给美第奇家族的费迪南多二世的信：*OG* xvii 352–353。
10. *Dialogue* 368.
11. *Dialogue* 320, 369. 299
12. *Dialogue* 61.
13. *Dialogue* 62.
14. *Dialogue* 371.

第四部分　宗教裁判所的囚徒

1. Thomas Hobbes, *The Correspondence of Thomas Hobbes*, ed. Noel Malcolm (2 vols, Oxford: Oxford University Press, 1994) 19; *OG* xx 606–607.

32　玛利亚·塞莱斯特和阿尔切特里

2. *OG* xx 586–588.
3. 双语版见 *To Father: The Letters of Sister Maria Celeste to Galileo, 1623–1633*，英译者达瓦·索贝尔（Dava Sobel）(London: Fourth Estate, 2001)。
4. 关于玛利亚·塞莱斯特生活的时代背景见 Sharon T. Strocchia, *Nuns and Nunneries in Renuissance Florence* (Baltimore, Md: Johns Hopkins University Press, 2009)。
5. *OG* xiv 39, 56.
6. *OG* xiv 291.
7. *OG* xv 113.
8. *OG* xv 318.
9. *OG* xv 270.
10. *OG* xv 308.
11. *OG* xv 292–293.
12. *OG* xv 247, 258.
13. *OG* xv 363.

33　审判

1. *OG* xiv 351, 357, 368, 379, xv 103.
2. *OG* xiv 370；亦见 xv 88。
3. *OG* xiv 379, 384 (*GA* 230), xv 68 (*GA* 247), xvi 171, 363, 449–450, 455. 伽利略认为，他没有对乌尔班的观点给予重视，是“我所有麻烦的开始”。实际上他早些时候曾向萨尔维亚蒂和萨格雷多表达过类似的观点：*Dialogue* 101–104。Jules Speller, *Galileo's Inquisition Trial Revisited* (Frankfurt: Peter Lang, 2008)，把对乌尔班观点的不重视视为针对伽利略的指控（155–160, 375–396），在乌尔班的心里可能情况就是如此，但是（和另一项未被揭示的控罪，即否定圣餐变体论不一样）这不是一项能在裁判所的法庭上轻易讲出来的指控，否则每一个亚里士多德学派的哲学家都会笼罩在被判为异端的危险中。
4. *OG* xiv 379.
5. *OG* xv 103–104; *GA* 252.
6. *OG* xiv 383–384 (*GA* 229–230), 429, xv 56 (*GA* 245), 68 (*GA* 247).
7. *OG* xiv 352, 358. Federica Favino, '"Quel petardo di mia fortuna": Reconsiderando la "caduta" di Giovan Battista Ciampoli', in *LCF* 863–882.
8. 但是，我没有证据支持这个观点（e.g. *GC* 313–352; *GH* 227–271），即伽利略的受审是乌尔班向西班牙让步的结果。见（在给 *GH* 的回复中）Richard S. Westfall, *Essays on the Trial of Galileo* (Vatican City: Vatican Observatory Publications, 1989), 92–97。弗朗西斯科·贝雷塔（Francesco Beretta）举出的

新证据（*LCF* 572），就如他承认的（568），对有关西班牙压力的说法没有什么更强的说服力。

9. *OG* xiv 416, 430.
10. 关于钱波里，见 Federica Favino's work, including 'Un caso di censura postuma: La "filosofia naturale" di Giovanni Ciampoli', in *I primi Lincei e il Sant' Uffizio* (Rome: Bardi, 2005), 141–156。
11. 参见 *OG* xiv 384 (*GA* 230), 392, xv 55 (*GA* 245), 95。
12. *OG* xiv 381, 384 (*GA* 230–231), 388 (*GA* 232)；亦见 xv 45 (*GA* 243)。
13. *OG* xiv 383 (*GA* 229), xv 68 (*GA* 247–248).
14. *OG* xiv 379–380, 382, 383 (*GA* 229), 389 (*GA* 233). 300
15. *OG* xiv 389 (*GA* 233), 391–393, xv 56 (*GA* 245).
16. *OG* xv 56; *GA* 246.
17. *DV* 49–57（显然这是一份特别委员会的报告，通过参考下达给佛罗伦萨要求提供伽利略手稿的指令，可以准确地确定报告的日期：51）；*OG* xix 324–327; *GA* 218–222。
18. *OG* xiv 406–410.
19. *OG* xiv 427–429 (*GA* 238–240), 431–432, 438–439 (*GA* 240).
20. *OG* xiv 443–444 (*GA* 241), xv 21.
21. *OG* xv 36.
22. *OG* xv 21, 37, 56–57.
23. *OG* xv 22.
24. *OG* xv 44, 51.
25. *OG* xv 44, 51, 55, 95.
26. *OG* xv 51.
27. *OG* xv 85; *GA* 249.
28. *OG* xv 28 (*GA* 241), 68 (*GA* 247–248).
29. *OG* xv 85; *GA* 249.
30. *DV* 191–192; Francesco Beretta, 'Un nuovo documento sul processo di Galileo Galilei: La lettera di Vincenzo Maculano del 22 aprile 1633', *Nuncius* 16 (2001), 629–641. 有一份很有人情味的文献，说尼科里尼夫妇获准晚上去探访伽利略并款待了他，但是这份文献肯定是伪造的：*OG* xv 104。
31. *DV* 69–70, 76–78; *OG* xix 340, 345–347; *GA* 259–260, 279–281. 迈耶（Mayer）认为，伽利略在回答塞吉兹禁令（'The Roman Inquisition's Precept', pre-print 11–13）的有关问题时，"是在自我毁灭"，但在我看来这有些夸张：伽利略的界限是，如果存在禁令的话，他没有理由认为他是在违禁。
32. 法瓦罗的一个脚注有个错误（*OG* xiv 401），导致对马库拉诺和他的前辈伊波利托·玛利亚·兰奇（Ippolito Maria Lanci）之间产生了混淆。兰奇是卡斯特里的朋友，他似乎同情哥白尼学说：参见 Hofstadter, *The Earth Moves*, 178–179，该书在 Fantoli, *Galileo* 的第二版后出版，但在第三版中看到了更正，290, 530。

33. *DV* 233–234; *OG* xv 106–107; *GA* 276.

34. *DV* 184–186；帕加诺（Pagano）在这里将这份文献的时间确定在 1628 年至 1631 年，但在导论中（lxxxviii），他采用了卡梅罗塔（Camerota）[和切尔布（Cerbu）] 的意见，把时间定在 1632 年。英译文见 Mariano Artigas, Rafael Martínez and William R. Shea, 'New Light on the Galileo Affair', in *C&G* 213–233, at 228–230。

35. Artigas, Martínez and Shea, 'New Light', 220–221.

36. *DV* 81, 83; *OG* xix 349, 351; *GA* 263, 265.

37. 关于这点，因楚发的论文很可能与早前批判《试金者》的匿名文章是不一样的，它与《试金者》一起出现在书目管理部的档案里——虽然因楚发可能已经看到了较早时期的那篇文章，并将其作为一个指引。

38. 谢纳的观点见 Blackwell, *Behind the Scenes*, 46–47；格拉西的观点见同书 p. 225。

39. 我的观点是 *GH* 观点的淡化版，我首先讨论了早期针对《试金者》的异端指控，但这个观点在因楚发的批判被发现前就已经出现了。对新证据的早期反应，见 Artigas, Martínez and Shea, 'New Light'，以及（对其意义的解释非常不一样）Thomas Cerbu, 'Melchior Inchofer, "un homme fin et rusé" ', in *LCF* 587–611, at 593–598。注意，理查德 · 布莱克威尔（Richard Blackwell）认为马库拉诺和伽利略会见时他们达成了一个诉讼交易，但交易后来还是没有实现（*Behind the Scenes*, 1–27；也见 Christopher F. Black, *The Italian Inquisition* New Haven, Conn. and London: Yale University Press, 2009, 191–192），我认为交易达成了也实现了：布莱克威尔没有探讨因楚发的批判对达成交易的影响。

40. *OG* xv 106–107; *GA* 276–277.

41. *DV* 72–74; *OG* xix 342–344; *GA* 277–279.

42. *OG* xv 178.

301 43. *OG* xv 109 (*GA* 252), 112 (*GA* 253), 124 (*GA* 253), 142.

44. *OG* xv 132 (*GA* 253–254), 160.

45. *OG* xv 123.

46. *OG* xv 123.

47. *OG* xv 140 (*GA* 254), 159.

48. *DV* 101–102; *OG* xix 360–362; *GA* 286–287.

49. *OG* xv 164, xix 402–407 (*GA* 287–293).

50. *OG* xv 164, 165, 171.

51. 英译见 Blackwell, *Behind the Scenes*, 105–206。

52. 1911 年，人们发现了一幅伽利略在监狱的画像 [J. John Fahie, *Memorials of Galileo Galilei 1564–1642: Portraits and Paintings, Medals and Medallions, Busts and Statues, Monuments and Mural Inscriptions* (Lemington, privately printed,

1929). 72–75]，据推测该画像画于 17 世纪 40 年代，上面还有一句很有名的话语。在我看来，人们肯定很轻易地相信这是真的，根本不是伪造的。

53. *OG* xix 411.
54. *DV* 104–145; *OG* xv 169, xix 363–393.
55. *DV* 120; *OG* xv 171, xix 374.
56. *OG* xv 273.
57. 我在这里读到的似乎和雷东迪（Redondi）的相反，他说（*GH* 262）："即使格拉西神父从来没有想过批判哥白尼学说，他还是被赶出了罗马。"因此我觉得没有必要产生什么怀疑，有关怀疑见 Westfall, *Essays*, 95。
58. *DV* 104, 195; *OG* xix 362–363.
59. *OG* xv 186.
60. *OG* xv 354, 363.
61. *OG* xv 288.
62. *DV* 146–147, 200; *OG* xix 393.
63. *OG* xv 344–345, 350.
64. *OG* xvii 346–347, 349–350.
65. *OG* xvii 321.
66. *OG* xvi 531.
67. *OG* xiv 104 ('stupida et inhumana'), xv 202, 208.
68. *OG* xv 356.
69. 1612 年已经有这样的怀疑了：*OG* xi 359–360；哥白尼学说被批判后的情况：xii 430；伽利略在罗马时的情况：xv 72, 73, 77–78；被定罪之后的情形：xvii 506, xviii 313–314, 343。于是我们看到，伽利略写道，他有很多话想说，但不敢把话写在纸上：*OG* xvi 475。佩雷斯克指导伽桑迪如何给伽利略写信，因为邮件可能会被截获：*OG* xvi 117。佩雷斯克也担心伽利略的私人论文可能会被没收：Stéphane Garcia, 'Peiresc, Bernegger et Diodati: Cinq lettres inédites en rapport avec Galilée', *Galilæana* 6 (2009), 219–233, at 231。
70. 参见 *OG* xvi 34, 64, 71, 90, 96, 136, 139, 174, 206, 217, 298, 411, 448, 453, xvii 144, 149, 170, 232, 248。这可能是一种预防措施，目的是让人们觉得给伽利略写信是非法的：*OG* xvi 77, 170。成捆的书籍和大件的物品用布包裹着，或者用外交邮件，或者由人工递送，被寄送出去：*OG* xvi 191, 192, 217, 237, 298, xvii 363。
71. *OG* xvi 448, 453, 462. 法瓦罗半心半意地想帮伽利略免受谎言的滋扰（*A&C* 1387），但他的努力没有什么用：伽利略一直都知道他的计划就是将所有作品予以出版，且没有遭到反对。如果人们按法瓦罗的做法，能做到什么程度呢？人们肯定能得出的结论是，当伽利略全面地宣布哥白尼体系是错误的（*OG* xviii 314）时，他说的是实话吗？关于伏尔根齐奥用代码写信的明显例子，参见他的一封信件，在信中他告诉伽利略，哥白尼体系现在已经被所有的知识分子领袖所接受，当然他从伽利略的信中知道伽利略认为这个体系是错的（*OG* xvii 385）——伽利略马上把有关信息传递给了大公。伽利略在回信中谨慎地避免直接提及哥白尼学说（*OG* xvii 390–391）。

302 72. *OG* xvii 15.

73. *OG* xvii 312–313.

74. R. H. Naylor, 'Galileo's Physics for a Rotating Earth', in *LCF* 337–355, at 350–353；还有 Naylor, 'Galileo's Tidal Theory', *Isis* 98 (2007), 1–22; *OG* xvii 215, 219, 270, 287。有一系列的解释难点，依赖于人们对伽利略是否讲出了自己的心里话的判断上：见同书 pp. 160, 208, ch. 33 n. 71，以及下文，ch. 34 nn. 1 and 5。

75. *OG* xvi 63–64. 伽利略当然是被禁止说任何可能被理解为支持哥白尼学说的话，他也被禁止一次与两个人进行谈话：*DV* 200, 233 (*OG* xv 345)。因此，当大公回到阿尔切特里探访他时，他只带了一个仆人来：*OG* xvi 59。

76. *OG* xvi 522. 关于马吉奥蒂，见 Maurizio Torrini et al., *Il diavolo e il diavoletto* (Montevarchi: Accademia valdarnese del Poggio, 1997)。

77. *OG* xvii 50, 64, 80–81.

78. C. de Waard, *L'expérience barométrique, ses antécédents et ses explications* (Thouars: Imprimerie Nouvelle, 1936), 119–137, 178–182.

34 《两门新科学的对话》

1. *OG* xv 236. 这是一个主要的解释难点，因为伽利略已经宣布放弃哥白尼学说，他承诺今后他再也不说或写任何可能给人造成自己是哥白尼学说支持者的印象的话（*OG* xix 407; *GA* 292）。佩德森（Pedersen）（'Galileo's Religion', 81）并不是唯一一个坚持认为"伽利略在余生里一直坚守这样的承诺"的人，尽管他也承认，"在 1633 年及之后，很容易根据伽利略的天文学思想把他的陈述解释为他有意识地进行掩饰的例子，并根据他受到压迫的情形来为他的行为找借口"。法瓦罗坚持认为，伽利略从来没有要求把《对话》翻译为拉丁文（*A&C* 1358–1364），加西亚对证据的考证并没有对这个看法（*EDG* 277–287, 292）提出怀疑。我们可能注意到，伽利略假装没有参与到《写给大公夫人克里斯蒂娜的信》和《两门新科学的对话》的出版过程中，但就如我们后来知道的，他确实是参与了。Stéphane Garcia, 'Galileo's Relapse: On the Publication of the Letter to the Grand Duchess Christina (1636)', in *C&G* 265–278 and *EDG* 293–299; Maurizio Torrini, 'Galileo e la repubblicadegliscienziati', in *LCF* 783–794, at 788–789.

2. *OG* xvi 209, 272–273, 293–294, 300–302, 386, 406. 也见 Galileo, *A Long-Lost Letter*，该信不在 *OG* 中。"伟大的王子" 在 1635 年 5 月 12 日的信中指的可能是美第奇家族的马蒂亚斯王子。

3. Garcia, 'Galileo's Relapse'. 尽管伽利略授权了三个爱思唯尔版本，提供了给大公夫人的信件的文本，但他也采取了预防措施以便可以免责：参见 *OG*

xvi 434。随着佛罗伦萨外交政策的改变，转向新教出版商就变得很容易了：Spini, *Galileo, Campanella*, 71–73。

4. *OG* xvii 59, 71, 75–76.
5. 这是另一个解释上的难点。法瓦罗坚持认为诺阿耶已经得到了一份抄本（*A&C* 1340），他的依据是维维亚尼的一段手写文字，但这段文字被划掉了，而且与信的其余部分不相符（因为这些内容被记录在一个维维亚尼抄写过的不完整的、可能被检查过的副本上），人们猜测这段文字应该与这部分是一体的（*OG* xvi 524），因为信件的其余部分显示，伽利略在会见诺阿耶之后仍然在写作《两门新科学的对话》。在我看来，这明显是一个维维亚尼对历史记录进行修订的事例，我们也能明白，他试了好几个版本。斯蒂尔曼·德雷克在 *TNS* xi 中沿用了法瓦罗的说法。皮埃尔·科斯塔贝尔（Pierre Costabel）和米歇尔-皮埃尔·勒纳（Michel-Pierre Lerner）在 Marin Mersenne, *Les nouvelles pensées de Galilée* (2 vols, Paris: Vrin, 1973), 19 中不赞成这种说法，但显然他们都没有找到法瓦罗的参考文献出处，而且他们也误解了 *OG* xvii 174。然而，显而易见的是，伽利略在声称他不知道爱思唯尔如何得到他的手稿抄本（*OG* viii 365）时没有讲出事实真相，因为他给他们提供的抄本并不是通过诺阿耶提供的。从诺阿耶的信可以清楚地看出，除了迪奥达蒂的报告，在这本书出 303
版之前，他对这本书一无所知：*OG* xvii 246, 357–358。因此很明显，关于这本书的抄本被送给诺阿耶的故事的各种版本，都是一种故意散布的策略。本杰明·恩格尔克（Benjamin Engelcke）在《对话》英译本给出了一个类似的故事：*A&C* 606–616。
6. *DV* 204.
7. *Dialogue* 207–208; *OG* vii 233–234.
8. Cf. *OG* vii 61–62; *Dialogue* 37.
9. 1624 年 7 月，安东尼奥·桑蒂尼写信给伽利略，问他要一台显微镜（*OG* xiii 190）；1624 年 9 月，他寄送了一台给切西（xiii 208–209）；1625 年 4 月，乔瓦尼·法伯尔把这个新设备命名为显微镜（microscope）（xiii 264）。然而早在 1614 年伽利略就向基恩·塔德（Jean Tarde）描述了一台长望远镜（他那时还没设计出台式显微镜）是如何使人们理解苍蝇是怎样做到倒挂在光滑的表面上的：*À la rencontre de Galilée*, 64; *OG* xix 590。
10. *OG* xviii 12–13 (cf. xvii 90–91). 见巴里亚尼的回信（*OG* xviii 68–71），以及 Moscovici, *L'expérience du mouvement*。
11. Michelangelo Galilei, *Il primo libro d'intavolatura di liuto* (Munich: privately printed, 1620) 的序言。米开兰基罗的音乐至今仍被人弹奏。
12. 见工程师安东尼·德·维尔（Antoine de Ville）在写给伽利略的一封信中的批评：*OG* xvi 221–228。关于这次通信，见 Hélène Vérin, 'Galilée et Antoine de Ville: Un courier sur l'idée de matière', in *LCF* 307–321。
13. *TNS* 14, *OG* vii 52–53.

35 伽利略的儿子温琴佐

1. *OG* xi 417. 关于玛丽娜·加姆巴的死，见 Bellinati, 'Integrazioni e Correzioni', 278–280。
2. *OG* xiii 424–426, xix 220, 425–430.
3. *OG* xiii 155–156, 228–229.
4. *OG* xiii 296, 392.
5. *OG* xiii 351, 358, xix 460–465.
6. *OG* xiii 405, 438.
7. *OG* xiii 405, 438.
8. *OG* xiv 214, 220, 222, 246.
9. *OG* xix 432–433, 476–486.
10. *OG* xv 329–330, 334, 340, 346, 347, 348, xix 433–435.
11. *OG* xix 436–437.
12. *OG* xv 199, xix 491–498.
13. *OG* xv 285.
14. *OG* xv 119.
15. *OG* xv 110.
16. *OG* xv 209–211, 238.
17. *OG* xix 394. 于是我们发现伽利略称自己被关在监狱里，从法律上来说这个说法是对的：*OG* xvi 458–459, xvii 297。
18. *OG* xvi 171, 183, 339, 449–450, 456, 461, 480, 500–501, 507, xvii 26–27.
19. *OG* xvi 74, 80, 116.
20. *OG* xvi 84–85.
21. *OG* xviii 291.
22. *OG* xvii 290, xix 552–557.
23. *OG* xvii 370.
24. *OG* xvii 126–127, 174–175, 212, 214, 295–296.
25. *Dialogue* 65–67.
26. *OG* xvii 215.
27. *OG* xvii 219. 我的叙述不同于内勒（Naylor）的：Naylor, 'Galileo's Physics for a Rotating Earth', 350–352。但是当他说“然而伽利略向米坎齐奥提问，其中的犹豫几乎到了一种令人难以忘怀的程度（原文如此）。就像是米坎齐奥能
304 回答而伽利略不敢”时，他的看法是很有洞察力的。确实，米坎齐奥能为哥白尼学说辩护，而伽利略不敢。
28. *OG* xvii 328.

36 伽利略的（无）信仰

1. *Naudæana et Patiniana*, n. 116.
2. David Wootton, *Bad Medicine: Doctors Doing Harm Since Hippocrates* (Oxford: Oxford University Press, 2006), 126–129.
3. 这里我的看法与 *GH* 304–305 不一样。很奇怪，在 *GH* 304–305 中，他被描述成“托斯卡纳的亚里士多德学派的新代表”。我们可能会注意到，德·蒙柯尼斯在去往佛罗伦萨伽利略宅邸时会见了纳尔迪：见同书，p. 244。
4. *OG* ix 29–57; Wootton, ‘Accuracy and Galileo’, 51–54.
5. *OG* xviii 304, 305, 310, 339, 366, 369.
6. *OG* xviii 40–42.
7. *OG* xvi 476.
8. Karen Liebreich, *Fallen Order: A History* (London: Atlantic Books, 2004), 152–157; Spini, *Galileo, Campanella*, 66–68; Leodegario Picanyol, *Le scuole pie e Galileo Galilei* (Rome: PP. Scolopi di S. Pantaleo, 1942); Michele Cioni, *I documenti galileiani del S. Uffizio di Firenze* [1908] (Florence: Giampiero Pagnini, 1996), 55–60.
9. *OG* xvii 399–400, xviii 372.
10. *OG* xvi 76.
11. 人们不认为米凯利尼的《河流管理论》(*Treatise on the Management of Rivers*, 1664 ）是开创性研究著作：见 Cesare S. Maffioli, *Out of Galileo: The Science of Waters, 1628–1718* (Rotterdam: Erasmus Publishing, 1994), 98–104。注意，米凯利尼拥有大公的哲学家和数学家的头衔——马里奥·比亚吉奥里的看法却相反，Mario Biagioli, ‘Scientific Revolution, Social Bricolage, and Etiquette’, in Roy Porter and Miluláš Teich, eds, *The Scientific Revolution in National Context* (Cambridge: Cambridge University Press, 1992), 11–54, at 22，他认为，伽利略之后没有得到这个头衔。
12. *OG* xvi 147.
13. *OG* xviii 130.
14. *OG* xvii 407.
15. 斯皮尼在 1996 年所写的著作 (*Galileo, Campanella*, 66–67) 中，把索齐的指控描述为“一份非常重要的文件”，他感到疑惑的是，人们没有过多地关注这份文件。然而该文件至今还被人们忽略：在雷东迪的《二十年后》(‘Vent’anni dopo’，2004 ）中，或者在被当作伽利略传记标准的卡梅罗塔（Camerota）的《伽利略·伽利雷》中都没有提到。法瓦罗对乔尼（Cioni）的《伽利略文献》(*Documenti galileiani* ）[1909,《文献》(*Documenti* ）的新版重印本] 的冗长而极其不怀好意的评论完全没有提到索齐的指控，还成功地阻止了学者们对乔尼著作的利用，这个事实给了我们部分解释。
16. Balthasar de Monconys, *Les voyages*, ed. Charles Henry (Paris: A. Hermann,

1887), 36.

17. Lorenzo Magalotti, *Delle lettere familiari* (2 vols, Florence: SAR, 1769), i, 49–51.

18. [Angelo Fabroni], 'La vita del conte Lorenzo Magalotti', in Magalotti, *Lettere*, i, xi–lxi, at xxi, xxvi–xxvii, xxxiv–xl, xlix; Anna Maria Crinò, 'An Unpublished Letter on the Theme of Religion from Count Lorenzo Magalotti to the Honourable Robert Boyle in 1672', *Journal of the Warburg and Courtauld Institutes* 45 (1982), 271–278.

19. Magalotti, *Lettere*, i, 51–54.

20. *GA* 60–67; *OG* v 297–305.

21. 见 Galileo Galilei, *Scienza e religione: Scritti copernicani*, ed. Massimo Bucciantini and Michele Camerota (Rome: Donzelli, 2009), 17–32 里的注释和评论。

22. 关于柏拉图神学观点的简要介绍，见 William C. Greene, '"God" in Plato's Theology', *Classical Weekly* 35 (1942), 220。

23. *OG* xviii 56–58. 在卡斯特里的下一封信（第 62—66 页）里仍然存在着虔诚式的兴奋。

24. *OG* xiii 40.

25. *OG* xviii 81, 126, 130, 131；较早的例子，见 xvii 271。

305 26. 注意，他 1638 年 7 月的兴奋，是因为伽利略写信给他说："如果这能让上帝高兴，那肯定也能让我们高兴。"（*OG* xvii 355, 361.）如果伽利略是个好的基督徒，为什么兴奋？显然，这是一种意想不到的情绪。

27. *OG* x 169–171.

28. J. M. Rist, *Epicurus: An Introduction* (Cambridge: Cambridge University Press, 1972), 140–163.

29. *OG* iii 340.

30. Thomas Kjeller Johansen, *Plato's Natural Philosophy* (Cambridge: Cambridge University Press, 2004), 4.

31. Giorgio Vasari, *The Lives of the Artists*, 英译者茱莉亚・康威・邦达内拉（Julia Conway Bondanella）和彼得・邦达内拉（Peter Bondanella）(Oxford: Oxford University Press, 1991), 226。

32. Sarpi, *Lettere ai gallicani*, 133.

33. Giorgio Spini, *Ricerca dei libertini* (2nd rev. edn, Florence: La Nuova Italia, 1983), 161–166; Antonio Rocco, *L'Alcibiade fanciullo a scola* (Rome: Salerno Editrice, [1988]).

34. 我曾用过因楚发的 *La monarchie des solipses* (Amsterdam: Herman Uytwerf, 1722)。关于书的作者身份问题，见 Cerbu, 'Melchior Inchofer', 600–611。

35. 我对伽利略无宗教信仰的叙述超越了以前的观点。法瓦罗和近代大多数学者坚持的正统看法认为，伽利略是个好的天主教徒。参见 Pedersen, 'Galileo's Religion'。[很难想象，当佩德森（Pedersen）说"直到 1633 年，都没有天主教徒怀疑过他对教会的忠诚和正统性”（第 92 页）时，他心里想的是什么。因为，即使根据他在 1984 年提交的论文中的可用信息，他也肯定知道卡西尼（Caccini）和洛里尼（Lorini）的告发。“他们让他接受圣礼”（第 99 页）肯定是对西蒙内 · 康塔里尼（Simone Contarini）在 1616 年 2 月说的 “il fanno frequentar i Sagramenti”（*OG* xx 570）的评论的误译：相反，康塔里尼似乎认为伽利略只是在被迫的情况下才经常参加圣礼。见上文，p. 185，因为伽利略声称他曾发誓将一名年轻女子从道德险境中拯救出来——就如佩德森所相信的（第 98 页），这不是一种虔诚的表现。] 正是在这种舆论面前，*GH* 引起人们哗然，但应该强调的是，雷东迪一直认为伽利略是个基督教原子论者。见 Pietro Redondi, ‘From Galileo to Augustine’, in Machamer, ed., *Cambridge Companion*, 175–210。而乔治 · 斯皮尼的著作中也有这样的微妙叙述，见 Giorgio Spini, ‘The Rationale of Galileo’s Religiousness’, in Carlo L. Golino, ed., *Galileo Reappraised* (Berkeley: University of California Press, 1966), 44–66， 和 Spini, ‘Postilla Galileiana’, in Spini, *Ricerca dei libertini*, 389–392; Isabelle Pantin, ‘ “Dissiper les ténèbres qui restent encore à percer” : Galilée, l’église conquérante et la république des philosophes’, in Alain Mothu, ed., *Révolution scientifique et libertinage* (Turnhout: Brepols, 2000), 11–34。有关伽利略时期社会上的无信仰，见 Muir, *Culture Wars*; Nicholas Davidson, ‘Unbelief and Atheism in Italy: 1500–1700’, in Michael Hunter and David Wootton, eds, *Atheism from the Reformation to the Enlightenment* (Oxford: Oxford University Press, 1992), 55–86；对萨尔皮的两本研究著作：Wootton, *Paolo Sarpi*, and Vittorio Frajese, *Sarpi scettico: Stato e chiesa a Venezia tra Cinque e Seicento* (Bologna: Il Mulino, 1994)。也许应该强调的是，伽利略不是一位基督徒的说法与《写给大公夫人克里斯蒂娜的信》的神学主张是正统思想的说法完全一致 (Carroll, ‘Galileo Galilei and the Myth of Heterodoxy’, 123–143)。

36. 参见 Stephen Gaukroger, *The Emergence of a Scientific Culture* (Oxford: Oxford University Press, 2006), 3。

37 自我的宇宙结构学

1. 他还发明了双筒望远镜：*OG* xiii 372。
2. 人们可以看到，伽利略在 *OG* v 234–235 中试图用语言去描述这种区别，弥尔顿也同样做了这种尝试，见 *Paradise Lost*(rev. edn, London: S. Simmons, 1674) bk viii, ll. 15–38。
3. *Oxford English Dictionary*; *EDG* 330. 关于伽利略这些话语的起源和意义，见 Michel-Pierre Lerner, *Le monde des sphères* (2nd edn, 2 vols, Paris: Les Belles Lettres, 2008), ii, 195–217。
4. *Dialogue* 367–371; *OG* vii 394–398. 306
5. *OG* xviii 106.

6. *OG* xvii 15–16, xiii 276, xvi 524.
7. *OG* xii 391, xvii 276：这里提到了伽利略的“profonda immaginatione”*。
8. *Dialogue* 328, 334–335, 339; *OG* vii 355, 362–363, 367.
9. *OG* xvi 162.
10. *OG* xii 243.
11. 译自 Liebreich, *Fallen Order*, 106; *OG* xvii 247。
12. *Dialogue* 102–104; *OG* vii 128–130, xix 327.
13. *OG* x 212–213.
14. *OG* x 210–212.
15. *OG* xvi 346–347.
16. 约翰·韦德伯恩报告说 1609 年望远镜被当作显微镜来用：*OG* iii 164。
17. *OG* xix 563. 伽利略死后欠了肖像画家蒂贝利奥·提蒂（Tiberio Titi）（卒于 1637 年）的继承人大量债务，提蒂是美第奇家族的官方肖像画家：*OG* xix 567。由于没有提蒂所画的伽利略肖像流传下来，我们可以推测，提蒂受托给他的朋友们作肖像画，少数画家从这些画的原画临摹出复本，以便做成标准的尺寸和风格。关于伽利略的艺术品味对理解他的知识生活的重要性的探讨，见 Erwin Panofsky, 'Galileo as a Critic of the Arts', *Isis* 47 (1956), 3–15。
18. *OG* xiv 70.
19. *OG* xv 186.
20. *OG* xiii 400, 426–427.
21. *OG* v 235.
22. *OG* xii 253, 240; cf. John Donne, *Ignatius His Conclave* (London: Richard More, 1611), 13–14.
23. 参见 *OG* xii 360。
24. 对于弥尔顿是否真的见过伽利略存在争议：George F. Butler, 'Milton's Meeting with Galileo: A Reconsideration', *Milton Quarterly* 39 (2005), 132–139。问题的关键是，这样一场会见缺乏当时的证据。由于伽利略是一位遭到宗教裁判所软禁在家的囚徒，他与一位新教徒见面本来就令人怀疑，因此他们之间的见面缺乏当时的证据就不足为奇了。
25. Milton, *Paradise Lost*, bk viii, ll. 15–27.

尾声：伽利略、历史与历史学家

1. *OG* xix 398–399. Paolo Galluzzi, 'The Sepulchers of Galileo: The "Living" Remains of a Hero of Science', in Machamer, ed., *Cambridge Companion*, 417–447.
2. Maurice A. Finocchiaro, *Retrying Galileo: 1633–1992* (Berkeley: University of

---

* profonda immaginatione，深刻的想象力。

California Press, 2007). 杜埃（Douai）可能是 1755 年起传授日心说的典型人物：见 Michael Sharratt, 'Galileo's "Rehabilitation" ', in *C& G* 323–339, at 328。

3. 我们可能注意到，书名是出版商改的（*OG* xvii 370），因此暗指的是塔尔塔格利亚而不是伽利略。伽利略发现书名过于平实，而他原先的书名，现已不得而知，是比较高尚的。关于塔尔塔格利亚以及他对伽利略的影响，见 Mary J. Henninger-Voss, 'How the "New Science" of Cannons Shook Up the Aristotelian Cosmos', *Journal of the History of Ideas* 63 (2002), 371–397。
4. *OG* xiii 420, 427, xiv 102；亦见第 372 页。
5. Maurice A. Finocchiaro, 'Aspects of the Controversy about Galileo's Trial', in *LCF* 491–511, at 501–502. 伽利略试图测量恒星视差，但没有成功：见 Graney, 'But Still, It Moves'。葛兰尼（Graney）认为"伽利略会假定他正在看到的是圆盘形的恒星，就如他看到的火星或木星的圆盘形状一样"，他这个看法大致是对的（第 265 页）：见 *Comets* 325–326。但是，伽利略已经尝试过，但没能测出 1604 年新星的恒星视差，因此这次新尝试并不出乎意料。测量北极星高度变化的尝试（*OG* xii 253–254）也和测量恒星视差一样，没能成功。关于 307
向东偏离，见 Domenico Bertoloni Meli, 'St Peter and the Rotation of the Earth: The Problem of Fall Around 1800', in P.M. Harman and Alan E. Shapiro, eds, *The Investigation of Difficult Things* (Cambridge: Cambridge University Press, 1992), 421–447。
6. *OG* v 195, xii 34.
7. 因此，第谷的支持者也接受，他们针对哥白尼学说的反对性观点肯定是来自物理学而不是天文学：OG xvii 363。
8. Favaro, *Adversaria galilæiana*, 13–18.
9. 与此截然不同的观点，见 Thomas S. Kuhn, 'Mathematical versus Experimental Traditions in the Development of Physical Science' [1976], in Kuhn, *The Essential Tension* (Chicago: University of Chicago Press, 1977), 31–65。关于笛卡尔是一名实验科学家的论述，见 ed Z. Buchwald, 'Descartes's Experimental Journey past the Prism and through the Invisible World to the Rainbow', *Annals of Science* 65 (2008), 1–46。
10. *OG* xiii 419.
11. 雷东迪的论点引发了很大的争议：参见 Vincenzo Ferrone and Massimo Firpo, 'From Inquisitors to Microhistorians: A Critique of Pietro Redondi's Galileo eretico', *Journal of Modern History* 58 (1986), 485–524。我所知道的唯一全盘接受这个观点的作者是迈克尔·怀特（Michael White）, *Galileo Antichrist* (London: Weidenfeld and Nicolson, 2007)。
12. 笛卡尔声称他的原子论与圣餐变体论完全相容：*OG* xviii 318; Peter Dear, 'The Church and the New Philosophy', in Pumfrey, Rossi and Slawinski, eds, *Science, Culture, and Popular Belief*, 119–139, at 132–133。但这并没能阻止他遭到宗教裁判所于 1663 年对他的谴责：Jean-Robert Armogathe and Vincent Carraud,

'La premie're condamnation des Œuvres de Descartes, d'apre's des documents inédits aux Archives du Saint-Office', *Nouvelles de la république des lettres* 2001/II, 103–137。

13. 参见 *OG* xvi 215–216。
14. 稍有提及的是参与弥撒（*OG* xvi 163），受邀到一个教堂做事（xiv 107），一位朋友送他一本宗教书，不过是用来代替他索要的世俗书籍的（xvi 103, 175）。
15. *OG* xi 150.
16. 对比亚吉奥里著作的批评，见Michael H. Shank, 'How Shall We Practice History: The Case of Biagioli's Galileo Courtier', *Early Science and Medicine* 1 (1996), 106–150。比亚吉奥里发展了韦斯特福尔（Westfall）在 'Science and Patronage' 中充分表达过的论点。两人都假定，伽利略追求名誉地位，而这种名誉地位是由他的赞助人所提供的。另一种观点认为，伽利略追求的——确切地说是相当笨拙和令人尴尬的——是真理。可参考卡尔迪写给他的信，卡尔迪建议他，不要试图讨好自己，也不要害怕后果，把真理写出来：*OG* xi 502。值得一提的是，伽利略并不擅长文字表达——人们没法写出一本与丽莎·雅丹（Lisa Jardine）* 的《文人伊拉斯谟斯》*Erasmus, Man of Letters*）（Princeton: Princeton University Press, 1994）相媲美的关于伽利略通信的著作。伽利略在文坛的地位取决于代表他的人，见 Torrini, 'Galileo e la repubblica degli scienziati'; Stéphane Garcia, 'Élie Diodati – Galilée: La rencontre de deux logiques', in *LCF* 883–892; and *EDG* 259–265。
17. 关于对布莱希特剧本的否定性评价，见 William R. Shea and Mariano Artigas, *Galileo Observed* (Sagamore Beach: Science History Publications, 2006), 53–84。
18. Hugh Rorrison, 'Commentary', in Bertolt Brecht, *Life of Galileo*, ed. Hugh Rorrison (London: Methuen, 2006), xx–xli, at xx.
19. Julien Offray de La Mettrie, *L'homme machine*, ed. Aram Vartanian (Princeton: Princeton University Press, 1960), 11, 12.

---

* 丽莎·雅丹，英国当代科学史学者。

参考文献

Adler, Carl G., and Byron L. Coulter, 'Galileo and the Tower of Pisa Experiment', *American Journal of Physics* 46 (1978), 199–201.

Alexander, Amir, 'Lunar Maps and Coastal Outlines: Thomas Hariot's Mapping of the Moon', *SHPS* 29 (1998), 345–68.

Ariew, Roger, 'The Initial Response to Galileo's Lunar Observations', *SHPS*32 (2001), 571–81 and 749.

Ariotti, Piero, 'From the Top to the Foot of the Mast on a Moving Ship',*Annals of Science* 28 (1972), 191–203.

Armogathe, Jean-Robert and Vincent Carraud, 'La premie're condamnation des Œuvres de Descartes, d'apre's des documents inédits aux Archives du Saint-Office', *Nouvelles de la république des lettres* 2001/II, 103–37.

Artigas, Mariano, Rafael Martínez and William R. Shea, 'New Light on the Galileo Affair', in *C&G* 213–33.

Bacon, Francis, *The Philosophical Works of Francis Bacon*, ed. James Spedding (5 vols, London: Longman, 1861).

Bald, R. C., *John Donne: A Life* (Oxford: Clarendon Press, 1970).

Baldini, Ugo, 'The Development of Jesuit "Physics" in Italy, 1550–1700: A Structural Approach', in Constance Blackwell and Sachiko Kusukawa, eds, *Philosophy in the Sixteenth and Seventeenth Centuries: Conversations with Aristotle* (Farnham:

Ashgate, 1999), 248–79.

—— *Legem impone subactis: Studi su filosofia e scienza dei Gesuiti in Italia, 1540–1632* (Rome: Bulzoni, 1992).

Baroncini, Gabriele, 'Sulla galileiana *esperienza sensata*', *Studi secenteschi*25 (1984), 147–72.

Barra, Mario, 'Galileo Galilei e la probabilità', in *LCF* 101–18.

Bedini, Silvio A. *The Pulse of Time: Galileo Galilei, the Determination of Longitude, and the Pendulum Clock* (Florence: Olschki, 1991).

Bellinati, Claudio, 'Integrazioni e correzioni alle pubblicazioni di Antonio Favaro, studioso di Galileo Galilei', in Santinello, ed., *Galileo e la cultura padovana*, 275–90.

Beretta, Francesco, 'The Documents of Galileo's Trial: Recent Hypotheses and Historical Criticism', in *C&G* 191–212.

—— 'Galileo, Urban VIII, and the Prosecution of Natural Philosophers', in*C&G* 234–61.

—— 'Un nuovo documento sul processo di Galileo Galilei: La lettera di Vincenzo Maculano del 22 aprile 1633', *Nuncius* 16 (2001), 629–41.

—— 'Le procès de Galilée et les Archives du Saint-Office', *Revue des sciences philosophiques et théologiques* 83 (1999), 441–90.

—— 'Urbain VIII Barberini protagoniste de la condemnation de Galilée', in*LCF* 549–73.

Bertoloni Meli, Domenico, 'St Peter and the Rotation of the Earth: The Problem of Fall Around 1800', in P.M. Harman and Alan E. Shapiro, eds,*The Investigation of Difficult Things* (Cambridge: Cambridge University Press, 1992), 421–47.

—— *Thinking with Objects: The Transformation of Mechanics in the Seventeenth Century* (Baltimore: Johns Hopkins University Press, 2006).

Besomi, Ottavio, and Michele Camerota, *Galileo e il Parnaso Tychonico*(Florence: Olschki, 2000).

309 Biagioli, Mario, *Galileo Courtier: The Practice of Science in the Culture of Absolutism* (Chicago: University of Chicago Press, 1993).

—— *Galileo's Instruments of Credit: Telescopes, Images, Secrecy* (Chicago: University of Chicago Press, 2006).

—— 'Scientific Revolution, Social Bricolage, and Etiquette', in Roy Porter and Mikuláš Teich, eds, *The Scientific Revolution in National Context*(Cambridge: Cambridge University Press, 1992), 11–54.

Bianchi, Luca, 'Agostino Oreggi, qualificatore del *Dialogo*, e i limiti della conoscenza scientifica', in *LCF* 575–84.

Black, Christopher F., *The Italian Inquisition* (New Haven, Conn.: Yale University Press, 2009).

Blackwell, Richard J., *Behind the Scenes at Galileo's Trial: Including the First English Translation of Melchior Inchofer's 'Tractatus syllepticus'*(Notre Dame: University of Notre Dame Press, 2006).

—— *Galileo, Bellarmine, and the Bible: Including a Translation of Foscarini's 'Letter on the Motion of the Earth'* (Notre Dame: University of Notre Dame Press, 1991).

Bordiga, Giovanni, *Giovanni Battista Benedetti* [1926] (Venice: Istituto veneto di scienze, lettere ed arti, 1985).

Brecht, Bertolt, *Life of Galileo*, ed. Hugh Rorrison (London: Methuen, 2006).

Bredekamp, Horst, 'Gazing Hands and Blind Spots: Galileo as Draftsman',*Science in Context* 13 (2000), 423–62.

Bucciantini, Massimo, *Contro Galileo: Alle origini dell'affaire* (Florence: Olschki, 1995).

—— *Galileo e Keplero* (Turin: Einaudi, 2007).

—— 'Novità celesti e teologia', in *LCF* 795–808.

Buchwald, Jed Z., 'Descartes's Experimental Journey past the Prism and through the Invisible World to the Rainbow', *Annals of Science* 65 (2008), 1–46.

Butler, George F., 'Milton's Meeting with Galileo: A Reconsideration', *Milton Quarterly* 39 (2005), 132–9.

Büttner, Jochen, Peter Damerow and Jürgen Renn, 'Traces of an Invisible Giant: Shared Knowledge in Galileo's Unpublished Treatises', in *LCF*183–201.

Camerota, Michele, 'Borro, Girolamo', in *New Dictionary of Scientific Biography* (New York: Scribner, 2007).

—— 'Buonamici, Francesco', in *New Dictionary of Scientific Biography* (New York: Scribner, 2007).

—— *Galileo Galilei e la cultura scientifica nell'età della controriforma*(Rome: Salerno Editrice, 2004).

—— 'Galileo, Lucrezio, e l'atomismo', in M. Beretta and F. Citti, eds,*Lucrezio, la natura e la scienza* (Florence: Olschki, 2008), 141–75.

Camerota, Michele, and Mario Helbing, 'Galileo and Pisan Aristotelianism: Galileo's *De motu antiquiora* and the *Quaestiones de motu elementorum*of the Pisan Professors', *Early Science and Medicine* 5 (2000), 319–65.

Camiz, Francha Trinchieri, 'The Roman "Studio" of Francesco Villamena',*Burlington Magazine* 136 (1994), 506–16.

Campanella, Tommaso, *Apologia pro Galileo*, ed. Michel-Pierre Lerner (Pisa: Scuola normale superiore, 2006).

—— *A Defense of Galileo*, trans. Richard J. Blackwell (Notre Dame: University of Notre Dame Press, 1994).

—— *Opuscoli astrologici*, ed. Germana Ernst (Milan: Rizzoli, 2003).

Carroll, William E., 'Galileo Galilei and the Myth of Heterodoxy', in John Brooke and Ian Maclean, eds, *Heterodoxy in Early Modern Science and Religion* (Oxford: Oxford University Press, 2005), 115–44.

Carugo, Adriano, and Alistair C. Crombie, 'The Jesuits and Galileo's Ideas of Science and Nature', *Annali dell'Istituto e Museo di storia della scienza di Firenze* 8 (1983), 3–68.

Castagnetti, Giuseppe, and Michele Camerota, 'Antonio Favaro and the*Edizione Nazionale* of Galileo›s Works', *Science in Context* 13 (2000), 357–62.

—— 'Raffaello Caverni and His *History of the Experimental Method in Italy*', *Science in Context* 13 (2000), 327–39.

310 Cerbu, Thomas, 'Melchior Inchofer, "un homme fin et rusé"', in *LCF* 587–611.

Cesi, Federico, 'Del natural desiderio di sapere', in M. L. Altieri Biagi and B. Basile, eds, *Scienziati del Seicento* (Milan: Rizzoli Editore, 1969), 53–92.

Chalmers, Alan, 'Galileo's Telescopic Observations of Venus and Mars',*British Journal for the Philosophy of Science* 36 (1985), 175–84.

Chalmers, Alan, and Richard Nicholas, 'Galileo on the Dissipative Effect of a Rotating Earth', *SHPS* 14 (1983), 315–40.

Chua, Daniel, 'Vincenzo Galilei, Modernity and the Division of Nature', in Suzanna Clark and Alexander Rehding, eds, *Music Theory and Natural Order from the Renaissance to the Early Twentieth Century* (Cambridge: Cambridge University Press, 2006), 17–29.

Cioni, Michele, *I documenti galileiani del S. Uffizio di Firenze* [1908] (Florence: Giampiero Pagnini, 1996).

Clark, Stuart, *Vanities of the Eye: Vision in Early Modern European Culture*(Oxford: Oxford University Press, 2007).

Clavelin, Maurice, 'Galilée astronome philosophe', in *LCF* 19–40.

—— *Galilée copernicien* (Paris: Albin Michel, 2004).

—— *The Natural Philosophy of Galileo: Essay on the Origins and Formation of Classical Mechanics* (Cambridge, Mass.: MIT Press, 1974).

Conti, Lino, 'Francesco Stelluti, il copernicanesimo dei Lincei e la teoria galileiana delle maree', in Carlo Vinti, ed., *Galileo e Copernico* (Assisi: Porziuncola, 1990), 141–236.

Cooper, Lane, *Aristotle, Galileo and the Tower of Pisa* (Ithaca: Cornell University Press, 1935).

Copernicus, Nicolaus, *On the Revolutions*, trans. E. Rosen (Baltimore: Johns Hopkins University Press, 1992).

Coulter, Byron L., and Carl G. Adler, 'Can a Body Pass a Body Falling through the Air?' *American Journal of Physics* 47 (1979), 841–6.

Cozzi, Gaetano, 'Galileo Galilei, Paolo Sarpi, e la società veneziana', in Cozzi, *Paolo Sarpi tra Venezia e l'Europa* (Turin: Einaudi, 1979), 135–234.

Cremonini, Cesare, *Le orazioni*, ed. Antonino Poppi (Padua: Antenore, 1998).

Crinò, Anna Maria, 'An Unpublished Letter on the Theme of Religion from Count Lorenzo Magalotti to the Honourable Robert Boyle in 1672',*Journal of the Warburg and Courtauld Institutes* 45 (1982), 271–8.

Crombie, Alistair C., *Styles of Scientific Reasoning* (3 vols, London: Duckworth, 1994).

Crombie, Alistair C., ed., *Scientific Change* (London: Heinemann, 1963).

Crombie, Alistair C., and Adriano Carugo, review of Wallace, *Times Literary Supplement*, 22 November 1985, 1319–20.

Damerow, Peter, Gideon Freudenthal, Peter McLaughlin and Jürgen Renn,*Exploring the Limits of Preclassical Mechanics: A Study of Conceptual Development in Early Modern Science: Free Fall and Compounded Motion in the Work of Descartes, Galileo, and Beeckman* (2nd rev. edn, New York: Springer, 2004).

d'Anania, Giovanni Lorenzo, *L'universale fabrica del mondo* (Venice: Aniello san Vito, 1576).

Daston, Lorraine, 'Baconian Facts, Academic Civility, and the Prehistory of Objectivity', in Allan Megill, ed., *Rethinking Objectivity* (Durham, N.C.: Duke University Press, 1994), 37–63.

Davidson, Nicholas, 'Unbelief and Atheism in Italy: 1500–1700', in Michael Hunter and David Wootton, eds, *Atheism from the Reformation to the Enlightenment* (Oxford: Oxford University Press, 1992), 55–86.

Dear, Peter, 'The Church and the New Philosophy', in S. Pumfrey, P. L. Rossi and M. Slawinski, eds, *Science, Culture, and Popular Belief in Renaissance Europe* (Manchester: Manchester University Press, 1991), 119–39.

—— 'Jesuit Mathematical Science and the Reconstitution of Experience in the Early Seventeenth Century', *SHPS* 18 (1987), 133–75.

—— 'Narratives, Anecdotes, and Experiments: Turning Experiences into Science in the Seventeenth Century', in Dear, ed., *Literary Structure of Scientific Argument* (Philadelphia: University of Pennsylvania Press, 1991), 135–63.

delle Colombe, Lodovico, *Risposte piacevoli* (Florence: Giovanni Antonio Caneo, 1608).

Descartes, René, *Les principes de la philosophie* (Paris: Michel Bobin, 1668). 311

de Vivo, Filippo, *Information and Communication in Venice: Rethinking Early Modern Politics* (Oxford: Oxford University Press, 2007).

de Waard, C., *L'expérience barométrique, ses antécédents et ses explications*(Thouars: Imprimerie Nouvelle, 1936).

Dinis, Alfredo, 'Giovanni Battista Riccioli and the Science of His Time', in Feingold, ed., *Jesuit Science*, 195–224.

Dollo, Corrado, *Galileo Galilei e la cultura della tradizione* (Soveria Mannelli:

Rubbettino, 2003).
Donne, John, *The Epithalamions, Anniversaries and Epicedes*, ed. W. Milgate (Oxford: Clarendon Press, 1978).
—— *Ignatius His Conclave* (London: Richard More, 1611).
Dooley, Brendan, *Morandi's Last Prophecy and the End of Renaissance Politics* (Princeton: Princeton University Press, 2002).
Ducheyne, Steffen, 'Galileo's Interventionist Notion of "Cause"', *Journal of the History of Ideas* 67 (2006), 443–64.
Duplessis-Mornay, Philippe, *Mémoires et correspondance* (12 vols, Paris: Treuttel et Würz, 1824–5).
Drake, Stillman, *Essays on Galileo and the History and Philosophy of Science* (3 vols, Toronto: University of Toronto Press, 1999).
—— *Galileo at Work: His Scientific Biography* (Chicago: University of Chicago Press, 1978).
Drake, Stillman, and Charles Donald O'Malley, eds, *The Controversy on the Comets of 1618* (Philadelphia: University of Pennsylvania Press, 1961).
Drake, Stillman, and I. E. Drabkin, eds, *Mechanics in Sixteenth-Century Italy: Selections from Tartaglia, Benedetti, Guido Ubaldo and Galileo*(Madison: University of Wisconsin Press, 1969).
Dupré, Sven, 'Ausonio's Mirrors and Galileo's Lenses: The Telescope and Sixteenth-Century Practical Optical Knowledge', *Galilæana* 2 (2005), 145–180.
Erlichson, Herman, 'Galileo and High Tower Experiments', *Centaurus* 36 (1993), 33–45.
Ernst, Germana, 'Astrology, Religion, and Politics in Counter-Reformation Rome', in S. Pumfrey, P. L. Rossi and M. Slawinski, eds, *Science, Culture, and Popular Belief in Renaissance Europe* (Manchester: Manchester University Press, 1991), 249–73.
Ernst, Germana, and Eugenio Canone, 'Una lettera ritrovata: Campanella a Peiresc, 19 giugno 1636', *Rivista di storia della filosofia* 49 (1994), 353–66.
Fahie, John J., *Memorials of Galileo Galilei, 1564–1642: Portraits and Paintings, Medals and Medallions, Busts and Statues, Monuments, and Mural Inscriptions* (Leamington: privately printed, 1929).
Fantoli, Annibale, 'The Disputed Injunction and Its Role in Galileo's Trial', in *C&G* 117–49.
—— *Galileo: For Copernicanism and for the Church* (3rd rev. edn, Vatican City: Vatican Observatory Publications, 2003).
Favaro, Antonio, *Adversaria galilæiana*, ed. Lucia Rossetti and Maria Laura Soppelsa (Trieste: Lint, 1992).
—— *Amici e corrispondenti di Galileo* (3 vols, Florence: Salimbeni, 1983).
—— 'Documenti inediti per la storia dei manoscritti galileiani', *Bullettino di*

bibliografia e di storia delle scienze matematiche e fisiche 18 (1885), 1–112.
—— *Galileo Galilei a Padova* (Padua: Antenore, 1968).
—— *Galileo Galilei e lo studio di Padova* [1883] (2 vols, Padua: Antenore, 1966).
—— 'La libreria di Galileo Galilei descritta ed illustrata', *Bullettino di bibliografia e di storia delle scienze matematiche e fisiche* 19 (1886), 219–93.
—— *Miscellanea galileiana inedita* (Venice: Giuseppe Antonelli, 1887).
—— *Scampoli galileiani*, ed. Lucia Rossetti and Maria Laura Soppelsa (2 vols, Trieste: Lint, 1992).
Favino, Federica, 'A proposito dell'atomismo di Galileo: Da una lettera di Tommaso Campanella ad uno scritto di Giovanni Ciampoli', *Bruniana e campanelliana* 3 (1997), 265–82.
—— 'Un caso di censura postuma: La "filosofia naturale" di Giovanni Ciampoli', in *I primi Lincei e il Sant'Uffizio* (Rome: Bardi, 2005), 141–56.
—— '"Quel petardo di mia fortuna": Reconsiderando la "caduta" di Giovan Battista Ciampoli', in *LCF* 863–82.
—— 'Scetticismo ed empirismo: Ciampoli Linceo', in Andrea Battistini, Gilberto de Angelis and Giuseppe Olmi, eds, *All'origine della scienza moderna: Federico Cesi e l'Accademia dei Lincei* (Bologna: Il Mulino, 2007), 175–202. 312
Febvre, Lucien, *The Problem of Unbelief in the Sixteenth Century* [1942] (Cambridge, Mass.: Harvard University Press, 1982).
Feingold, Mordechai, 'The Grounds for Conflict: Grienberger, Grassi, Galileo, and Posterity', in Feingold, ed., *The New Science and Jesuit Science: Seventeenth-Century Perspectives* (Dordrecht: Kluwer, 2003), 121–57.
—— 'Jesuits: Savants', in Feingold, ed., *The New Science and Jesuit Science*, 1–45.
Feingold, Mordechai, ed., *Jesuit Science and the Republic of Letters*(Cambridge, Mass.: MIT Press, 2003).
Feldhay, Rivka, *Galileo and the Church: Political Inquisition or Critical Dialogue?* (Cambridge: Cambridge University Press, 1995).
Ferrone, Vincenzo, and Massimo Firpo, 'From Inquisitors to Microhistorians: A Critique of Pietro Redondi's *Galileo eretico*', *Journal of Modern History* 58 (1986), 485–524.
Feyerabend, Paul K., *Against Method* (London: Verso, 1975, 2nd edn 1988, 3rd edn 1993, 4th edn 2010).
—— *Farewell to Reason* (London: Verso, 1987).
—— first reply to Whitaker, *Science* 209 (1980), 544.
—— second reply to Whitaker, *Science* 211 (1981), 876–7.
Findlen, Paula, *Possessing Nature: Museums, Collecting, and Scientific Culture in Early Modern Italy* (Berkeley: University of California Press, 1994).
Finocchiaro, Maurice A., 'Aspects of the Controversy about Galileo's Trial', in *LCF*

491–511.

—— *The Galileo Affair: A Documentary History* (Berkeley: University of California Press, 1989).

—— 'Galileo's Copernicanism and the Acceptability of Guiding Assumptions', in Arthur Donovan, Larry Laudan and Rachel Laudan, eds,*Scrutinizing Science* (Baltimore: Johns Hopkins University Press, 1988), 49–67.

—— 'Physical-Mathematical Reasoning: Galileo on the Extruding Power of Terrestrial Rotation', *Synthèse* 134 (2003), 217–44.

—— *Retrying Galileo, 1633–1992* (Berkeley: University of California Press, 2007).

Fioravanti, Leonardo, *Il reggimento della peste* (Venice: heirs of Melchior Sessa, 1571).

Frajese, Vittorio, *Sarpi scettico: Stato e chiesa a Venezia tra Cinque e Seicento* (Bologna: Il Mulino, 1994).

Fredette, Raymond, 'Galileo's *De motu antiquiora*: Notes for a Reappraisal', in *LCF* 165–82.

Galilei, Galileo, *Cause, Experiment and Science: A Galilean Dialogue Incorporating a New English Translation of Galileo's 'Bodies That Stay Atop Water, or Move in It'*, trans. Stillman Drake (Chicago: University of Chicago Press, 1981).

—— *Contro il portar la toga* (Pisa: ETS, 2005).

—— *Dialogo sopra i due massimi sistemi del mondo, tolemaico e copernicano*, ed. O. Besomi and M. Helbing (2 vols, Padua: Antenore, 1998).

—— *Dialogue Concerning the Two Chief World Systems – Ptolemaic and Copernican*, trans. Stillman Drake (Berkeley: University of California Press, 1953, 2nd rev. edn 1966).

—— *Discorso delle comete*, ed. Ottavio Besomi and Mario Helbing (Rome: Antenore, 2002).

—— *Discoveries and Opinions of Galileo: Including 'The Starry Messenger' (1610), 'Letter to the Grand Duchess Christina' (1615), and Excerpts from 'Letters on Sunspots' (1613), 'The Assayer' (1623)*, trans. Stillman Drake (New York: Anchor Books, 1990).

—— *Galileo against the Philosophers in His 'Dialogue of Cecco di Ronchitti' (1605) and 'Considerations of Alimberto Mauri' (1606)*, trans. Stillman Drake (Los Angeles: Zeitlin and Ver Brugge, 1976).

—— *Galileo's Early Notebooks: The Physical Questions*, trans. William A. Wallace (Notre Dame: University of Notre Dame Press, 1977).

—— *Galileo's Logical Treatises*, trans. William A. Wallace (Dordrecht: Kluwer Academic Publishers, 1992).

—— *Lettera a Cristina di Lorena*, ed. Mauro Pesce (Genoa: Marietti, 2000).

313 —— *A Long-Lost Letter from Galileo to Peiresc on a Magnetic Clock*, trans. Stillman

Drake (Norwalk, Conn.: Burndy Library, 1967).
—— *Le meccaniche*, ed. Romano Gatto (Florence: Olschki, 2002).
—— *'On Motion', and 'On Mechanics': Comprising 'De motu' (ca. 1590) and 'Le meccaniche' (ca. 1600)*, ed. and trans. I. E. Drabkin and Stillman Drake (Madison: University of Wisconsin Press, 1960).
—— *Operations of the Geometric and Military Compass*, trans. Stillman Drake (Washington, D.C.: Burndy Library, 1978).
—— *Le opere di Galileo Galilei: Edizione nazionale*, ed. A. Favaro (20 vols in 21, 4th edn, Florence: G. Barbèra, 1968).
—— *Il saggiatore*, ed. Ottavio Besomi and Mario Helbing (Rome: Antenore, 2005).
—— *Scienza e religione: Scritti copernicani*, ed. Massimo Bucciantini and Michele Camerota (Rome: Donzelli, 2009).
—— *Sidereus nuncius* (Venice: Thomas Baglioni, 1610).
—— *Sidereus nuncius: Le messager céleste*, ed. Isabelle Pantin (Paris: Les Belles Lettres, 1992).
—— *Sidereus nuncius, or The Sidereal Messenger*, ed. and trans. Albert van Helden (Chicago: University of Chicago Press, 1989).
—— 'The Sensitive Balance', in Laura Fermi and Gilberto Bernadini, *Galileo and the Scientific Revolution* (New York: Dover, 1961).
—— *Two New Sciences*, trans. Stillman Drake (Madison: University of Wisconsin Press, 1974).
Galilei, Maria Celeste, *To Father: The Letters of Sister Maria Celeste to Galileo, 1623–1633*, trans. Dava Sobel (London: Fourth Estate, 2001).
Galilei, Michelagnolo, *Il primo libro d'intavolatura di liuto* (Munich: privately printed, 1620).
Galilei, Vincenzo, *Dialogue on Ancient and Modern Music*, ed. Claude V. Palisca (New Haven, Conn.: Yale University Press, 2003).
Galluzzi, Paolo, 'I sepolcri di Galileo', in Lunardi and Sabbatini, eds, *Una casa per memoria*, 203–55.
—— 'The Sepulchers of Galileo: The "Living" Remains of a Hero of Science', in Machamer, ed., *Cambridge Companion*, 417–47.
Galluzzi, Paolo, and Maurizio Torrini, eds, *Le opere dei discepoli di Galileo Galilei: Carteggio* (2 vols, Florence: Giunti-Barbèra, 1975–84).
Garcia, Stéphane, *Élie Diodati et Galilée: Naissance d›un réseau scientifique dans l›Europe du XVIIe siècle* (Florence: Olschki, 2004).
—— 'Élie Diodati – Galilée: La rencontre de deux logiques', in *LCF* 883–92.
—— 'Galileo's Relapse: On the Publication of the Letter to the Grand Duchess Christina (1636)', in *C&G* 265–78.
—— 'Peiresc, Bernegger et Diodati: Cinq lettres inédites en rapport avec Galilée',

Galilæana 6 (2009), 219–33.

Garrard, Mary D., *Artemisia Gentileschi* (Princeton: Princeton University Press, 1989).

Gaukroger, Stephen, *The Emergence of a Scientific Culture* (Oxford: Oxford University Press, 2006).

Geymonat, Ludovico, *Galileo Galilei: A Biography and Inquiry into His Philosophy of Science* (New York: McGraw-Hill, 1965).

Gilbert, Neal W., *Renaissance Concepts of Method* (New York: Columbia University Press, 1963).

Gilbert, William, *De magnete* (New York: Dover, 1958). [English translation]

Gingerich, Owen, *The Book Nobody Read: Chasing the Revolutions of Nicolaus Copernicus* (New York: Penguin Books, 2005).

—— 'The Curious Case of the M-L *Sidereus nuncius*', *Galilæana* 6 (2009), 141–65.

—— 'The Galileo Sunspot Controversy', *Journal for the History of Astronomy* 34 (2003), 77–8.

Gingerich, Owen, and Albert van Helden, 'From *Occhiale* to Printed Page: The Making of Galileo›s *Sidereus nuncius*', *Journal for the History of Astronomy* 34 (2003), 251–67.

Goldstein, Bernard R., 'Galileo's Account of Astronomical Miracles in the Bible: A Confusion of Sources', *Nuncius* 5 (1990), 3–16.

Graney, Christopher M., 'But Still, It Moves: Tides, Stellar Parallax, and Galileo's Commitment to the Copernican Theory', *Physics in Perspective*10 (2008), 258–68.

Greco, Vincenzo, Giuseppe Molesini and Franco Quercioli, 'Optical Tests of Galileo's Lenses', *Nature* 358 (1992), 101.

314 Greenblatt, Stephen, *Shakespearean Negotiations* (Berkeley: University of California Press, 1988).

Greene, William C., '"God" in Plato's Theology', *Classical Weekly* 35 (1942), 220.

Grego, Peter, *The Moon and How to Observe It* (London: Springer, 2005).

Grendler, Paul F., *The Universities of the Italian Renaissance* (Baltimore: Johns Hopkins University Press, 2002).

Grillo, Francesco, *Tommaso Campanella nell'arte di Andrea Sacchi e Nicola Poussin* (Cosenza: Edizioni Pellegrini, 1979).

Guerrini, Luigi, *Galileo e la polemica anticopernicana a Firenze* (Florence: Edizioni Polistampa, 2009).

Hamou, Philippe, '"La nature est inexorable": Pour une reconsidération de la contribution de Galilée au problème de la connaissance', *Galilæana* 5 (2008), 149–77.

Harris, Ann Sutherland, 'Letter to the Editor', *Art Bulletin* 59 (1977), 304–7.

Headley, John M., *Tommaso Campanella and the Transformation of the World*

(Princeton: Princeton University Press, 1997).
Helbing, Mario Otto, 'Galileo e le *Questioni meccaniche* attribuite ad Aristotele', in *LCF* 217–36.
Henninger-Voss, Mary J., 'How the "New Science" of Cannons Shook Up the Aristotelian Cosmos', *Journal of the History of Ideas* 63 (2002), 371–97.
—— 'Working Machines and Noble Mechanics: Guidobaldo Del Monte and the Translation of Knowledge', *Isis* 91 (2000), 233–59.
Hirschman, Albert O., *Exit, Voice, and Loyalty* (Boston, Mass.: Harvard University Press, 1970).
Hobbes, Thomas, *The Correspondence of Thomas Hobbes,* ed. Noel Malcolm (2 vols, Oxford: Oxford University Press, 1994).
Hobson, Anthony, 'A Sale by Candle in 1608', *The Library* 26 (1971), 215–33.
Hofstadter, Dan, *The Earth Moves* (New York: Norton, 2009).
Huemer, Frances, 'Il dipinto di Colonia', in *Il Cannochiale e il Pennello*, ed. Lucia Tongiorgi and Alessandro Tossi (Florence: Giunti, 2009), 60–70.
Huygens, Christiaan, *The Pendulum Clock* (Ames: Iowa State University Press, 1986).
Inchofer, Melchior, *La monarchie des solipses* (Amsterdam: Herman Uytwerf, 1722).
Jardine, Lisa, *Erasmus, Man of Letters* (Princeton: Princeton University Press, 1994).
Jardine, Nicholas, 'Galileo's Road to Truth and the Demonstrative Regress', *SHPS* 7 (1976), 277–318.
Johansen, Thomas Kjeller, *Plato's Natural Philosophy* (Cambridge: Cambridge University Press, 2004).
Johns, Adrian, *The Nature of the Book* (Chicago: University of Chicago Press, 1998).
Johnson, Francis R., and Sanford V. Larkey, 'Thomas Digges, the Copernican System, and the Idea of the Infinity of the Universe in 1576',*Huntington Library Bulletin* 5 (1934), 69–117.
Jütte, Robert, *A History of the Senses* (Cambridge: Polity, 2005).
Kepler, Johannes, *Discussion avec le messager céleste*, ed. Isabelle Pantin (Paris: Les Belles Lettres, 1993).
—— *Kepler's Conversation with Galileo's Sidereal Messenger*, trans. Edward Rosen (New York: Johnson Reprint Corporation, 1965).
Kelter, Irving A., 'The Refusal to Accommodate: Jesuit Exegetes and the Copernican System', in *C&G* 38–53.
Koestler, Arthur, *The Sleepwalkers* (London: Hutchinson, 1959).
Koyré, Alexandre, 'Galilée et l'expérience de Pise. À propos d'une légende',*Annales de l'Université de Paris* 12 (1937), 441–53.
—— *Galileo Studies* (Atlantic Highlands: Humanities Press, 1978).
—— *Metaphysics and Measurement* (London: Chapman Hall, 1968).
Kuhn, Thomas S., *The Copernican Revolution* (Cambridge, Mass.: Harvard University

Press, 1957).

—— *The Essential Tension: Selected Studies in Scientific Tradition and Change* (Chicago: University of Chicago Press, 1977).

Laird, W. Roy, 'Archimedes among the Humanists', *Isis* 82 (1991), 628–38.

—— 'Giuseppe Moletti's *Dialogue on Mechanics* (1576)', *Renaissance Quarterly* 40 (1987), 209–23.

315 —— 'Renaissance Mechanics and the New Science of Motion', in *LCF* 255–67.

La Mettrie, Julien Offray de, *L'homme machine*, ed. Aram Vartanian (Princeton: Princeton University Press, 1960).

Lattis, James M., *Between Copernicus and Galileo: Christoph Clavius and the Collapse of Ptolemaic Cosmology* (Chicago: University of Chicago Press, 1994).

Laven, Mary, *Virgins of Venice* (London: Penguin Books, 2003).

Lechner, George S., 'Letter to the Editor', *Art Bulletin* 59 (1977), 307–9.

—— 'Tommaso Campanella and Andrea Sacchi's Fresco of Divina Sapienza in the Palazzo Barberini', *Art Bulletin* 58 (1976), 97–108.

Lerner, Michel-Pierre, *Le monde des sphères* (2nd edn, 2 vols, Paris: Les Belles Lettres, 2008).

Liebreich, Karen, *Fallen Order: A History* (London: Atlantic Books, 2004).

Lindberg, David C., 'Alhazen's Theory of Vision and Its Reception in the West', *Isis* 58 (1967), 321–41.

Lindberg, David C., and Nicholas H. Steneck, 'The Sense of Vision and the Origins of Modern Science', in Alan G. Debus, ed., *Science, Medicine and Society in the Renaissance* (2 vols, London: Heinemann, 1972), i, 29–45.

Lunardi, Roberto, and Oretta Sabbatini, eds, *Una casa per memoria*, vol. iii of *Il rimembrar delle passate cose* (Florence: Edizioni Polistampa, 2009).

Machamer, Peter K., 'Feyerabend and Galileo: The Interaction of Theories and the Reinterpretation of Experience', *SHPS* 4 (1973), 1–46.

—— 'Galileo's Machines, His Mathematics, and His Experiments', in Machamer, ed., *Cambridge Companion*, 53–79.

Machamer, Peter K., ed., *The Cambridge Companion to Galileo* (Cambridge: Cambridge University Press, 1998).

MacLachlan, James, 'A Test of an "Imaginary" Experiment of Galileo's', *Isis*64 (1973), 374–9.

McMullin, Ernan, 'Galilean Idealization', *SHPS* 16 (1985), 247–73.

—— 'Galileo's Theological Venture', in *C&G* 88–116.

McMullin, Ernan, ed., *Galileo, Man of Science* (New York: Basic Books, 1967).

—— *The Church and Galileo* (Notre Dame: University of Notre Dame Press, 2005).

McTighe, Thomas P., 'Galileo's "Platonism": A Reconsideration', in McMullin, ed., *Galileo, Man of Science*, 365–87.

Maffioli, Cesare S., *Out of Galileo: The Science of Waters, 1628–1718*(Rotterdam: Erasmus Publishing, 1994).

Magalotti, Lorenzo, *Delle lettere familiari* (2 vols, Florence: SAR, 1769).

Maschietto, Ludovico, 'Girolamo Spinelli e Benedetto Castelli', in Santinello, ed., *Galileo e la cultura padovana*, 453–67.

Massa, Daniel, 'Giordano Bruno and the Top-Sail Experiment', *Annals of Science* 30 (1973), 201–11.

Mayer, Thomas F., 'The Roman Inquisition's Precept to Galileo (1616)',*British Journal for the History of Science* (online pre-print, 2009).

Mersenne, Marin, *Les nouvelles pensées de Galilée*, ed. Pierre Costabel and Michel-Pierre Lerner (2 vols, Paris: Vrin, 1973).

Middleton, W. E. Knowles, *The Experimenters: A Study of the Accademia del Cimento* (Baltimore: Johns Hopkins University Press, 1971).

Milani, Marisa, 'Il "Dialogo in perpuosito de la stella nuova" di Cecco di Ronchitti da Brugine', *Giornale storico della letteratura italiana* 170 (1993), 66–86.

—— 'Galileo Galilei e la letteratura pavana', in Santinello, ed., *Galileo e la cultura padovana*, 193–217.

Miller, David Marshall, 'The Thirty Years War and the Galileo Affair',*History of Science* 46 (2008), 49–74.

Miller, P. N., 'Description Terminable and Interminable', in Gianna Pomata and Nancy G. Siraisi, eds, *Historia* (Cambridge, Mass.: MIT Press, 2005), 355–97.

Milton, John, *Paradise Lost* (rev. edn, London: S. Simmons, 1674).

Monconys, Balthasar de, *Les voyages de Balthasar de Monconys: Documents pour l'histoire de la science*, ed. Charles Henry (Paris: A. Hermann, 1887).

Montesinos, José, and Carlos Solís, eds, *Largo campo di filosofare: Eurosymposium Galileo 2001* (La Orotava: Fundación Canaria Orotava de Historia de la Ciencia, 2001). 316

Moody, Ernest A., 'Galileo and Avempace: The Dynamics of the Leaning Tower Experiment', *Journal of the History of Ideas* 12 (1951), 163–93, 375–422.

Moscovici, Serge, *L'expérience du mouvement: Jean-Baptiste Baliani, disciple et critique de Galilée* (Paris: Hermann, 1967).

Moss, Jean Dietz, *Novelties in the Heavens: Rhetoric and Science in the Copernican Controversy* (Chicago: University of Chicago Press, 1993).

Muir, Edward, *The Culture Wars of the Late Renaissance* (Boston: Harvard University Press, 2007).

Nardi, Giovanni, *De igne subterraneo* (Florence: A. Massa et L. Landis, 1641).

Naudæana et Patiniana (Paris: Florentin et Pierre Delaulne, 1701).

Naylor, R. H., 'Galileo, Copernicanism and the Origins of the New Science of Motion', *British Journal for the History of Science* 36 (2003), 151–81.

—— 'Galileo's Experimental Discourse', in David Gooding, Trevor Pinch and Simon Schaffer, eds, *The Uses of Experiment* (Cambridge: Cambridge University Press, 1989), 117–34.

—— 'Galileo's Physics for a Rotating Earth', in *LCF* 337–55.

—— 'Galileo's Tidal Theory', *Isis* 98 (2007), 1–22.

Owen, G. E. L., '"Tithenai ta Phainomena"' [1961], in Jonathan Barnes, Malcolm Schofield and Richard Sorabji, eds, *Articles on Aristotle 1: Science* (London: Duckworth, 1975), 14–34.

Pagano, Sergio M., ed., *I documenti vaticani del processo di Galileo Galilei (1611–1741)* (Vatican City: Archivio segreto vaticano, 2009).

Palisca, Claude V., 'Vincenzo Galilei, scienziato sperimentale, mentore del figlio Galileo', *Nuncius* 15 (2000), 497–514.

Palmieri, Paolo, 'Galileo Did Not Steal the Discovery of Venus' Phases: A Counterargument to Westfall', in *LCF* 433–44.

—— 'Galileo and the Discovery of the Phases of Venus', *Journal for the History of Astronomy* 32 (2001), 109–29.

—— 'Mental Models in Galileo's Early Mathematization of Nature', *SHPS* 34 (2003), 229–64.

—— 'A New Look at Galileo's Search for Mathematical Proofs', *Archive for History of Exact Sciences* 60 (2006), 285–317.

—— *Reenacting Galileo's Experiments: Rediscovering the Techniques of Seventeenth-Century Science* (Lewiston, N.Y.: Edwin Mellen Press, 2008).

—— 'Re-Examining Galileo's Theory of Tides', *Archive for History of Exact Sciences* 53 (1998), 223–375.

—— '"Spuntar lo scoglio più duro": Did Galileo Ever Think the Most Beautiful Thought Experiment in the History of Science?' *SHPS* 36 (2005), 223–40.

Panofsky, Erwin, 'Galileo as a Critic of the Arts', *Isis* 47 (1956), 3–15.

Pantin, Isabelle, '"Dissiper les ténèbres qui restent encore à percer": Galilée, l'église conquérante et la république des philosophes', in Alain Mothu, ed., *Révolution scientifique et libertinage* (Turnhout: Brepols, 2000), 11–34.

Parrott, David, 'The Mantuan Succession, 1627–31', *English Historical Review* 112 (1997), 20–65.

Pedersen, Olaf, 'Galileo's Religion', in G. V. Coyne, M. Heller and J. Życi ń ski, eds, *The Galileo Affair: A Meeting of Faith and Science* (Vatican City: Specola Vaticana, 1985), 75–102.

Pesce, Mauro, 'Le redazioni originali della lettera "copernicana" di G. Galilei a B. Castelli', *Filologia e critica* 17 (1992), 394–417.

Picanyol, Leodegario, *Le scuole pie e Galileo Galilei* (Rome: PP. Scolopi di S. Pantaleo, 1942).

Pin, Corrado, 'Progetti e abbozzi sarpiani sul governo dello stato "in questi nostri tempi turbolenti"', in Paolo Sarpi, *Della potestà de' prencipi* (Venice: Marsilio, 2006), 89–120.

Plutarch, 'Life of Marcellus', in *Lives* (London: Loeb, 1917).

Poppi, Antonino, *Cremonini e Galilei inquisiti a Padova nel 1604* (Padua: Antenore, 1992).

—— 'Una implicita ritrattazione di Antonio Favaro sulla licenza di stampa del *Sidereus nuncius*', *Atti e memorie dell'Accademia patavina di scienze, lettere ed arti già Accademia dei Ricovrati: Memorie della classe di scienze morali, lettere ed arti*, 110 (1998), 99–105.

Purnell, Frederick, Jr, 'Jacopo Mazzoni and Galileo', *Physis* 14 (1972), 273–94.

Redondi, Pietro, 'From Galileo to Augustine', in Machamer, ed., *Cambridge* 317
Companion, 175–210.

—— *Galileo Heretic*, trans. Raymond Rosenthal (London: Allen Lane, 1988).

—— 'La nave di Bruno e la pallottola di Galileo: Uno studio di iconografia della fisica', in Adriano Prosperi, ed., *Piacere del testo* (Rome: Bulzoni, 2001), 285–363.

—— 'Vent'anni dopo', in Redondi, *Galileo eretico* (3rd edn, Turin: Einaudi, 2004), 467–85.

Reeves, Eileen, *Galileo's Glassworks: The Telescope and the Mirror*(Cambridge, Mass.: Harvard University Press, 2008).

—— *Painting the Heavens: Art and Science in the Age of Galileo* (Princeton: Princeton University Press, 1997).

Renn, Jürgen, and Matteo Valleriani, 'Galileo and the Challenge of the Arsenal', *Nuncius* 16 (2001), 481–503.

Renn, Jürgen, Peter Damerow and Simone Rieger, 'Hunting the White Elephant: When and How Did Galileo Discover the Law of Fall?' *Science in Context* 13 (2000), 299–419.

Reston, James, *Galileo: A Life* (London: Cassell, 1994).

Reynolds, Anne, 'Galileo Galilei's Poem "Against Wearing the Toga"', *Italica*59 (1982), 330–41.

Ricci, Saverio, 'I Lincei e le novità celesti prima del *Nuncius sidereus*', in Massimo Bucciantini and Maurizio Torrini, eds, *La diffusione del copernicanesimo in Italia (1543–1610)* (Florence: Olschki, 1997), 221–36.

Righini Bonelli, Maria Luisa, and William Shea, *Galileo's Florentine Residences* (Florence: Istituto e Museo di storia della scienza, 1979).

Rist, J. M., *Epicurus: An Introduction* (Cambridge: Cambridge University Press, 1972).

Rocco, Antonio, *L'Alcibiade fanciullo a scola* (Rome: Salerno Editrice, [1988]).

Ronchi, Vasco, 'The Influence of the Early Development of Optics on Science and

Philosophy', in McMullin, ed., *Galileo, Man of Science*, 195–206.

Ronconi, G., 'Paolo Gualdo e Galileo', in Santinello, ed., *Galileo e la cultura padovana*, 375–88.

Rosen, Edward, 'Galileo the Copernican', in Carlo Maccagni, ed., *Saggi su Galileo Galilei* (Florence: Barbèra, 1967), 181–92.

Rowland, Ingrid D., *The Scarith of Scornello: A Tale of Renaissance Forgery*(Chicago: University of Chicago Press, 2004).

Ruby, Jane E., 'The Origins of Scientific "Law"', *Journal of the History of Ideas* 47 (1986), 341–59.

Russo, Lucio, *The Forgotten Revolution: How Science Was Born in 300 BCand Why It had To Be Reborn* (Berlin: Springer, 2004).

Santinello, Giovanni, ed., *Galileo e la cultura padovana* (Padua: CEDAM, 1992).

Sarpi, Paolo, *Lettere ai gallicani*, ed. Boris Ulianich (Wiesbaden: Franz Steiner Verlag, 1961).

—— *Lettere ai protestanti*, ed. Mario D. Busnelli (2 vols, Bari: Laterza, 1931).

—— *Pensieri naturali, metafisici e matematici*, ed. Luisa Cozzi and Liberio Sosio (Milan: Riccardo Ricciardi, 1996).

Schaffer, Simon, 'Glass Works: Newton's Prisms and the Uses of Experiment', in David Gooding, Trevor Pinch and Simon Schaffer, eds,*The Uses of Experiment* (Cambridge: Cambridge University Press, 1989), 67–104.

Schemmel, Matthias, 'England's Forgotten Galileo', in *LCF* 269–80.

Schiavo, A., 'Notizie riguardanti la Badia di Passignano estratte dai fondi dell'Archivio di Stato di Firenze', *Benedictina* 4 (1955), 31–92.

Schmitt, Charles B., 'Experience and Experiment: A Comparison of Zabarella's View with Galileo's in *De motu*', *Studies in the Renaissance*16 (1969), 80–138.

Schmitt, Charles B., and Charles Webster, 'Harvey and M. A. Severino',*Bulletin of the History of Medicine* 45 (1971), 49–75.

Scott, John Beldon, 'Galileo and Urban VIII: Science and Allegory at Palazzo Barberini', in Lorenza Mochi Onori, Sebastian Schütze and Francesco Solinas, eds, *I Barberini e la cultura Europea del Seicento* (Rome: De Luca Editori, 2007), 127–36.

—— *Images of Nepotism: The Painted Ceilings of Palazzo Barberini*(Princeton: Princeton University Press, 1991).

Settle, Thomas B., 'Experimental Sense in Galileo's Early Works and Its Likely Sources', in *LCF* 831–50.

318 —— 'An Experiment in the History of Science', *Science* 133 (1961), 19–23.

—— 'Galileo and Early Experimentation', in Rutherford Aris, H. Ted Davis and Roger H. Stuewer, eds, *The Springs of Scientific Creativity*(Minneapolis: University of Minnesota Press, 1983), 3–20.

Shank, Michael H., 'How Shall We Practice History: The Case of Biagioli's*Galileo Courtier*', *Early Science and Medicine* 1 (1996), 106–50.

—— 'Setting the Stage: Galileo in Tuscany, the Veneto, and Rome', in *C&G*57–87.

Shapiro, Barbara J., *A Culture of Fact: England, 1550–1720* (Ithaca: Cornell University Press, 2000).

Sharratt, Michael, *Galileo: Decisive Innovator* (Cambridge: Cambridge University Press, 1994).

—— 'Galileo's "Rehabilitation"', in *C&G* 323–39.

Shea, William R., 'Galileo the Copernican', in *LCF* 41–60.

Shea, William R., and Mariano Artigas, *Galileo in Rome: The Rise and Fall of a Troublesome Genius* (Oxford: Oxford University Press, 2003).

—— *Galileo Observed: Science and the Politics of Belief* (Sagamore Beach: Science History Publications, 2006).

Sizi [or Sizzi], Francesco, *Dianoia*, trans. Clelia Pighetti (Florence: Barbèra, 1964).

Smith, Logan Pearsall, *The Life and Letters of Sir Henry Wotton* (2 vols, Oxford: Clarendon Press, 1907).

Sobel, Dava, *Galileo's Daughter: A Drama of Science, Faith and Love*(London: Fourth Estate, 1999).

Speller, Jules, *Galileo's Inquisition Trial Revisited* (Frankfurt: Peter Lang, 2008).

Spini, Giorgio, *Galileo, Campanella, e il 'Divinus poeta'* (Bologna: Il Mulino, 1996).

—— 'The Rationale of Galileo's Religiousness', in Carlo L. Golino, ed.,*Galileo Reappraised* (Berkeley: University of California Press, 1966), 44–66.

—— *Ricerca dei libertini* (2nd rev. edn, Florence: La Nuova Italia, 1983).

Stabile, Giorgio, 'Il concetto di esperienza in Galileo e nella scuola galileiana', in *Experientia: X colloquio internazionale* (Florence: Olschki, 2002), 217–41.

Stella, Aldo, 'Galileo, il circolo culturale di Gian Vincenzo Pinelli e la "patavina libertas"', in Santinello, ed., *Galileo e la cultura padovana*, 325–44.

Stevens, Henry, *Thomas Hariot the Mathematician, the Philosopher, and the Scholar* (London: privately printed, 1900).

Strocchia, Sharon T., *Nuns and Nunneries in Renaissance Florence*(Baltimore, Md: Johns Hopkins University Press, 2009).

Sutton, Robert B., 'The Phrase "Libertas philosophandi"', *Journal of the History of Ideas* 14 (1953), 310–16.

Sylla, Edith, 'Galileo and the Oxford *Calculatores*', in William A. Wallace, ed., *Reinterpreting Galileo* (Washington, D.C.: Catholic University of America Press, 1986), 53–108.

Tarde, Jean, *À la rencontre de Galilée: Deux voyages en Italie* (Geneva: Slatkine, 1984).

Thomason, Neil, 'Sherlock Holmes, Galileo, and the Missing History of Science',

PSA 1994: Proceedings of the Biennial Meeting of the Philosophy of Science Association, i, 323–33.

Tobert, Jane T., 'Peiresc and Censorship: The Inquisition and the New Science, 1610–1637', *Catholic Historical Review* 89 (2003), 24–38.

Topper, David, 'Colluding with Galileo', *Journal for the History of Astronomy* 34 (2003), 75–7.

Torrini, Maurizio, 'Galileo e la repubblica degli scienziati', in *LCF* 783–94.

Torrini, Maurizio, et al., *Il diavolo e il diavoletto* (Montevarchi: Accademia valdarnese del Poggio, 1997).

Valleriani, Matteo, 'A View on Galileo's *Ricordi autografi*: Galileo Practitioner in Padua', in *LCF* 281–91.

van Helden, Albert, 'Galileo and Scheiner on Sunspots: A Case Study in the Visual Language of Astronomy', *Proceedings of the American Philosophical Society* 140 (1996), 358–96.

—— 'Galileo, Telescopic Astronomy, and the Copernican System', in René Taton and Curtis Wilson, eds, *Planetary Astronomy from the Renaissance to the Rise of Astrophysics: Part A: Tycho Brahe to Newton*(Cambridge: Cambridge University Press, 1989), 81–105.

319 —— 'The Invention of the Telescope', *Transactions of the American Philosophical Society* 67:4 (1977), 1–67.

Vasari, Giorgio, *The Lives of the Artists*, trans. Julia Conway Bondanella and Peter Bondanella (Oxford: Oxford University Press, 1991).

Vérin, Hélène, 'Galilée et Antoine de Ville: Un courier sur l'idée de matière', in *LCF* 307–21.

Vickers, Brian, 'Epideictic Rhetoric in Galileo's *Dialogo*', *Annali dell'Istituto e Museo di storia della scienza* 8 (1983), 69–102.

Walker, D. P., 'Some Aspects of the Musical Theory of Vincenzo Galilei and Galileo Galilei', *Proceedings of the Royal Musical Association* 100 (1974), 33–47.

—— *Spiritual and Demonic Magic from Ficino to Campanella* (London: Warburg Institute, 1958).

Wallace, William A., *Domingo de Soto and the Early Galileo* (Aldershot: Ashgate, 2004).

—— *Galileo and His Sources: The Heritage of the Collegio Romano in Galileo's Science* (Princeton: Princeton University Press, 1984).

—— 'Galileo's Pisan Studies in Science and Philosophy', in Machamer, ed.,*Cambridge Companion*, 27–52.

Weinberg, Bernard, 'The Accademia degli Alterati and Literary Taste from 1570 to 1600', *Italica* 31 (1954), 207–14.

Westfall, Richard S., 'Floods along the Bisenzio: Science and Technology in the Age of Galileo', *Technology and Culture* 30 (1989), 879–907.

—— 'Science and Patronage: Galileo and the Telescope', *Isis* 76 (1985), 11–30.

Westfall, Richard S., ed., *Essays on the Trial of Galileo* (Vatican City: Vatican Observatory Publications, 1989).

Westman, Robert S., 'The Copernicans and the Churches', in David C. Lindberg and Ronald L. Numbers, eds, *God and Nature* (Berkeley: University of California Press, 1986), 76–113.

Whitaker, Ewan A., 'Galileo's Lunar Observations', *Science* 208 (1980), 446.

—— 'Galileo's Lunar Observations and the Dating of the Composition of the *Sidereus nuncius*', *Journal for the History of Astronomy* 9 (1978), 155–69.

—— 'Lunar Topography: Galileo's Drawings', *Science* 210 (1980), 136.

White, Michael, *Galileo Antichrist* (London: Weidenfeld and Nicolson, 2007).

Wilding, Nick, 'Galileo's Idol: Gianfrancesco Sagredo Unveiled', *Galilæana*3 (2006), 229–45.

—— 'The Return of Thomas Salusbury's *Life of Galileo* (1664)', *British Journal for the History of Science* 41 (2008), 1–25.

Willach, Rolf, *The Long Route to the Invention of the Telescope*(Philadelphia: American Philosophical Society, 2008).

Wilson, Catherine, *The Invisible World: Early Modern Philosophy and the Invention of the Microscope* (Princeton N.J.: Princeton University Press, 1995).

Winkler, Mary G., and Albert van Helden, 'Representing the Heavens: Galileo and Visual Astronomy', *Isis* 83 (1992), 195–217.

Wisan, Winifred L., 'Galileo and the Process of Scientific Creation', *Isis* 75 (1984), 269–86.

—— 'Galileo's *De systemate mundi* and the New Mechanics', in Paolo Galluzzi, ed., *Novità celesti e crisi del sapere* (Florence: Giunti-Barbèra, 1984), 41–9.

Wootton, David, 'Accuracy and Galileo: A Case Study in Quantification and the Scientific Revolution', *Journal of the Historical Society* 10 (2010), 43–55.

—— *Bad Medicine: Doctors Doing Harm Since Hippocrates* (Oxford: Oxford University Press, 2006).

—— 'New Light on the Composition and Publication of the *Sidereus nuncius*', *Galilæana* 6 (2009), 61–78.

—— *Paolo Sarpi: Between Renaissance and Enlightenment* (Cambridge: Cambridge University Press, 1983).

索引

（页码为原书页码，即本书页边码）

秘技术 89；and flotation 与浮 109, 112
Aristotle, texts of 亚里士多德的文献：*On Coming-To-Be*《论生》, *On the Heavens*《论天》, *Posterior Analytics*《分析后篇》33-34；and causation 与因果关系 113；and change in the heavens 与天的变化 158；and experiential knowledge 与经验性知识 42；natural and forced movement 自然运动和被迫运动 37-38, 41, 43, 57-58, 63, 177, 179；on comets 论彗星 158-159；rejection of 遇到的反对 228, 255, 261；modernity and 与现代性的关系 260；也见Ptolemy 托勒密；Lincei, Accademia dei 林琴学会；Wallace, William 威廉·华莱士；vacuum 真空
Ariosto, Ludovico 卢多维科·阿里奥斯托 16；*Orlando Furioso*《疯狂的罗兰》165-166
Arriaga, Roderigo de 罗德里戈·德·阿里亚加 39
Arrighetti, Andrea 安德烈亚·阿里盖蒂 204
Arrighetti, Niccolò 尼克洛·阿里盖蒂 204
Arsenal, the 兵工厂 51, 70-71
astrology 占星术，占星学 19, 36, 194, 198-199, 211
astronomy, subordination to theology 天文学，附属于神学 147；见astrology 占星术，占星学；comets彗星；sunspots 太阳黑子；libration of the moon 月球的天平动；moon, mountains on 月球上的山脉；Jupiter, moons of 木星的卫星；novas 新星；Venus 金星；and Copernicus 和哥白尼；Galilei, Galileo 伽利略·伽利雷；Kepler, Johannes 约翰尼斯·开普勒；Ptolemy 托勒密；Tycho 第谷
atheist(s) 无神论 61, 94, 243, 248-249, 264
atomism 原子论，atomist 原子论者 5-6, 61, 140-141, 143, 168-169, 192, 194, 219, 222, 243-245, 248, 263-264
Attavanti, Giannozzo 詹诺佐·阿塔万蒂 140
Augustine, St 圣·奥古斯丁 148, 207
Ausonio, Ettore 埃托雷·奥索尼奥, *The Theory of the Spherical Concave Mirror*《凹球面镜原理》34-35
Avempace (Ibn Bajjah) 伊本·巴加·阿威姆佩斯 41, 45
Averroes (Ibn Rushd) 伊本·鲁什德·阿威罗伊 36, 41, 45

Bacon, Francis, Lord Chancellor 弗朗西斯·培根,大法官 99, 150, 153
Badoer, Jacques 雅克·巴多尔 89
Baglioni, Tommaso 托马索·巴利奥尼 104
balance, centre of 平衡,重心，见gravity, centre of 重心
balances 天平，平衡 22-25, 29, 38, 58, 74, 90, 230, 238
Baliani, Giovanni Battista 乔瓦尼·巴蒂斯塔·巴里亚尼 141-142, 150, 168-169, 205, 232, 243, 277 *n.* 37, 292 *n.* 18
Bandinelli, Anna Chiara (known as Chiara), Galileo's sister-in-law 安娜·奇亚拉·班迪内利（以“奇亚拉”之名为人所知），伽利略的弟媳 186-188
Barberini, Francesco, papal nephew 弗朗西斯科·巴贝里尼，教皇的侄子 176, 193, 195, 218-219, 223

方言
Tycho Brahe, as alternative to Copernicus 第谷·布拉赫，作为哥白尼可替代的学说 53, 178-179, 262；and Pinelli 和皮内利 56；and physical objections to Copernicanism 和在物理学上反对哥白尼学说 60, 62；and nova of 1572 和1572年的新星 88；and first version of *The Starry Messenger* 和《星际使者》的首版 103-104；and phases of Venus 和金星的相位 121；and comets 和彗星 158, 160-162；and Galileo 和伽利略 182；and Barberini 和巴贝里尼 193, 195；and Scheiner 和谢纳 209-210

Urban VIII, pope 教皇乌尔班八世，见 Barberini, Maffeo 马费奥·巴贝里尼

vacuum 真空 140, 168-169, 172, 227, 231-232, 252, 255-256；vacuum pump 真空泵 168, 255
Valerio, Luca 卢卡·瓦雷利奥 25, 45, 272 *n.* 14
Vallius, Paulus 保罗·瓦里乌斯 33
Vasari, Giorgio 乔吉奥·瓦萨里 249
Venus 金星 28, 101, 103, 120-123, 178, 193
vernacular 方言 11, 16-17, 123, 126, 163, 230, 232
vertical fall on a moving earth 移动的地球上垂直下落，见 experiments, coin from masthead 实验，桅杆顶部掉下来的硬币
Vesalius, Andreas 安德烈斯·维萨里，On the Construction of the Human Body《论人体结构》99
Vespucci, Amerigo 亚美利哥·韦斯普奇 123
Villa di Bellosguardo “贝罗斯瓜尔多”别墅 111
Villa il Gioiello 伊尔·左伊埃罗别墅，见Arcetri 阿尔切特里
Villa Medici 美第奇别墅 146, 155, 224
Ville, Antoine de 安东尼·德·维尔 302
Vinta, Belisario 贝利萨里奥·文塔 102-104, 108
Visconti, Raffaello 拉法埃洛·维斯孔蒂 195-197, 199-200
vision 视野，见optics 光学；senses 感觉
Viviani, Vincenzo 温琴佐·维维亚尼 1-4, 6, 14-15, 19-22, 28, 38-39, 46-47, 62, 98, 163, 170, 185, 230, 241-245, 259, 262-263；*Moral Geometry*《道德几何学》245
Voltaire (François-Marie Arouet) 伏尔泰（弗朗索瓦-马利·阿鲁埃）267

Wallace, William 威廉·华莱士 33-35
Warens, Françoise-Louise de 弗朗索瓦-路易斯·德·华伦 240-241, 245, 247
Weber, Max 马克斯·韦伯 167
Wedderburn, John 约翰·韦德伯恩 269 *n.* 17, 280 *n.* 6, 306 *n.* 16
Welser, Marc 马克·韦尔瑟 125, 127-128, 133, 147
Whitaker, Ewan A. 伊万·A. 惠特克 101-102
White, Andrew Dickson 安德鲁·迪克森·怀特，*History of the Warfare of Science with Theology in Christendom*《基督教世界中科学与神学之战的历史》260
White, Richard 理查德·怀特 150
White Mountain, Battle of the 白山战役